把中国资本市场建设成
国际金融中心，
是我一生的梦想……

吴晓求

吴晓求◎著

THE THEORETICAL LOGIC OF CHINA'S CAPITAL MARKET

中国资本市场的理论逻辑（第一卷）

吴晓求论文集　2007—2020.02

中国金融出版社

责任编辑：王效端　张菊香
责任校对：潘　洁
责任印制：陈晓川

图书在版编目（CIP）数据

中国资本市场的理论逻辑. 第一卷，吴晓求论文集：2007—2020.02/吴晓求著.
—北京：中国金融出版社，2020.12
ISBN 978-7-5220-0791-5

Ⅰ.①中… Ⅱ.①吴… Ⅲ.①资本市场—中国—文集 Ⅳ.①F832.5-53

中国版本图书馆CIP数据核字（2020）第171839号

中国资本市场的理论逻辑. 第一卷，吴晓求论文集：2007—2020.02
ZHONGGUO ZIBEN SHICHANG DE LILUN LUOJI. DI-YI JUAN，WU XIAOQIU LUNWENJI：
2007—2020.02

出版
发行　　中国金融出版社

社址　北京市丰台区益泽路2号
市场开发部　　（010）66024766，63805472，63439533（传真）
网上书店　http：//www.chinafph.com
　　　　　　（010）66024766，63372837（传真）
读者服务部　　（010）66070833，62568380
邮编　100071
经销　新华书店
印刷　保利达印务有限公司
尺寸　170毫米×240毫米
印张　30.5
插页　1
字数　455千
版次　2021年3月第1版
印次　2021年3月第1次印刷
定价　98.00元
ISBN 978-7-5220-0791-5
如出现印装错误本社负责调换　联系电话（010）63263947

编选说明

一、本文集共六卷，主要收录作者 2007 年 1 月至 2020 年 3 月期间发表的学术论文、评论性文章、论坛演讲和专业访谈，共计 225 篇。其中，学术论文 21 篇，评论性文章 50 篇，演讲 101 篇（其中有一篇演讲稿作为总序收入），访谈 52 篇，附录 1 篇（纪念性文字）。在专业学术期刊发表的，具有中英文摘要、关键词、注释和参考文献等元素的均归入学术论文类，其余纳入评论性文章系列。在收录的 21 篇学术论文中，其中 1 篇虽未在学术期刊上发表，但由于其学术性较强且篇幅较长，在作了必要的格式统一后归入学术论文类。本文集收录的所有论文、演讲、访谈均已公开发表或在网络媒体转载，评论性文章中的绝大部分也已公开发表，只有很少几篇，由于某些原因没有公开发表。

二、与以往大体一样，在 2007 年 1 月以来的 13 年时间里，作者思考和研究的重点仍然在资本市场。稍有不同的是，这期间，研究资本市场主要是从金融结构及其变革的角度展开的。金融结构、金融体系、金融功能和金融脱媒，成为这一时期作者研究资本市场的主要理论视角和常用词。无论是学术论文还是演讲、访谈，大体都在说明或论证资本市场是现代金融体系形成的逻辑基础，以及在中国发展资本市场的战略价值。这一理论思路既是以往学术理论研究的延续和深化，更预示着过去朦胧的理论感悟似已日渐清晰。正是基于这一特点，作者把本文集定名为《中国资本市场的理论逻辑》（以下简称《理论逻辑》）。

三、2007年1月至2020年3月，中国金融发生了巨大变化，这些变化推动了中国金融的跨越式发展。这期间，中国金融发生的最深刻的变化，就是基于技术创新而引发的金融业态的变革，其中互联网金融最引人注目。作者在重点研究资本市场的同时，在这一时期的一个时间段，相对集中地研究了互联网金融。在《理论逻辑》中，与互联网金融相关的论文、演讲和访谈有近20篇。在这近20篇文稿中，对互联网金融的思考和研究，不是基于案例分析，而是寻找互联网金融生存的内在逻辑，是基于"市场脱媒"之后金融的第二次脱媒的视角。

四、在这13年中，除资本市场、互联网金融外，《理论逻辑》收录的文稿内容主要侧重于金融结构、金融风险、金融危机、金融监管和宏观经济研究。这一时期，由于作者曾在不同时间段分别兼任过中国人民大学研究生院常务副院长、教育学院院长等职务，继而发表了若干篇有关高等教育特别是研究生教育的论文和演讲，在此，也一并收录其中。这是作者学术生涯中非专业研究的重要历史记载。

五、为使《理论逻辑》具有专业性、时效性和阅读感，文稿按照"吴晓求论文集""吴晓求评论集""吴晓求演讲集""吴晓求访谈集"顺序编排。每一集文稿的编排顺序按由近及远的原则。第一卷"吴晓求论文集"，第二卷"吴晓求评论集"，第三卷至第五卷"吴晓求演讲集"，第六卷"吴晓求访谈集"。为便于阅读和查找文稿信息，在每一卷最后以附录形式附上了本文集其他各卷的目录。

六、《理论逻辑》与13年前由中国金融出版社出版的《梦想之路——吴晓求资本市场研究文集》具有时间和思想上的承接关系。不同的是，由于时间跨度大，《理论逻辑》研究内容更为复杂，研究范围更加广阔，篇幅也更大。

七、《理论逻辑》中的论文，大多数是作者独立完成的，也有几篇是与他人合作完成的。在合作者中，既有我的同事，也有我不同时期指导的博士生或博士后。在这几篇合作的论文中，有他们的智慧和辛劳。在大多数我独立完成的论文中，我当年指导的博士生在资料的收集和数据整理中，亦做了重要贡献。他们的名字，我在作者题记和论文注释中都一一做了说明。

八、按照忠实于历史和不改变原意的原则，对收入《理论逻辑》的文稿，作者重点审读了"吴晓求演讲集"和"吴晓求访谈集"的内容，并对演讲（讲座、发言）速记稿、访谈稿的文字做了必要的规范和技术性处理。在收录的101篇演讲稿中（包括作为总序的那篇演讲稿），除在两个严肃而重要场合的发言、讲座照稿讲外，其余99篇演讲（讲座、发言）稿均是无稿或脱稿演讲后的速记稿，故内容口语化特征比较明显。在收入的101篇演讲（讲座、发言）稿中，均删去了开篇时的"尊敬的……"等称呼词和客套语。"吴晓求访谈集"中52篇访谈稿的文字均由访谈主持人或记者整理。收入本文集时，作者做了必要的文字校正，有关情况在《作者题记》中已有说明。

九、由于作者在某一时期相对集中地研究某一问题，故在同一时期的学术论文、评论性文章、演讲和访谈内容中，有时会有一些重复和重叠的内容。为保证内容的连贯性和真实性，作者在编辑时，未作删除。

十、文稿的收集和选取是一项非常艰难而复杂的工作。《理论逻辑》的整理工作起始于 2019 年 5 月，耗时一年。由于文稿时间跨度太长，原始文稿收集很困难，阅读和文字校正工作更困难，作者曾一度有放弃整理的想法。新冠肺炎疫情，让我有较多时间审读和校正这些文稿。中国人民大学中国资本市场研究院赵振玲女士以及中国人民大学财政金融学院刘庭竹博士、2018 级博士生方明浩、2017 级博士生孙思栋为本文集原始文稿的收集、筛选、整理、分类、复印、文字录入和技术性校对等工作，付出了辛劳和心智。他们收集到这期间作者的文稿、演讲、访谈多达 400 多篇，作者删去了近 200 篇内容重复、文字不规范的文稿。他们卓有成效的工作是本文集得以出版的重要基础。非常感谢赵振玲女士等所作出的卓越贡献。

十一、《理论逻辑》所有文字稿形成的时间（2007 年 1 月至 2020 年 3 月），是作者一生中最繁忙、最快乐和学术生命最旺盛的时期。白天忙于学校有关行政管理工作，晚上和节假日则进行学术研究和论文写作。中国人民大学宽松而自由的学术环境，中国人民大学金融与证券研究所（中国人民大学中国资本市场研究院的前身）严谨而具有合作精神的学术团队，中国人民大学不同时期学校主要领导的信任和包容，以及同事、家人和不同时间节点的学术助手的支持和帮助，是作者学术研究得以持续的重要保障。

十二、《理论逻辑》的出版，得到了中国金融出版社的大力支持，中国金融出版社组织了得力而高效的编辑力量。

吴晓求

2020 年 5 月 3 日

于北京郊区

作者简历

姓名：吴晓求（吴晓球）（Wu Xiaoqiu）

性别：男

民族：汉

出生年月：1959 年 2 月 2 日

祖籍：江西省余江县

学历：

1983 年 7 月　毕业于江西财经大学　获经济学学士学位

1986 年 7 月　毕业于中国人民大学　获经济学硕士学位

1990 年 7 月　毕业于中国人民大学　获经济学博士学位

现任教职及职务：

中国人民大学　金融学一级教授

中国人民大学　学术委员会副主任

中国人民大学　学位委员会副主席

中国人民大学　中国资本市场研究院院长

教育部　中美人文交流研究中心主任

曾任职务：

中国人民大学　经济研究所宏观室主任（1987.7—1994.10）

中国人民大学　金融与证券研究所所长（1996.12—2020.1）

中国人民大学　财政金融学院副院长（1997.5—2002.1）

中国人民大学　研究生院副院长（2002.8—2006.7）

中国人民大学　校长助理、研究生院常务副院长（2006.7—2016.7）

中国人民大学　副校长（2016.7—2020.9）

曾任教职：

中国人民大学助教（1986.9—1988.6）

中国人民大学讲师（1988.6—1990.10）

中国人民大学副教授（1990.10—1993.6）

中国人民大学教授（1993.6—2006.7）

教育部长江学者特聘教授（2006—2009）

中国人民大学金融学学科博士生导师（1995年10月至今）

中国人民大学二级教授（2006.7—2016.12）

学术奖励：

教育部跨世纪优秀人才（2000）

全国高等学校优秀青年教师奖（2001）

北京市第六届哲学社会科学优秀著作一等奖（2000）

北京市第七届哲学社会科学优秀著作二等奖（2002）

中国资本市场十大年度人物（2003）

首届十大中华经济英才（2004）

北京市第八届哲学社会科学优秀著作二等奖（2004）

中国证券业年度人物（2005）

北京市第十届哲学社会科学优秀成果二等奖（2008）

北京市第十二届哲学社会科学优秀成果二等奖（2012）

北京市第十四届哲学社会科学优秀成果二等奖（2016）

北京市第十五届哲学社会科学优秀成果一等奖（2019）

第八届高等学校科学研究优秀成果三等奖（人文社会科学）（2020）

专业：金融学

研究方向：证券投资理论与方法；资本市场

学术兼职：

国务院学位委员会应用经济学学科评议组召集人

全国金融专业学位研究生教育指导委员会副主任委员

全国金融学（本科）教学指导委员会副主任委员

中国教育发展战略学会高等教育专业委员会理事长

中国专业学位案例专家咨询委员会副主任委员

国家社会科学基金委员会管理科学部评审委员

国家生态环境保护专家委员会委员

中国金融学会常务理事

中国现代金融学会副会长

北京市学位委员会委员

代表性论著（论文及短文除外）：

著作（中文，含合著）

《紧运行论——中国经济运行的实证分析》（中国人民大学出版社，
1991）

《社会主义经济运行分析——从供求角度所作的考察》（中国人民大学出
版社，1992）

《中国资本市场分析要义》（中国人民大学出版社，2006）

《市场主导与银行主导：金融体系在中国的一种比较研究》（中国人民大
学出版社，2006）

《变革与崛起——探寻中国金融崛起之路》（中国金融出版社，2011）

《中国资本市场2011—2020——关于未来10年发展战略的研究》（中国金融出版社，2012）

《中国资本市场制度变革研究》（中国人民大学出版社，2013）

《互联网金融——逻辑与结构》（中国人民大学出版社，2015）

《股市危机——历史与逻辑》（中国金融出版社，2016）

《中国金融监管改革：现实动因与理论逻辑》（中国金融出版社，2018）

《现代金融体系导论》（中国金融出版社，2019）

著作（外文，含合著）

Internet Finance：*Logic and Structure*（McGraw-Hill，2017）

Chinese Securities Companies：*An Analysis of Economic Growth*，*Financial Structure Transformation*，*and Future Development*（Wiley，2014）

《互联网金融——逻辑与结构》被翻译成印地文和哈萨克语出版。

文集

《经济学的沉思——我的社会经济观》（经济科学出版社，1998）

《资本市场解释》（中国金融出版社，2002）

《梦想之路——吴晓求资本市场研究文集》（中国金融出版社，2007）

《思与辩——中国资本市场论坛20年主题研究集》（中国人民大学出版社，2016）

演讲集

《处在十字路口的中国资本市场——吴晓求演讲访谈录》（中国金融出版社，2002）

教材（主编）

《21世纪证券系列教材》（13分册）（中国人民大学出版社，2002）

《金融理论与政策》，全国金融专业学位（金融硕士）教材（中国人民大学出版社，2013）

《证券投资学（第五版）》，"十二五"普通高等教育本科国家级规划教材（中国人民大学出版社，2020）

中国资本市场研究报告（主笔，起始于1997年）

1997：《'97中国证券市场展望》（中国人民大学出版社，1997年3月）

1998：《'98中国证券市场展望》（中国人民大学出版社，1998年3月）

1999：《建立公正的市场秩序与投资者利益保护》（中国人民大学出版社，1999年3月）

2000：《中国资本市场：未来10年》（中国财政经济出版社，2000年4月）

2001：《中国资本市场：创新与可持续发展》（中国人民大学出版社，2001年3月）

2002：《中国金融大趋势：银证合作》（中国人民大学出版社，2002年4月）

2003：《中国上市公司：资本结构与公司治理》（中国人民大学出版社，2003年4月）

2004：《中国资本市场：股权分裂与流动性变革》（中国人民大学出版社，2004年4月）

2005：《市场主导型金融体系：中国的战略选择》（中国人民大学出版社，2005年4月）

2006：《股权分置改革后的中国资本市场》（中国人民大学出版社，2006年4月）

2007：《中国资本市场：从制度变革到战略转型》（中国人民大学出版社，2007年4月）

2008：《中国资本市场：全球视野与跨越式发展》（中国人民大学出版社，2008年5月）

2009：《金融危机启示录》（中国人民大学出版社，2009年4月）

2010：《全球金融变革中的中国金融与资本市场》（中国人民大学出版社，2010 年 6 月）

2011：《中国创业板市场：成长与风险》（中国人民大学出版社，2011 年 3 月）

2012：《中国证券公司：现状与未来》（中国人民大学出版社，2012 年 5 月）

2013：《中国资本市场研究报告（2013）——中国资本市场：制度变革与政策调整》（北京大学出版社，2013 年 6 月）

2014：《中国资本市场研究报告（2014）——互联网金融：理论与现实》（北京大学出版社，2014 年 9 月）

2015：《中国资本市场研究报告（2015）——中国资本市场：开放与国际化》（中国人民大学出版社，2015 年 9 月）

2016：《中国资本市场研究报告（2016）——股市危机与政府干预：让历史告诉未来》（中国人民大学出版社，2016 年 7 月）

2017：《中国资本市场研究报告（2017）——中国金融监管改革：比较与选择》（中国人民大学出版社，2017 年 10 月）

2018：《中国资本市场研究报告（2018）——中国债券市场：功能转型与结构改革》（中国人民大学出版社，2018 年 8 月）

2019：《中国资本市场研究报告（2019）——现代金融体系：中国的探索》（中国人民大学出版社，2019 年 7 月）

总序：大道至简 ①

40 年来，中国发生了翻天覆地的变化。在庆祝改革开放 40 周年纪念大会上，习近平总书记代表中共中央对 40 年改革开放的伟大成就进行了系统总结。习总书记在讲话中特别强调的这三点，我印象非常深刻：

1. 党的十一届三中全会彻底结束了以阶级斗争为纲的思想路线、政治路线。

2. 改革开放是中国共产党的伟大觉醒。

3. 党的十一届三中全会所确定的改革开放政策是中国人民和中华民族的伟大飞跃。

总结改革开放 40 年，核心是总结哪些理论和经验要继承下去。中国在短短 40 年取得如此大的成就，一定有非常宝贵的经验，这些经验一定要传承下去。

第一，解放思想。没有思想解放，就没有这 40 年的改革开放。党的十一届三中全会是一个思想解放的盛会，因而是历史性的、里程碑式的大会。思想解放是中华民族巨大活力的源泉。一个民族如

---

① 本文是作者 2018 年 12 月 20 日在新浪财经、央广经济之声联合主办的"2018 新浪金麒麟论坛"上所作的主题演讲。作者将其作为本文集的总序收入其中。

果思想被禁锢了，这个民族就没有了希望。思想解放能引发出无穷的创造力。在今天，解放思想仍然特别重要。

第二，改革开放。改革就是要走社会主义市场经济道路，开放就是要让我们的市场经济规则与文明社会以及被证明了的非常成功的国际规则相对接。融入国际社会、吸取现代文明是改革开放的重要目标。

第三，尊重市场经济规律。改革开放40年来，我们非常谨慎地处理政府与市场的关系。在经济活动中，只要尊重了市场经济规律，经济活动和经济发展就能找到正确的方向。哪一天不尊重市场经济规律，哪一天我们的经济就会出问题、走弯路。这句话看起来像套话，实际上，在政策制定和实施中，是有很多案例可以分析的。有时候，我们经济稍微好一点，日子稍微好一些，就开始骄傲了，以为人能有巨大的作用。实质不然。我们任何时候都要尊重市场经济规律。

第四，尊重人才，特别是要尊重创造财富的企业和企业家。如果你不尊重人才，不尊重知识，不尊重创造财富的企业家，经济发展就会失去动力。有一段时间，我们对是否要发展民营经济还在质疑。我非常疑惑。作为经济学者，我认为，这个问题在20世纪80年代就已经解决了。为什么到今天，这种认识还会沉渣泛起？这有深刻的思想和体制原因。

我认为，这四个方面是我们要深刻总结的，要特别传承的。

我喜欢"大道至简"。在这里，所谓的"大道"，指的是通过改革开放来建设社会主义现代化国家。到2035年，我们要建设成社会主义现代化国家，到2050年，要建设成社会主义现代化强国。这就是我们要走的"大道"。面对这样一个"大道"，我们要"至简"，也就是要尊重常识，不要背离常识。我们不要刚刚进入小康，就骄傲自满，甚至还有一点自以为是。

过去 40 年来，我们虚心向发达国家学习，这是一条重要的经验。我们人均 GDP 还不到 1 万美元，还没有达到发达国家最低门槛，未来的路还很漫长，未来我们面对的问题会更复杂，还是要非常谦虚地向发达国家学习，包括管理经验和科学技术。

在这里，"至简"指的就是尊重常识。

第一，思想不能被禁锢。思想一旦被禁锢，我们民族的活力就会消失，国家和社会的进步就会失去源源不断的动力。一个民族的伟大，首先在于思想的伟大。思想之所以可以伟大，是因为没有禁锢，是因为这种思想始终在思考人类未来的命运，在思考国家和民族的前途。

在面对复杂问题时，我们要善于找到一个恰当的解决办法。世界是多样的，从来就没有现成的解决问题的办法，没有现成的经验可抄。面对当前复杂的内外部情况，我们必须根据新问题，不断去思考，找到好的办法。所以，解放思想、实事求是仍然是未来我们所必须坚守的正确的思想路线。这是过去 40 年来最重要的经验。

第二，坚定不移地走社会主义市场经济道路。我们没有其他的道路可走，我们决不能回到计划经济时代，那种经济制度已经被实践证明了，是一个没有效率、扼杀主体积极性的制度。走社会主义市场经济道路，市场化是基本方向。

第三，坚持走开放的道路。习近平总书记在 2018 博鳌亚洲论坛上说："开放给了中国第二次生命，开放给了中国人巨大的自信。"这个自信，是理性自信，不是盲目自信，不是自以为是。开放给了中国经济巨大的活力，中国经济最具有实质性成长的是 2001 年加入世界贸易组织（WTO）之后。一方面，我们的企业参与国际竞争；另一方面，开放拓展了视野，形成了一个符合 WTO 精神的社会主义市场经济体制及其规则体系。开放是一个接口，它让我们找到改革的方向。什么是改革的方向？就是符合全球化趋势、国际化规则，这是我们规则接口的方向。过去 40 年特别是加入 WTO 之后因为我们走了这条方向正确的道路，所以，中国经济腾飞了。开放永远要坚持下去。

第四，要毫不动摇地发展国有经济和民营经济，要始终坚持两个毫不动摇。当前，特别要强调的是，要毫不动摇地支持民营经济的发展，因为在这一点上，有些人是动摇的、怀疑的。20 世纪 80 年代已经解决了这种理论认识问题，也写进了《宪法》。尊重民营经济的发展，其本质就是要正确处理好政府与市场的关系。

这就是 "大道至简"。只要我们坚守这些基本原则，我们就能够找到解决未来复杂问题的思路和方法。

目录

发达而透明的资本市场是现代金融的基石

【作者题记】

本文是作者为其主编的《证券投资学（第五版）》（中国人民大学出版社 2020 年版）撰写的导论。为统一体例，中英文摘要、关键词和标题是作者收入本集时所加。

【摘要】

现代经济最显著的基本特征是经济全球化、市场一体化、资产证券化。在这些基本特征的背景下，现代经济伴随着经济全球化和金融市场一体化的步伐不断呈现出新的特征，其运行的轴心正在向现代金融业转移。因此，一个开放的经济体系要想在国际经济竞争环境中处于优势状态，既要有深厚的科学技术基础，又要有发达而健全的现代金融体系。现代金融不仅源源不断地为实体经济的运行和发展提供润滑及动力，而且更为重要的是，它推动着实体经济的分化、重组和升级。正是从这个意义上说，发达市场经济的本质就是金融经济。现代金融的基石是资本市场。是否有一个发达的资本市场是衡量一个经济体系的金融架构是处在传统金融还是处在现代金融阶段的特征性标志。推动资本市场的发展是推动中国由经济大国迈向经济强国的关键环节。正确认识资本市场对中国经济社会发展的作用，对于我们找到发展资本市场的正确道路、找到一个促使资本市场均衡动态增长并与实体经济相互促进的政策和路径，从而为资本市场的发展创造有利的外部条件有着重要的指导意义。

关键词： 现代金融　资本市场　金融机构　金融功能深化

Abstract

In the modern economies， the most prominent basic characteristics are economic globalization， market integration， and asset securitization. Under the background of these basic characteristics， the modern economies are constantly showing new features along with the pace of economic globalization and financial market integration， and their operating axes are shifting to the modern financial industries. Hence， if an open economic system tries to keep an advantage in the international economic competitive environment， it must have a deep scientific and technological foundation， as well as a developed and comprehensive modern financial system. Modern financial system not only continuously provides lubrication and power for the operation and development of the real economy， but more importantly， it promotes the evolution， reorganization and upgrade of the real economy. In this sense， the nature of the developed market economy is a financial economy. The cornerstone of modern finance is the capital markets. Whether it has developed capital markets is a characteristic indicator of whether the financial structure of an economic system is traditional or modern. Promoting the development of the capital markets is a key role in facilitating China's transition from an economic giant to an economic power. Understanding correctly the capital markets' role in China's economic and social development will help us to find the right direction for the capital markets' development， a policy and path that promotes the dynamic balanced growth of the capital markets and mutual improvement with the real economy. Therefore， it has an important guiding significance to create favorable external conditions for the capital markets' development.

Key words： Modern finance； Capital markets； Financial institutions； Financial function deepening

一

现代经济，既是一种以知识为本的经济，又是一种金融化的经济。现代科学技术在产业集群中大规模的扩散效应和对产业结构升级换代的加速度催化作用，是知识经济的基本内核，具有强大杠杆功能的现代金融的形成则是金融经济到来的重要标志。现代科学技术的发展及其在产业中的扩散，是现代经济增长的原动力，而现代金融则使这种原动力以乘数效应推动经济的增长。作为推动现代经济增长的两个巨轮，现代科学技术和现代金融缺一不可。在一个开放的经济体系中，如果仅有发达的科学技术而没有一个功能强大的现代金融体系，科学技术推动经济增长的效率就会受到影响，人类的知识资源就难以得到优化和高效配置；如果仅有一个发达的现代金融体系而没有强大的科学技术的支持，所谓的现代经济迟早都会进入泡沫经济状态。所以，一个开放的经济体系要想在激烈的国际竞争环境中处于优势状态，既要有深厚的科学技术基础，又要有发达且健全的现代金融体系。

二

对于现代经济的基本特征，人们有种种不同的概括。但是，经济全球化、市场一体化和资产证券化应是其最显著的特征。经济全球化意味着经济体系之间的分工越来越专业化，产业越来越精细化，意味着竞争基础上的合作比任何时候都重要，经济体系在相互竞争又相互合作的基础上各自获得比较优势和比较利益。市场一体化是经济全球化的必然延伸。市场一体化的基本含义是经济增长的诸要素通过没有阻碍的市场得以流动，从而提高要素的配置效率。随着经济体系的演变和升级，市场一体化的外延在发生重大变化。20 世纪 90 年代之前，市场一体化主要表现为贸易市场的一体化，WTO对世界贸易市场的一体化起了极其重要的推动作用。贸易市场的一体化提高了货物在不同经济体系之间的流动效率。人类社会进入 21 世纪之后，市场一体化的重心正在从贸易市场一体化转向金融市场一体化。市场一体化的这种转向，意味着经济结构的深刻变革。

资产证券化是金融市场一体化的重要基础。资产证券化的核心要义是，通过标准化的资产分割以提高资产的流动性，从而使风险流动和分散化成为可能。流动性是衡量资产是否具有投资价值或者是否可以投资的首要要素，是资产生命力的体现。没有流动性的资产，是不符合现代投资理念的。资产证券化的趋势将深刻地影响人们的投资理念和财富管理方式。经济全球化、市场一体化特别是金融市场一体化和资产证券化趋势，会从根本上影响或改变现代经济的运行方式和发展模式。

三

在经济全球化、市场一体化和资产证券化的大背景下，现代经济将呈现一系列新的特征。随着经济全球化和金融市场一体化进程的不断加快，经济体系之间将更加开放、更富有流动性，财富的聚合速度日益加快，市场竞争更加激烈，经济运行的轴心正在悄然地发生滑移，实体经济与现代金融的关系复杂且相互影响。与此同时，由于经济活动中金融杠杆的作用明显加强，经济运行的风险正在明显增大。随着资产证券化速度的加快，社会财富形态也在发生重要变化。财富的物质形态逐步淡化，资产或财富的金融化、证券化趋势日益明显。资产或财富处在快速流动的状态——财富或在流动中增值，或在流动中消失。我们真的即将或已经步入了金融经济的时代。

四

随着经济体系的演变和升级，全球经济运行的轴心似乎正在转向现代金融业，即使发生了 2008 年全球金融危机，这种转向似乎并没有停止。如果说 20 世纪经济运行的轴心是以钢铁、汽车等为代表的现代工业，那么 21 世纪经济运行的轴心正在向现代金融业转移。现代金融业不仅源源不断地为实体经济的运行和发展提供润滑及动力，而且更为重要的是，它推动着实体经济的分化、重组和升级。正是从这个意义上说，发达市场经济的本质就是金融经济。

现代金融之所以可以成为现代经济运行的强大发动机，就在于它具有一套设置精巧、功能卓越的杠杆系统。实体经济体系发展到今天，已经变得非常庞大而凝重。如果没有现代金融这个强大的发动机，现代经济就将步履蹒跚。

我们应当清楚地看到，现代金融一方面以其设置精巧、功能卓越的杠杆系统推动着日益凝重的实体经济不断运行和向前发展，从而在形式上维系着与实体经济体系的统一；另一方面，又在资产价格的变化和财富的聚合速度等方面表现出与实体经济相分离的趋势。作为现代金融体系重要基础的资本市场，其资产价格的变动趋势和幅度与实体经济运行状态的高度相关性，似乎正在受到越来越严峻的考验。"皮之不存，毛将焉附"这样的亘古真理，在今天真的受到了挑战吗？我经常在想，经济的金融化趋势，究竟是在加速推动经济的发展、结构的调整，从而使现代经济进入一种更高的境界，还是在根基上腐蚀直至摧毁现代经济体系，使其不断地进入一种"泡沫经济"的状态，从而使资本市场危机乃至不同程度的金融危机频频出现？它是通向光明的阳关大道，还是进入黑暗的万丈深渊？对于这些问题，现在要下一个明确的结论似乎为时过早，但有一点似乎可以肯定：人类社会不会倒退，物物交换的时代已经成为久远的历史。

五

可以确信，在今天的不同经济体系中，现代金融所扮演的角色和所起的作用是有差别的。在发达市场经济国家，现代金融在维系本国经济正常运转的同时，也在悄然无息地带着文明的面具掠夺、瓜分他国的财富。而在新兴市场国家（地区）和市场经济欠发达国家，现代金融一方面以杠杆化的功能快速推动着这些国家和地区的经济发展，另一方面又极有可能成为这些国家和地区的财富漏出机制。所以，现代金融既是维持全球经济持续增长的强大发动机，也是全球财富在国际重新分配的重要机制。这主要是因为，经济全球化和金融市场一体化的趋势，使财富及经济增长资源在国际流动的障碍得以渐渐消除，而财富的金融资产化和金融资产的证券化，又极大地提高了财富和资产的流动性。有迹象表明，今天的经济运行和财富流动速度要大大快于 20 世纪。在这种条件下，建立在强大杠杆系统基础上的现代金融体系，的确会成为一些国家瓜分另一些国家财富和资源的重要机制，成为小部分人瓜分大部分人财富的手段。19 世纪及其之前，世界市场的瓜分，财富和资源的掠夺，靠的是殖民政策。20 世纪前半叶靠的是战争，而现在似乎靠的是现代金融机器。我认为，在 20 世纪最后几年发生在亚洲一些国家的金融危机，以及 2008 年起源于美国次贷危机的全球金融危机就是现代金融阴暗面的充分暴露。最大限度地防止现代金融阴暗面的扩散，是当今世界重要国家的政府在金融领域面临的最重要任务。

六

在一个经济体系中，传统金融迈向现代金融的主要推动力是发达的资本市场。换句话说，是否有一个发达的资本市场是衡量一个经济体系的金融架构是处在传统金融还是处在现代金融阶段的特征性标志。所以，发达的资本市场是金融深化的催化剂，是现代金融体系的基石。试图清晰而准确地勾画出传统金融与现代金融的区别似乎并不十分容易，但以下三点应该说是显而易见的：

1. 与实体经济的关联度不同。传统金融与实体经济具有较高的关联度，实体经济的运行状况在传统金融体系中有比较明确的反映。现代金融与实体经济的关联度在慢慢减弱，实体经济的运行状况并不显著也不及时地反映在现代金融资产价格的变化上。比较常见的情况是，在现代金融体系中，金融市场资产价格的变化与实体经济的运行状况虽然可能保持趋势上的一致性，但两者的变动幅度短期内有着极其明显的差异，这并不是个案现象。较为经常的情况是，金融资产特别是权益类证券化金融资产的价格波动幅度要远远高于实体经济的变动（增长或衰退）幅度。[①] 如果我们对现代金融与实体经济的关系做这种理解和把握，那么有一种观点（或者说理论）似乎就应做适当的修正：当金融资产特别是权益类证券化金融资产的价格上涨速度快于实体经济增长时，就简单地认为金融体系出现了泡沫。这种观点或理论至少忽略了现代经济活动中财富或资产的金融化过程，忽略了伴随着这种金融化过程所引发的金融结构的市场化变化。

2. 在促进实体经济发展中所起的作用不同。传统金融主要是为实体经济的正常运行提供润滑或者说血液，在这里，实体经济是"皮"，传统金融是"毛"，传统金融完全服务于甚至依附于实体经济；而现代金融不仅为实体经济提供润滑或血液，还为其成长提供强大的推动力。正是从这个意义上说，现代金融已经成为现代经济的核心。

3. 作用原理不同。传统金融的作用原理是低杠杆化的。所谓低杠杆化是指资金运用的乘数效应较低。现代金融的作用原理是高杠杆化的，即资金活动具有明显的乘数效应。所以，与传统金融相比，现代金融的运行速度要快得多，效率要高得多，当然风险也要大得多。可以预计，在这种情况下，如果全球经济体系或其中的某些经济体发生危机的话，那首先肯定是金融危机；然后，可能扩散到实体经济。这与20世纪30年代的经济危机的逻辑顺序迥然不同。这一逻辑判断实际上已被2008年全球金融危机所印证。

七

必须明确，现代金融的一些消极阴暗面虽然存在，甚至还会有某种程度的扩散，但对经济发展与社会进步的巨大推动作用，仍是现代金融的主流功能。今天，经济体系之间的竞争主要体现在科学技术的竞争和金融能力的竞争上。对于中国这样一个经济潜力巨大且已成为全球第二大经济体的国家，必须要从

---

① 参见吴晓求. 实体经济与资产价格变动的相关性分析［J］. 中国社会科学，2006（6）.

国家战略的高度和经济发展的逻辑角度，而不是用实用主义的态度去认识和发展资本市场。

经过 40 多年的改革、开放和发展，中国已经从一个贫穷、落后、封闭的国家转变成一个具有较强竞争力、国际化程度越来越高、具有巨大潜在成长性的经济大国。1978 年，中国的 GDP 只有 3 679 亿元人民币，2000 年为 8.94 万亿元人民币。到 2018 年则超过 90 万亿元人民币，达到 90.03 万亿元人民币，约合 13.5 万亿美元。在经济规模快速扩张的过程中，建立在比较优势基础上的现代制造业发挥了关键作用。过去 40 年，由全球经济结构调整而引发的全球制造业向中国大规模地转移，成就了中国经济大国的地位。中国现在正面临着一个新的战略目标：如何从一个经济大国转变成一个经济强国？

关于经济强国的标志，研究者提出了很多指标，除了经济规模这一基础指标外，财富规模一定是其中最核心、最重要的指标。随着金融市场特别是资本市场的发展，金融资产特别是证券化金融资产正在成为社会财富的主要表现形式。在目前的经济金融结构下，一个国家由经济大国迈向经济强国过程中的一个趋势性指标是金融资产特别是流动性强的证券化金融资产一定会呈现出较快增长的态势。中国也不例外。

在现代金融的诸多功能中，有一个功能应给予充分关注，那就是建立在市场定价机制和存量资产证券化基础上的财富孵化、贮藏和增值功能。现代金融的这种财富杠杆化增值功能，主要来源于资本市场。经济的持续增长、经济规模的不断扩大和经济竞争力的增强，从资本市场角度看，意味着推动经济增长的存量资产价值的大幅提升。如果将这些存量资产不断证券化，基于资本市场的杠杆效应，那就意味着证券化金融资产（其中主要是权益类金融资产）的规模和速度会以高于实际经济的成长规模和速度成长。所以，可以得出这样的结论，一个国家金融资产特别是证券化金融资产的较快成长（有人把这种成长称为金融资产的膨胀）的基本前提是：经济的持续增长，经济规模的不断扩大，推动经济持续成长的存量资产（主要是权益类资产）证券化趋势以及资本市场合理的定价机制。基于这种分析，可以得出这样一种判断：伴随中国经济的持续成长，由于（权益类）资产证券化趋势日益明显并有加快的迹象，在未来相当长的时期里，中国的金融资产特别是证券化金融资产会有一个较快速度的成长和发展，以致人们认为金融资产进入了一个膨胀时期。这样的金融资产膨胀实际上是一种不可逆的趋势。虽然2008年由美国次贷危机而引发的全球金融危机使这种快速增长的趋势暂时得以收敛，但增长的趋势并没有停止。这种不可逆的趋势也就是中国由经济大国转向经济强国的重要特征之一。

存量资产特别是权益类存量资产的大规模证券化过程，从传统金融视角看，就是金融资产的膨胀过程。这种膨胀的动力来源于金融结构的内部裂变，即具有财富成长杠杆效应的来自资本市场的证券化权益类金融资产以比传统非证券化的金融资产快得多的速度在成长。中国目前正处在这样一个金融结构裂变的时期。正是从这个意义上说，中国资本市场具备了大发展的基本条件。

上述分析实际是在说明这样一个道理或描述这样一个逻辑过程：资本市场是存量资产特别是权益类存量资产大规模证券化的基本平台，是存量资产市场化定价的平台，是金融结构发生裂变的平台，进而是金融资产增长的平台。所以，资本市场发展在推动中国由经济大国迈向经济强国的过程中起着特别重要的作用。

八

中国资本市场的发展，将使中国成为一个资本大国。中国成为资本大国，是中国金融崛起的主导力量和核心标志。中国金融的崛起或许是21世纪前半叶全球金融最重大、最波澜壮阔的历史事件，资本市场也越来越成为21世纪大国金融博弈的舞台。随着中国金融的发展和不断崛起，作为2008年全球金融危机最重要的后果之一，国际金融秩序和金融市场格局正在发生或将要发生重大的甚至是格局性的变化，国际货币体系会因为人民币的国际化而发生结构性变革。

随着人民币国际化的推进，人民币未来将成为全球最重要的三大国际性货币之一，因而以相对发达的资本市场为核心的中国金融体系也将成为全球多极金融中心之一极，将成为人民币及人民币计价资产的定价中心，拥有人民币及人民币计价资产的定价权。

全球金融中心之一极正在向中国漂移。

时至今日，虽然在发展过程中历经曲折磨难，但金融结构变革的逻辑使我们仍然坚信中国的这一金融战略目标的正确性和可行性。

九

然而，客观现实似乎展现出另一种景象。在中国发展资本市场的近 30 年时间里，对投资者而言，曲折多于坦途，磨难多于希望，痛苦多于喜悦。中国资本市场曲折磨难的历史与我们设计的战略目标，游离多于渐近。为什么会是这样呢？应该说与我们长期误读资本市场有关，与我们没有正确理解资本市场在中国经济社会发展中的特殊作用有关。

在中国资本市场的政策设计和发展理念中，在相当时期里，我们都是重资本市场的融资功能，轻资本市场的投资功能；重为企业（上市公司）服务，轻为投资者服务；关注资本市场资金池的作用，忽视资本市场资产池的培育。时至今日，这种误读仍在延续。

事实上，对资本市场而言，核心功能正好与我们的误读相左：投资的功能甚于融资的功能，为投资者服务或者说保护投资者利益甚于关注融资者（企业）的利益，资产池的作用大于资金池的作用。

正确认识资本市场在中国经济社会发展中的作用，是发展资本市场的重要前提。我们认为，在中国，资本市场在推动中国经济发展和社会进步中至少具有以下六个方面的作用：

1. 资本市场作为现代金融的核心，推动着中国经济的持续快速增长。

截至 2018 年底，中国经济规模（GDP）达到 90.03 万亿元人民币，约合 13.5 万亿美元。资本市场从资本筹集、公司治理、风险释放、财富增长和信息透明度等方面不仅推动了经济的持续增长，而且大大提升了经济增长的质量。

2.资本市场加快了社会财富特别是金融资产的增长。

经济的发展需要财富的集聚和优化配置，社会的进步需要以财富的大幅度增加为前提。没有社会财富的增加，说社会会进步，这不可信。以资本市场为基础的现代金融体系，不仅是经济增长的发动机，而且从理论上说为社会创造了一种与经济增长相匹配的财富增长模式，建立了一种经济增长基础上的人人可自由参与的财富分享机制。当然，从中国的实践看，这个作用似乎有很大削弱。

3.资本市场为中国企业特别是国有企业的改革和机制转型提供了天然的市场化平台，从而极大地提升了中国企业的市场竞争力。

没有资本市场，中国企业特别是国有企业就不可能建立起真正意义上的现代企业制度。资本市场使单个股东或者少数股东组成的企业成为社会公众公司，对中国企业来说，这就是一种彻底的企业制度变革。这种制度变革，使中国企业从为所欲为、无知无畏的盲流心态，转变成既有制约又有激励的现代企业机制。

4.资本市场推动了中国传统金融体系的变革，进而使其逐渐向现代金融体系演变。

所谓的现代金融体系，是指以资本市场为基础的金融体系；所谓的传统金融体系，是指以传统商业银行为基础的金融体系，也就是没有资本市场或者说资本市场不发达条件下的商业银行主导的那个金融体系。在现代社会，金融体系不仅是资源配置的机制和媒介资金供求关系的机制，而且还是一种风险分散机制。以资本市场为基础的金融体系，已然具有资源配置特别是存量资源调整、分散风险和财富成长与分享这三大功能，这就是在中国必须发展资本市场的根本原因所在。

5.资本市场发展培育了数以千万计的具有风险意识的投资者，从而极大地提高了中国投资者群体的政策意识、大局意识、金融意识和民主意识。

从来没有一所学校，也从来没有一种教育方式，能像资本市场那样，让中国的普通老百姓、普通的投资者那样真切地关心国家大事，那样深入地了解国家政策的变化，那样富有理性地行使经济民主权利。例如，投资者很关心"大事件"的发生，关心货币政策会有什么变化，关心为什么提高存款准备金而不加息，关心经济增长模式的转型，关心中美经贸关系的未来变化，等等，这些问题过去都是经济学家和政府部门关心思考的，现在我们数以百万计的投资者都在思考这样宏大而高深的问题。投资者不仅关注国内大事，也关心国际大事。他们关心中美经贸摩擦对我们有什么影响，关心美联储的量化宽松（QE）政策，甚至关心美日联合军事演习，如此等等。资本市场让他们关心我们国家的未来，关心国际安全，关心经济政策的变化。试问，有哪一所学校能做到这些？

资本市场使投资者富有理性地行使经济民主的权利。投资者在研究信息之后，如果发现这家企业没有成长性，不值得投资，他们就会"用脚投票"。这种决策是富有理性的。参加股东大会，任何股东都可以民主地表达自己的看法。

因此，在中国，资本市场既是投资者的乐园、经济前行的"发动机"，也是现代社会公民意识孕育的摇篮。而这正是中国社会文明、民主、法治建设的重要基础。资本市场对投资者风险意识的形成、国民素质的提高、公民意识的培育，比任何流于形式的口头教育都要好得多。

6.资本市场给全社会提供多样化的、收益风险在不同层次匹配的、可以自主选择并具有相当流动性的证券化金融资产。

在消费品市场上，我们经常强调消费者对消费品的自主选择权，这是消费者自主权的核心内容，也是市场经济发达的重要标志。与消费者的自主选择权相对应的是，投资者也必须拥有自主选择投资品或资产的权利，这既是一国市场经济发达程度的重要标志，也是金融市场发达的重要标志。给投资者提供多样化的、不同收益与风险相匹配的、具有充分流动性且信息透明的金融产品，是一国金融体系和资本市场的基本任务。

金融压抑有种种表现，其中对投资者自主选择金融资产权利的压抑，是金融压抑的典型形式。资本市场的大发展，将彻底释放这种压抑，从而使金融投资充满活力和创造力，这正是经济充满活力的重要源泉。

如果我们能从这样的高度去理解发展资本市场的重要意义，我们就能找到发展资本市场的正确道路，就能找到促使资本市场均衡动态增长并与实体经济相互促进的政策和方法。

十

正确的认识必须通过恰当的政策来体现。要使中国资本市场发展与实体经济相匹配并具有可持续性，我们必须调整发展中国资本市场的政策重心，寻找基于全球视野的中国资本市场的政策支点。

在相当长的时期里，由于我们没有正确理解发展资本市场的战略意义，严重误读资本市场。需求管理政策实际上成为中国资本市场发展的主导政策。在实际操作中，这种主导中国资本市场发展的需求管理政策又演变成一种以抑制需求为重点的政策。如果市场出现了持续性上涨，通常都会归结为由过量的需求造成的，随之而来的是不断出台抑制证券投资需求的政策，以防止所谓的资产泡沫化。如果长期实施这样的需求管理政策，必然严重压抑资本市场的成长，使资本市场呈现出一种周而复始的简单循环过程，在较低的层面上不断地复制一个个运行周期。在这样的政策环境支配下，资本市场既没有任何发展，也不可能对实体经济的成长和金融体系的变革起到任何积极作用。中国近 30 年资本市场发展的过程基本上就处在这样一个周而复始的状态。

要使中国资本市场走出原有的无效率的运行周期，除了必须进行制度变革、端正认识和厘清战略目标外，还必须制定与战略目标相匹配的发展政策，寻找推动中国资本市场发展的政策支点。这样的政策是什么？政策支点又在哪里？

我认为，当前中国资本市场的政策取向一定是发展型政策。这种发展型政策的核心理念必须是供给优化主导型的，而不是需求管理主导型的。现行中国资本市场政策的支点在于扩大供给、优化结构并合理地疏导需求。单一抑制需求的政策理念必须摒弃。

在资本市场上，税收政策是最典型也是最有影响力的需求管理政策。在资本市场上，频繁运用税收政策来影响人们的投资行为以达到调控市场的目的，是对发展资本市场战略意义认识不清的典型表现，对市场的正常发展会带来全面的负面影响，也会人为地加剧市场波动。从长期看，势必严重阻碍市场的正常成长。所以，在资本市场发展过程中，特别是对中国这样一个新兴加转型的市场而言，一定要慎用税收杠杆，要保持税收政策的稳定性。

在资本市场上，针对二级市场投资行为的税种主要有证券交易印花税和资本利得税。证券交易印花税对二级市场的交易行为、交易量和市场流动性会产生直接的影响，短期内具有类似于市场"清醒剂"的作用。而资本利得税则是从根本上改变市场的收益—风险结构，从而对市场资金流向产生重大影响。从已有的实践和资本市场现状看，开征资本利得税势必严重阻碍资本市场发展，甚至会引发市场危机。从中国资本市场发展战略出发，在相当长时期里，我们绝不可通过开征资本利得税来抑制人们的投资行为，而只能通过结构性金融政策去疏导人们的金融投资需求。

如前所述，在中国，发展资本市场的政策重心在于优化供给，或者说供给政策是中国资本市场的主导型政策。这种主导型供给政策的核心内容是在优化结构的基础上适时、适度扩大供给。

十一

与供给政策相匹配，中国资本市场的需求政策有两个基本点：一是积极疏导内部需求，不断调整金融资产结构，推动居民部门金融资产结构由银行存款向银行存款和证券化金融资产并存的格局转变。不断提高证券化金融资产在金融资产中的占比，是中国金融结构市场化改革的重要目标。二是大力拓展外部需求，引进境外投资者，逐步提高境外投资者在中国资本市场中的投资比重。这是中国资本市场对外开放和实现市场供求关系动态平衡的重要措施，对中国资本市场的国际化意义重大。

1. 积极疏导内部需求是当前中国资本市场需求疏导政策实施的基本要点。我们必须摒弃长期以来所形成的抑制需求（即抑制资金进入资本市场）

的政策理念。经过 40 年的改革开放和发展，中国社会已经进入金融资产结构大调整的时代，投资者期盼着收益与风险在不同层次匹配的多样化金融资产的出现。在金融资产结构正在发生裂变的今天，投资者越来越偏好收益与风险在较高层次匹配并具有较好流动性的证券化金融资产，已是一个不可逆的基本趋势。正确的政策应是顺势而为，而不是逆势而动。

这里所说的内部需求是指居民部门对各类金融资产的需求，而疏导内部需求是指基于投资者对证券化金融资产的偏好，通过政策的引导而使其资金源源不断地进入资本市场以改革传统金融资产结构的过程。在这里，内部需求分为增量需求和存量需求。增量需求仅指投资者现期收入减去现期消费之后剩余部分对证券化金融资产的需求，而存量需求则是指投资者存量金融资产结构调整过程中对证券化金融资产的需求。提高增量资金进入资本市场的比例，是资本市场需求疏导政策的第一步，也是短期政策的重点。而通过调整存量金融资产结构以引导存量需求、不断增加存量资金进入资本市场的规模是资本市场需求疏导政策的长期措施。

2. 不断扩大资本市场的对外开放度，积极稳妥地拓展外部需求，逐步形成一个与巨大潜在供给相对应的外部超级需求，是中国资本市场需求政策调整的战略重点。

股权分置改革的成功，已使中国资本市场进入了全流通的时代。全流通使中国资本市场的流通市值已经超过 40 万亿元人民币，存量减持套现的压力日益增大。面对大规模的存量供给压力，仅靠疏导内部需求是难以达到市场的战略平衡的，必须寻找与此相匹配的外部超级需求者。对中国资本市场来说，合格境外机构投资者（QFII）、人民币合格境外机构投资者（RQFII）等虽然是外部需求者，但绝不是外部超级需求者。伴随着中国金融体系改革和资本市场的对外开放，外部超级需求者的形成可能是一个渐进的过程，或许要经过一个从高门槛的 QFII 到 QFII 的泛化，再到境外（国外）一般投资者的进入这样的演进过程。就中国资本市场的战略目标而言，引进外部超级需求者显得迫切而重要。

十二

在未来，中国资本市场要成为全球重要的资产配置市场，要实现中国金融的崛起，从而成为 21 世纪全球新的金融中心，以下两个外部条件是基本前提。

（一）人民币国际化

我们认为，随着中国经济实力的不断增长和经济的不断开放，人民币国际化进程需要加快。中美经贸关系的巨大不确定性，的确为人民币国际化带来了新的不确定性因素，但中国经济不断扩大开放以及国际经济间的合作仍是一个基本趋势。我们有理由相信，人民币成为国际金融市场上完全可自由兑换的货币，只是一个时间问题。在此基础上，人民币成为国际金融市场上与美元和欧元并重的三大国际性货币之一，也并不是一个不可企及的战略目标。人民币国际化将为中国资本市场的发展和中国金融的结构性改革提供良好的外部金融环境，是使中国资本市场成为全球多极金融中心之一极最重要的基础条件之一。具有良好信用且有充分流动性和开放度的人民币，给人民币计价资产带来了持续的良好预期。

（二）构造以提高市场透明度为核心的资本市场法律制度和规则体系

良好的法律制度和法制环境对中国资本市场的发展和金融的结构性改革至关重要，其中资本市场法律制度和以此为基础而制定的规则体系的不断完善最为重要。中国资本市场法律制度的建设和规则体系的完善，必须体现两个基本原则：

一是透明度原则，即资本市场法律制度的建设和规则体系的完善，必须保证市场具有足够的透明度。从世界各国的实践看，透明度是资本市场赖以存在和发展的基石，是资本市场功能得以充分发挥的必要条件，是"三公"

原则实现的基础。透明度的核心是信息披露的真实性和公开性。[①]中国资本市场法律制度和规则体系近几年虽然有了一定的完善，但从总体上看，仍存在很大缺陷。[②]透明度不足是中国资本市场未来进行战略转型和实现战略目标面临的最严重挑战之一。

二是国际惯例原则。受股权分置等历史因素的影响，在相当多的方面，中国资本市场的法律制度和市场规则体系仍体现了"中国特色"。过于"中国特色"的资本市场法律制度和规则体系，显然不利于中国资本市场的开放和发展，也是中国资本市场成为全球多极金融中心之一极的严重障碍。总体而论，就中国资本市场的法律制度和规则体系来说，体现"国际惯例"是其主流，否则这种法律制度和规则体系就会成为中国资本市场国际化的阻碍力量。

中国特色的资本市场法律制度和规则体系赖以存在的制度基础——股权分置已经成为历史。我们进入了一个制度规范的时代。所以，我们应当用战略的眼光，用建设一个强大的资本市场的目标，前瞻性地制定和完善与中国资本市场战略转型和战略目标相适应的法律制度和规则体系。[③]一个体现公平、正义、透明、发展理念的法律制度，将使未来的中国成为一个富裕、文明、和谐的现代中国。

十三

资本市场发展经历了数百年的漫长历史，其中有欢乐、有悲怆，有理性繁荣、有泡沫破灭，有对未来的憧憬和期待，也有落花流水般的无奈心情，这是资本市场的天然属性。人类社会进入 21 世纪后，资本市场发展除了难改

---

① 参见吴晓求.中国资本市场分析要义［M］.北京：中国人民大学出版社，2006：166-168.
② 参见吴晓求.中国资本市场分析要义［M］.北京：中国人民大学出版社，2006：170-176.
③ 参见吴晓求，等.中国资本市场研究报告（2013）——中国资本市场：制度变革与政策调整［M］.北京：北京大学出版社，2013；参见吴晓求.中国资本市场：从制度和规则角度的分析［J］.财贸经济，2013（1）.

其天生属性外，也呈现出一些新的特征、新的变化，那就是资本市场从来没有像今天这样如此重要、如此令人瞩目。在中国，资本市场的变化一直是人们最关注的热点问题之一。在经济全球化和经济金融化的今天，放眼望去，资本市场似乎悄然成为大国金融博弈的核心平台，而金融博弈是国际经济竞争的支点。

资本市场之所以成为全球大国金融博弈的核心平台，主要是因为：

1. 现代金融的基石是资本市场，资本市场在资源配置过程中发挥着难以替代的基础作用。

2. 资本市场越来越成为现代经济的强大发动机。这种强大发动机集增量融资、存量资源调整、财富创造和风险流量化等功能于一身，以精美绝伦的结构性功能推动着日益庞大的实体经济不断向前发展。

3. 资本市场在推动实体经济成长的同时，也在杠杆化地创造规模巨大、生命力活跃的金融资产，并据此催生着金融结构的裂变，推动金融的不断创新和变革。

4. 资本市场通过改变财富的流动状态而使风险由存量状态演变成流量状态，金融风险的流量化使风险配置成为一种现实的可能，使现代金融成为一种艺术，使金融结构的设计成为一种国家战略。

我们必须用这样的理念、从这样的高度去理解资本市场，只有这样才能找到发展资本市场的正确道路。

参考文献

［1］吴晓求. 实体经济与资产价格变动的相关性分析［J］. 中国社会科学，2006（6）.

［2］吴晓求. 中国资本市场分析要义［M］. 北京：中国人民大学出版社，2006.

［3］吴晓求，等. 中国资本市场研究报告（2013）——中国资本市场：制度变革与政策调整［M］. 北京：北京大学出版社，2013.

［4］吴晓求. 中国资本市场：从制度和规则角度的分析［J］. 财贸经济，2013（1）.

现代金融体系：基本特征与功能结构 ①

【作者题记】

此文是作者与许荣教授等一起合作的论文，发表于《中国人民大学学报》2020 年第 1 期。

【摘要】

中国经济高速发展、产业结构升级换代、风险管理与财富管理需求增长共同决定了中国未来所构建的现代金融体系是市场主导型的金融体系。现代金融体系的基本特征是高度市场化、高科技、开放性、风险分散性，能够充分发挥融资与财富管理、支付清算、金融资源跨时空配置的功能。开放、透明且具有成长性预期的资本市场将成为现代金融体系的重要基石。商业银行赖以生存的基础和环境将会发生重大的变革。通畅的货币市场主要负责流动性管理，与商业银行共同形成现代金融体系的血液循环系统。同时发达的衍生品市场、成熟的外汇市场则将满足丰富的金融服务需求，成为现代金融体系的重要组成部分。现代金融体系在资产结构、风险结构和微观结构上的变化将包含对金融监管模式、架构、重点、方式上的新要求。

关键词：现代金融体系　市场主导型金融体系　资本市场　金融监管

---

① 作者还有许荣、孙思栋，同时丁月梅、王子豪、陈果参与了部分文献和数据的整理工作。

Abstract

The rapid development of China's economy, the upgrading of industrial structure, the increasing demand for risk management and wealth management jointly determine that the modern financial system that China will build in the future is a market-based financial system. This financial system is characterized by market-oriented and technology-based, open and risk-dispersive, and it has excellent functions of financing, wealth management, convenient payment and financial resource allocation across time and space. In the future an open and transparent capital markets with growth expectations will become an important cornerstone of the modern financial system. The foundation and environment on which commercial Banks live will undergo great changes. The unimpeded money market is mainly responsible for liquidity management, and forms the blood circulation system of the modern financial system together with commercial Banks. Meanwhile, the developed derivative market and mature foreign exchange market will meet the demand for financial services and become important parts of the modern financial system. Finally, the changes in the asset structure, risk structure and microstructure of the modern financial system will take new requirements on the mode, structure and focus of financial supervision.

Key words: The modern financial system; Market-based financial system; Capital market; Financial supervision

经过 40 年改革、开放与发展，中国金融的规模、结构、业态和功能都朝着市场化方向发生了难以逆转的根本变化，为构建与中国大国经济匹配的大国金融奠定了坚实的基础。[①] 本文认为，未来中国要构建的大国金融，其实质就是基于发达金融市场特别是资本市场的现代金融体系。

[①] 吴晓求.改革开放四十年：中国金融的变革与发展［J］.经济理论与经济管理，2018（11）.

一、现代金融体系的基本特征

一般而论，现代金融体系有两种基本形态：一是以市场（这里主要指金融市场特别是资本市场）为主导的金融体系；二是以银行为主导的金融体系。作为金融改革的战略目标，中国应选择何种金融体系，《市场主导与银行主导：金融体系在中国的一种比较研究》[①]一书中已作了较为充分的阐释，明确提出中国未来所构建的现代金融体系是市场主导型的金融体系。

（一）中国所构建的现代金融体系为什么是市场主导型——全球视角的讨论

经济发展水平决定了金融体系的规模与结构。在一国经济增长的同时，其金融体系整体发展水平和内部结构将发生什么样的变化？关于这个问题的研究最初可以追溯到 Goldsmith（1969）[②]，他指出"当国家经济发展的时候，银行与经济产出规模的比值会变得更大"，同时"一国经济增长的时候，非银行金融机构和股票市场在规模和重要性上会和银行同步增长"。此后，"金融结构"成为金融学术界关注的焦点。Demirguc-Kunt 和 Levine（2004）[③]在跨国比较研究的基础上发现，在收入更高的国家中，股票市场表现得比银行更活跃、更有效率。Allen 等（2013）[④]针对 20 世纪 90 年代以来全球金融体系分布与发展情况的分析发现，高收入国家的金融体系在整体上更偏向于市场主导，同时其股票市场、债券市场的发展速度也远超低收入国家。也就是说，当一国更加富裕的时候，其金融体系可能会变得更加偏向市场主导。

第一，经济增长到更高阶段，股票市场规模扩大、表现活跃、更有效率。

① 吴晓求，赵锡军，瞿强，等.市场主导与银行主导：金融体系在中国的一种比较研究［M］.北京：中国人民大学出版社，2006.

② Goldsmith，R.W. Financial Structure and Development［M］.Yale University Press，1969.

③ Demirguc-Kunt and Levine. Financial Structure and Economic Growth：A Cross-Country Comparison of Banks，Markets，and Development［M］.the MIT Press，2004.

④ Allen et.al. Financial Intermediation，Markets，and Alternative Financial Sectors［M］//Handbook of the Economics of Finance，2013（2A）：759-796.

图 1 反映了全球各国股票市场在 2016 年和 2017 年的发展情况。该图将不同国家按照居民收入水平分为三个层次 [1]：高收入国家、中高收入国家、中低收入国家，分别比较了不同富裕程度的国家股票市场的规模、活跃度和效率的差异。其中，参考 Demirguc-Kunt 和 Levine（2004）的评价方法 [2]，用资本化率（Market Capitalization as a Share of GDP）即国内上市的本国股票总市值与当年 GDP 之比衡量股票市场的规模，用股票交易率（Total Value Traded as a Share of GDP）即国内交易所上市本国股票的交易量除以 GDP 的比值来衡量市场活跃度，用换手率（Turnover Ratio）即国内交易所上市的本国股票的交易量除以总市值来衡量市场效率，结果发现：（1）居民收入越高，股票市场的规模越大；（2）居民收入越高，股票市场表现越活跃；（3）居民收入越高，股票市场越有效率。

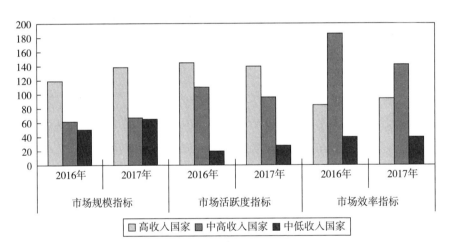

图 1　2016 年和 2017 年股票市场在不同收入国家的比较

（资料来源：世界银行）

---

[1]　分类标准采取世界银行的标准，该分类中不包含低收入国家，是因为其股票市场数据缺失。

[2]　相当多文献采取这些指标衡量金融市场的发展程度，如 Cihak et.al.（2013），Hasan、Horvath 和 Mares（2018）。类似的指标还有债券总市值除以 GDP 衡量一国债券市场规模。见 Cihak., Demirguc-Kunt., Feyen., Ross Levine. Financial Development in 205 Economies，1960 to 2010［J］*Journal of Financial Perspectives*，2013（1）：17–36. Hasan，Horvath，Mares. What Type of Finance Matters for Growth？ Bayesian Model Averaging Evidence［J］.*World Bank Economic Review*，2018（32）：383–409.

第二，经济增长到更高阶段，金融体系会更倾向于"市场主导型"。

（1）"银行信贷／股市交易比率"[①]（Bank Credit vs. Trading）。该指标是用银行信贷规模除以国内总股票交易量，从股票市场、银行相对活跃度的视角考察金融结构。指标越大表明在该国金融体系中银行相对于股票市场越活跃。

图2显示了2015年和2016年不同收入水平国家"银行信贷／股市交易比率"的测算情况。我们从图中可以看出，比较富裕的国家股票市场相对于银行而言更加活跃，在整体上金融结构更倾向于"市场主导型"。

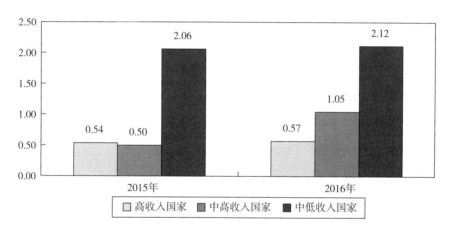

图 2　2015 年和 2016 年银行与股票市场相对活跃度：不同收入国家的比较

（资料来源：世界银行）

（2）相对效率指标。该指标是从银行和股票市场相对效率的角度来考察金融结构。我们用股市总交易量／GDP 即"股票交易率"[②]分析股票市场的效率。对于银行的效率，我们可以用两个指标衡量：一是"管理费用

---

① 虽然该指标可以清楚地描绘银行与股票市场相对活跃程度的大小，但还需要通盘考虑效率、规模等因素才能对一国金融体系是属于"市场主导型"还是"银行主导型"作出较为合理的判断。Demirguc-Kunt 和 Levine（2004）对此有深刻的评述。

② 在考察金融结构时，本文没有采用"换手率"来分析股票市场效率，是为了避免将那些交易活跃但是规模很小的市场判断为"市场主导型"金融体系。"市场主导型"的金融体系是指那些相对于银行体系来说，有一个规模较大并且交易活跃的股票市场的金融体系。

率"① （Overhead Costs），该指标等于银行的管理费用除以银行总资产，但运用该比值来判断银行效率的高低比较复杂；二是"银行净利差率"（Bank Net Interest Margin），该指标等于银行全部利息收入减去利息支出的利差值除以银行总资产，较小的利差率通常被视为更高的竞争和效率。这样一来，我们可以产生两个复合指标来衡量股票市场的相对效率：一是"交易率 / 管理费用率指标"（Trading vs. Overhead Costs），该指标等于（股市总交易量 /GDP）× 银行管理费用率；二是"交易率 / 利差率指标"（Trading vs. Interest Margin），该指标等于（股市总交易量 /GDP）× 银行净利差率。一般认为，这两个指标值越大表明股票市场相对于银行越有效率。

图 3 显示了不同收入水平国家"交易率 / 管理费用率指标"和"交易率 / 利差率指标"这两个相对效率指标的测算情况。我们从中可以看出，比较富裕国家的两个指标值较大，这表明其股票市场相对于银行更有效率，整个金融体系更偏向于"市场主导型"。

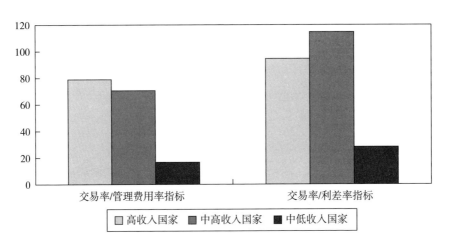

图 3　2016 年银行与股票市场的相对效率：不同收入国家的比较

（资料来源：世界银行）

---

① 低管理费用率往往被视为具有较高效率，因为超出正常水平的管理费用可能反映了浪费和缺乏竞争力。但提供高质量金融服务时，也可能产生较高的管理费用。因此，单纯运用该指标判断银行效率比较复杂。

总而言之，全球范围内的比较分析发现，若国家越富裕，股票市场在其金融体系中发挥的相对作用越强。一些最新研究发现，中国金融历史变迁的特征也符合经济增长与金融结构的上述联系。[①]

是否可以由此断定中国未来应当构建市场主导的金融体系？可能为时尚早。虽然富裕国家的金融体系整体上更类似市场主导，但日本、德国却更偏向于银行主导。如果从经济发展路径上分析，可以发现，虽然市场主导和银行主导的金融体系都能在金融资源配置上做得很成功，但是市场主导型国家可能在创新技术、新兴产业上更成功，比如英国和美国，而银行主导型国家在学习和推广成熟技术产业方面效率更高，比如日本和德国。因此，应基于金融结构与产业政策的匹配性等方面继续分析中国应选择什么样的金融体系。

（二）中国所构建的现代金融体系为什么是市场主导型——中国情景的分析

中国金融发展与变革的历程表明，实体经济需求与金融制度供给之间有着密切的联系。中国经济的发展带来了居民收入增长和产业升级加速。随之而来的是，家庭部门在财富管理上开始追求更高层次的风险收益，企业部门则在日益复杂的经济环境中形成了分散风险、降低融资成本的需求。两者共同决定股票、债券、衍生品市场的蓬勃发展并推动和刺激了与之匹配的货币市场、外汇市场和金融服务提供商。伴随着全社会金融资产结构的变化，出现了金融功能的升级、风险结构的转变、金融业态的革新并对金融监管体系的改革提出了要求。该逻辑推演与理论框架在笔者多篇文章中有分散的阐述，图4从金融制度供给与需求的角度对此进行了归纳。基于该框架，本文选取产业结构、风险管理、家庭金融资产配置三个视角在本国情景下讨论为什么中国应建立市场主导型的现代金融体系。

---

① 吴晓求.改革开放四十年：中国金融的变革与发展［J］.经济理论与经济管理，2018（11）.

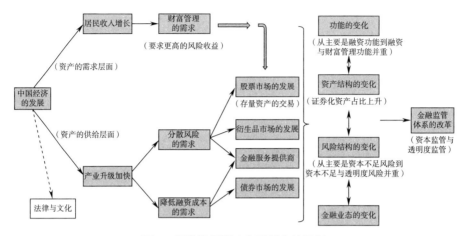

图4 经济发展影响金融制度的机制

1. 基于产业结构的分析

随着技术升级加速、产业周期缩短和市场竞争加剧，现代经济正从传统的资本密集型转向新兴的科技主导型，从而对金融体系的演进产生重要影响。由于不同产业之间的技术性质不同，企业项目的初始投资额、生命周期、持续投入都存在差异。发达的金融市场可以有效分散风险、降低融资成本，有助于发展初期的新产业实现超比例增长，进而转化为主导产业。也就是说，市场主导型金融体系具备更高的风险容忍度，更适合高研发投入、高技术创新的经济体，因此，更满足当前和未来一段时间中国产业升级与经济转型的需要。

相比之下，在金融市场欠发达的国家，那些能产生较好营运现金流的产业增长会更快，这些产业一般属于传统行业。不同特性的产业在成熟过程中依赖外部金融和权益融资的时间与程度不同。高风险行业需要更长时间的外部金融（特别是金融市场）培育，但是在产业成熟后能产生非常优秀的营运现金流，几乎不再需要外部金融支持。而传统产业需要外部金融和权益融资支持的时间较短，能很快创造出营运现金流。但是这种产业成熟后的利润空间和营运现金流量有限，仍需要外部金融支持以扩大生产规模。因此，具备银行主导型金融系统的国家虽然促进产业创新的能力不足，但在成熟技术的学习和传播上具有比较优势，表现出了强大的学习能力。这较好地解释了为什么近代的新兴产业总是在美国首先成功，并在获得社会广泛认可之后再转移到日本、德国。

《金融经济学杂志》（*Journal of Financial Economics*）上的两篇实证文献在一定程度上证实了上述理论推演。Hsu 等（2014）[①] 基于 34 个发达经济体与新兴经济体数据，研究了股票市场和信贷市场的发展程度对于一国创新水平的影响。结果表明，股票市场与信贷市场的发展程度对于创新的影响方向相反：股票市场发展有助于创新，其发展程度每提高 1 个标准差，下一年创新增长指标会提升 3.01%~5.78%；然而信贷市场发展却会阻碍创新，其发展程度每提高 1 个标准差，下一年的创新增长指标反而下降 3.47%~5.62%。根本原因是企业对股东与债权人的支付方式不同。债权人往往比较保守，为了实现收益的稳定性而不愿意投资具有较高不确定性的创新项目。相比之下，股权市场中的投资者对于不确定性的承受能力更强。Acharya 和 Xu（2017）[②] 通过分析外部融资依赖程度与公司创新水平间的关系，比较了上市公司与非上市公司的创新活动，发现和非上市公司相比，上市公司的专利数量更多、质量更优、新颖度更高，其中依赖外部资本进行融资的上市公司比依赖内部资本的上市公司和非上市公司有更好的创新表现。这些实证结果均支持了资本市场发展有助于企业创新的结论。

2. 基于风险管理的分析

随着金融创新为经济运行提供的诸多便利逐渐为市场所认知，证券化、金融化成为实体经济发展重要的特征，社会财富开始聚集到更加丰富的资产形态上。然而金融产品与业态的创新不仅带来了资源配置效率的提高，同时也带来了市场危机爆发的风险。中国 2015 年股市危机、美国纳斯达克股市危机等都表明金融体系的发展、创新与开放是一把双刃剑：当金融体系因应

[①] Hsu，P.，X. Tian. Financial development and innovation：Cross-country evidence［J］. *Journal of Financial Economics*，2014（112）：116-135.

[②] Acharya，V. and Xu，Z. Financial dependence and innovation：The case of public versus private firms［J］. *Journal of Financial Economics*，2017（124）：223-243.

实体经济需求而转型，其自身的脆弱性和不确定性也在不断加强。因此，风险管理应成为一国金融体系建构中与资源配置同等重要的目标。传统的中国金融体系中银行居于主导地位，提供各类金融服务；存量金融资产缺乏流动性和市场效率。2000 年前后国有商业银行不良资产剥离、上市筹资等事件表明，以金融市场为基础的资产定价、风险分散是提高金融服务实体经济之能力的重要途径。

发达的金融市场可以按照实体经济需求有针对性地供给特定的金融工具，从而为经济活动中的参与者提供与银行体系纵向分散风险所不同的横向分散风险的机会。当一个经济体中金融资产主要以单一的存款形式而不是投资组合的形式存在，首先从投资者角度是一种次优的选择，其次从金融机构的角度无法通过对外交易来对内部资产进行分级定价与风险分担，只能将自身存量的风险直接沉淀，以待营业利润缓慢对冲。与此对应，在发达的金融市场上，次级资产的交易与重新定价可以使金融中介的资金得以释放，资产结构被不断"净化"，最终，通过市场均衡使全体投资者达到在资产交易上的风险与收益均衡的状态，实现有效的资源配置与风险管理。

虽然从总体而言，银行与市场二者在风险管理上各有优势，市场能够提供很好的横向风险分担功能，银行则能提供有效的跨期风险分担功能，但对于中国来说，大国经济对金融服务实体经济的效率需求意味着必须建立和支持多样化的金融市场以保证充分的产品与服务创新，由此产生的风险管理需求将不断推动市场秩序与规则的改善。中国金融市场目前尚不成熟，完善金融市场（特别是资本市场）机制将是优化金融体系风险管理功能的必经之路。

3. 基于家庭金融资产配置的分析

一方面，随着财富的增加，家庭会持有更多风险资产。家庭持有的资产组合随富裕程度不同而呈现出明显的差异性（Canner，Mankiw and Weil，1997[1]）。一般认为，家庭具备 DARA（绝对风险厌恶下降）的风险偏好，即

---

① Canner，N.，Mankiw，N. G.，Weil，D. An Asset Allocation Puzzle［J］. *American Economic Review*，1997（81）：181-191.

风险资产的持有规模会随财富增加而扩大（Guiso and Sodini，2013[1]）。一些实证研究进一步证明家庭具备 DRRA（相对风险厌恶下降）的风险偏好，即风险资产的持有比例也会随财富增加而上升（Calvet and Sodini，2014[2]）。所以，经济发展会通过促进家庭财富增长进而促进风险资产的需求扩大。

另一方面，金融素养的提高将会使投资者的股市参与率、投资收益率上升。在经济发展过程中，人们会主动提高金融素养并增加持有风险资产，从而促进金融资产需求的多元化。Arrondel、Debbich 和 Savignac（2015）[3] 发现，金融素养较好的投资者股市参与率更高。Calvet、Campbell 和 Sodini（2009）[4] 发现受教育程度较高的投资者持有的股票更多，在同样的持有水平上资产组合的风险更低。随着人力资本积累水平的提高和家庭金融素养的改善，人们会选择持有更多的风险资产并追逐与之匹配的高额收益。

随着中国家庭财富的增加，个人持有的可投资资产规模迅速扩大。家庭将倾向于持有更多风险资产。与此同时，人们受教育水平的提高与金融市场的发展促进了家庭金融素养的改善。这两种变化将从需求面促进金融产品与工具的创新，即推动中国金融体系的市场化。因此，财富管理需求的趋势性增长决定了现代金融体系应该是一种市场主导型的金融体系。如图 5 所示，根据招商银行和贝恩资本关于中国财富市场需求的调研结果，2017 年中国居民部门可投资财富总规模估计为 188 万亿元人民币，比中国当年 GDP 的两倍还要多，年化增长速度也已经超过 20%。

① Guiso，L.，Sodini，P. Household Finance：An Emerging Field ［M］// Handbook of the Economics of Finance. Elsevier，2013.

② Calvet，L. E.，Sodini，P. Twin Picks：Disentangling the Determinants of Risk Taking in Household Portfolios ［J］. *Journal of Finance*，2014（69）：867–906.

③ Arrondel，L.，Debbich，M.，Savignac，F. Stockholding in France：the role of financial literacy and information ［J］. *Applied Economics Letters*，2015（22）：1315–1319.

④ Calvet，L. E.，Campbell，J. Y.，Sodini，P. Measuring the Financial Sophistication of Households［J］. *American Economic Review*，2009（99）：393–398.

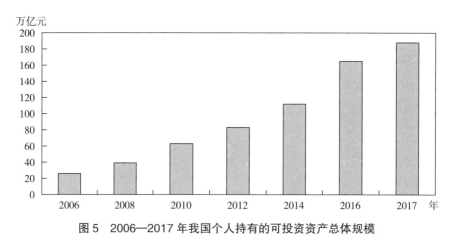

图5　2006—2017 年我国个人持有的可投资资产总体规模

（资料来源：根据招商银行和贝恩资本关于中国财富市场需求的调研结果整理）

（三）中国未来要构建的现代金融体系的核心元素

如果中国建立市场主导的现代金融体系已经具备了充分的理由，那它应具备什么特征？元素周期表是科学界极其伟大的发现，仅仅 100 多种元素就可以组合成我们看到的丰富多彩、千变万化的物质世界。同样，现代金融体系尽管令人眼花缭乱、复杂多变，但是如果我们运用科学的理论逻辑去分析，则可以精简归纳为如下四个核心元素。

1.高度市场化

高度市场化的金融体系要求市场机制比银行系统更多地参与资源配置，甚至发挥主导作用。其前提是从体制、机制上加快推动以资本市场为核心的金融市场发展，才能在金融结构上实现证券化资产比重攀升、规模扩大，从而推动金融功能从融资为主过渡到融资、财富管理并重的位置。现在证券化资产的比重、规模还较小，意味着中国金融财富管理的功能还很弱。这种金融功能上的落后是"现在"与"现代"金融体系之间最主要的差距。

2.高科技化

现代金融体系一定要充分利用科技的力量。可以预见，科技对金融的渗透未来将在更广泛领域以更快速度展开。大数据、区块链、人工智能等技术具备提高数据真实性和分析效率的能力，其带来的市场信息非对称性的改善甚至可以颠覆信用评价的准则与内涵。同时，金融与科技融合形成的第三种金融业态将更具效率地识别风险，更全面地覆盖长尾客户，从而使传统金融进一步摆脱时空约束。没有证据表明新金融业态的风险会比传统业态更严重，不能认为科技融入金融后风险就增大了，也不可能使新金融业态重新再回到传统金融业态上。因此，构建现代金融体系需要顺应科技进步的方向。

3. 开放性

现代金融体系一定是开放的体系。着眼于全球金融发展史，从荷兰的阿姆斯特丹到英国伦敦再到美国纽约，世界金融中心的形成离不开开放的大国金融。因为对外开放使资源集聚与风险分散的范围急剧扩大，制度与法制改革将具备全球视野，有利于一国金融功能的提升。开放的中国资本市场将不仅是中国投资者的市场，也将是全球投资者的市场，从而能够在人民币国际化后建立重要的资金回流机制。两者的配合将是构建现代金融体系的重要条件。

4. 更强的风险分散能力和更高的金融效率

现代金融体系还需具有更强的风险分散能力和更高的金融效率。中国金融改革的本质要求是提高金融体系服务实体经济的能力，因此应从企业、投资者的金融需求出发，设计好现代金融体系的微观结构。从存量资产结构、风险分散机制等角度看，中国应建立透明度较高的资本市场、顺畅的货币市场和完善的衍生品市场，在此基础上提高市场创新能力和监管水平，从而建立起大国金融的基本框架。

为了更清晰地阐述中国金融改革的路径与措施，本文将从功能特征和微观结构方面入手，作进一步讨论。

二、中国所构建的现代金融体系的功能特征

哈佛大学教授罗伯特·默顿和兹维·博迪提出的功能金融观（Functional Perspective）认为，虽然各个时期或地域的金融业态、机构变化多样，但功能上却相对稳定；金融机构的竞争与创新带来的功能提升是金融发展的本质。

一般认为，金融体系具备了 6 个核心功能[①]：

（1）为交易提供清算和支付条件；

（2）为企业提供资金筹集和所有权分散的机制；

（3）服务于跨时空的金融资源转移；

（4）风险管理功能；

（5）为经济决策提供信息；

（6）提供一系列工具解决激励问题或委托—代理问题。

如果基于中国金融的发展与变革，分析现代金融体系将如何发挥各项功能，其中最重要的三个视角应该是：（1）分散风险或财富管理；（2）支付与清算；（3）聚集和分配资源。改革开放 40 多年来，中国金融资产的规模扩张、结构变化、业态多元化推动了金融功能的升级，引发了功能实现机制的变革，本节将着重对 3 种基本功能展开分析。

（一）从单一融资功能过渡到融资与财富管理功能并重

现代金融体系将把财富管理作为一项内生的核心功能。改革开放之初，中国金融由计划经济而非市场经济主导，主要通过银行体系完成清算支付和资源配置，功能相对单一。1992 年以前，中国股票市场和债券市场的总市值尚未到全部金融资产（CS 口径[②]）的 10%，换言之，银行信贷资产占比达 90% 以上。由于传统银行主要是提供融资服务，并不具有财富管理的功能，资本市场角色的缺失使整个金融体系缺乏对资产和风险进行定价的能力。这种仅具备融资服务能力的金融体系无疑是落后的。随着中国金融的发展与变革，尤其是背后中国经济的持续增长，市场配置金融资源的比例在不断增加，金融功能开始出现升级、复合的特征。数据表明[③]，这个比例已经趋近 50% 的临界值。虽然在证

[①] Bodie，Z.，R.Merton，D.B.Crane. Global Financial System［M］. Harvard University Press，1995.

[②] 按照吴晓求（2018），CS 口径是指从商业银行（及类银行）信贷资产（C）和证券化金融资产（S）的角度统计金融资产规模的方法，MS 口径是指基于货币性金融资产（M_2）和证券化金融资产（S）分类统计。

[③] 截至 2018 年 9 月末，CS 口径下中国金融资产规模为 264.56 万亿元，其中证券化金融资产占比达 49.63%；MS 口径下证券化金融资产占比达 42.15%。从居民持有的金融资产结构上看，证券化资产占比为 48.05%（2016 年）。

券化资产的相对水平上，中国与一些发达国家还有差距，但变革的趋势是一致的：中国金融正由单一的融资功能过渡到财富管理与融资功能并重的阶段。

金融市场（特别是资本市场）的发展对于实现现代金融体系的财富管理功能十分重要。从更深层次来思考，资本市场的存在究竟为了什么？答案是对金融资产或风险定价。这种功能是存量资源再配置的基础，也是财富管理功能存在的前提。因此，特别对中国这样的大国，发展资本市场将推动金融功能脱离为实体经济提供融资服务的原始状态。

为实体经济提供融资服务仅属于金融体系的基本功能。随着家庭财富的增长，人们在满足消费与获得无风险收益外，逐步产生了投资于风险资产从而获得更高的匹配收益的财富管理需求。企业也需要特定金融工具管理复杂经济环境中的风险。这意味着金融体系需要形成不同层次上收益与风险平衡的匹配机制，即资本市场。在此过程中，财富管理功能将不断显现。从本质上说，金融功能转型升级的动力还是来源于经济发展带来的需求变化。

（二）支付清算功能的升级

安全、便捷的支付体系有助于整个经济降低交易成本，提高运行效率是建设现代金融体系的必备要件。传统的金融架构下主要由商业银行来承担全社会的支付清算活动。随着金融科技（Fintech）的广泛推进，到2018年中国金融已经在支付功能上完成了科技革命。数据显示[1]，2016年，第三方支付业务的支付笔数首次超过了传统非现金支付业务。2017年，前者已经达到后者的1.78倍。仅2018年第二季度，支付规模已达50.9万亿元。

第三方支付极大的便捷性意味着对传统金融工具的颠覆性改进。这一金融创新灵活地满足了经济个体的需求，在效率层面实现了支付功能的历史性跨越，同时并没有出现比传统金融支付工具更大的风险。其中的杰出代表"支付宝"（2018年第二季度市场份额为44%）、"微信支付"（2018年第二季度的市场份额为31%）已经成为中国金融现代化的一张名片，获得了社会和消费者的广泛赞誉。另外，以银联商务和快钱为代表的其他支付服务商也

---

① 摘自中国人民银行官网、Wind 数据库。

在快速崛起，迅速占据市场份额，意味着第三方支付市场形成了良好的竞争环境，而竞争也会推动支付功能的改进。如果说资本市场是对融资功能的冲击，那么第三方支付则是对支付功能的革命。

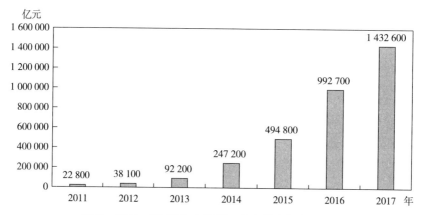

图 6   2011—2017 年中国第三方支付市场交易规模

（资料来源：中国人民银行）

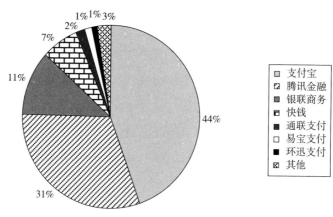

图 7   2018 年第二季度中国第三方支付市场份额

（资料来源：Wind 数据、易观数据）

（三）实现金融资产的跨时空配置

金融只能分散、转移风险，并不能消灭风险。金融资产（风险）的跨时空配置在当代越发重要。一方面，随着知识经济的来临，科技创新在现代产业发展中居于重要地位，产业快速升级与迭代使资金供给方的投资收益不确定性上升，对于风险分散金融服务的需求增加；另一方面，随着实体经济需求的多样化和金融产品与工具的复杂化，金融机构之间、金融市场之间的关联性不断加强。这些客观变化都要求金融体系具有更强的风险流量化的功能与机制，在有效配置资源的同时将藏身于体系内的风险分散化。

在现代金融体系下，资本市场发挥的一个主要功能就是风险分散化。作为一种跨时空的风险转移、流动机制，它的核心是为实体经济创造一种风险动态传递的方式。只有资本市场这种有别于传统商业银行的金融制度才真正具备这种功能。从金融逻辑上看，资本市场发展的初始动因是，通过风险定价机制，提供一种代替银行信贷融资的平衡资金供求双方在收益、风险之间权衡的选项。这种"去中介化"的融资工具可以使市场参与者承担其愿意承担的风险而交易不愿意承担的部分，最终提高企业与家庭的福利。

在未来，现代金融应是一种富有弹性的金融体系，包含能使风险流量化的安排。由于能够识别、衰减和释放风险，这种金融体系将能够改善传统金融体系面对金融危机的脆弱性。无论是在传统商业银行主导的金融架构下还是资本市场为主体的金融架构下，经济运行必然产生的风险都可能经由各类管道蔓延到金融体系中来，成为金融风险。如果存量化的风险不断累积，则可能使金融体系的功能恶化，侵蚀其效率。安全、富有效率的现代金融体系必须能够使实体经济中的风险顺畅地经由金融体系转移并在流动中分散。与此相反，"蓄水池"式的金融体系只能使风险沉淀。

三、现代金融体系的微观结构

现代金融体系语境中的"市场主导"主要指金融体系运行的平台将发生根本性置换，金融资源的配置机制由媒介走向"脱媒"即市场，而不是指金融活动要遵循市场规律，或者构建金融活动的市场机制这种含义。在向现代金融体系过渡的过程中，金融的主要功能将从融资为主变为融资与财富管理并重，最终走向财富管理为主；金融的风险结构将从资本不足风险演变为资本不足与透明度风险并存，最终走向透明度风险为主。

在这个过程中，资本市场会渐进地演变为现代金融体系的核心构件。在微观结构上，这种以资本市场为内核的金融体系与以商业银行为中心构建的体系具有根本差别。首先，开放、透明且具备了成长预期的资本市场将是现代金融体系运行的基石，充分发挥存量资源调整、风险流动和分散、经济成长财富效应等功能。其次，随着金融市场（特别是资本市场）的发展，支撑商业银行发展的基础市场环境将发生变革，传统信贷业务居于金融服务核心地位的局面将被动摇，从而带来商业银行资产与风险结构、经营管理上的调整与适应。这已经在目前表内和表外业务规模、结构变化中得到了充分印证。另外，如果资本市场是现代金融体系的心脏，那么通畅的货币市场则负责流动性管理，并与银行一同形成大国金融的循环系统，同时发达的衍生品市场、成熟的外汇市场则将满足丰富的金融服务需求，成为现代金融体系的重要组成部分。最后，现代金融体系在资产结构、风险结构和微观结构上的变化将包含对金融监管模式、架构、重点、方式上的新要求。

（一）现代金融体系下的资本市场

中国金融在资产结构上正在发生着显著变化，业态上也表现出多元化的特征，功能上正从融资为主转向融资与财富管理并重，风险结构上则由资本不足风险逐渐变为当前资本不足与透明度风险并重的状态。上述趋势表明，未来现代金融体系将在功能结构、收益与风险匹配机制、风险形成与处置等方面与传统金融体系差异巨大。

这些差异决定了资本市场将从传统金融体系的"外围"逐渐成为现代金融体系的"内核"。这是因为资本市场本身具有的存量资源调整、风险分散与流动以及经济增长财富效应等重要功能，能够赋予现代金融体系生命力与竞争力。首先，资本市场从金融体系"外围"变为"内核"的动力不是融资功能，而是存量资产交易功能。在增量融资的规模上，资本市场要劣于商业银行，但如果就存量资产而言，资本市场则在交易重组方面具备无可比拟的优势。当实体经济达到一定数量级后，资源配置的重心和难点不在增量，而在存量的流动和重新配置。其次，与银行沉淀、积聚风险不同，资本市场提供了风险分散的机制，通过资产交易与定价使风险充分流动，将有助于降低整个金融体系的风险水平，提高金融结构的弹性。最后，资本市场在金融资产价值（W）与经济成长（G）之间构建了一种市场化的正函数关系，从而为普通投资者创造了一种自由而公平的财富分享机制，这在一定程度上提高了经济增长带来的社会福利水平。

为了进一步推动资本市场的发展，应顺应金融"脱媒"趋势，鼓励证券化金融资产的规模扩张，推动金融结构向更加市场化的方向变革。中国金融改革需要将资本市场建设放在现代金融体系的核心位置上，促进资本市场发挥好主要功能和关键作用：

首先，建设开放、透明且具有成长性预期的资本市场，使其充当现代金融体系的基石。当前，中国的资本市场在规模结构、制度规则、信息披露和透明度等基础环节与长远目标还有相当大的差距。这种差距更明显地表现在国际化程度较低等方面。中国资本市场未来不仅要立足于市场化改革，其重点还包括推动对外开放，提高中国在世界金融体系中的影响力，构建与未来中国大国经济需求、地位相匹配的国际金融中心。在未来，中国资本市场的结构应注重债券市场、金融衍生品市场与股票市场的协调性；理顺股票市场层次序列，在上市标准上更青睐成长性企业；债券市场应结束彼此分割、多头监管的状态，丰富投资者队伍，使市场规模更具发展持续性和成长空间。

其次，要重点关注企业生命周期前端的金融服务需求。积极发展私募股权基金（PE）、风险资本（VC）、天使基金等多元化的资本业态，满足不同类型、不同发展阶段的企业多样化、异质性的融资需要。同时，推进场外交易市场建设并扩大市场覆盖范围，使中小企业可以在这个市场中获得定向融资和股权流转的服务。

最后，完善资本市场的定价基准。从金融逻辑上看，资本市场发展是基于对传统金融或商业银行信贷融资的"脱媒"——以市场而非中介为基础的资源配置机制可以通过平衡供求的方式为风险定价，满足投资者和资金需求者在不同融资工具之间的自主选择需要，完成金融资源的调配。因此，金融风险配置是基于资本市场的现代金融体系之核心。跨时空的风险配置实现的前提是存在一种市场机制形成的、能够为金融资产定价提供基准的无风险利率。因此，建设资本市场的同时还需推进利率市场化改革，形成可靠的市场基准利率。

（二）现代金融体系下的商业银行

市场化是改革开放迄今中国金融变革最基本的趋势。一方面体现在金融市场（特别是资本市场）的重要性增强而商业银行传统业务的核心地位受到了挑战，比如商业银行（及类银行）信贷资产在全部金融资产（CS 口径）中的占比持续下降；另一方面则表现为银行资产结构的趋势性变化，比如表外业务规模扩大。与此同时，科技对金融基础设施的影响也使得商业银行在经营管理、风险管理、资产管理上出现了适应性革新。

商业银行自身及其地位在现代金融体系与传统金融体系之间存在着差异。这种差异实际上反映了实体经济对金融服务需求发生了巨大的转变。在传统金融体系中，商业银行发挥绝对主导作用，其地位表现在至少三个方面：（1）实体经济，包括金融交易的基准利率取决于银行利率；（2）银行储蓄是家庭金融资产中占绝对比例的主要形式；（3）银行信贷是社会上资金配置的最主要方式。但是，随着市场机制逐步形成了供求为基础而非行政指导决定的基准收益率，银行利率正丧失其作为金融资产定价基础的功能；家庭的财富增长带来其持有的金融资产组合多元化，以证券化资产为代表的风险投资比例正逐步上升；股票、债券成为很多企业追求的首要融资方式。这些趋势表明，金融体系中商业银行一元主导的情况正发生根本性动摇，银行内部变革势在必行。

金融市场与商业银行相对地位的变化促进了银行自身的调整。改革开放初期到 2005 年股权分置改革以前，中国金融主要通过银行完成清算支付、资源配置等功能，市场几乎不配置金融资源。到 2018 年，中国金融不仅在支付业态上实现了对发达国家的弯道超车，而且在其他功能上表现出复合化升级的特点。在这个过程中，商业银行完善了公司治理架构、信息披露机制和市场化运行机制，发展了创新型服务业务。虽然，在未来相当长一段时期内，银行仍然将是中国金融体系中重要的组成部分，但不可忽视的是为了提高适应外部环境的能力，其自身资产结构正发生显著的改变，变得不再那么像"传统银行"。

银行内部的资产结构、风险结构变化与整个金融体系的变革类似。表外业务的发展壮大是商业银行顺应金融体系市场化趋势的结果。这种变化表明，商业银行为市场经济体提供流动性的功能在下降，财富管理的功能在上升。作为轻资本消耗型产品，委托代理业务，如理财产品等，不论是表现为或有资产还是或有负债，其监管核心不再完全依托于资本充足率，而是与股票等证券化资产相类似的信息披露。与此同时，透明度风险已成为理财产品等表外业务的重要风险来源。由此可见，在为投资者提供超越资金时间价值的风险收益的同时，商业银行自身也形成了与以往不同的风险结构，商业银行已经演变成为资本市场这片汪洋大海上的一种具备混合特征的航空母舰。商业银行从高山平原驶入浩瀚海域的过程带来了脱胎换骨的变革，这将极大地提升其市场竞争力并改善中国金融体系的弹性。

由表外业务和其他一些非传统社会融资渠道共同组成的"影子银行"本质上仍然是沟通资金供给方与需求方的桥梁，在现阶段是传统金融体系向现代金融体系转换过程中的一种重要的、过渡性的金融安排。虽然从某些角度看，影子银行被认为缺乏监管、野蛮生长，但这类"毛细血管"对于遍布着融资需求的实体经济来说与"主动脉"一样重要——中小企业风险较大，风险识别难度非常大，影子银行目前在满足中小微企业、民营企业等特定融资对象的需求上，相对于大型商业银行更具有比较优势。在未来，随着大数据、云计算、区块链等新兴技术的运用，商业银行将能通过金融拥抱科技的方式逐步优化金融基础设施，调整其体系内部的资产管理、风险管理、经营管理模式，从而对分布更靠后端的长尾客户提供金融服务。商业银行的客户群体将下移，更多地面对中小企业的融资需求。同时，现代金融体系中充分发展的资本市场和富有创新能力的金融服务提供商将能够进一步满足客户的多样化需求，从而对当前的影子银行形成替代。

（三）现代金融体系下的货币市场、衍生品市场、外汇市场

金融市场是现代金融体系运行的重要基础环境。其中，资本市场是核心组成部分，货币市场、衍生品市场、外汇市场则是重要构成元素。具体地，货币市场为资本市场功能的正常发挥、为所有金融机构的资金调剂、为中央银行进行宏观调控提供了一个类似于"金融蓄水池"的市场平台；衍生品市场利用杠杆机制提高了金融效率，尤其是资本市场效率，满足了实体经济的风险管理需求；外汇市场的发展则有助于推进金融体系的对外开放水平和人民币国际化。在未来，流畅的货币市场、发达的衍生品市场、人民币的国际化将成为中国现代金融体系建设的必备要件。

如果资本市场是未来中国金融体系的心脏，货币市场与银行则将组成其血液循环系统，为实体经济及为其服务的金融体系提供流动性。顺畅的货币市场与透明的资本市场有效衔接是现代金融体系在微观结构上领先于传统金融体系的最重要特征。中国货币市场在30多年的发展历程中尽管经历了不断的规范和发展，交易量不断攀升，交易主体类型不断增多，交易产品品种也不断增加，但由于宏观经济体制尚在转轨过程中，因此依旧存在一些问题。比如各类工具不能流畅转换，内部缺乏有效的链接，短期工具承担了长期管理职能、呈现出资本化趋势。这些都意味着货币市场流动性管理功能欠缺。在未来，现代金融体系中的货币市场应该是一个强大的、具有高度流动性的、有助于中央银行进行宏观调控的货币市场。货币市场应该拥有更丰富的交易品种、更完善的市场结构和监管制度，满足市场参与者的多样化需求，并与资本市场联系密切。

衍生品市场对于提升现代金融体系的运行效率和促进金融体系服务于实体经济有重要的意义。一方面，衍生品市场能够把其他金融市场中的一些风险剥离出来，变成可交易的产品，通过市场参与者实现收益与风险的重新分配，借助产品创新将风险转移给最适宜的市场参与者，或者由多人共同承担，从而实现资源的优化配置与风险的有效管理。另一方面，衍生品市场的价格发现功能能够引导基础市场的走向，引导资本的合理流向，提升资源配

置的效率。然而，基础市场的市场化程度不足将严重约束衍生品市场的发展。没有基础市场的根基，衍生品只能作为金融研究的实验室而存在。所以，在现代金融体系中衍生品市场的成长与其他金融市场乃至宏观经济体系的发展关联紧密、相互促进。

外汇市场的制度建设与产品创新是金融体系对外开放的前提，金融体系的发展又为人民币国际化提供了实质内容和硬件保障。一方面，资本市场开放要求人民币得到更广泛的使用。资本管制的不断放松、人民币国际化进程的推进和外汇管理下的币值稳定将能够为资本市场的对外开放吸引种类丰富、规模庞大的国际投资者，从而在资产需求层面上助推资本市场的长期健康发展。另一方面，综观全球，建立健全的金融市场和多元化的金融机构能够为人民币国际化提供有力保证，两者的良性互动将推动中国资本市场发展与人民币早日成为国际货币。因此，金融体系（特别是资本市场）的发展和开放与人民币国际化是一个相互推动的过程。受信息披露标准较低、产品种类单一、市场分割等缺陷的影响，中国金融市场对国际投资者的吸引力较低，市场的不完善性和波动性导致国际投资具有明显的短线操作倾向，这就形成了对人民币国际化的硬约束。所以，现代金融体系的外汇市场是金融体系开放的助推器和国际金融中心建设的指示灯。

（四）现代金融体系下的金融监管

一国金融监管架构和监管重点，与该国金融结构和金融风险的特性有着密切关系。从传统金融体系向现代金融体系转变的过程中，证券化金融资产将逐步上升，最终占主要部分，商业银行传统业务涉及的信贷资产占比将持续下降。这种金融资产结构的转变将导致风险的来源发生改变，由此金融风险的性质和结构也会发生重要调整。其中，透明度风险的快速上升和资本不足风险的权重下降是传统金融迈向现代金融的重要标志，也是金融监管变革的主要动力。

在监管重点上，现代金融体系下的金融监管将更加关注透明度风险在整个风险结构中的核心位置。从广泛意义上讲，不论是作为股票发行主体的上市公司的信息披露，抑或是债券定价、发行前置条件的信用评级，在实质上都归属于透明度范畴，意味着公布信息的内容不仅要系统、客观，发布要公开、完整而及时，同时接收载体应当是社会公众而不是某个特定个体。从这个意义上讲，资本市场或证券化金融资产的基础风险是典型的透明度风险，源自透明度不足。在未来，随着证券化金融资产成为金融资产结构中最主要的组成部分，资本市场成为系统微观结构的核心，对透明度风险的监管也将成为金融监管的重中之重。

在监管模式上，现代金融体系下的金融监管将实现微观审慎监管与宏观审慎政策的协调。由于不同市场之间的传递效应，中国金融风险已经具有了较强的层次性和复杂性，这种特征在现代金融体系下将表现得更为明显。不同风险互相扩散、交织容易导致系统性风险形成乃至危机出现。为了防范风险外溢，在宏观体系、产品市场、微观主体层面上，现代金融体系必须建立逆周期的操作机制与工具，实现风险的对冲、干预和收敛。这就要求金融监管要坚持微观审慎监管与宏观审慎政策在主体上分离、在风险监管与体系稳定上衔接等原则。

在监管架构上，现代金融体系下的金融监管将会基于"一委一行两会"继续发展与完善。以前实行的"一行三会"分业监管架构已经被"一委一行两会"的新型架构所取代。前一种监管架构虽然有分工明确、职责清晰的优点，但缺点是风险溢口多、监管真空大，不利于协调创新与监管的关系。在新型监管架构下，由"一行"维护整个金融体系的稳定，负责宏观审慎政策；"两会"负责微观审慎监管，其中证监会侧重于市场行为的监管，银保监会侧重于金融机构的监管；而"一委"则负责对"一行两会"进行协调。这种架构不仅关注了微观审慎监管与宏观审慎政策的衔接与可转换性，同时将资本不足风险与透明度风险的监管进行了适当分离，因此与中国金融体系变革方向相一致。在未来，随着现代金融体系的建立，监管架构必然需要因应这种变化而进一步发展与完善。

在监管方式上，现代金融体系下的金融监管将更注重智能监管。传统监管的主要特征是利用政策干预、窗口指导等方式进行静态监管；未来的新型监管方式则将以结构化指标体系和覆盖全市场的云数据平台为基础，通过提高信息化能力完成向智能化动态监管过渡，实现监管效果的提升以及对风险的有效防范、预警和干预。新型监管方式的政策工具、指标系统与风险阈值都将立足于现代金融体系的特征而设立。

四、结论

在现代金融体系下，以证券化金融资产为主的资产结构将形成以透明度风险为主的风险结构，这种以资本市场为内核的金融体系在微观结构和金融监管上与以商业银行为核心的金融体系有根本差异。其中，开放、透明且具有成长性预期的资本市场将成为现代金融体系的基石；为了与基础环境相适应，商业银行的资产与风险结构、经营管理将发生重大变革；通畅的货币市场、发达的衍生品市场、成熟的外汇市场将成为现代金融体系的重要组成部分；基于现代金融体系下资产结构、风险结构与微观结构的变革，透明度监管将成为金融监管的重中之重，并借助于新型的监管架构实现微观审慎监管与宏观审慎政策的协调和功能上的一致。现代金融体系的基本特征是高度市场化、高科技支撑、开放性以及风险分散性，能够充分发挥财富管理与融资、清算支付、金融资源跨时空配置等的功能。作为一种市场主导型的金融体系，现代金融体系将助力中国成为新的国际金融中心。

参考文献

［1］吴晓求.改革开放四十年：中国金融的变革与发展［J］.经济理论与经济管理，2018（11）.

［2］吴晓求，赵锡军，瞿强，等.市场主导与银行主导：金融体系在中国的一种比较研究［M］.北京：中国人民大学出版社，2006.

［3］吴晓求.中国金融监管改革：逻辑与选择［J］.财贸经济，2017（7）.

［4］吴晓求.五大要素构建中国现代经济体系［N］.人民日报海外版，2017-11-28（03）.

［5］Acharya，V.，Xu，Z. Financial Dependence and Innovation：The Case of Public Versus Private Firms［J］. *Journal of Financial Economics*，2017（124）：223-243.

［6］Arrondel, L., Debbich, M., Savignac, F. Stockholding in France: The Role of Financial Literacy and Information ［J］. *Applied Economics Letters*, 2015（22）: 1315–1319.

［7］Asli, Demirguc-Kunt and Levine. Financial Structure and Economic Growth: A Cross-Country Comparison of Banks, Markets, and Development ［M］. the MIT Press, 2014.

［8］Allen et.al.. Financial Intermediation, Markets, and Alternative Financial Sectors ［M］//Handbook of the Economics of Finance. Elsevier, 2013.

［9］Bodie, Z., R.Merton, D.B.Crane. Global Financial System ［M］.Harvard University Press, 1995.

［10］Canner, N., Mankiw, N. G., Weil, D. An Asset Allocation Puzzle ［J］. *American Economic Review*, 1997（81）: 181–191.

［11］Calvet, L. E., Campbell, J. Y., Sodini, P. Measuring the Financial Sophistication of Households ［J］. *American Economic Review*, 2009（99）: 393–398.

［12］Calvet, L. E., Sodini, P. Twin Picks: Disentangling the Determinants of Risk Taking in Household Portfolios ［J］. *Journal of Finance*, 2014（69）: 867–906.

［13］Cihak., Demirguc-Kunt., Feyen., Ross Levine. Financial Development in 205 Economies, 1960 to 2010 ［J］. *Journal of Financial Perspectives*, 2013, 1（2）.17–36.

［14］Goldsmith, R.W. Financial Structure and Development ［M］. Yale University Press, 1969.

［15］Guiso, L., Sodini, P. Household Finance: An Emerging Field ［M］// Handbook of the Economics of Finance. Elsevier, 2013.

［16］Hasan, Horvath, Mares. What Type of Finance Matters for Growth? Bayesian Model Averaging Evidence ［J］. *World Bank Economic Review*, 2018（32）: 383–409.

［17］Hsu, P., X. Tian. Financial Development and Innovation: Cross-country Evidence［J］. *Journal of Financial Economics*, 2014（112）: 116–135.

［18］Rajan, R.G., Zingales, L. Financial Dependence and Growth ［J］. *American Economic Review*, 1998（88）: 55–86.

改革开放四十年：中国金融的变革与发展①

【作者题记】

本文是作者 2018 年 9 月 29 日在"中国人民大学金融学科第二届年会"上的主报告，发表于《经济理论与经济管理》2018 年第 11 期。

【摘要】

改革开放 40 年，中国金融无论在规模、结构、业态，还是在功能、竞争力和国际影响力等方面都发生了重大而深刻的变革。准确、全面、客观地分析和了解中国金融的现状，总结中国金融 40 年改革、开放和发展的经验及利弊得失，是进一步推动中国金融深度改革和全面开放的重要前提。

本文从金融资产规模和结构、融资工具和融资机制、金融业态、金融功能和金融风险、金融开放以及金融监管模式等方面系统分析了改革开放 40 年中国金融的变革和发展，在此基础上提出了中国金融未来的发展方向是构建现代金融体系和与中国经济相匹配的大国金融。

关键词： 改革开放 40 年　中国金融　变革与发展

---

① 在本文形成过程中，中国人民大学财政金融学院博士研究生张煌、孙思栋，硕士研究生丁月梅、王子豪在数据搜集上提供了帮助。

Abstract

After 40 years of the Reform and Opening, China's financial sector has undergone signifi-cant and profound changes not only in the aspects of the scale, structure, business profile, but also in terms of function, competitiveness and international influence. An accurate, comprehensive and objective analysis of China's finance and a summary for the experience of the China's past 40 years financial development are important for promoting further China's reform and opening in financial area. This paper analyzes the achievement of China's financial reform and from which the conclusion can be drawn: the future direction of China's financial reform is to construct a modern financial system and a powerful finance for a great nation that can match China's economy.

Key words: 40 years' reform and opening; China's financial sector; Reform and achievement

改革开放 40 年，中国经济社会发生了翻天覆地的变化，取得了人类发展史上的伟大成就。中国由改革开放前贫穷、落后、封闭的国家转变成小康、进步、开放的社会主义现代化国家。随着中国经济的发展和市场化改革的推进，中国金融无论在规模、结构、业态，还是在功能、竞争力和国际影响力等方面都发生了深刻的变革。中国金融已从改革开放之初的传统、落后的计划性金融，转变成初具现代金融功能特征的市场化金融，中国金融开始具有大国金融的一些特征。结构性改革、市场化方向、技术性特征和国际化趋势是未来中国金融改革和发展的主流。

总结改革开放 40 年中国金融的发展经验、改革路径和利弊得失，准确、全面、客观地分析和了解中国金融的现状，是进一步推动中国金融深度改革和全面开放的基本前提。知彼又知己，才会理性自信，才能拥有未来。

一、金融资产规模的扩张与结构变化：基于资产属性角度的分析

基于不同分析目的，金融资产有不同的分类和不同的统计口径。这里主要从两个角度去观察金融资产规模和结构的变化：一是从金融资产的属性（货币属性和资产属性）和资产的流动性差异角度来观测金融资产规模的扩张，分析其内部结构的变化；二是从商业银行（及类银行）信贷资产和证券化金融资产的角度统计金融资产规模，分析金融资产结构变动的趋势。[①]

（一）MS 口径（资产属性角度）内金融资产规模和结构变动

表1和图1表示的是1978年以后，特别是1990年至2018年6月 MS(M_2+S)口径范围内中国金融资产的规模变化；表2和图2表示的是1990年至2018年6月，基于货币性金融资产（M_2）和证券化金融资产（S）分类统计基础上的中国金融资产的结构变动。

表1　　　　1978年至2018年6月中国金融资产规模扩张及结构变动

（基于货币资产与证券化金融资产的统计）

年份	M_2		证券化金融资产 S（S=S1+S2）						MS（M_2+S）	
	规模（亿元）	增长率（%）	股票市值（S1）		债券余额（S2）		总规模 S（亿元）	增长率 S'（%）	规模（亿元）	增长率（%）
			规模（亿元）	增长率（%）	规模（亿元）	增长率（%）				
1978	1 159.1	4.68	0	0	0	0	0	0	1 159.1	4.68
1979	1 458.1	25.80	0	0	0	0	0	0	1 458.1	25.80
1980	1 842.9	26.39	0	0	0	0	0	0	1 842.9	26.39
1981	2 234.5	21.25	0	0	48.66	—	48.66	—	2 283.16	23.89
1982	2 589.8	15.90	0	0	92.49	90.07	92.49	90.07	2 682.29	17.48
1983	3 075	18.74	0	0	134.07	44.96	134.07	44.96	3 209.07	19.64
1984	4 146.3	34.84	0	0	176.60	31.72	176.60	31.72	4 322.9	34.71

[①]　这种统计和分析方法，在吴晓求等著《中国金融监管改革：现实动因与理论逻辑》（中国金融出版社 2018 年版）一书中使用过，见该书第 5–13 页。

续表

年份	M₂		证券化金融资产 S (S=S1+S2)						MS (M₂+S)	
	规模（亿元）	增长率（%）	股票市值（S1）		债券余额（S2）		总规模 S（亿元）	增长率 S'（%）	规模（亿元）	增长率（%）
			规模（亿元）	增长率（%）	规模（亿元）	增长率（%）				
1985	5 198.90	25.39	0	0	237.21	34.32	237.21	34.32	5 436.11	25.75
1986	6 720.90	29.28	0	0	299.72	26.35	299.72	26.35	7 020.62	29.15
1987	8 330.90	23.96	0	0	362.79	21.04	362.79	21.04	8 693.69	23.83
1988	10 099.80	21.23	0	0	494.96	36.43	494.96	36.43	10 594.76	21.87
1989	11 949.60	18.32	0	0	633.87	28.06	633.87	28.06	12 583.47	18.77
1990	15 293.40	27.98	23.82	—	1 085.78	71.29	1 109.6	71.29	16 403	30.35
1991	19 349.90	26.52	112.18	370.95	1 391.08	28.12	1 503.26	35.48	20 853.16	27.13
1992	25 402.20	31.28	945.06	742.45	2 104.76	51.30	3 049.82	102.88	28 452.02	36.44
1993	34 879.80	37.31	3 474.29	267.63	2 343.14	11.33	5 817.43	90.75	40 697.23	43.04
1994	46 923.50	34.53	3 687.83	6.15	2 968.51	26.69	6 656.34	14.42	53 579.84	31.65
1995	60 750.50	29.47	3 474.27	−5.79	4 502.50	51.68	7 976.77	19.84	68 727.27	29.12
1996	77 265.00	27.18	10 084.38	190.26	7 830.64	73.92	17 915.02	124.59	95 180.02	38.49
1997	90 631.83	17.30	17 529.23	73.83	11 761.71	50.20	29 290.94	63.50	119 922.77	26.00
1998	104 498.50	15.30	19 505.65	11.27	18 295.63	55.55	37 801.28	29.05	142 299.78	18.66
1999	119 898.00	14.74	26 471.17	35.71	22 430.38	22.60	48 901.55	29.36	168 799.55	18.62
2000	138 356.47	15.40	48 090.94	81.67	26 518.46	18.23	74 609.40	52.57	212 965.87	26.16
2001	158 301.92	14.42	43 522.20	−9.50	30 377.96	14.55	73 900.16	−0.95	232 202.08	9.03
2002	185 006.97	16.87	38 329.13	−11.93	37 030.03	21.90	75 359.16	1.97	260 366.13	12.13
2003	221 222.82	19.58	42 457.71	10.77	48 304.54	30.45	90 762.25	20.44	311 985.07	19.83
2004	253 207.70	14.46	37 055.57	−12.72	60 552.30	25.36	97 607.87	7.54	350 815.57	12.45
2005	298 755.48	17.99	32 430.28	−12.48	79 848.79	31.87	112 279.07	15.03	411 034.55	17.17
2006	345 577.91	15.67	89 403.90	175.68	98 314.91	23.13	187 718.81	67.19	533 296.72	29.74
2007	403 401.30	16.73	327 140.89	265.91	128 715.36	30.92	455 856.25	142.84	85 9257.55	61.12
2008	475 166.60	17.79	121 366.44	−62.90	157 127.08	22.07	278 493.52	−38.91	753 660.12	−12.29
2009	610 224.52	28.42	243 939.12	100.99	181 135.63	15.28	425 074.75	52.63	1 035 299.27	37.37
2010	725 851.79	18.95	265 422.59	8.81	206 910.34	14.23	472 332.93	11.12	1 198 184.72	15.73
2011	851 590.90	17.32	214 758.10	−19.09	224 318.77	8.41	439 076.87	−7.04	1 290 667.77	7.72

续表

年份	M₂		证券化金融资产 S（S=S1+S2）						MS（M₂+S）	
	规模（亿元）	增长率（%）	股票市值（S1）		债券余额（S2）		总规模 S（亿元）	增长率 S'（%）	规模（亿元）	增长率（%）
			规模（亿元）	增长率（%）	规模（亿元）	增长率（%）				
2012	974 148.80	14.39	230 357.62	7.26	262 895.07	17.20	493 252.69	12.34	1 467 401.49	13.69
2013	1 106 524.98	13.59	230 977.19	0.27	300 163.71	14.18	531 140.90	7.68	1 637 665.88	11.60
2014	1 228 374.81	11.01	372 546.96	61.29	360 046.63	19.95	732 593.59	37.93	1 960 968.40	19.74
2015	1 392 278.11	13.34	531 304.20	42.61	48 5391.40	34.81	1 016 695.60	38.78	2 408 973.71	22.85
2016	1 550 066.67	11.33	508 245.11	-4.34	643 018.45	32.47	1 151 263.56	13.24	2 701 330.23	12.14
2017	1 676 768.54	8.17	567 475.37	11.65	746 871.01	16.15	1 314 346.38	14.17	2 991 114.92	10.73
2018-06	1 770 178.37	5.57	504 630.78	-11.07	790 532.00	5.85	1 295 162.78	-1.46	3 065 341.15	2.48

注：（1）2011 年 10 月起，货币供应量 M₂ 已包括住房公积金中心存款和非存款类金融机构在存款类金融机构的存款。

（2）MS 是从流动性差异的角度计算的持有主体（居民部门、企业部门、政府部门以及海外部门）持有商业银行和资本市场证券化金融资产（不包括基金）的全部金融资产，但不包括四部门持有主体持有的非银行金融机构的金融资产。

（3）S1 表示股票类金融资产，S2 表示债券类金融资产，S 表示证券类金融资产，S' 表示证券类金融资产的年增长率。下同。

（4）1981 年中国恢复国债制度，发行国库券 48.66 亿元，用于弥补 1979 年和 1980 年的预算赤字。

（5）1990 年以前债券余额数据采用 1993 年中国统计年鉴中的国债和国库券收入规模进行逐年累计得到，1990—1994 年使用 Wind 数据库中的国债余额与企业债余额之和。

资料来源：国家统计局、Wind 资讯、中国人民银行。

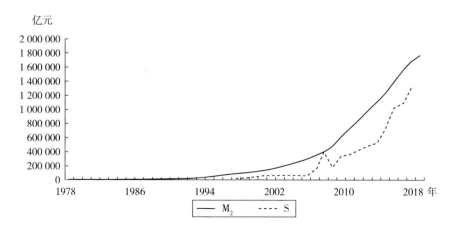

图 1　M₂ 和证券化金融资产规模及变动趋势

表 2　　　　　1990 年至 2018 年 6 月中国金融资产结构变动
（基于货币资产与证券化金融资产的比较）

年份	S1/S	M$_2$/S	M$_2$/MS	S/MS
1990	0.0215	13.7828	0.9324	0.0676
1991	0.0746	12.8720	0.9279	0.0721
1992	0.3099	8.3291	0.8928	0.1072
1993	0.5972	5.9957	0.8571	0.1429
1994	0.5540	7.0494	0.8758	0.1242
1995	0.4355	7.6159	0.8839	0.1161
1996	0.5569	4.3057	0.8115	0.1885
1997	0.5985	3.1066	0.7565	0.2435
1998	0.5162	2.7632	0.7343	0.2657
1999	0.5413	2.4518	0.7103	0.2897
2000	0.6446	1.8042	0.6434	0.3566
2001	0.5889	2.1421	0.6817	0.3183
2002	0.5086	2.4550	0.7106	0.2894
2003	0.4678	2.4374	0.7091	0.2909
2004	0.3796	2.6034	0.7225	0.2775
2005	0.2888	2.6608	0.7268	0.2732
2006	0.4763	1.8409	0.6480	0.3520
2007	0.7176	0.8850	0.4695	0.5305
2008	0.4358	1.7062	0.6305	0.3695
2009	0.5739	1.4356	0.5894	0.4106
2010	0.5619	1.5367	0.6058	0.3942
2011	0.4891	1.9395	0.6598	0.3402
2012	0.4670	1.9749	0.6639	0.3361
2013	0.4434	2.0520	0.6723	0.3277
2014	0.5085	1.6767	0.6264	0.3736
2015	0.5226	1.3694	0.5780	0.4220
2016	0.4415	1.3464	0.5738	0.4262
2017	0.4317	1.2757	0.5605	0.4394
2018-06	0.3896	1.3667	0.5774	0.4225

注：1990 年之前，从中国金融资产结构上看，没有发生重要变化，故结构分析从 1990 年开始。

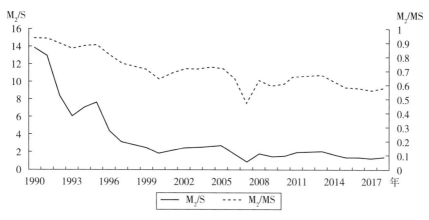

图 2　中国金融资产结构变化趋势

从表 1 可以看到，1978 年中国的 M_2 为 1159.1 亿元人民币，到了 2017 年则增加到 167.68 万亿元（2018 年 6 月为 177.02 万亿元），40 年间中国 M_2 增长了约 1 445.64 倍，年均增长率 20.5%。与此同时，中国 GDP 1978 年为 3 678.7 亿元人民币，2017 年为 832 035.95 亿元人民币，40 年间，名义（未扣除价格因素）GDP 增长了 225.18 倍，年均增长 14.5%。经济货币化率则由 1978 年的 0.318 大幅上升到 2017 年的 2.03。

（二）城乡居民储蓄存款增长

城乡居民储蓄存款余额的变化，在银行主导型金融体系中，是一国金融资产规模变化的缩影，可以从一个侧面观测一个时期经济增长的财富效应和金融资产规模变动的特点。从表 3 可以看到，1978 年中国城乡居民储蓄存款余额为 210.6 亿元，到 2018 年 7 月为 683 763.26 亿元，在不考虑价格变动因素的条件下，40 年来城乡居民储蓄高存款余额增长了 3 245.74 倍，年均增长率为 22.7%。

表 3　　1978 年至 2018 年 7 月中国城乡居民储蓄存款增长情况　　单位：亿元

年份	居民储蓄存款	年份	居民储蓄存款
1978	210.6	1984	1 214.7
1979	281	1985	1 622.6
1980	395.8	1986	2 237.8

续表

年份	居民储蓄存款	年份	居民储蓄存款
1981	523.4	1987	3 083.4
1982	675.4	1988	3 819.1
1983	892.9	1989	5 184.5
1990	7 119.6	2005	141 050.99
1991	9 244.9	2006	161 587.3
1992	11 757.3	2007	172 534.19
1993	15 203.5	2008	217 885.35
1994	21 518.8	2009	260 771.66
1995	29 662.3	2010	303 302.49
1996	38 520.8	2011	343 635.89
1997	46 279.8	2012	399 551
1998	53 407.47	2013	447 601.57
1999	59 621.83	2014	48 5261.3
2000	64 332.38	2015	546 077.85
2001	73 762.43	2016	597 751.05
2002	86 910.65	2017	643 767.62
2003	103 617.65	2018-07	683 763.26
2004	119 555.39		

资料来源：中国人民银行。

（三）证券化金融资产（S）增长

我们再分析一下证券化金融资产的增长。从表 1 可以看到，改革开放后，中国证券化金融资产起始于 1981 年的国债发行。当年发行额为 48.66 亿元，到 1989 年，国债余额为 633.87 亿元，占 MS 口径范围金融资产的 5.04%。

1990 年底，沪深交易所相继成立，当年共有 13 只上市交易的股票。[①] 1991 年底总市值 112.18 亿元人民币，到 2018 年 9 月 4 日，沪深上市公司数达

---

① 1990 年 12 月 19 日上海证券交易所正式营业，第一批上市的公司股票分别是上海申华电工联合公司（600653）、上海豫园旅游商城股份有限公司（600655）、上海飞乐股份有限公司（大飞乐600654）、上海真空电子器件股份有限公司（600602）、浙江凤凰化工股份有限公司（600656）、上海飞乐音响股份有限公司（小飞乐 600651）、上海爱使电子设备股份有限公司（600652）、上海延中实业股份有限公司（600601），俗称"老八股"。深圳证券交易所于 1990 年 12 月 1 日开始集中交易（试营业），当时共有深发展（000001）、深万科（000002）、深金田（000003）、深安达（000004）、深原野（000005）五只上市公司股票，也称"深圳老五股"。

到 3 560 家，市值 48.05 万亿元，在所有金融资产类型中，就规模（市值）而言，股票是增长最快的一种金融资产。

债券是证券化金融资产中的一种重要品种。1990 年中国债券类资产余额首次突破 1 000 亿元，达到 1 085.78 亿元，从这一年开始，债券余额统计除国债余额外，已包括企业债。到 2017 年底则达到了 74.69 万亿元，其间年增长率高达 27.4%。在证券化金融资产 S（S1+S2）口径范围内，1990 年规模为 1 109.6 亿元，到 2018 年 6 月达到了 129.52 万亿元，年均增长 29.4%。

（四）判断与基本结论

上述分析说明，在 1978—2018 年改革开放的 40 年中：

1. 在经济快速增长，名义增长率年均 14.9% 的同时，货币性金融资产（M_2）年均增速 20.5%，M_2 的增速明显快于经济增长速度，经济货币率由 0.318 上升到 2.03；

2. 与此同时，证券化金融资产规模呈现出较快的增长态势，1990 年至 2018 年 6 月，规模增长 1 166.23 倍，年均增速 28.1%，在 MS 口径范围内证券化金融资产的比例呈上升趋势，并开始对金融结构的变革产生重要影响；

3. 在 S 口径中，股票（S1）和债券（S2）的规模和比例大体保持一个差距不大的增速和变化，但 S1 和 S2 的一些年份的增长稳定性呈现出明显差异；

4. MS 口径内各类金融资产的规模和结构的变化，表明中国金融已经完全由 1978 年改革开放初的计划性金融转变成市场化金融，且基于市场机制的证券化金融资产的影响日益明显。

二、金融资产规模的扩张与结构变化：基于融资机制角度的分析

对金融资产规模及结构变化的统计和分析，可以从所谓的直接融资和间接融资的角度来进行，这实质上是一种融资结构和融资机制的比较研究。

（一）CS 口径（融资机制）金融资产的规模扩张

从表 4 可以看到，银行及类银行信贷资产 1978 年为 1 890.42 亿元，之后

40 年多数年份都以 10% 到 20% 的速度增长，到 2017 年达到 120.13 万亿元，银行信贷资产增长了 634.47 倍，年均增长 18%，高于其间年均经济增长率 3 个百分点。如果用银行信贷资产 C 与 GDP 之比（C/GDP）作为经济增长与银行信贷关联性分析指标，1978 年的 C/GDP 的比值为 0.52，2017 年则大幅度上升到 1.45，在金融体系没有发生结构性重大变化的前提下，C/GDP 比率的经济含义可以理解为商业银行信贷产出比。C/GDP 从 1978 年的 0.52 到 2017 年的 1.45，银行信贷资产的更快扩张是中国经济高速增长的重要原因。从基本趋势和经济金融规律看，试图通过更大规模的信贷扩张来推动中国经济增长的模式难以持续。

表 4   1978 年至 2018 年 6 月中国金融资产规模变动
（基于直接融资与间接融资的视角）

年份	银行信贷资产 C（金融机构各项贷款余额）		证券化金融资产 S（S=S1+S2）						CS（C+S）	
			股票市值 S1		债券余额 S2		S=S1+S2 总规模			
	规模（亿元）	增长率（%）	规模（亿元）	增长率（%）	规模（亿元）	增长率（%）	规模（亿元）	增长率（%）	规模（亿元）	增长率（%）
1978	1 890.42	—	0	0	0	0	0	0	1 890.42	—
1979	2 082.47	10.16	0	0	0	0	0	0	2 082.47	10.16
1980	2 478.08	19.00	0	0	0	0	0	0	2 478.08	19.00
1981	2 853.29	15.14	0	0	48.66	—	48.66	—	2 901.95	17.10
1982	3 162.70	10.84	0	0	92.49	90.07	92.49	90.07	3 255.19	12.17
1983	3 566.56	12.77	0	0	134.07	44.96	134.07	44.96	3 700.63	13.68
1984	4 746.80	33.09	0	0	176.60	31.72	176.60	31.72	4 923.40	33.04
1985	6 198.38	30.58	0	0	237.21	34.32	237.21	34.32	6 435.59	30.71
1986	8 142.72	31.37	0	0	299.72	26.35	299.72	26.35	8 442.44	31.18
1987	9 814.09	20.53	0	0	362.79	21.04	362.79	21.04	10 176.88	20.54
1988	11 964.25	21.91	0	0	494.96	36.43	494.96	36.43	12 459.21	22.43

续表

年份	银行信贷资产 C（金融机构各项贷款余额）		证券化金融资产 S（S=S1+S2）						CS（C+S）	
	规模（亿元）	增长率（%）	股票市值 S1		债券余额 S2		S=S1+S2总规模（亿元）	增长率（%）	规模（亿元）	增长率（%）
			规模（亿元）	增长率（%）	规模（亿元）	增长率（%）				
1989	14 248.81	19.09	0	0	633.87	28.06	633.87	28.06	14 882.68	19.45
1990	17 511.02	22.89	23.82	—	1 085.78	71.29	1 109.6	71.29	18 620.62	25.12
1991	21 337.80	21.85	112.18	370.95	1 391.08	28.12	1 503.26	35.48	22 841.06	22.67
1992	26 322.90	23.36	945.06	742.45	2 104.76	51.30	3 049.82	102.88	29 372.72	28.60
1993	32 943.10	25.15	3 474.29	267.63	2 343.14	11.33	5 817.43	90.75	38 760.53	31.96
1994	39 976.00	21.35	3 687.83	6.15	2 968.51	26.69	6 656.34	14.42	46 632.34	20.31
1995	50 544.10	26.44	3 474.27	−5.79	4 502.5	72.16	7 976.77	26.50	58 520.87	25.49
1996	61 156.60	21.00	10 084.38	190.26	7 830.64	73.92	17 915.02	124.59	79 071.62	35.12
1997	74 914.10	22.50	17 529.23	73.83	11 761.71	50.20	29 290.94	63.50	104 205.04	31.79
1998	86 524.10	15.50	19 505.65	11.27	18 295.63	55.55	37 801.28	29.05	124 325.38	19.31
1999	93 734.30	8.33	26 471.17	35.71	22 430.38	22.60	48 901.55	29.36	142 635.85	14.73
2000	99 371.07	6.01	48 090.94	81.67	26 518.46	18.23	74 609.40	52.57	173 980.47	21.98
2001	112 314.70	13.03	43 522.20	−9.50	30 377.96	14.55	73 900.16	−0.95	186 214.86	7.03
2002	131 293.93	16.90	38 329.13	−11.93	37 030.03	21.90	75 359.16	1.97	206 653.09	10.98
2003	158 996.23	21.10	42 457.71	10.77	48 304.54	30.45	90 762.25	20.44	249 758.48	20.86
2004	177 363.49	11.55	37 055.57	−12.72	60 552.30	25.36	97 607.87	7.54	274 971.36	10.09
2005	194 690.39	9.77	32 430.28	−12.48	79 848.79	31.87	112 279.07	15.03	306 969.46	11.64
2006	225 285.28	15.71	89 403.90	175.68	98 314.91	23.13	187 718.81	67.19	413 004.09	34.54
2007	261 690.88	16.16	327 140.89	265.91	128 715.36	30.92	455 856.25	142.84	717 547.13	73.74
2008	303 394.64	15.94	121 366.44	−62.90	157 127.08	22.07	278 493.52	−38.91	581 888.16	−18.91
2009	399 684.82	31.74	243 939.12	100.99	181 135.63	15.28	425 074.75	52.63	824 759.57	41.74
2010	479 195.55	19.89	265 422.59	8.81	206 910.34	14.23	472 332.93	11.12	951 528.48	15.37

续表

年份	银行信贷资产 C（金融机构各项贷款余额）		证券化金融资产 S（S=S1+S2）						CS（C+S）	
	规模（亿元）	增长率（%）	股票市值 S1		债券余额 S2		S=S1+S2 总规模（亿元）	增长率（%）	规模（亿元）	增长率（%）
			规模（亿元）	增长率（%）	规模（亿元）	增长率（%）				
2011	547 946.69	14.35	214 758.10	−19.09	224 318.77	8.41	439 076.87	−7.04	987 023.56	3.73
2012	629 909.64	14.96	230 357.62	7.26	262 895.07	17.20	493 252.69	12.34	1 123 162.33	13.79
2013	718 961.46	14.14	230 977.19	0.27	300 163.71	14.18	531 140.90	7.68	1 250 102.36	11.30
2014	816 770.01	13.60	372 546.96	61.29	360 046.63	19.95	732 593.59	37.93	1 549 363.60	23.94
2015	939 540.16	15.03	531 304.20	42.61	485 391.40	34.81	1 016 695.60	38.78	1 956 235.76	26.26
2016	1 066 040.06	13.46	508 245.11	−4.34	643 018.45	32.47	1 151 263.56	13.24	2 217 303.62	13.35
2017	1 201 320.99	12.69	567 475.37	11.65	746 871.01	16.15	1 314 346.38	14.17	2 515 667.37	13.46
2018-06	1 291 534.16	7.51	504 630.78	−11.07	790 532.00	5.85	1 295 162.78	−1.46	2 586 696.94	2.82

资料来源：国家统计局、Wind 资讯。

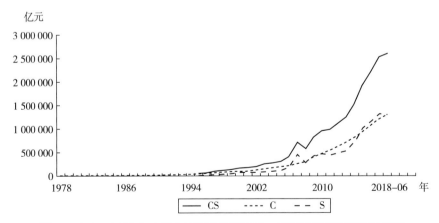

图 3　1978—2018 年中国金融资产规模变动：基于融资机制角度的观察

（二）CS 口径金融资产的结构变化

在 CS 口径范围内，中国金融资产结构变动虽然不及 MS 口径范围内结构变动显著，但亦呈现出趋势性变化的特征，这种变化在表 5 C/CS 和 S/CS 的比值变化中得到印证。结构性趋势见图 4。如表 5 所示，在 CS 口径范围内的全部金融资产中，银行信贷资产占比（C/CS）呈持续性下降趋势，1990 年为 0.9404，到 2018 年 6 月 C/CS 值则降到了 0.4993。与这一趋势相反，证券化金融资产 S 在持续扩张的同时，在 CS 口径范围内的金融资产的占比也呈渐进上升的趋势，由 1990 年的 0.0596 上升到 2018 年 6 月的 0.5007。这种变化，与近几年地方政府债大幅度增加有密切关系。[①]

表 5　　　　1990 年至 2018 年 6 月中国金融资产结构变动

（基于直接融资与间接融资的视角）

年份	C/CS	S/CS	S/C	S1/C	S1/S	S1/CS
1990	0.9404	0.0596	0.0634	0.0014	0.0215	0.0013
1991	0.9342	0.0658	0.0705	0.0053	0.0746	0.0049
1992	0.8962	0.1038	0.1159	0.0359	0.3099	0.0322
1993	0.8499	0.1501	0.1766	0.1055	0.5972	0.0896
1994	0.8573	0.1427	0.1665	0.0923	0.5540	0.0791
1995	0.8637	0.1363	0.1578	0.0687	0.4355	0.0594
1996	0.7758	0.2242	0.2890	0.1609	0.5569	0.1249
1997	0.7189	0.2811	0.3910	0.2340	0.5985	0.1682
1998	0.6959	0.3041	0.4371	0.2256	0.5162	0.1570
1999	0.6572	0.3428	0.5217	0.2824	0.5413	0.1856
2000	0.5712	0.4288	0.7508	0.4840	0.6446	0.2764
2001	0.6031	0.3969	0.6580	0.3875	0.5889	0.2337
2002	0.6353	0.3647	0.5740	0.2919	0.5086	0.1855
2003	0.6366	0.3634	0.5708	0.2670	0.4678	0.1700
2004	0.6450	0.3550	0.5503	0.2089	0.3796	0.1348
2005	0.6342	0.3658	0.5767	0.1666	0.2888	0.1056

① 参阅吴晓求，陶晓红，张烨.发展中国债券市场需要重点思考的几个问题［J］.财贸经济，2018（3）.

续表

年份	C/CS	S/CS	S/C	S1/C	S1/S	S1/CS
2006	0.5455	0.4545	0.8332	0.3968	0.4763	0.2165
2007	0.3647	0.6353	1.7420	1.2501	0.7176	0.4559
2008	0.5214	0.4786	0.9179	0.4000	0.4358	0.2086
2009	0.4846	0.5154	1.0635	0.6103	0.5739	0.2958
2010	0.5036	0.4964	0.9857	0.5539	0.5619	0.2789
2011	0.5552	0.4448	0.8013	0.3919	0.4891	0.2176
2012	0.5608	0.4392	0.7831	0.3657	0.4670	0.2051
2013	0.5714	0.4286	0.7500	0.3325	0.4434	0.1900
2014	0.5272	0.4728	0.8969	0.4561	0.5085	0.2405
2015	0.4803	0.5197	1.0821	0.5655	0.5226	0.2716
2016	0.4808	0.5192	1.0799	0.4768	0.4415	0.2292
2017	0.4775	0.5225	1.0941	0.4724	0.4318	0.2256
2018–06	0.4993	0.5007	1.0028	0.3907	0.3896	0.1951

注：1990 年之前数据不完整，故此表分析从 1990 年开始。

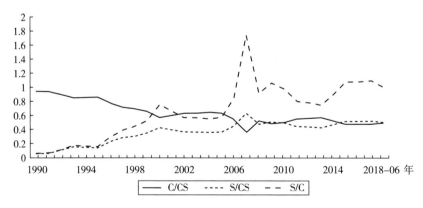

图 4　1990—2018 年中国金融资产结构变动：基于融资机制角度的比较

在 S/CS 比例上升趋势过程中，一个不可忽略的重要因素是内部结构的变化。1990 年 S1/CS（股票市值在金融资产中的比重）仅为 0.0013（0.13%），到了 2018 年 6 月则上升到 0.1951（19.51%）。由于股票资产统计的是存量市值，实际上存量市值中发挥了融资功能的存量资产只有 25%~30%，所以，从融资功能角度看，到 2018 年 6 月，S/CS 的比值显然要低于 0.5。证券化金融资产（S）中，近几年债券（S2）特别是地方政府债发展速度快，加上金融债、公司债（企业债）后债券余额非常庞大。综合考虑中国债券市场的结构特点和流动性特性，可以得出中国金融结构正在朝着市场化、证券化方向演变的趋势性结论，但现在还不能因为 S/CS 比值接近 0.5 就得出中国金融结构发生了质的变化的结论。

三、居民部门金融资产结构变化：基于财富管理角度的分析

居民部门金融资产结构的变化，对分析一国金融结构乃至金融体系的变化具有特别重要的意义，是金融结构变革的重要支点。表 6 说明的是，1978—2016 年居民部门金融资产持有类型、数量和结构的变化，这里居民部门持有的证券化资产与前述统计口径相比，新增了保险准备金（2004 年前）和证券投资基金份额（统一标为 S3）。居民部门持有的非证券化资产，包括通货及存款（F）。本文居民部门持有的总金融资产的统计为 FS 口径，即 FS=F+S。

表 6 所表示的金融资产结构的变动趋势与前述大体一致，居民部门持有的证券化金融资产呈不断上升的趋势，持有的非证券化金融资产的比重呈下降趋势。1978—1981 年居民部门持有的金融资产全部为通货及存款形态的非证券化金融资产。1982 年居民部门开始持有少量证券（国库券），持有的金融资产结构开始发生微小变化。这种变化在 1982—2012 年的 20 年间，除 2007 年由于股价指数大幅度上涨，该年居民部门持有的金融资产结构发生了重大变化，非证券化金融资产占比（F/FS）由 2006 年的 77.19% 突然大幅度下降到 61.72% 外，其余年份 F/FS 的比值均在 70% 以上。2011 年以后，居民部门持有的金融资产结构开始发生趋势性的重大变化，F/FS 开始进入 50%~60% 的重要区位，S/FS 在 40% 左右波动。

表6 1978—2016年居民部门金融资产结构变化（基于财富管理的视角）

年份	证券化金融资产（S）									非证券化金融资产（F）		总金融资产（FS）		证券化、非证券化资产占比（%）		F/FS
	股票（S1）		债券（S2）		保险准备金（2004年前）/证券投资基金份额（2004年及以后）（S3）		总规模			通货及存款				S/FS	(S1+S2)/FS	
	规模（亿元）	增长率（%）	规模（亿元）	增长率（%）	规模（亿元）	增长率（%）	规模（亿元）	增长率（%）		规模（亿元）	增长率（%）	规模（亿元）	增长率（%）			
1978	—	—	—	—	—	—	—	—		380.2	—	380.2	—	—	—	100
1979	—	—	—	—	—	—	—	—		495.2	30.25	495.2	30.25	—	—	100
1980	—	—	—	—	—	—	—	—		676.5	36.61	676.5	36.61	—	—	100
1981	—	—	—	—	—	—	—	—		840.7	24.27	840.7	24.27	—	—	100
1982	—	—	19.7	—	—	—	19.7	—		1 026.7	22.12	1 046.4	24.47	1.88	1.88	98.12
1983	—	—	40.5	105.58	—	—	40.5	105.58		1 316.3	28.21	1 356.8	29.66	2.98	2.98	97.02
1984	—	—	62.6	54.57	—	—	62.6	54.57		1 848.4	40.42	1 911	40.85	3.28	3.28	96.72
1985	—	—	106.4	69.97	4.8	—	111.2	77.64		2 412.8	30.53	2 524	32.08	4.41	4.22	95.59
1986	—	—	254.8	139.47	12.9	168.75	267.7	140.74		3 212.7	33.15	3 480.4	37.89	7.69	7.32	92.31
1987	30	—	328.4	28.89	25.6	98.45	384	43.44		4 245	32.13	4 629	33.00	8.30	7.74	91.70
1988	105	250.00	463.9	41.26	38.3	49.61	607.2	58.13		5 529.4	30.26	6 136.6	32.57	9.89	9.27	90.11
1989	125	19.05	595	28.26	46.1	20.37	766.1	26.17		7 022.1	27.00	7 788.2	26.91	9.84	9.24	90.16
1990	138	10.40	702.8	18.12	56.3	22.13	897.1	17.10		9 235.3	31.52	10 132.4	30.10	8.85	8.30	91.15
1991	226	63.77	958.6	36.40	78.3	39.08	1262.9	40.78		11 783.6	27.59	13 046.5	28.76	9.68	9.08	90.32

续表

| 年份 | 证券化金融资产（S） | | | | | | | | 非证券化金融资产（F） | | 总金融资产（FS） | | 证券化、非证券化资产占比（%） | | |
| | 股票（S1） | | 债券（S2） | | 保险准备金（2004年前）/证券投资基金份额（2004年及以后）（S3） | | 总规模 | | 通货及存款 | | | | | | |
	规模（亿元）	增长率（%）	规模（亿元）	增长率（%）	规模（亿元）	增长率（%）	规模（亿元）	增长率（%）	规模（亿元）	增长率（%）	规模（亿元）	增长率（%）	S/FS	(S1+S2)/FS	F/FS
1992	293	29.65	1 629.2	69.96	122.6	56.58	2 044.8	61.91	15 158.7	28.64	17 203.5	31.86	11.89	11.17	88.11
1993	410	39.93	1 929	18.40	157.1	28.14	2 496.1	22.07	19 735.8	30.19	22 231.9	29.23	11.23	10.52	88.77
1994	438	19.02	2 360.6	22.37	213.6	35.96	3 062.2	22.68	27 349.7	38.58	30 411.9	36.79	10.07	9.37	89.93
1995	475	-2.66	2 954.9	25.18	304.3	42.46	3 734.2	21.95	35 970.5	31.52	39 704.7	30.56	9.40	8.64	90.60
1996	1 508	217.47	4 206.3	42.35	431.6	41.83	6 145.9	64.58	45 562.4	26.67	51 708.3	30.23	11.89	11.05	88.11
1997	2 914	93.24	5 987.2	42.34	503.6	16.68	9 404.8	53.03	54 421.6	19.44	63 826.4	23.44	14.73	13.95	85.27
1998	3 679	26.25	7 400.2	23.60	762.4	51.39	11 841.6	25.91	62 400.6	14.66	74 242.2	16.32	15.95	14.92	84.05
1999	4 928.4	33.96	9 702.4	31.11	891.2	16.89	15 522	31.08	70 386.2	12.80	85 908.2	15.71	18.07	17.03	81.93
2000	9 652.5	95.85	12 274.4	26.51	1003	12.54	22 929.9	47.73	75 373.7	7.09	98 303.6	14.43	23.33	22.31	76.67
2001	8 677.9	-10.10	13 941.6	13.58	1438	43.37	24 057.5	4.92	85 555.6	13.51	109 613	11.50	21.95	20.64	78.05
2002	7 491	-13.68	15 007.4	7.64	2298	59.81	24 796.4	3.07	100 733	17.74	125 529	14.52	19.75	17.92	80.25
2003	7 9C7.4	5.56	18 082.9	20.49	3030	31.85	29 020.3	17.03	119 415	18.55	148 435	18.25	19.55	17.51	80.45
2004	8 897	—	6 293	—	1905	—	32 974	—	147 395	—	180 369	—	18.28	8.42	81.72
2005	7 855	-11.60	6 534	3.83	2449	28.56	38 587	17.02	170 496	15.67	209 083	15.92	18.46	6.89	81.54
2006	17 001	116.16	6 944	6.27	5618	129.40	57 394	48.74	194 206	13.91	251 600	20.33	22.81	9.52	77.19
2007	51 604	203.54	6 707	-3.41	29 716	428.94	128 444	123.79	207 051	6.61	335 495	33.34	38.28	17.38	61.72
2008	20 157	-60.94	4 981	-25.73	17 011	-42.75	85 770	-33.22	257 100	24.17	342 870	2.20	25.02	7.33	74.98

续表

年份	证券化金融资产（S）								非证券化金融资产（F）		总金融资产（FS）		证券化、非证券化资产占比（%）		
	股票（S1）		债券（S2）		保险准备金（2004年前）/证券投资基金份额（2004年及以后）（S3）		总规模		通货及存款				S/FS	(S1+S2)/FS	F/FS
	规模（亿元）	增长率（%）	规模（亿元）	增长率（%）	规模（亿元）	增长率（%）	规模（亿元）	增长率（%）	规模（亿元）	增长率（%）	规模（亿元）	增长率（%）			
2009	47 374	135.03	2 623	-47.34	8 383	-50.72	110 237	28.53	300 632	16.93	410 869	19.83	26.83	12.17	73.17
2010	56 477	19.22	2 692	2.63	7 346	-12.37	141 499	28.36	353 333	17.53	494 832	20.44	28.60	11.96	71.40
2011	59 755	5.80	1 898	-29.49	7 952	8.25	172 050	21.59	405 984	14.90	578 034	16.81	29.76	10.67	70.24
2012	61 619	3.12	4 527	138.51	11 049	38.95	293 806	70.77	468 158	15.31	761 964	31.82	38.56	8.68	61.44
2013	55 800	-9.44	4 876	7.71	9 753	-11.73	365 091	24.26	496 762	6.11	861 853	13.11	42.36	7.04	57.64
2014	79 000	41.58	5 579	14.42	9 214	-5.53	466 704	27.83	565 298	13.80	1 032 002	19.74	45.22	8.20	54.78
2015	125 000	58.23	10 517	88.51	18 141	96.89	568 802	21.88	614 217	8.65	1 183 019	14.63	48.08	11.46	51.92
2016	146 200	16.96	10 742	2.14	22 116	21.91	623 456	9.6	673 997	9.73	1 297 453	9.67	48.05	12.1	51.95

注：（1）与前述图表相比，从口径上看，表6中的证券化金融资产加上了保险准备金、证券公司客户保证金、保险准备金、金融机构理财产品、结算资金、其他金融资产，与前述各表数据口径略有差异。

（2）2004年以后的证券化金融资产总和包括股票、债券、证券投资基金份额/证券投资基金。

（3）2015—2016年数据计算方法，参考了《中国国家资产负债表2015》。

资料来源：2004年以前的数据来源于"李扬. 居民金融资产结构与经济增长关联性分析[J]. 消费导刊，2010（4）"；2004年以后的数据来源于《中国国家资产负债表2015》，中国人民银行年报（2016，2017）。

从上述分析中可以得出这样的结论：改革开放 40 年来，以金融资产结构变动为核心分析指标的中国金融结构，无疑发生了重大的变化，这种变化正在趋近金融结构质的变化的临界值，中国金融已经进入市场化金融发展模式的运行轨道。

四、金融业态的变化：从单一到多元

改革开放 40 年来，中国金融业态发生了根本性变化。这种根本性变化的基础性力量，来源于经济的规模性和市场化之后的"脱媒"趋势及信息技术、通信技术深度变革带来的新科技对金融基因的深度渗透。如果说"脱媒"的趋势推动着资本市场的发展，那么高科技对金融基因的深度渗透，则正在改变传统金融存在的物理状态和运行模式，无异于金融的第二次脱媒，进而使金融业态发生了革命性变化，金融开始进入高科技时代。中国金融在市场"脱媒"趋势的推动下，有序但相对缓慢地发生着结构性变化，而高科技对金融基因的深度渗透，则使中国金融的业态和功能发生了突变。从这个意义上说，中国金融走了一条与发达国家金融发展不完全相同的道路，进而加快了中国金融的现代化进程。

无论是基于市场"脱媒"的变革，还是源于科技进步对金融基因的渗透，其核心都是改善金融的功能，提高金融功能的效率。金融有三个最重要的基本功能：一是支付与清算；二是聚集和分配资源；三是分散风险或财富管理。除此之外，一般认为，还有信息处理与挖掘、解决委托—代理关系中的激励机制等功能，前三个功能无疑是金融最基础、最核心的功能。评判一国金融体系的传统与现代，落后与进步，主要看这三个基本功能的实现方式和效率高低，而这又与金融业态有着密切关系。

在 1978—1990 年间，中国金融业态高度单一，以传统信贷业务为主导的商业银行几乎成了唯一的金融业态。支付清算、聚集和分配资源的功能主要甚至只有通过传统商业银行才能完成，分散和配置风险的功能几乎不存在。

1990 年沪深两个交易所的设立和运行，开创了中国金融"脱媒"的新纪元。从金融的结构性变革角度，沪深交易所的设立具有里程碑式的意义，标志着资本市场发展新时代的到来。客观地讲，无论是从当时中国的经济规模、人均收入水平，还是经济的市场化程度以及人们对市场经济的认识等软硬环境看，难以逻辑地得出当时建立资本市场的结论。从大趋势看，历史是一种逻辑，但有时也会是一种偶然。基于"偶然"的历史，通常都会是那个时代的光芒，不同的是，这种偶然引发的历史光芒，由于软硬件的后天约束，大多都会带来基因上的缺陷，预示着后来的道路都会充满着荆棘和曲折。中国资本市场后来的发展历史，显然不会是一个例外。资本市场发展的初始动因，从金融逻辑上看，是基于对传统金融或商业银行信贷融资的"去中介化"，亦即"脱媒"，市场替代金融中介完成金融资源的配置，通过风险定价机制实现金融资源的优化配置，这既满足了投资者自主选择和配置资产的需求，也平衡了企业或资金需求者在收益与风险之间融资工具的平衡选择。正是从这个意义上说，基于资本市场的现代金融的核心功能表现为跨期的风险配置。

然而，1990 年在沪深交易所基础上所形成的中国资本市场或股票市场，建立之初甚至在后来相当长时期内，并不具有这样的动因和功能，而是传统商业银行计划性融资的一个延伸。从融资数量到上市企业选择，从审批机制到市场监管模式都深刻地打上了计划经济的烙印，资本市场成了国有企业另一种融资机制。这样的发展理念一直困扰着中国资本市场，到 2005 年股权分置改革才有所改变。

客观地讲，从 1990 年到 2005 年，中国资本市场"脱媒"功能甚微，金融结构没有发生什么变化。2004 年和 2005 年，中国股票市场的总市值分别是 37 055 亿元和 32 430 亿元，这其中大约 2/3 是不流通的，可以流通的市值在 10 000 亿元至 12 000 亿元。2004 年和 2005 年，中国的 GDP 分别是 161 840 亿元和 187 318 亿元，银行信贷资产分别是 177 363 亿元和 194 690 亿元，融资结构比例非常悬殊。在这 15 年中，中国资本市场对经济活动所产生的影响极其有限，对金融结构变化的影响微不足道。这期间，虽然非银行金融机构从类型到数量都有较大发展，但这些非银行金融机构在功能上大都具有类银行的特征。所以，从 1990—2005 年，中国金融的业态总体上看仍是非常单一的，传统商业银行以及类银行金融机构占据着绝对主导地位，融资活动的"脱媒"特征没有表现为一种趋势，其他金融功能的实现形式没有突破性变化。

2005 年启动的股权分置改革，激活了资本市场的资源配置功能，推动并加快了金融的"脱媒"趋势，推动了金融结构的市场化改革。股权分置改革对中国资本市场的作用，仅次于 1990 年沪深交易所的建立，是中国资本市场发展历史上又一个里程碑，标志着中国资本市场进入市场化改革和全面发展的时期。随着股权分置改革的全面推进和完成，中国股票市场规模、结构和功能都发生了巨大变化。与此同时，债券市场也有较快发展（见表 7）。

表 7　　　　2004—2017 年股权分置改革前后股票市场市值变动和
债券市场余额变动情况　　　　单位：亿元

年份	股票市值 S1	债券余额 S2	证券化金融资产 S=S1+S2
2004	37 055.57	25 777.6	62 833.17
2005	32 430.28	28 774	61 204.28
2006	89 403.90	31 448.69	120 852.6
2007	327 140.89	56 424.3	383 565.2
2008	121 366.44	63 018.42	184 384.9
2009	243 939.12	83 490.78	327 429.9
2010	265 422.59	104 003.05	369 425.6
2011	214 758.10	200 675	415 433.1
2012	230 357.62	253 594	483 951.6
2013	230 977.19	294 485	525 462.2
2014	372 546.96	348 978	721 525
2015	531 304.20	483 449	1 014 753
2016	508 245.11	574 652	1 082 897
2017	567 475.37	744 104	1 311 579

资料来源：Wind 资讯。

从表 7 可以看到，由于成功地进行了股权分置改革，2007 年中国股票市场总市值第一次跨进了 10 万亿元大关，且这个时候的总市值，可流通的比例大幅度上升，彻底告别了中国股票市场流通结构偏瘫的时代，市场的财富管理功能渐渐恢复，加上这之后债券市场的发展和余额的大幅增加，中国金融开始呈现出结构性变化：证券化金融资产规模大幅度增加，且比例不断提高。中国金融结构开始呈现出二元化特征。

在中国金融结构呈现出二元化特征的过程中，中国股票市场价格在这期间（2006—2017 年）出现了两次大幅度波动，第一次发生在 2007 年 10 月前后，从 2005 年 6 月 6 日的最低 998 点上升到 2007 年 10 月 16 日的 6 124 点，之后一路下跌，开始了长达 6 年的市场低迷走势（见图 5）。

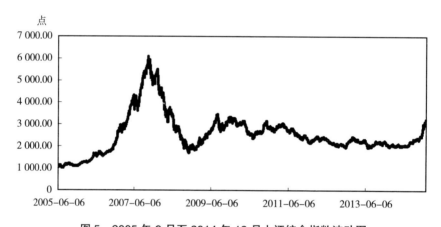

图 5　2005 年 6 月至 2014 年 12 月上证综合指数波动图

（资料来源：Wind 资讯）

第二次股票价格的巨大波动乃至股市危机发生在 2015 年 6 月前后。2014 年 7 月中国股票市场在 2 000 点附近徘徊了 6 年漫漫熊市之后，市场正在悄然地复苏并慢慢呈现出上涨趋势。在经历了 8 个月恢复上涨之后，在所谓多重利好因素的刺激下，2015 年 3 月 9 日市场价格指数从 3 224 点开始非理性地快速上涨，到 2015 年 6 月 12 日，短短 3 个月零 3 天，上证指数上涨到 5 166 点高位，这期间，日成交量都在 2 万亿元左右，其中 2015 年 5 月 28 日创下了日成交量 2.4 万亿元的历史最高纪录，除去银行、石油、石化等行业大公司外，平均市盈率超过 50 倍，创业板平均市盈率超过 150 倍，市场危机随时爆发。

2015 年 6 月 15 日，又是一个星期一，历史正在重复，"黑色星期一"悄然而至。从这一天开始，中国股票市场出现了断崖式的下跌，到 2015 年 8 月 26 日，上证综指由峰值 5 166 点下跌到 2 850 点附近，时间 2 个月零 8 天，上证综指下跌了 45%，创业板指数下跌了 51.8%。这是中国股票市场自成立以来出现的严重的市场危机。时至今日，中国股票市场仍未从这场危机中恢复过来[①]（见图 6、图 7）。

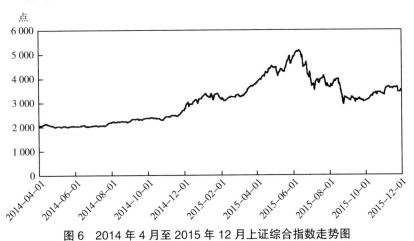

图 6　2014 年 4 月至 2015 年 12 月上证综合指数走势图

（资料来源：Wind 资讯）

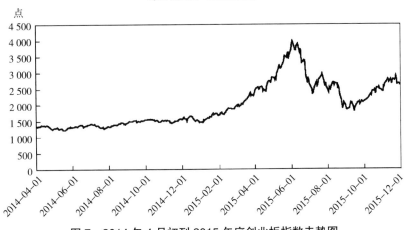

图 7　2014 年 4 月初到 2015 年底创业板指数走势图

（资料来源：Wind 资讯）

---

① 参见吴晓求，等.股市危机——历史与逻辑［M］.北京：中国金融出版社，2016：28-40.

2015 年 6 月爆发的这场股市危机，对中国金融的结构性改革和资本市场发展，一方面带来了严重的负面影响和心理预期，另一方面也使我们深刻地体会到发展资本市场的困难和复杂性。对 2015 年的股市危机需要认真地反思和总结，以免重走老路。

随着信息技术、通信技术、人工智能、大数据、云计算以及区块链等新技术、新方法的出现、整合和对金融的深度渗透，在中国金融体系和结构中一种新的金融业态已经出现，后来人们把这种新技术与金融黏合后的金融业态简略而略带粗糙地称为 Fintech。这种具有 Fintech 特征的新金融业态的典型形态，一开始并没有统一的称呼，人们也不太清楚这种新金融业态与传统金融有什么区别。谢平博士等在《互联网金融模式研究》一文中首次从理论上将其定义为"互联网金融"，[①] 在此定义的基础上，我将"互联网金融"定义为一种新的金融业态。这种新金融业态，从基因结构上有别于传统商业银行的间接融资，也有别于资本市场的直接融资，是一种基于"技术脱媒"的跨越时空约束的第三金融业态。[②] 本质上，互联网金融是金融第二次脱媒的结果。

在实践中，中国的互联网金融主要有以下四种类型：第三方支付；网络融资（平台小额贷款，P2P 和众筹）；网络投资（P2P 和众筹中的资金提供者）；网络货币。其中以第三方支付最有代表性也最成功。网络融资和网络投资乱象最多，失败的教训多于成功的经验，P2P 尤为严重。

原因究竟在哪里？

这涉及对互联网金融的基本特征和核心功能的正确理解。

互联网金融本质仍是金融，不同的是它赖以运行的基础与传统金融有着本质的区别。这种本质的区别主要体现在数据获取、数据量和数据处理上。互联网金融运行的基础是大数据、云计算，以此大幅度提高信息的透明度、可靠性和对称性，基于互联网"开放、平等、协作、分享"所形成的大数据及其云计算，可以较好地解决经济活动中信息的不对称性问题，进而可以大

---

① 参见谢平，邹传伟. 互联网金融模式研究［J］. 金融研究，2012（12）.

② 参见吴晓求. 中国金融的深度变革与互联网金融［J］. 财贸经济，2014（1）. 吴晓求，等. 互联网金融——逻辑与结构［M］. 北京：中国人民大学出版社，2015.

幅度提高风险识别能力。大数据及其对数据的有效挖掘和整合，是互联网金融有效运行最重要的基础，这是其一。

其二，互联网金融在实现金融的三大基础功能中效率完全不同，与传统金融的竞争关系也完全不同。概括而论，互联网金融中的第三方支付将极大地提高金融的支付功能，甚至可以说是对传统金融支付工具、方式和理念的颠覆。在支付功能上，互联网金融与传统金融是一种替代性的竞争关系。对传统金融的支付功能来说，第三方支付是一种技术革命，是一种颠覆性力量。如果说资本市场的发展是对传统金融融资功能的颠覆，那么，互联网金融中的第三方支付则主要是对传统金融中支付功能的革命。在所有互联网金融的形态中，第三方支付是最核心、最主要的形态。

除去网络货币外，互联网金融中网络贷款和网络投资，在现实中主要表现为 P2P、众筹、平台小额贷款和小额财富管理。这些互联网金融形态，从本质上都是对商业银行、资本市场融资功能和财富管理功能的补充、延伸，服务的对象大都是传统金融难以顾及的客户群（所谓的长尾客户）。它们与传统金融的关系主要是一种主体与辅助的关系：传统金融为主，互联网金融为辅。由于 P2P、众筹、平台小额贷款和小额财富管理等互联网金融形态延伸了金融的服务链条，拓展了金融服务的客户群，所以，一般认为，互联网金融的出现，提高了金融的普惠性，是一种带有某些普惠特征的金融业态。

表 8　　　　　　　　2011—2017 年互联网金融规模及其变化　　　单位：亿元

年份	第三方支付	平台小额贷款	P2P	众筹
2011	22 800	3 914.74	31.00	—
2012	38 100	5 921.38	212.00	—
2013	92 200	8 191.27	1 058.00	3.35
2014	247 200	9 420.38	2 528.17	21.58
2015	494 800	9 411.51	9 823.04	114.24
2016	992 700	9 272.8	20 638.72	224.78
2017	1 432 600	9 799.49	28 048.49	220.25

注：3.35 亿元是 2013 年及之前众筹的累计总额。

资料来源：中国人民银行、Wind 资讯、网贷之家、盈灿咨询。

然而，在实践中，互联网金融中的不同业务类型、实际效果完全不同，社会评价也完全不同。整体而论，第三方支付在中国的发展非常成功，既满足了客户灵活、便捷、安全的支付需求，又推动了经济结构和消费模式的转型，没有出现比传统金融更大的支付风险，支付宝、微信支付是其中的杰出代表，是中国金融现代化的一张名片，获得了社会和消费者的广泛赞誉，实现了中国金融支付功能的技术革命和历史性的大跨越。除第三方支付外，在互联网金融的其他业态中，最遭人诟病的是P2P。P2P在中国互联网金融实践中之所以成功率低、美誉度差，根本的原因有两条：一是缺乏大数据平台，无法完成信息的有效整合，无法实现信息的对称性；二是没有正确理解互联网金融的普惠性特征。不少从业者把P2P看成是一种暴利金融。在技术上不合格，理念上又错位的条件下，P2P这种互联网金融业态是难以为继的，"跑路"会成为一种常态，个别甚至会衍生成披着互联网金融外衣的新的"庞氏骗局"。

经过实践的大浪淘沙和严格的监管，互联网金融开始在中国进入淘汰和整合期，第三方支付特别是移动支付，已经成为中国互联网金融的标志（见表9）。

表9　　　　　　　　　2009—2017年第三方支付与传统支付的比较

年份	社会总支付			第三方支付			传统金融支付		
	总额（万亿元）	笔数（亿笔）	支付额增长率（%）	总额（万亿元）	笔数（亿笔）	支付额增长率（%）	总额（万亿元）	笔数（亿笔）	支付额增长率（%）
2009	716.29	—	—	0.54	—	—	715.75	214.14	—
2010	906.25	—	26.52	1.07	—	98.15	905.18	277.04	26.47
2011	1 106.63	—	22.11	2.28	—	113.08	1 104.35	338.30	22.00
2012	1 290.13	—	16.58	3.81	—	67.11	1 286.32	411.41	16.48
2013	1 616.78	654.96	25.32	9.22	153.38	141.99	1 607.56	501.58	24.97
2014	1 842.10	1 001.74	13.94	24.72	374.22	168.11	1 817.38	627.52	13.05
2015	3 498.33	1 764.67	89.91	49.48	821.45	100.16	3 448.85	943.22	89.77
2016	3 786.51	2 890.13	8.24	99.27	1 639.02	100.63	3 687.24	1 251.11	6.91
2017	3 903.20	4 476.25	3.08	143.26	2 867.47	44.31	3 759.94	1 608.78	1.97

　　注：此处的传统金融支付指非现金支付业务，包含票据、银行卡及其他结算业务，其中其他结算业务包括贷记转账、直接借记、托收承付及国内信用证业务，第三方支付业务指非银支付机构发生的网络支付业务，不包括红包类娱乐性产品的业务量，因此两者加总得到的社会支付总额不包括现金支付。

　　资料来源：中国人民银行。

由此，中国金融业态在经历了市场"脱媒"和技术"脱媒"后，完成了从单一到多元的转型，中国金融进入一个业态多元的竞争时代。

五、金融风险结构变化：从资本不足风险到透明度风险

（一）金融功能：从单一融资到融资与财富管理并重

中国金融资产的大规模扩张、金融资产结构的深度变革、金融业态的多元，推动了中国金融功能的转型升级和效率的提高，引发了金融功能实现方式和实现机制的深刻变革。这种深刻变革在支付功能上，甚至是一场深刻的技术革命。

改革开放之初，中国金融功能相对单一，效率低下。金融功能主要通过传统商业银行体系完成支付、清算和资源的聚集、分配，是一种典型的计划性金融机制，市场几乎不配置金融资源。随着中国金融的市场化、科技化和国际化，加上 Fintech 对金融基因的广泛而深度的影响，到 2018 年中国金融的功能不仅完成了支付业态的科技革命，实现了历史性跨越，而且金融功能呈现出复合化、结构性升级的特征，市场配置金融资源的比例不断提升。各种分析数据表明，这种变化开始趋近 50% 的临界值。风险管理或财富管理的功能开始显现，虽然这一比例离发达国家仍有相当大的差距，但变革的趋势是明显的、一致的。中国金融已经由改革开放之初单一的融资功能过渡到融资与财富管理并重的时代。这是中国金融最为重大的进步。

（二）金融体系中的两种基础类风险：机构风险与市场风险

随着金融结构、金融业态和金融功能的转型升级，中国金融的风险结构也已经或正在发生深刻的变化，风险的权重在悄然地发生调整。

金融风险有多种分类。从表现特征上，人们一般将风险分为信用风险、市场风险、流动性风险和操作风险等类型。信用风险的核心是偿付能力，市场风险则主要表现为价格的巨大波动，流动性风险表现为现金偿付能力，操作风险则由交易系统缺陷、技术能力不足和管理失控引起。这种对风险的划分，是基于金融机构的微观视角。

从风险的性质和基因起源分，金融风险还可分为机构风险和市场风险两种基础大类风险，这是一种基于现代体系视角的划分。机构风险虽然与信用扩张、货币系数、信用违约等有密切关系，也可能是微观视角诸多风险的集合反映，但其本质特征来源于资本是否充足。从这个意义上说，金融风险中的机构风险是一种杠杆风险。这就是为什么要把资本充足率作为监管商业银行以及类银行金融机构最核心、最基础的指标。在市场不发达的金融体系中，机构风险是最重要的金融风险，监管的重心是金融机构特别是商业银行及类银行金融机构。

与机构风险相对应的是市场风险。金融脱媒催生并推动着资本市场发展。金融脱媒的基本逻辑是绕开资本约束，实现融资活动的去中介化。这种绕开资本约束创新的金融产品表现的是一种信息集合，交易者或投资者的交易是基于对这种信息集合的解读和判断。所以，市场风险与资本是否充足无关，而与信息披露有关。如果说机构风险集中表现为资本不足风险，那么市场风险则表现为透明度风险。在市场发达的现代金融体系中，透明度风险是金融风险的重要形式。在现代金融体系中，资本不足风险与透明度不足风险是两类起源不同、性质完全不同的基础性风险。

（三）中国金融风险的结构性变化

如前所述，由于中国金融结构正在发生重要变化，证券化金融资产比重呈上升趋势且趋于结构性变化的临界值，居民部门持有的金融资产结构亦朝着同一趋势演变，金融业态呈现出多元化特征，金融功能正在由融资为主，转向融资与财富管理并重，由此，中国金融的风险结构，已由改革开放初中期单一的机构风险（资本不足风险）演变成今天的机构风险与市场风险并存的格局。这一变化可以从两个方面进行分析。

先分析商业银行风险结构的变化。商业银行在中国金融体系中占据主导地位。改革开放 40 年来，随着中国金融的市场化改革，商业银行的资产结构发生了重大变化。这种变化在商业银行的表内和表外的业务规模、结构调整中得到充分印证（见表 10 和表 11）。

表 10　　2005—2017 年中国工商银行（表内和表外）资产结构变化

年份	表内资产（1）		表外资产（2）		表内与表外资产总和（3）		表内资产占比（%）	表外资产占比（%）
	规模（亿元）	增长率（%）	规模（亿元）	增长率（%）	规模（亿元）	增长率（%）	（1）/（3）	（2）/（3）
2005	64 572.39	—	7 950.98	—	72 523.37	—	89.04	10.96
2006	75 091.18	16.29	11 246.78	41.45	86 337.96	19.05	86.97	13.03
2007	86 842.88	15.65	16 233.42	44.34	103 076.30	19.39	84.25	15.75
2008	97 576.54	12.36	16 273.99	0.25	113 850.53	10.45	85.71	14.29
2009	117 850.53	20.78	19 849.86	21.97	137 700.39	20.95	85.58	14.42
2010	134 586.22	14.20	28 935.80	45.77	163 522.02	18.75	82.30	17.70
2011	154 768.68	15.00	34 527.33	19.32	189 296.01	15.76	81.76	18.24
2012	175 422.17	13.34	38 550.87	11.65	213 973.04	13.04	81.98	18.02
2013	189 177.52	7.84	46 444.06	20.47	235 621.58	10.12	80.29	19.71
2014	206 099.53	8.95	48 716.91	4.89	254 816.44	8.15	80.88	19.12
2015	222 097.80	7.76	81 795.88	67.90	303 893.68	19.26	73.08	26.92
2016	241 372.65	8.68	88 407.31	8.08	329 780	8.52	73.19	26.81
2017	260 870.43	8.08	99 734.89	12.81	360 605.3	9.35	72.34	27.66

注：表外资产指商业银行从事的不列入资产负债表但能影响银行损益的资产。狭义的表外资产是指虽未列入资产负债表但形成银行的或有资产并可能转入表内的资产，主要包括担保、承诺、金融衍生工具三类，广义的统计表外资产则包括代理类如银行理财业务。

资料来源：中国工商银行年报。

表 11　　2001—2017 年招商银行（表内和表外）资产结构变化

年份	表内资产（1）		表外资产（2）		表内与表外资产总和（3）		表内资产占比（%）	表外资产占比（%）
	规模（亿元）	增长率（%）	规模（亿元）	增长率（%）	规模（亿元）	增长率（%）	（1）/（3）	（2）/（3）
2001	2 663.31	—	291.62	—	2 954.93	—	90.13	9.87
2002	3 716.60	39.55	519.63	78.19	4 236.23	43.36	87.73	12.27
2003	5 038.93	35.58	930.86	79.14	5 969.79	40.92	84.41	15.59
2004	5 865.74	16.41	1 542.87	65.75	7 408.61	24.10	79.17	20.83
2005	7 346.12	25.24	2 219.01	43.82	9 565.13	29.11	76.80	23.20
2006	9 341.02	27.16	3 619.85	63.13	12 960.87	35.50	72.07	27.93
2007	13 105.52	40.30	5 450.05	50.56	18 555.57	43.17	70.63	29.37
2008	15 717.97	19.93	5 423.37	−0.49	21 141.34	13.94	74.35	25.65

续表

年份	表内资产（1）		表外资产（2）		表内与表外资产总和（3）		表内资产占比（%）	表外资产占比（%）
	规模（亿元）	增长率（%）	规模（亿元）	增长率（%）	规模（亿元）	增长率（%）	（1）/（3）	（2）/（3）
2009	20 679.41	31.57	7 725.39	42.45	28 404.80	34.36	72.80	27.20
2010	24 025.07	16.18	8 967.20	16.07	32 992.27	16.15	72.82	27.18
2011	27 949.71	16.34	8 961.05	−0.07	36 910.76	11.88	75.72	24.28
2012	34 080.99	21.94	10 096.70	12.67	44 177.69	19.69	77.15	22.85
2013	40 163.99	17.85	16 573.26	64.15	56 737.25	28.43	70.79	29.21
2014	47 318.29	17.81	26 072.13	57.31	73 390.42	29.35	64.47	35.53
2015	54 749.78	15.71	35 077.86	34.54	89 827.64	22.40	60.95	39.05
2016	59 423.11	8.54	38 349.98	9.33	97 773.09	8.85	60.78	39.22
2017	62 976.38	5.98	48 954.43	27.65	111 930.8	14.80	56.26	43.74

资料来源：招商银行年报。

作者没有找到中国商业银行表内外业务规模和结构整体变化的连续数据，但从表10和表11中国工商银行和招商银行两个具有代表性的商业银行最近10多年来表内外业务结构变化和变动趋势看，表外业务规模快速增长，比例不断提高。中国工商银行2005年表外业务占比10.96%，到了2017年则上升到27.66%。招商银行由于机制灵活，表现出更大的创新能力，表外业务增长更加强劲。2001年表外占比9.87%，2005年达23.20%，2017年达到了43.74%。最近几年，商业银行表外业务的规模扩张和比例上升，一个重要原因是起始于2004年银行理财业务的快速发展。[①] 商业银行表内与表外业务结构的变化，表明其风险结构也在发生重大变化。商业银行表外业务是一种轻消耗资本或不消耗资本的创新型金融产品，虽然可能表现为或有负债或或有资产，但对其占重要比重的委托代理类业务如理财产品而言，信息披露是监管的核心，透明度风险成了其表外业务，特别是理财产品最重要的风险来源。由此可见，即使在商业银行体系内部，风险结构也正在由过去相对单一

[①] 2004年2月2日，光大银行上海分行发行了第一只外币理财产品"阳光理财A计划"，7月又发行了第一只人民币理财产品"阳光理财B计划"，中国商业银行理财业务破冰起航。

的资本不足风险，过渡到资本不足与透明度风险并存的状态。

再从全社会金融资产结构的演变趋势来分析。

金融基础性风险的结构演变逻辑大体上是伴随着商业银行表内业务→表外业务（由狭义到广义）→债券→股票……这样的金融工具或金融资产结构的发展过程展开的，意味着传统金融的资本不足风险到现代金融市场透明度风险的转换过程。

前述分析表明，在 MS、CS 和 FS 三种统计口径范围内，证券化金融资产的占比均呈逐步上升趋势，到 2017 年分别达到 43.94%、50.07%、48.05%。中国金融结构正在发生重大变化的结论应不为过。无论是证券化金融资产（S）中的股票（S1）还是债券（S2），其风险特点都表现为透明度风险。在债券和股票这两类标准的证券化金融资产中，虽然都表现为透明度风险，但两者风险的来源和形式以及引发风险的影响因素有巨大差异。债券风险主要来源于信用或者偿债能力，也间接来源于发行主体的信息披露或透明度。受到一定区间约束的价格波动是债券风险的日常表现形式。债券风险影响因素主要由利率、其他金融资产收益率和信用评级等因素决定。与债券不同，股票风险则与发行主体的信用评级没有必然联系，而与信息披露和市场透明度有直接关联。股票风险虽然也表现为价格波动，但这种价格通常没有一个既定的区间，波动幅度会明显大于债券。股票价格的波动虽与利率、汇率等因素有关，但其基础性的影响因素则来自市场对公司的预期，这种预期既包括盈利预期，也包括非盈利预期。[①] 这表明，在中国金融风险结构中，透明度风险在明显上升，传统金融的资本不足风险虽然仍然巨大但权重下降应是一个基本趋势。

中国金融风险结构的深刻变化不仅受到证券化金融资产比重上升的巨大影响，也受到基于 Fintech 新金融业态或第三金融业态（互联网金融）一定程度的影响。作者曾经对互联网金融的风险来源和风险特征做过比较系统、深入的研

---

① 引自吴晓求，等 . 中国金融监管改革：现实动因与理论逻辑 [M]. 北京：中国金融出版社，2018：17.

究，得出过这样的结论：

一是互联网金融本质上仍是金融，其不同业态所隐含的风险与现有商业银行和资本市场等隐含的风险相类似；二是互联网金融是一种基于"二次脱媒"后的新金融业态，其风险源发生了某种转型或变异，导致风险类别更加复合。[①]

由此可以对改革开放40年来，中国金融的风险变化作如下概括：

中国金融的风险结构经历了一个由单一机构风险即资本不足风险到市场风险即透明度风险不断上升的过程。中国金融进入资本不足风险与透明度不足风险的"双风险"结构时代。如果考虑中国金融的开放度这一变量，未来中国金融风险将比今天更加复杂而敏感。

六、金融的开放与国际化：全方位试错式探索

评价一国金融的开放程度，最核心的指标有两个：一是汇率形成机制；二是资本在国际间的流动。改革开放40年来，中国金融在这两个方面进行了谨慎渐进式的市场化改革探索，中国金融对外开放的趋势已经确立。

（一）人民币汇率机制改革

1980年之前，中国实行单一汇率制。为鼓励外贸企业出口创汇，1981—1993年中国汇率从单一汇率制转为双重汇率制。双重汇率制经历了官方汇率与贸易外汇内部结算价并存（1981—1984年）和官方汇率与外汇调剂价并存（1985—1993年）两个发展阶段。双重汇率制一方面促进了外贸企业出口创汇，有利于吸引外资和外商投资企业的外汇平衡；另一方面双重汇率的存在，造成了外汇市场秩序混乱，不利于人民币汇率的稳定，损害人民币信誉，必须对双重汇率机制进行重大改革。1994年1月1日双重汇率并轨，建立了以市场结算供求关系为基础，单一、有管理的浮动汇率制。这次改革为之后人民币汇率机制市场化改革奠定了基础。

随着经济实力的增强，以及经济体制改革的不断深入，中国于2005年7

---

① 参见吴晓求，等.互联网金融——逻辑与结构［M］.北京：中国人民大学出版社，2015：12-14.

月 21 日对 1994 年开始形成的单一、有管理的浮动汇率制进行了重大调整和完善，核心内容是不再盯住单一美元，而是形成参考一篮子货币的有管理的浮动汇率制度。从盯住单一美元到参考一篮子货币，是人民币汇率形成机制重要的结构性改革。实践表明，这一调整和改革，有利于人民币在合理、均衡的基础上保持相对稳定。之后，人民银行对人民币汇率机制做了一些微调，微调的重点是扩大人民币兑美元交易价的浮动范围。2012 年 4 月 1 日由 0.5% 扩大到 1%，2014 年 3 月 15 日由 1% 扩大到 2%，人民币汇率形成的价格弹性明显扩大。浮动范围的扩大是汇率形成机制市场化改革的重要内容之一。

2015 年 8 月 11 日，人民银行进一步推动人民币汇率形成机制改革，史称"8·11"汇改。"8·11"汇改的重要内容是，参考前一个交易日的收盘价决定次日的中间价，且浮动区间扩大到 ±2%。在实际执行中，市场波动较大。考虑到当时市场的走势，2015 年 12 月人民银行适当调整了中间价的定价机制，再次将篮子货币纳入其中，形成了"前日收盘价 + 一篮子货币汇率变化"的新的中间价定价机制，一定程度上缓解了人民币贬值压力。[①]

为了进一步优化人民币汇率市场化形成机制，对冲外汇市场的顺周期波动，2017 年 5 月 26 日，人民银行在中间价定价模型中引入了"逆周期因子"。[②]从实际情况看，引入"逆周期因子"对外汇市场的预期产生了一定影响，对人民币汇率起到了一定的平衡作用。

从 40 年的汇改历史看，人民币汇率机制改革的基本要点是：中间价定价基础由机构报价到市场收盘价；参考货币由单一美元到篮子货币；浮动幅度不断扩大；从直接管理、窗口指导到引入逆周期调节因子。由此可以看出，中国在人民币汇率机制的改革上坚守市场化方向没有变，但在操作层面上秉持的是谨慎的、探索性的试错方法。

伴随不同时期、不同特点的汇率机制改革，人民币汇率在经过大幅度波动后正在寻求合理的估值区间（见表 12 和图 8）。

---

① 参阅肖立晟.回顾与展望：人民币汇率形成机制改革［N］.中国证券报，2017-01-16.

② 参阅钟正生，张璐.详解人民币汇率逆周期因子：构成、效力与影响［EB/OL］.财新网，2017-09-01.

表 12　　　　　1978—2018 年人民币（对美元）汇率变化情况

年份	汇率	年份	汇率	年份	汇率	年份	汇率
1978	1.5771	1989	3.7659	2000	8.2784	2011	6.3353
1979	1.4962	1990	4.7838	2001	8.2768	2012	6.2855
1980	1.5303	1991	5.3227	2002	8.277	2013	6.07
1981	1.7051	1992	5.5149	2003	8.2775	2014	6.119
1982	1.8926	1993	5.7619	2004	8.2768	2015	6.4936
1983	1.9757	1994	8.6187	2005	8.0860	2016	6.937
1984	2.327	1995	8.3507	2006	7.8790	2017	6.5342
1985	2.9367	1996	8.3142	2007	7.4543	2018	6.81
1986	3.4528	1997	8.2898	2008	6.8283	—	—
1987	3.7221	1998	8.2791	2009	6.8276	—	—
1988	3.7221	1999	8.2796	2010	6.6636	—	—

注：2001 年之后的汇率数据是年末交易日数据。

资料来源：中国人民银行官网。

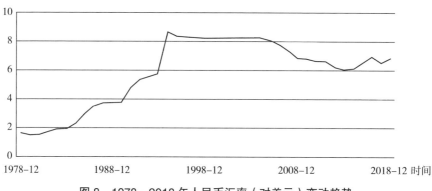

图 8　1978—2018 年人民币汇率（对美元）变动趋势

（二）国际资本流动

从一国金融活动角度看，国际资本流动包括境外资本对内投资和境内资本对外投资。境外资本对内投资主要包括两部分，一是外商直接投资（FDI），二是资本项目的金融性投资。改革开放 40 年来，在中国，国际资本流动经历了一个从无到有、从小到大的过程。

从制度层面上看，改革开放之初，由于实行严格的外汇管制，除了少许援助性对外投资外，中国金融活动中几乎没有真正意义上的国际资本活动。在统计中即使存在少量的 FDI 数据，也均是对外借款。随着改革开放的全面推进，在相当长的时期内，国际资本流动主要表现为 FDI，且发展迅速，1983 年中国的 FDI 为 9.2 亿美元（含当年对外借款），[①]1992 年首次突破百亿美元大关，达到 110.08 亿美元。2014 年首次突破千亿美元大关，达到 1 147 亿美元，到 2017 年达到 1 360 亿美元。表 13 为 2005—2017 年中国 FDI 规模、增长与全球及美国 FDI 规模、增长的对比情况。

表 13 2005—2017 年中国 FDI 规模、增长与全球及美国 FDI 规模、增长对比

年份	中国 FDI		全球 FDI		美国 FDI	
	规模（亿美元）	增长率（%）	规模（亿美元）	增长率（%）	规模（亿美元）	增长率（%）
2005	724	—	9 458	—	1 048	—
2006	727	0	13 059	38	2 367	126
2007	835	15	18 330	40	2 328	−2
2008	1083	30	17 710	−3	3 248	40
2009	950	−12	11 140	−37	1 299	−60
2010	1 147	21	13 810	24	1 979	52
2011	1 240	8	16 042	16	2 269	15
2012	1 197	−3	13 107	−18	1 467	−35
2013	1 240	4	14 500	11	1 880	28
2014	1 290	4	13 240	−9	1 070	−43
2015	1 360	5	17 620	33	3 800	255
2016	1 340	−1	17 460	−1	3 910	3
2017	1 360	1	14 300	−18	2 750	−30

资料来源：联合国贸易和发展会议《世界投资报告》（2008—2018）。

1991 年以前，中国对外投资中对外投资净额（流量）一直没有突破 10 亿美元，处在个位数级别，存量也相对较小。1991 年中国对外投资净额首次达到 10 亿美元，2005 年首次突破百亿美元，达到 122.7 亿美元，2013 年突破千亿美元，达到 1 010 亿美元，2016 年达到创纪录的 1 830 亿美元，2017 年回

[①] 2001 年前的 FDI 统计数据，均包括对外借款。

落到 1 250 亿美元。表 14 是 1990—2017 年中国对外投资净额（流量）、增长率变化情况及 2010—2017 年与美国的对比情况。

表 14　　　　1990—2017 年中国对外投资净额（流量）、增长率及
2010—2017 年与美国的对比情况

年份	中国对外投资净额（亿美元）	增长率（%）	美国对外投资净额（亿美元）
1990	9	—	—
1991	10	11	—
1992	40	300	—
1993	43	8	—
1994	20	−53	—
1995	20	0	—
1996	21	5	—
1997	26	24	—
1998	27	4	—
1999	19	−30	—
2000	10	−47	—
2001	69	590	—
2002	27	−61	—
2003	28.5	6	—
2004	55	93	—
2005	122.7	123	—
2006	211.60	72	—
2007	265.10	25	—
2008	559.10	111	—
2009	565.30	1	—
2010	688	22	3 044
2011	746	8	3 967
2012	880	18	3 070
2013	1 010	15	3 380
2014	1 230	22	3 170
2015	1 280	4	3 000
2016	1 830	43	2 990
2017	1 250	−32	3 420

资料来源：联合国贸易和发展会议《世界投资报告》、Wind 资讯。

国际资本流入与资本市场。1996 年 12 月，人民币实现了经常项目可兑换之后，部分资本项目下实现了可兑换，但从整体制度而言，仍未实现资本项下的可兑换。在这种条件下，为了推动中国资本市场开放和国际化，有限度地引进外国投资者，2002 年 11 月 15 日，中国政府正式颁布了《合格境外机构投资者境内证券投资管理暂行办法》，合格境外机构投资者（QFII）制度正式实施。2003 年 7 月 9 日，瑞士银行下了 QFII 第一单，随即交易成功，开创了中国资本市场投资对外开放的先河。

在 QFII 制度实施 9 年后，2011 年底有关金融监管部门推出了人民币合格境外机构投资者（RQFII）试点办法，之后 RQFII 正式登陆中国资本市场。QFII 和 RQFII 是在资本项下未实现完全可兑换的条件下，推出的资本市场对外开放的过渡性制度安排，对提升中国资本市场的影响力和国际化具有积极推动作用。截至 2018 年 8 月 30 日，QFII 投资额度超过 1 000 亿美元，RQFII 投资额度超过 6 000 亿元人民币（见表 15 和表 16）。

表 15　　QFII 投资额度的变动情况（2012.12.31—2018.08.30）

单位：亿美元

时间	投资额度
2012 年 12 月 31 日	374.43
2013 年 7 月 30 日	449.53
2014 年 8 月 26 日	596.74
2015 年 8 月 28 日	767.03
2016 年 9 月 29 日	817.38
2017 年 8 月 30 日	939.94
2018 年 8 月 30 日	1 004.59

资料来源：国家外汇管理局。

表 16　　RQFII 投资额度的变动情况（2013.07.30—2018.08.30）

单位：亿元人民币

时间	投资额度
2013 年 7 月 30 日	1 219
2014 年 1 月 27 日	1 678
2015 年 1 月 30 日	3 045

续表

时间	投资额度
2015 年 8 月 28 日	4 049
2016 年 3 月 30 日	4 714.25
2017 年 7 月 31 日	5 482.41
2018 年 8 月 30 日	6 274.72

资料来源：国家外汇管理局。

中国资本市场对外开放的另一项过渡性制度安排是沪深交易所与香港联交所的互联互通，简称沪港通、深港通。2014 年 11 月 17 日沪港通正式实施，2016 年 12 月 5 日深港通实施。沪港通和深港通均有日交易额度限制，沪港通实施初期对年交易额有总额限制（5500 亿元人民币），深港通之后，"两通"均取消了年交易总额限制。

从统计数据看，"两通"中的沪股通、深股通的日交易量呈逐月上升趋势，除个别月份的日均交易量超过百亿元外，大多数都在两位数内，一般不超过沪深市场交易量的 5%（见表 17 和表 18）。

表 17　　　　　　　　　沪港通中沪股通交易情况　　　单位：亿元人民币

时间	当月日均交易金额
2015 年 9 月	38.99
2015 年 12 月	29.77
2016 年 3 月	39.61
2016 年 6 月	25.38
2016 年 9 月	28.94
2016 年 12 月	39.05
2017 年 3 月	45.70
2017 年 6 月	52.14
2017 年 9 月	57.15
2017 年 12 月	66.07
2018 年 3 月	88.39
2018 年 6 月	121.83

注：本表日均数据由月交易额数据除以 21（个交易日）计算。

资料来源：Wind 资讯。

表 18　　　　　　　　深港通中深股通交易情况　　　　单位：亿元人民币

时间	当月日均交易金额
2016 年 12 月	15.41
2017 年 1 月	14.05
2017 年 2 月	18.61
2017 年 3 月	26.09
2017 年 4 月	33.36
2017 年 5 月	34.09
2017 年 6 月	38.29
2017 年 7 月	34.92
2017 年 8 月	38.86
2017 年 9 月	47.98
2017 年 10 月	60.26
2017 年 11 月	73.77
2017 年 12 月	60.04
2018 年 1 月	76.05
2018 年 2 月	89.57
2018 年 3 月	78.73
2018 年 4 月	91.67
2018 年 5 月	85.00
2018 年 6 月	95.39
2018 年 7 月	87.47
2018 年 8 月	88.15

资料来源：深圳证券交易所。

　　FDI、QFII、RQFII 以及沪港通、深港通等是观测、分析中国金融对外开放中国际资本流动（主要是流入）的重要窗口和指标。上述分析表明，中国金融投资性市场的对外开放程度相对不平衡。FDI 发展速度快、规模大、产业分布广，从规模上看，中国已成为全球第二大 FDI 国家。对外直接投资近几年发展迅猛，但受资本项下的制度约束和出于外汇储备的安全性考虑，发展空间有限。资本市场上的四大开放措施（QFII、RQFII、沪港通、深港通）

都是一种过渡性制度安排，加上中国资本市场深刻的制度缺陷，来自境外资本投资于 A 股的比例始终在 2% 左右徘徊。所以，从金融投资角度看，中国金融的对外开放仍然处在一个较低的水平上。

（三）中国金融的国际影响力

一国金融的国际影响力主要表现在该国货币和资本市场的影响力上。货币的国际影响力与该国经济的竞争力、市场化和国际化程度有密切关系，也与汇率形成机制息息相关。在资本项尚未全部开放、可自由交换制度尚未完全形成之前，人民币国际影响力的观测指标主要有四个：一是人民币作为结算货币在国际贸易中的份额；二是国际货币基金组织（IMF）中特别提款权（Special Drawing Right，SDR）的份额；三是离岸市场规模；四是与各国中央银行互换的规模。

人民币在国际贸易结算中的规模和比例。改革开放以来，小规模的边境贸易使用人民币结算从未停止过，但官方意义上的国际贸易一定规模地使用人民币结算，应该发生在 2010 年以后。据环球同业银行金融电讯协会（SWIFT）统计，2012 年 1 月，人民币结算货币规模为 1 284 亿元，在全球排第 20 位，占国际贸易全球货币结算额的 0.25%。两年后，即 2013 年 12 月，人民币结算额全球名次上升到第 8 位，比例上升到 1.12%。2015 年 8 月人民币结算份额首次超过日元（2.76%），达到 2.79%，居全球第 4 位。到 2018 年 6 月人民币结算份额下落到 1.81%，居全球第 5 位。人民币在国际贸易结算中，近几年徘徊在第 4、第 5、第 6 位。人民币在国际贸易中的影响力虽有提高，但仍然有限（见表 19 和图 9）。

表 19　　2011—2018 年国际结算中的人民币规模、份额和排名情况

时间	排名	份额（%）	当月跨境贸易人民币结算额（亿元）
2011 年 12 月	17	0.29	—
2012 年 6 月	16	0.43	2 593
2012 年 12 月	14	0.57	3 529
2013 年 6 月	11	0.87	3 547

续表

时间	排名	份额（%）	当月跨境贸易人民币结算额（亿元）
2013 年 12 月	8	1.12	5 883
2014 年 6 月	7	1.55	5 681
2014 年 12 月	5	2.17	6 334
2015 年 6 月	5	2.09	6 590
2015 年 12 月	5	2.31	7 981
2016 年 6 月	6	1.72	4 995
2016 年 12 月	6	1.68	3 747
2017 年 6 月	6	1.98	4 448
2017 年 12 月	5	1.61	4 184
2018 年 6 月	5	1.81	4 509

注：2015 年 8 月人民币（2.79%）首次超过日元（2.76%）居第 4 位；美元和欧元一直分别居于第 1、第 2 的位置。

资料来源：环球同业银行金融电讯协会（SWIFT）、中国人民银行。

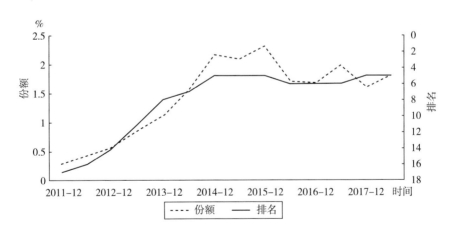

图 9　国际结算中人民币所占份额和排名的变动情况

　　人民币在 SDR 中的比例及地位。在人民币加入 SDR 之前，IMF 储备货币 SDR 篮子中只有 4 种货币，即美元、欧元、英镑和日元，其中美元份额 41.90%，欧元 37.40%，英镑 11.30%，日元 9.40%。基于中国在货币、外汇和金融体系改革中所取得的进展，及人民币在国际贸易中所发挥的作用，IMF 董事会于 2015 年 11 月 30 日批准，人民币加入 SDR 篮子货币，比例为 10.92%，在 SDR 5 种篮子货币中，超过英镑和日元，仅次于美元和欧元，排在第 3 位，2016 年 10 月 1 日生效（见表 20）。

表 20　　　　　1986—2016 年 SDR 权重的历次变动情况　　　单位：%

生效日期	美元	欧元	联邦德国马克	法国法郎	人民币	英镑	日元
1986 年 1 月 1 日	42	—	19	12	—	12	15
1991 年 1 月	40	—	21	11	—	11	17
1996 年 1 月 1 日	39	—	21	11	—	11	18
2001 年 1 月 1 日	45	29	—	—	—	11	15
2006 年 1 月 1 日	44	34	—	—	—	11	11
2011 年 1 月 1 日	41.90	37.40	—	—	—	11.30	9.40
2016 年 10 月 1 日	41.73	30.93	—	—	10.92	8.09	8.33

注：IMF 每 5 年评估一次 SDR 权重。
资料来源：IMF 官方网站。

人民币加入 SDR 篮子货币并占 10.92% 的份额对提升人民币国际影响力具有重要而深远的意义，同时，也将有力地推进中国金融的市场化改革和人民币汇率机制的改革。但也应看到，人民币在全球储备市场中的份额远远低于 SDR 中 10.92% 的份额，人民币的实际市场影响力不足。

人民币离岸规模及分布。离岸规模及其分布也是判断一国货币国际影响力的重要指标。改革开放 40 年中大多数时间，人民币离岸规模很小，2010 年后离岸规模迅速增加，在 1.8 万亿元至 2.8 万亿元人民币。离岸规模与在岸规模比例悬殊，前者仅占后者的 2%~5%，非居民持有的人民币存款离岸规模占全球离岸存款的 1%~1.5%。这与美元的离岸与在岸规模各占 50%，以及离岸美元在全球离岸存款的比例有巨大差异。人民币离岸存款主要分布在中国香港、中国台湾和新加坡等，分布区域相对单一（见表 21）。

表21　2013—2018年离岸人民币规模、分布及种类

时间	非居民持有的人民币存款（总量及代表性区域分布）												离岸人民币债券、贷款（亿元）		人民币计入外储情况	
	总量（亿元）	占全球离岸存款比重（%）	中国香港		中国台湾		新加坡		韩国		伦敦		离岸人民币债券（不含CD）余额	人民币贷款及融资	规模（亿美元）	占全球官方储备比重（%）
			绝对量（亿元）	占比（%）	绝对量（亿元）	占比（%）	绝对量（亿元）	占比（%）	绝对量（亿元）	占比（%）	绝对量（亿元）	占比（%）				
2018年3月末	18 400	1.25	5 543	30.12	3 197	17.38	1 390	7.55	69	0.38	784	4.26	3 917	1 558（中国香港及中国台湾地区）	1 449.5	1.39
2017年12月末	18 900	1.21	5 591	29.58	3 223	16.92	1 520	8.04	74	0.39	—	—	3 877	1 615（中国香港及中国台湾地区）	1 228	1.23
2016年12月末	17 700	1.09	5 467	30.89	3 112	16.47	1 260	7.12	—	—	—	—	4 825	3 000（仅中国香港地区）	—	—
2015年12月末	22 200	—	8 511	38.34	3 182	14.33	1 890	8.51	—	—	—	—	5 400	3 000（仅中国香港地区）	—	—
2014年12月末	27 800	—	10 036	36.1	3 022	10.87	2 300	8.27	—	—	—	—	4 816	1 800（仅中国香港地区）	—	—
2013年12月	20 000	1.34	—	—	—	—	—	—	—	—	—	—	2 700（中国香港新发行额）	5 000（全球）	—	0.1%~0.3%

资料来源：中国银行离岸人民币指数（ORI）报告（2014—2018）。

人民币互换规模。改革开放前期，货币互换虽然存在，但规模小且发展缓慢。1997 年亚洲金融危机后，为稳定金融市场，第九届东盟与中日韩"10+3"财长在泰国清迈签署了《清迈协议》，中国人民银行与相应各国中央银行签署了一系列双边互换协议。2008 年全球金融危机爆发，为防止重大危机的恶化与蔓延，推动人民币国际化，中国人民银行与相关国家的中央银行签订了一系列双边货币互换协议。2008 年 12 月 12 日，中国人民银行首先与韩国中央银行签订了 1 800 亿元人民币 /36 万亿韩元的互换协议。到 2018 年8 月，中国已与 40 多个国家签署了货币互换协议，货币互换协议总额达到33 687 亿元人民币的历史纪录（见图 10）。人民币互换规模在一定程度上反映了人民币的国际影响力和信用度。中央银行间的货币互换除了可以增强中国与相关国家（地区）的流动性互助能力，推动与相关国家（地区）的贸易与直接投资，更重要的是在人民币未完全实现自由兑换前，可为人民币在境外一定程度上实现商品计价、支付与结算手段、价值储备等国际货币功能创造条件，有助于人民币汇率机制的市场化改革。[①]

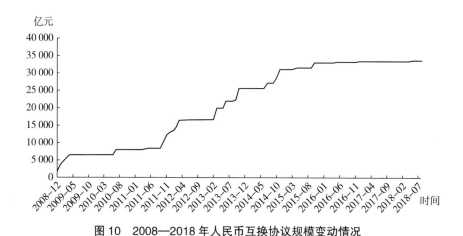

图 10　2008—2018 年人民币互换协议规模变动情况

（资料来源：Wind 资讯）

---

① 参阅我国央行与各国货币互换交易［OL］.百度文库，2017-11-27.

七、金融监管模式：从"大一统"到"分业监管"再到"双柱"功能监管

改革开放 40 年来，中国金融监管经历了"大一统"、"分业监管"和"双柱"功能监管三个不同发展阶段，其中"双柱"功能监管是分业监管模式的升级版。

（一）"大一统"金融监管模式：1983—1992 年

1983 年前，中国金融实行的是金融信贷活动与金融监管、中央银行职能混为一体的模式。1983 年 9 月 17 日，国务院决定由中国人民银行专门行使中央银行职能，不再办理工商信贷和储蓄，中央银行与专业（商业）银行在主体上予以分离。之后，中国工商银行成立。从 1983 年到 1992 年，虽然其间沪深交易所成立，股票市场已经形成并运行，但由于中国金融整体上看没有发生重大的结构性变化，计划性金融的特征非常明显。金融监管实行的是中央银行"大一统"监管模式，中央银行在金融监管司下设一个证券专项办公室，监管股票市场。

（二）"分业监管"时代的来临：起始于中国证监会的成立

随着股票市场的发展，1992 年 10 月，中国证监会正式成立。中国证监会的成立在中国金融监管改革中具有划时代的意义，标志着中国金融监管进入"分业监管"的时代。

如何有效监管市场一直是中国证监会探索的问题。在中国证监会成立最初的几年，证券监管无论是发行制度，还是市场监管都带有那个时代所特有的计划性金融的烙印，计划指标、额度管理、主观定价是这期间证券监管的主要特征。这一监管理念一直延续到 2001 年股票发行制度的核准制改革。股票市场的建立和发展，客观上推动了中国金融的市场化改革和结构上的变化。

作为广义金融范围内的保险业，也在两方面酝酿着变革。1996 年中国人寿从中国人保分离出来，独立成立寿险为主的保险公司，这是保险业改革和

发展的重要信号。随着保险业的市场化和快速发展，1998 年 11 月 18 日，中国保监会正式成立，保险监管职能在主体上与中央银行分离。中国保监会的成立进一步强化了中国金融"分业监管"的模式特征。

银行业是中国金融的主体。在 2003 年之前，中国人民银行既履行法律规定的中央银行职能，又行使银行业监管机构的职责，这种一主双责的模式不利于中央银行职能独立而公平地行使，为此必须成立独立的银行业监管机构。2003 年 4 月中国银监会正式成立，独立行使银行业金融机构监管职能。中国银监会的成立标志着中国金融以"一行三会"为架构的分业监管模式的正式确立。中国金融全面进入了"分业监管"的时代。

（三）"双柱"功能监管时代：基于风险结构变化的选择

如果说 1992 年中国证监会的成立，意味着中国金融"分业监管"模式的启动，2003 年中国银监会的成立，标志着中国金融"分业监管"时代的全面来临，那么 2018 年 3 月，中国银监会和中国保监会合并成立中国银保监会，调整中央银行部分职能，且赋予中央银行宏观审慎监管职责，意味着中国金融开始探索"双柱"功能监管模式。

所谓"双柱"功能监管模式，是指中央银行侧重宏观审慎监管，金融监管机构侧重微观审慎监管，两者既有重点又相互衔接的基于功能监管的一种金融监管模式。[①] 在这种金融监管模式中，宏观审慎监管基于金融体系稳定，防止风险的扩散和蔓延，关注"给定时点上风险跨机构之间的分布和整个系统中风险的跨时间分布"，[②] 目的是防范系统性金融风险及金融危机，通过逆周期调节来抑制金融体系内在的顺周期特征。

宏观审慎监管固然重要，但从监管逻辑上看，微观审慎监管仍然是金融监管的基石。"双柱"功能监管模式中的微观审慎监管，关注金融机构的个体行为及其风险偏好，合规监管成为其监管的一般形态，保护市场个体包括投

---

① 人们一般把这种监管模式概括为"双支柱"模式，作者简称为"双柱"监管模式，是因为从效果和分工的匹配性看，还未到"双支柱"阶段。

② 朱小川.宏观审慎监管的国际趋势及对我国的启示［J］.南方金融，2010（3）.

资者和储户的利益成为其监管的主要目标。

简言之，宏观审慎监管关注宏观金融风险及个体间风险的传递，微观审慎监管关注机构行为和对个体的风险。从 2018 年 3 月起，人民银行开始行使宏观审慎监管职责，银保监会和证监会共同履行微观审慎监管职能，银保监会侧重于监管机构行为以及机构（主要是银行业）内风险的生成指标和生成源，证监会侧重于监管市场不确定性及透明度。

在"双柱"功能模式中，银保监会和证监会相互独立存在而共同履行性质上有差别的微观审慎监管职能，是有逻辑支持的。逻辑的起点是中国金融风险结构中，并存着两种力量并不悬殊的基础风险——机构风险（资本不足风险）和市场风险（透明度风险），且两种风险具有边际替代性。保持市场风险即透明度风险的监管主体的独立性，无论在理论上还是在实践中都十分必要，对金融结构的变革、金融功能的升级和金融风险的防范有重要的制度保障作用。所以，在中国由"一行两会"架构行使"双柱"监管功能是一种符合金融逻辑的设计。

实际上，这种由"一行两会"架构行使"双柱"功能的金融监管模式，是一种升级版的"分业监管"模式，这是因为，监管的理念仍然是"分业"，但观察和管理风险的宏观视角比以前大大增强，而且，在"一行两会"之上还有一个具有平衡协调职责的国务院金融稳定发展委员会。

从"大一统"的监管模式到基于"分业经营、分业管理"的具有条条特征的平面化监管模式，再到基于宏微观监管并存的"双柱"功能监管模式，既意味着金融监管基础的重大变化，也意味着金融监管理念的进步，是改革开放 40 年来中国金融发展和变革的缩影。

八、中国金融的未来：现代金融体系和大国金融

如前所述，经过 40 年的改革开放，中国金融在规模、结构、业态、功能等方面朝着市场化方向发生了不可逆的根本性变化，在资源配置方式、风险分散机制和监管模式改革等领域朝着现代金融方向发生了重要变革，在开放和国际化方面进行了方向明确、方法谨慎的试错性探讨。中国金融不仅彻底

完成了从计划性金融到市场化金融的转型，而且为中国金融的未来发展奠定了坚实基础。为此，我们必须思考，中国金融的未来如何定位？中国金融的未来战略目标是什么？

（一）现代金融体系的基本特征

中国是个大国，中国经济是大国经济。我一直以来都主张，中国必须构建与大国经济规模、结构和特征相匹配的大国金融。中国未来所构建的大国金融应该是开放的，具有强大的基于市场的资源配置、财富管理和风险分散功能相统一的特征。中国的大国金融模式也可简约地概括为，是一种基于发达市场基础的现代金融体系。我们未来所构建的具有大国金融核心元素的现代金融体系，至少有以下三个特征：

一是，我们所要构建的现代金融体系一定是高度市场化的，金融资源的配置更多地甚至主要是通过市场机制来完成。这就要求我们必须进一步推动金融市场特别是资本市场的发展，顺应金融"脱媒"趋势，不断扩大证券化金融资产的规模，推动金融结构向着富有弹性、更加市场化的方向变革，改善金融功能，提高金融配置资源的效率。

二是，我们所要构建的现代金融体系一定是高科技的金融体系。未来高科技对金融的渗透将会比过去任何时候以更快的速度在更广泛的领域展开。技术进步将对大数据进行更加有效的整合，区块链将大幅度提高数据的有效性和真实性，人工智能将极大地改变金融运行的场景和效率，所有这些都将对市场信息的非对称性产生重大影响，甚至会颠覆金融的基石——信用的内涵和评价准则。高科技与金融的结合所形成的新金融业态或第三金融业态，会使金融的基因发生重要变异，使其逐步摆脱传统金融的时空约束。这种金融业态在风险识别上更有效率，客户群将得到有效延伸。科技的力量是构建现代金融体系重要的助推者。金融的科技化是未来金融的基本趋势。

三是，我们所要构建的现代金融体系一定是开放的。从世界金融发展历史看，没有一个全球性的大国的金融不是开放的，美国如此，英国如此，即使 17 世纪的阿姆斯特丹也是如此。全球性大国的金融之所以是开放性的金融，是因为金融资源的集聚效应和风险的全球分散。开放的全球有利于制度的进步、法治的完善、价格的有效形成和金融功能的全部提升。对中国而言，开放的金融意味着人民币必须是可自由交易的货币，意味着中国资本市场既是中国投资者的市场，也是全球投资者的市场。

（二）中国大国金融的结构元素

从特征上看，中国所要构建的大国金融必须是上述意义上的现代金融。从结构上看，中国的大国金融必须具有以下要素：[①]

一是，开放、透明且具有成长性预期的资本市场。这是中国大国金融的重要基石，这样的资本市场具有资源特别是存量资源调整、风险流动和分散、经济成长财富效应等功能。

二是，灵活而有效的市场创新能力和满足客户多样化金融需求的金融服务提供商，这样的金融服务提供商核心是必须有效提供四种服务：流动性；过滤风险；创造产品并通过市场机制发现价格；基于金融市场产品的风险组合或资产增值服务。

三是，具有发达的货币市场和安全、便捷的支付体系。如果说发达的资本市场主要承担配置风险或财富管理的功能，是现代金融体系中大国金融的心脏，那么通畅的货币市场则主要负责流动性管理，便捷而安全的支付体系则是流动的血管，它们共同构成大国金融的血液循环。

四是，人民币的国际化。这既包括人民币的可自由交易，也包括人民币在国际贸易和国际金融交易中的重要作用，还包括储备市场的地位。

上述四个因素缺一不可，相互作用，共同构成中国大国金融的基本框架。

中国大国金融的战略目标是，建设 21 世纪新的国际金融中心。这个国际金融中心不是货币交易中心和货币定价中心，那是伦敦市场的功能，而是人民币计价资产的交易中心，是全球重要的财富管理中心。

随着全球经济格局的变化和调整，国际金融中心的格局正在发生重大变

---

① 参阅吴晓求．大国金融中的中国资本市场［J］．金融论坛，2015（5）．

化。国际金融中心移动轨迹的深层原因是全球经济格局的深刻变化。中国新的国际金融中心的建设，既是中国金融对外开放和国际化的重要标志，也是21世纪全球金融变革的重大事件。

2009 年 4 月，国务院提出 "到 2020 年，要把上海建设成与我国经济实力以及人民币国际化地位相适应的国际金融中心"的决定。由于 2015 年股市危机，股票发行制度改革和汇率机制改革尚未完全到位等内外部原因，构建新的国际金融中心的目标不会改变，但时间要延后。根据中共十九大关于中国经济 2030 和 2050 战略目标设计和我国资本市场法律制度、市场环境以及汇改的实际情况，中国建设新的国际金融中心时间表要作适当调整。新的国际金融中心的战略目标可简要概括为：到 2030 年，将以沪深交易所为基础的中国资本市场，建设成全球金融市场新的增长极，并将上海建设成全球新的国际金融中心，基本完成中国金融体系的现代化、市场化和国际化。届时，中国经济的证券化率应该达到 1∶1 的临界值。

金融活动远比实体经济活动复杂而敏感，一国金融开放和国际化的政策设计需要谨慎而理性。中国在实现大国金融和新的国际金融中心的战略目标过程中，会遇到比中国加入 WTO 时及之后要复杂得多的困难，因为它会引发全球货币体系和全球金融市场格局的大调整，对此必须要有深刻的理解和充分的心理预期。

参考文献

［1］吴晓求，等 . 中国金融监管改革：现实动因与理论逻辑［M］. 北京：中国金融出版社，2018：5-13，17.

［2］吴晓求，陶晓红，张焜 . 发展中国债券市场需要重点思考的几个问题［J］. 财贸经济，2018（3）：5-16.

［3］吴晓求，等 . 股市危机——历史与逻辑［M］. 北京：中国金融出版社，2016：28-40.

［4］谢平，邹传伟 . 互联网金融模式研究［J］. 金融研究，2012（12）：11-22.

［5］吴晓求 . 中国金融的深度变革与互联网金融［J］. 财贸经济，2014（1）：14-23.

［6］吴晓求，等．互联网金融——逻辑与结构［M］．北京：中国人民大学出版社，2015：12-14.

［7］肖立晟．回顾与展望：人民币汇率形成机制改革［N］．中国证券报，2017-01-16（A10）．

［8］钟正生，张璐．详解人民币汇率逆周期因子：构成、效力与影响［EB/OL］.（2017-09-01）．http：//opinion.caixin.com/2017-09-01/101138979.html.

［9］朱小川．宏观审慎监管的国际趋势及对我国的启示［J］．南方金融，2010（3）：35-37+48.

［10］吴晓求．大国金融中的中国资本市场［J］．金融论坛，2015（5）：28-35.

［11］我国央行与各国货币互换交易［EB/OL］．百度文库，2017-11-27.

发展中国债券市场
需要重点思考的几个问题 [①]

【作者题记】

本文发表于《财贸经济》2018 年第 3 期。

【摘要】

  债券市场是金融市场的基础。经过 30 多年的发展，中国债券市场已经形成了品种多样、市场多元、交易清算技术先进、余额已超 70 万亿元的庞大市场，但按照构建国际金融中心的要求和债券市场财富管理的功能标准看，中国债券市场至少还存在"品种结构如何进一步优化，相互分割的市场如何实现一体化，投资者结构如何调整，信用评级的公信力如何提高，监管体制如何改革"等问题。本文从债券市场的财富管理功能和构建国际金融中心的角度，对上述问题做了系统分析，并提出了解决这些问题的思路和方案。

关键词： 债券市场 信用评级 监管体制 改革思路

Abstract

The bond market is the foundation of the financial market. After more than 30

---

 ① 本文合作者还有陶晓红、张焯。

years of development，the Chinese bond market has formed a huge market which has more than 70 trillion yuan scale with multi-variety production，diversified markets，and advanced trading and clearing technology. However，in accordance with the requirements of building an international financial center and the functional standards for wealth management of the bond market，at least，there are still some issues in China's bond market，such as how to further optimize the product structure，how to integrate the market with each other，how to adjust the investor structure，how to enhance the credibility of credit rating and how the regulatory system should be reformed. This article analyzes the above problems from the perspective of the wealth management function of the bond market and the construction of an international financial center systematically，and puts forward the ideas and solutions to solve these problems.

Key words：Bond market；Credit rating；Regulatory system；Reform thoughts

习近平总书记在党的十九大报告中强调，我国经济已由高速增长阶段转向高质量发展阶段，正处在转变发展方式、优化发展结构、转换增长动力的攻关期，建设现代化经济体系是跨越关口的迫切要求和我国发展的战略目标。我国未来所要构建的现代化经济体系，内含了多方面的元素[①]，但在这诸多元素中，起核心作用的是现代金融体系。现代金融在现代经济体系中的这种核心作用，绝不意味着金融可以脱离实体经济而发展，绝不意味着金融可以脱实向虚、自我循环、虚假繁荣，而是说在实体经济运行和资源配置过程中，现代金融发挥着基础性、主导性作用。现代金融体系的基石是资本市场，核心功能是跨期风险配置，在风险组合的基础上实现财富管理，在财富管理的基础上实现资源的有效配置。一个结构合理，具有适度流动性、良好透明度和资产成长可预期性的资本市场，是现代金融体系功能完善的前提。

---

① 参阅吴晓球. 五大要素构建中国现代经济体系［N］. 人民日报（海外版），2017-11-28（03）.

债券市场是资本市场的重要组成部分。在中国，债券市场发展相对滞后，市场化程度相对较低。大力发展债券市场，对完善资本市场的财富管理和融资功能，提升现代金融服务于实体经济的能力至关重要。

从 1981 年恢复国债发行算起，现代意义上的中国债券市场已有 36 年发展历史，已经形成了品种多样、市场多元、交易清算技术先进、市场余额 70 多万亿元的庞大市场，已经成为金融市场的重要基础。按照现代金融体系和中国构建国际金融中心的标准，中国债券市场虽然发展速度快、规模大，但存在的问题却不少。概括地说，主要有以下几个重要问题需要进一步思考。

一、债券品种结构如何进一步优化

从债券品种和类型看，中国债券市场主要由国债、地方政府债、金融债、企业（公司）债、可转债、短期融资券、中央银行票据等组成，其中国债是规模较大、最具有影响力的市场基石债券，金融债是余额最大的债券品种（见图 1）。地方政府债虽然历史短，但发展速度快，截至 2017 年 12 月 3 日，余额已超过国债仅次于金融债上升到第二大债券品种。表 1 和表 2 分别说明 2000—2016 年我国各类债券的发行规模和到 2017 年 12 月的余额（存量）变动情况。

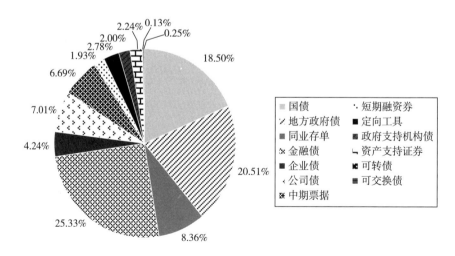

图 1　2017 年 12 月我国各类债券余额占比示意图

（数据来源：Wind 数据库）

单位：亿元

表 1　2000—2016 年我国债券市场发行规模

年份	国债	地方政府债	中央银行票据	同业存单	金融债	企业债	公司债	中期票据	短期融资券	定向工具	政府支持机构债	资产支持证券	发行总额合计
2000	4 620				1 645						20		6 285
2001	4 684				2 625	129					15		7 453
2002	5 801		1 937		3 256	325							11 319
2003	8 042		7 638		4 625	328					30		20 663
2004	7 164		15 160		5 128	272					50		27 774
2005	7 042		27 462		7 138	604			1 424		50	131	43 851
2006	8 883		36 522		9 566	615			2 920		400	322	59 228
2007	23 483		40 571		11 929	1 109	112	0	3 349		600	178	81 331
2008	8 558		42 960		11 897	1 567	288	1 737	4 339		800	302	72 448
2009	16 229	2 000	38 240		13 840	3 252	735	6 913	4 612		1 000		86 821
2010	17 778	2 000	42 350		13 569	2 827	512	4 971	6 892		1 890		92 789
2011	15 398	2 000	14 140		23 225	2 485	1 291	7 336	10 122	919	1 000	13	77 929
2012	14 362	2 500			26 510	6 499	2 623	8 559	14 222	3 759	1 500	281	80 815
2013	16 944	3 500	5 362	340	26 814	4 752	1 699	6 979	16 135	5 657	1 500	280	89 962
2014	17 745	4 000		8 985	35 673	6 972	1 408	9 781	21 850	10 262	1 500	3 310	121 486
2015	21 216	38 350		53 044	42 842	3 421	10 284	12 779	32 806	8 881	1 800	6 135	231 558
2016	30 666	60 458		130 211	46 289	5 926	27 735	11 448	33 676	6 016	1 400	8 748	362 573

资料来源：Wind 数据库。

表2　2000—2017年我国各类债券余额规模

单位：亿元

年份	国债	地方政府债	中央银行票据	同业存单	金融债	企业债	公司债	中期票据	短期融资券	定向工具	政府支持机构债	资产支持证券	可转债	可分离可转债	可交换债	债券存量合计
2000	16 248				9 842	296							27			26 499
2001	19 037				10 878	339							22			30 377
2002	22 358		1 488		12 417	442							64			36 855
2003	27 650		3 688		15 718	814							197			48 131
2004	31 262		9 742		17 649	1 051					119		335			60 158
2005	34 353		20 242		21 641	1 563			1 381		169	118	249			79 716
2006	36 668		29 883		25 533	2 283			2 576		569	302	121	99		98 034
2007	53 601		33 951		32 453	3 292	52		3 196		1 169	330	99	208		128 351
2008	54 783		46 285		41 233	4 854	400	1 672	4 193		1 969	493	139	904		156 925
2009	61 517	2 000	40 565		50 161	8 024	1 038	8 650	4 496		2 930	234	120	934		180 669
2010	68 543	4 000	37 030		57 793	10 715	1 641	13 606	6 655		4 820	112	787	934		206 636
2011	72 729	6 000	19 420		71 998	13 022	2 814	19 799	8 297	899	5 810	69	1 163	854		222 874
2012	77 878	6 500	11 580		90 921	19 253	5 499	25 114	11 845	4 550	7 310	321	1 255	735		262 761
2013	87 043	8 616	5 462	340	104 028	23 337	6 991	30 037	13 162	9 505	8 800	446	1 606	598	3	299 974
2014	95 909	11 624	4 222	5 995	121 194	29 238	7 682	33 900	17 637	17 838	10 175	3 115	1 163	98	60	359 850
2015	106 749	48 260	4 222	30 147	142 128	30 498	16 870	41 759	24 303	21 587	11 475	6 528	133	68	293	485 020
2016	119 845	106 282		62 696	163 375	32 633	43 117	46 444	21 122	22 104	12 755	10 932	344		885	642 534
2017.12.03	132 700	147 136		59 949	181 731	30 399	50 272	48 023	13 831	19 938	14 345	16 067	960		1773	717 124

资料来源：Wind 数据库。

从表 1 和表 2 所示数据可以清晰地看到，我国债券市场在规模增长和品种结构方面具有以下几个特点：

一是，整体上看，国债发行相对平稳，只有 2007 年和 2016 年国债发行规模变动较大。2007 年，国债发行规模突然从 2006 年的 8 883 亿元猛增到 2 3483 亿元，增长了 164.36%；国债余额也从 2006 年的 36 668 亿元快速增加到 53 601 亿元，是 2006 年的 1.46 倍。2016 年国债发行规模由 2015 年的 21 216 亿元大幅增加到 30 666 亿元，年增幅为 44.54%。2016 年国债余额达到 119 845 亿元，到 2017 年 12 月 3 日，国债余额达到 132 700 亿元，在债券市场各类债券余额中位居金融债、地方政府债之后排名第三，占整个债券市场余额 717 124 亿元中的 18.50%。从各类债券余额看，虽然国债余额占比和规模居第三位，但由于国债的特殊地位、流动性、广泛性和财富管理的功能特征，国债及其收益率无疑是债券市场的基石债券和风向标。

二是，金融债规模快速增加[1]。1994 年，金融债当年发行规模为 182 亿元，到 2000 年就增加到 1 645 亿元，2007 年首次突破万亿元大关，达到 11 929 亿元，2016 年发行额达到了 46 289 亿元。2016 年底，金融债余额为 163 375 亿元，到 2017 年 12 月 3 日，金融债余额已达到 181 731 亿元，是我国债券市场中规模最大的债类类型，占整个债券市场余额的 25.34%，但基于融资功能和持有主体的特定性，我国金融债更多地表现为金融机构特别是商业银行资产负债结构的调整和政策性银行与商业银行金融资源在市场化平台上的互换。由于融资功能和特有主体的特定性，我国金融债并不明显地表现为居民和机构投资者财富管理的资产属性，现实中市场流通意愿弱，流动性明显不足，对社会缺乏广泛的影响力。金融债在我国债券市场中扮演的主要是特定金融机构的融资工具，而不是社会财富管理的市场化工具。

三是，地方政府债发展迅猛，规模迅速膨胀。2009 年至 2014 年发行规模还控制在 2 000 亿元至 4 000 亿元，2015 年和 2016 年则大幅度增加到

---

[1] 此处所述金融债的计算口径是政策性银行债＋商业银行债＋商业银行次级债＋保险公司债＋证券公司债＋证券公司短期融资债＋其他金融机构债。

38 350 亿元和 60 458 亿元。短短不到 10 年，到 2016 年底，地方政府债余额已达 106 282 亿元，2017 年 12 月 3 日的数据表明，地方政府债余额已超过国债，达到 147 136 亿元，居所有债券类型余额的第二位，占比 20.52%。在地方政府债中，以地方政府城投债为主，近几年也有少量中央政府代地方政府发行的政府债券。

四是，企业债稳步发展，公司债快速增长。我国的企业债起始于 20 世纪 80 年代。按照 1987 年颁布的《企业债券管理暂行条例》，企业债只能由全民所有制企业发行。从本质上说，企业债是公司债的一种特别形式。2007 年企业债券发行额首次突破千亿元大关，达到 1 109 亿元，之后逐年增加，一直维持在四五千亿元的规模，2014 年达到 6 972 亿元的峰值。公司债券的发行额在 2014 年前一直在千亿元左右，2015 年和 2016 年大幅增加到 10 284 亿元和 27 735 亿元。到 2016 年底，企业债和公司债及可转债余额分别达到 32 633 亿元、43 117 亿元和 344 亿元，三者合计余额 76 094 亿元，到 2017 年 12 月 3 日，三者合计余额增加到 81 631 亿元，排名第四，占比 11.38%[①]。

从债券市场的整体规模看已然不小，2007 年至 2016 年，债券市场余额从 128 351 亿元增加到 642 534 亿元，2017 年 12 月 3 日，债券余额又增加到 717 124 亿元，已过 70 万亿元大关。增加了 4 倍多，年均增速高达 19.58%，但品种结构之间发展很不平衡。金融债规模虽然最大，但缺乏市场流动性，市场财富管理功能弱。在所有债券品种中，地方政府债规模和增长速度惊人，存在巨大的隐性风险。相比而言，公司债（仅含企业债、可转债，下同）规模不大，仅占总规模的 11.38%，弱化了债券市场作为财富管理的功能。如何平衡债券市场品种结构之间的发展速度和规模，适当加大公司债发行规模和在债券市场余额中的比重，提高债券市场的资产组合和财富管理功能，是我国债券市场进一步发展面临的问题之一，也是推进中国金融体系市场化改革、加速"金融脱媒"进程必须思考的问题。

---

① 如果把企业短期融资券和中期票据计算在内，广义上的发行主体为企业（公司）的债务余额，2016 年底为 143 660 亿元，2017 年 12 月 3 日余额为 143 485 亿元，占比 20%，超过国债居第三位。

二、相互分割的市场如何实现一体化

经过近 30 年的发展，特别是近几年来随着短期融资券、中期票据、商业银行次级债、公司债、可转债以及"熊猫债券"等收益与风险在不同层次匹配多样化债券的出现，我国债券市场体系已基本形成并具有自身较为明显的特点。

目前，我国债券市场的结构特征可概括为"两类市场、主辅市场相衔接"的格局（见图 2）。"两类市场"是指场内市场和场外市场。场内市场指的是交易所市场（上海证券交易所和深圳证券交易所），场外市场指的是银行间债券市场和商业银行柜台债券市场。实践中，场内和场外两类市场逐步形成了"以银行间市场为主、交易所市场为辅、商业银行柜台市场为补充"的市场格局。从债券发行角度看，国债和企业债可在场内和场外两个市场发行。从 2007 年起，公司债政策上可以分别在场内市场即交易所市场和场外市场即银行间市场发行，但实践中，仍以场内市场即交易所市场发行为主[①]。金融债和非金融企业的短期融资券、中期票据等只能在银行间市场发行。

1996 年 1 月组建的银行间债券市场，无论是债券存量还是日交易量，在我国债券市场中均处于绝对主导的地位，属于债券批发市场。据人民银行 2017 年 10 月底金融市场运行情况通报，在我国债券市场托管余额 72.4 万亿元中，银行间债券市场托管余额就占到了 64.2 万亿元，占比 88.7%，日交易额在 4 000 亿元左右。我国银行间债券市场的交易主体由银行和非银行金融机构以及期货公司、基金公司等组成，截至 2017 年 10 月底，仅中债登登记在册的交易成员已达 1 188 家，目前实行交易成员准入备案制。在银行间债券市场，商业银行是债券市场的主要投资者，约占银行间债券市场的 59.24%。

---

① 公司债的托管在中国证券登记结算有限责任公司。

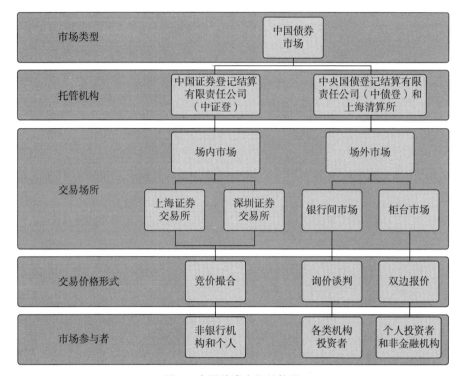

图 2　中国债券市场结构图

作为场内市场的交易所债券市场，在我国债券市场处于辅助地位，属于集中撮合交易的零售市场。截至 2016 年末，国债余额只占场内市场债券余额的 8.66%，日均债券交易量在 40 亿元上下，仅占银行间债券市场日交易量的 1% 左右。

受特定制度和相关机制的约束，不同债券只能在不同市场中进行交易。银行间债券市场、交易所债券市场、商业银行柜台市场联通不足，彼此分割，没有形成一个相互联通的市场整体，导致各类债券不能在统一的交易机制下共同交易，加大了债券市场的流动性成本，降低了市场交易效率，严重抑制了债券市场的财富管理功能。

除在交易所交易的国债，中证登为二级托管，中债登为一级托管外，交易所债券市场和银行间债券市场各自流通的债券采取的都是一级托管制度，在债券登记、交易和托管结算等程序上存在明显不同，这种制度设计，使两个市场的交易存在难以跨越的门槛和障碍，严重影响了债券市场的一体化发展。

所以，构建一体化的债券市场，提高债券市场的财富管理功能，是我国债券市场改革和发展所必须解决的第二个问题。解决债券市场一体化的关键是制度一致、机制相通、信息共享。

三、债券投资者结构如何调整

"债券市场交易制度的特殊安排，造成了市场分割，决定了我国债券市场投资者结构的特殊性。"

我国债券市场的投资主体或持有主体包括人民银行、政策性银行等特殊机构，商业银行及其他类银行，证券公司、保险公司等非银行金融机构，社保基金、公募基金等基金类机构投资者，也包括个人投资者。

在我国债券市场，不同的债券只能在不同的市场进行流通交易。国债可以在银行间债券市场、交易所债券市场及部分商业银行柜台进行交易，但以银行间债券市场交易为主。金融债和银行次级债只能在银行间债券市场交易，企业债和公司债可以在银行间债券市场和交易所债券市场交易，可转债只在交易所债券市场交易。

我国债券市场以银行间债券市场为主。据人民银行统计，在 2017 年 10 月底债券市场托管余额 72.4 万亿元中，由银行间债券市场托管的余额就达 64.2 万亿元[①]。进入银行间市场进行交易和投资的主体，有一定的资格限定，除人民银行、财政部和政策性银行等特殊成员外，主要表现为各类金融机构、基金管理公司，近几年开始有境外机构和非金融性机构投资者以丙类账户进入，个人投资者只能在交易所债券市场进行投资，不允许进入银行间市场，具体成员数见表 3。

---

① 资料来源：2017 年 10 月末金融市场情况。

表 3　2017 年 11 月我国银行间债券市场投资者数量情况（按托管种类分）

单位：个

投资者	一级托管			二级托管	
	甲类成员	乙类成员	丙类成员	交易所	柜台
特殊结算成员	4	15	1	0	0
商业银行	55	1 126	26	0	0
信用社	0	437	84	0	0
非银行金融机构	5	260	11	0	0
证券公司	54	78	0	0	0
保险机构	0	144	19	0	0
基金类	0	15 240	95	0	0
非金融机构	0	0	274	0	7 300
个人投资者	0	0	0	0	21 233 163
境外机构	0	1	573	0	0
合计	118	17 301	1 083	0	21 240 463

注：（1）特殊结算成员包括人民银行、财政部、政策性银行等机构；（2）甲类成员：具有结算代理资格和柜台业务资格的机构。乙类成员：只能办理自营业务的机构。丙类成员：委托甲类成员代为办理债券结算业务的投资者，包含委托证券公司办理企业债业务的机构和个人。

（2）此表数据仅包括中债登市场部分数据，不包括上海清算所数据（上海清算所数据未披露），故不能涵盖整个银行间市场。

资料来源：中央国债登记结算有限责任公司。

　　银行间债券市场在我国债券市场处于主体和中心的地位，交易所债券市场则处在辅助地位，交易所债券市场对投资者没有特殊的资格限制。[①]

　　从表 4 和表 5 中可以看到，我国银行间债券市场的持有主体主要是商业银行。截至 2016 年末，在国债、政策性银行债和其他商业银行债中，商业银行分别持有这三类债券全部余额的 67.07%、64.795% 和 75.78%。交易所债券市场的持有主体主要是证券公司。据中证登 2016 年统计年鉴披露的数据可知，截至 2016 年末，包括深、沪两市在内的证券结算系统参与人，证券公司有 225 家，占总数的 62.5%。

---

　　① 中证登未披露包括商业银行在内的交易所债券市场有关交易者相关数据。

表4 2016年末我国银行间债券市场投资者持债结构——中央国债登记结算有限责任公司托管部分

投资者	国债		地方政府债		政策性银行债		企业债		中期票据		商业银行债（普通债不包括次级债）		二级资本工具		总额（亿元）
	余额（亿元）	占比（%）	余额（亿元）	占比（%）	余额（亿元）	占比（%）	余额（亿元）	占比（%）	余额（亿元）	占比（%）	余额（亿元）	占比（%）	余额（亿元）	占比（%）	
特殊结算成员	16 281	15.094	11 251	10.59	450	0.363	48	0.136	177	1.706	48	0.548	21	0.233	28 276
商业银行	72 346	67.073	93 631	88.13	80 329	64.795	5 164	14.577	3 609	34.886	6 602	75.784	2 035	22.983	263 716
信用社	907	0.841	702	0.66	4 756	3.836	521	1.470	368	3.558	119	1.370	54	0.610	7 427
非银行金融机构	275	0.255	0.4	0.00	428	0.345	130	0.367	60	0.581	2	0.023	16	0.180	911.4
证券公司	411	0.381	35	0.03	760	0.613	1 302	3.676	226	2.188	48	0.545	15	0.169	2 797
保险机构	3 488	3.234	115	0.11	5 832	4.704	1 742	4.917	946	9.143	10	0.119	3	0.028	12 136
基金类	3 525	3.268	451	0.42	28 361	22.877	16 895	47.690	4 776	46.174	1 871	21.479	6 687	75.527	62 566
非金融机构	26	0.024			9	0.008	20	0.057	8	0.077					63
银行间	16	0.015			1	0.001	20	0.057	8	0.077					45
柜台	10	0.009			8	0.007									18
个人投资者	3	0.003			3	0.003									6
交易所	6 351	5.888					9 454	26.687							15 805
境外机构	4 237	3.928	53	0.05	3 046	2.457	149	0.422	175	1.688	12	0.132	24	0.270	7 696
合计	106 238.4		123 983		35 445		10 353		8 712		8 855		401 463		401 462

注：特殊结算成员包括人民银行、财政部、政策性银行等机构。

资料来源：中央国债登记结算有限责任公司。

表5　2016年末我国银行间债券市场投资者持债结构——上海清算所托管部分

投资者	超短期融资券		短期融资券		信贷资产支持证券		资产管理公司金融债		中期票据		政府支持机构债券		同业存单		总额	
	余额(亿元)	占比(%)	余额(亿元)	占比(%)	余额(亿元)	占比(%)	余额(亿元)	占比(%)	余额(亿元)	占比(%)	余额(亿元)	占比(%)	余额(亿元)	占比(%)	余额(亿元)	占比(%)
政策性银行	689	4.55	76	1.25	0.0	0.00	1	0.03	223	0.65	11	0.94	6 452	10.28	7 452	6.12
商业银行	3 075	20.32	770	12.79	150.0	36.00	1271	66.18	10 293	30.00	690	57.49	29 975	47.76	46 224	37.96
非银行类金融机构	1 428	9.43	586	9.73	2.6	0.62	56	2.91	2 741	7.99	155	12.95	4 293	6.84	9 261.6	7.61
证券公司	311	2.06	201	3.33	1.9	0.46	12	0.64	659	1.92	8	0.69	705	1.12	1 897.9	1.56
保险公司	995	6.57	320	5.31	0.0	0.00	33	1.72	1 321	3.85	127	10.57	138	0.22	2 934	2.41
财务公司	25	0.16	20	0.33	0.2	0.05	0	0.00	96	0.28	5	0.44	466	0.74	612	0.50
信托公司	0	0.00	2	0.04	0.5	0.12	0	0.00	55	0.16	0	0.00	2	0.00	59.2	0.05
信用社	91	0.60	39	0.64	0.0	0.00	8	0.43	581	1.69	15	1.25	2 834	4.52	3 568.5	2.93
其他	6	0.04	5	0.07	22.8	5.48	2	0.12	30	0.09	0	0.01	148	0.24	191	0.16
非金融机构法人	1	0.00	0	0.00			1	0.03	17	0.05	1	0.04	4	0.01	46.8	0.04
非法人机构	9 932	65.62	4 576	75.99	241.3	57.90	577	30.06	20 893	60.89	341	28.38	22 015	35.08	58 575.3	48.10
境外机构	12	0.08	14	0.23	0.0	0.00	15	0.80	144	0.42	2	0.20	21	0.03	208	0.17
合计	16 565		6 609		419.3		1976		37 053		1 355		67 053		131 031.3	

注：非法人机构包括证券投资基金、证券公司资产管理计划、基金公司特定客户资产管理组合、企业年金计划、保险产品、信托产品、社保基金、其他非法人机构。

资料来源：上海清算所官网。

由于制度限制，商业银行不持有在交易所债券市场交易的公司债。截至 2016 年末，商业银行只持有银行间市场企业债的 14.58%。商业银行共持有银行间债券市场各类债券余额 309 940 亿元，占比达 58.21%。不考虑人民银行、财政部等特殊成员，排在第二的债券投资者是各类基金，分别持有国债的 3.27%，政策性银行债的 22.88%，企业债的 47.69%，商业银行债的 21.48%，在中期票据和二级资本工具余额中，基金类投资者持有比例超过商业银行，分别为 46.17% 和 75.53%。在银行间债券市场，基金类投资者持有的各类债券余额 62 568 亿元，占银行间市场债券余额的 11.96%。

截至 2016 年末，除商业银行和各类基金外，保险机构持有银行间债券市场各类债券余额总计 15 069 亿元，占比 2.88%，其中持有国债余额的 3.23%[1]，政策性银行债的 4.70%，企业债的 4.92%，中期票据的 9.14%。

在银行间债券市场，其他类型机构持有各类债券余额相对较少，占比较低。受资金规模、债券的固定收益特性、投资组合约束和相对复杂的风险识别等因素影响，个人投资者较少直接投资于除国债外的其他债券，而主要是通过基于居民财富管理的机构投资者购买相关基金产品，实现债券的间接投资。我国债券市场的投资者结构与日本、德国的情况相类似，与美国市场的情况则有较大差异。在德国，货币市场机构（Monetary Finance Institution）是债券市场主要的持有者，持债比例占有市场余额的 50% 左右。在日本，商业银行持债比例在 30% 左右。在美国，商业银行的持债比例在 13% 左右，基金、保险等非银行金融机构和集合投资人是债券的主要持有者。从这一比例看，我国商业银行仍占有多数金融资源，我国金融体系目前仍然是银行居主导的金融体系。[2]

如何看待我国债券市场投资者结构及其变动趋势，如何优化和改善我国债券投资者结构，是我国债券市场发展面临的第三个问题。解决这一问题必然涉及一个重要选择，即未来中国金融体系究竟是维持目前的银行主导型金

---

① 境外机构作为一个集合在 2016 年末持有国债余额的 3.93%，高于保险机构持有比例。

② 中国金融四十人论坛课题组 . 我国债券市场发展的制度分析与存在的问题［J］. 新金融评论，2016（6）．

融体系，还是逐步过渡到市场主导型金融体系？一国金融体系资产结构的变化和投资者持有资产结构的变动方向，是决定一国金融体系变革的基础力量。

吴晓求等在《市场主导与银行主导：金融体系在中国的一种比较研究》[①]一书和在《建立以市场为主导的现代金融体系》[②]一文中曾从中国金融改革所追求的核心目标和所依赖的路径角度上，从金融体系形成的法律、文化等外部影响因素和金融功能的内在演进规律、金融体系的市场微观结构等方面，论证了中国为什么从战略层面上必须选择也必然选择市场主导型金融体系。实际上，虽然目前的中国金融体系仍带有较明显的银行主导型金融体系的特征，但从趋势看，市场主导型金融体系的基础正在逐步形成，证券化金融资产的比重的上升，呈现出趋势性特征。[③]

正是从中国构建现代金融体系[④]即市场主导型金融体系的战略目标出发，也基于中国金融变革的现实趋势和历史逻辑，既要不断调整投资者资产结构，提升证券化金融资产的比重，也要促使包括各类债券在内的证券化金融资产在各相关持有主体持有比例的趋势性变化。其基本的方向是，在推动债券品种结构适度调整和各类债券余额不断增加的基础上，扩大包括基于财富管理的各类基金、保险机构对债券的持有规模和比重，这是债券投资者结构优化的重点。

四、信用评级的权威性和公信力如何提高

信用评级制度是债券市场发展的前提。一个具有权威性和公信力的信用评级体系是债券市场正常发展的重要基础，也是投资者识别风险、规避风险并实施与其风险偏好相匹配的投资组合的必要条件。与发达国家信用评级的权威性、公信力相比较，我国的信用评级尚有很大差距。这种差距不主要表现在信

---

① 参阅吴晓求，赵锡军，瞿强，等.市场主导与银行主导：金融体系在中国的一种比较研究［M］.北京：中国人民大学出版社，2006.

② 此文发表在《中国人民大学学报》2005年第5期。

③ 参阅吴晓求.中国金融监管改革：逻辑与选择［J］.财贸经济，2017（7）.

④ 关于现代金融体系的论述，参阅：吴晓求.中国金融最具增长功能［N］.人民日报海外版，2017-11-17（03）.

用评级的技术层面，比如评级指标设计的科学性方面，甚至不主要表现在信息的收集、识别和处理等方面，而是主要表现在信用评级机构的生态环境和盈利模式方面。我国信用评级机构与政府的关系，信用评级机构与评级对象和信息使用者之间的关系，我国信用评级机构盈利模式的非独立性，都严重侵蚀了信用评级机构的独立性、客观性和公信力，进而损害了债券市场发展的基石。

我国信用评级行业起步较晚，经验不足，但在信用评级指标体系设计等技术层面，借鉴、参考了穆迪、标准普尔和惠誉国际三大著名信用评级机构的一些指标设计，并结合中国的实践，已初步形成了自身的指标体系和分析框架（见表 6 至表 8）。

表 6　　　　　　　　国际三大信用评级机构信用评级指标体系

	项目	财务指标
穆迪	部门指标	各生产经营部门销量及销售收入、部门资产规模、部门毛利率、部门息税前盈余 / 部门资产、部门经营性现金流 / 部门资本支出
	收益分析指标	税金 / 股息支付比率、利息保障倍数、资产、应收账款、存货周转率、息税前盈余 / 平均资产、息税前盈余 / 平均资本支出、平均股东权益回报率 经营性现金流量 / 总负债、留存现金流量 / 总负债
	现金流量指标	自由现金流量 / 总负债、经营性现金流量 / 资本支出、留存现金流量 / 资本支出
	资产负债分析指标	资产负债率、负债结构、资本化总额
	经营风险	财务风险
标准普尔	1. 行业特征 2. 竞争地位 （1）市场；（2）技术； （3）效率；（4）监管 3. 管理	1. 财务特征 2. 财务政策 3. 收益性 4. 资本结构 5. 现金流保护 6. 财务灵活性
	定性分析	定量分析
惠誉国际	1. 行业风险 2. 经营环境 3. 市场定位 4. 公司管理 5. 会计	1. 现金流量 2. 盈利和现金流量 3. 资本结构 4. 财务灵活性 5. 盈利计量 6. 覆盖比率 7. 杠杆比率 8. 收益比率

资料来源：朱顺泉. 信用评级理论、方法、模型与应用研究［M］. 北京：科学出版社，2012.

表7 我国三大信用评级机构主体信用评级指标体系

信用评级机构	项目	财务指标
大公国际	偿债环境	宏观经济环境、信用环境
	财富创造能力	市场需求、市场竞争力、盈利能力
	偿债来源	盈利、经常性收入、债务收入、可变现资产、外部支持、外汇收入
	偿还能力	总债务偿还能力、存量债务偿还能力、新增债务偿还能力
中诚信国际	产业特征	行业特殊性、上下游控制力
	规模与多元化	营业总收入，业务、产品结构多元化，技术实力和资质
	盈利能力	总资产收益率、息税折旧摊销前利润（EBITDA）利润率
	财务政策及财务实力	总资本化比率、总债务/EBITDA、EBITDA利息保障倍数、[经营性现金流（CFO）−股利]/总债务
联合资信	宏观分析	国际及全国经济、证券行业发展状况、政府监管
	公司分析	市场竞争力、治理结构、合规管理、风险管理、人员素质、信息技术、经营状况、外部支持
	财务分析	资本充足性、杠杆水平、资产质量及流动性、盈利能力、现金流、偿债能力

资料来源：大公国际、中诚信国际、联合资信官网。

表8 我国三大信用评级机构财务分析框架

信用评级机构	财务分析重点	财务分析框架
大公国际	盈利能力	盈利能力及其稳定性；盈利来源、构成及其稳定性
	现金流量充足性	将同类企业相对照，判断受评对象现金流充足性
	资产和其他流动性来源	内部和外部流动性
	资产负债结构	负债水平与负债结构；债务到期安排是否合理
	财务弹性	担保、政府直接援助、母公司对子公司的支持协议
中诚信国际	盈利能力	能力大小及稳定性
	财务政策	管理层在何种资本结构以及多大的财务风险下运营公司
	财务实力	利润和现金流对利息及债务的覆盖能力
	流动性	流动性的稳定情况
联合资信	资产质量	资产结构及变化趋势；资产质量及变化趋势
	负债水平	负债水平及变化趋势；债务特征及变化趋势；资本化比率；银行授信情况
	盈利能力	营业收入及构成、稳定性与变化趋势；净利润稳定性、变化趋势；盈利水平
	现金流	EBITDA及其稳定性与变化趋势；经营活动（投资、筹资活动）现金流入、流出、净额及其构成、稳定性与变化趋势
	偿债能力	信用记录；长期偿债能力；短期偿债能力

资料来源：马春爱，杨贺.国内主要信用评级机构财务分析框架比较研究［J］.商业会计，2011，4（10）.

虽然我国信用评级机构评级指标体系内容有差异，分析方法和分析重点有所不同，但宏观环境、行业周期和公司治理结构等基础因素，公司盈利能力、现金流水平和财务结构等影响债务履约能力的财务因素，是各评级机构所必须关注的共同点，对共同因素的关注大大强于对特别因素的关注。我国信用评级存在的问题，显然不主要来自指标体系的设计和财务分析框架这些技术因素，而主要来自一些制度性或环境性因素。

具体地说，这些制度性、环境性因素主要指以下三个方面：

一是，信用评级机构利益的非独立性，盈利模式缺乏市场的内生性。由于信用文化缺失、信用评级市场不发达，信用评级之递延产品、衍生产品无法支撑信用评级机构的生存和发展，特定时期的特定利益诉求使信用评级的客观性、权威性和公信力受到了严重挑战，这种严重挑战常常侵蚀着信用评级这个"替天行道"行业的生存底线。

二是，信用评级机构与某些特定被评级企业利益边界的不清晰。这种不清晰的严重后果就是形成利益共同体，并衍生出一种不正常的利益交换关系。基于利益边界不清晰的信用评级与其说流于形式，不如说瞒天过海、混淆视听，这种情况虽然近年来有所收敛，但仍时有发生。信用评级机构"利益共同体"的角色特征，使其无法从客观、真实、公正的角度作出信用评级。基于这种利益诉求的信用评级，必然缺乏有效性、权威性和公信力。

三是，信用评级机构与政府有关机构不适当的关系。这主要表现在政府有关机构以一些堂而皇之的理由不适当干预信用评级机构。政府有关机构是政策的制定者，政策执行的监管者，但有时基于某些利益考虑，角色错位，干预、影响信用评级机构对相关企业的信用评级，导致信用评级信息失真，而失去了客观性。

信用评级公信力不足是制约我国债券市场发展的第四大问题。提高信用评级的客观性、权威性和公信力，除了根据中国的实际情况，在借鉴国际权威评级机构的指标体系、经验做法的基础上，进一步完善评级指标和评估方法外，改革的重点在于探索我国信用评级机构独立的生存与发展模式，在于彻底消除评级机构与评级对象之间的"利益共同体"现象，在于如何在法律、制度和政策层面保证信用评级机构不受干扰的独立专业行为。

五、债券市场的监管体制如何改革

债券市场监管主要涉及债券的发行、上市、交易、信息披露、托管和退出等环节，其中，发行制度、交易规则、市场结构、托管体系是监管改革的重点，信息披露是监管的重点。债券市场信息披露的主要载体是发行人的财务报告和信用评级机构的信用评级报告。受发展历史和金融监管架构的影响，我国债券市场监管体制具有"多头监管、垂直管理、相互分割、自成体系"的特点，基本原则是规模控制、集中管理、谁审批谁监管。

1. 多头监管、垂直管理。在实践中，我国债券市场监管坚持"谁审批，谁监管"的原则，形成了"多龙治水"的多头监管格局。财政部负责国债和地方政府债券的监管；人民银行负责短期融资券、中期票据、中央银行票据和金融债的审批与监管；国家发展改革委负责非上市公司企业债的发行审批和监管；证监会负责上市公司发行的公司债和可转债的批准和监管；保监会负责审批保险公司债权投资计划。多头监管必然带来垂直管理、市场分割、相互独立、监管套利、效率低下。

多头监管除了形成各自垂直管理的市场格局外，还表现在企业（公司）发行债券时品种被部门化，被分割成多个券种。企业债、公司债、短期融资券、中期票据等虽然在期限、企业性质等方面有所差异，但其本质都是企业（公司）发行的债券，批准和监管的主体不同，它们被分割在不同的市场进行交易。客观上讲，人民银行推出的短期融资券、中期票据等企业债务融资工具，进一步拓宽了企业的直接融资渠道，客观上起到了融资"脱媒"的作用，丰富了债券市场的品种，是人民银行的一种工具创新，具有重要作用和积极的市场创新意义。但作为同是企业直接融资的债券工具的各类企业（公司）债，分别由三个部门或监管机构批准（备案），的确反映了我国债券市场监管存在的问题。

债券市场监管的重要环节是债券的发行审批。以企业发行债券的审批制度为例，经历了一个由行政审批到核准制再到注册制、备案制的改革过程，市场化改革的趋势显现。2008 年 1 月前，企业债的发行采取的是额度控制、行政审批，之后国家发展改革委将企业债的发行简化为核准制程序。企业短期融资券、中期票据等也从 2008 年起由人民银行批准改为在中国银行间市场交易商协会注册，由审批制改为注册制。公司债和可转债目前实行的仍是核准制。企业债和公司债及可转债，作为企业发行债券的主要品种，虽然实行的是核准制，但无论是国家发展改革委实行的核准制，还是证监会的核准制，都存在较烦琐的流程，审查相当严格，实质上都还有较浓的行政化审批的特点。整体而言，我国债券市场真正意义上的市场化发行体制并未完全建立起来。

2. 市场分割、相互独立。主要表现在两个方面：

一是，债券市场出现了相互割裂、不能进行跨市场交易的两个市场：交易所市场（场内市场）和银行间市场及柜台市场（场外市场）。为防止银行信贷资金进入股市，1997 年 6 月，人民银行要求商业银行全部退出交易所市场，同时建立银行间债券市场，规定商业银行只能在银行间债券市场进行债券投资和交易。2009 年，证监会和银监会曾联合发布《商业银行在证券交易所参与债券交易试点的通知》，试图推动上市银行重新进入交易所债券市场，但受市场分割的制度限制，政策效果不太明显。随着我国直接融资特别是国债、金融债规模的扩大和债券市场的发展，银行间债券市场无论是规模还是交易都超过了交易所债券市场，成为我国债券市场的中心和主体。银行间债券市场的形成，对我国债券市场的发展意义巨大，问题的关键是，这两个市场相互独立、分割封闭，既不能实现跨市场发行，也不能进行跨市场交易。人民银行批准发行的中央银行票据、金融债、短期融资券和中期票据只能在银行间市场发行和交易；证监会批准发行的公司债、可转债只能在交易所市场发行和交易。只有企业债和国债可以在两个市场交易，但以银行间债券市场为主。从制度和技术层面上打通两个市场，实现跨市场交易，对方便投资者、提升市场流动性、提高债券市场财富管理的功能具有重要意义。

二是，债券市场形成了两个难以兼容、信息互换困难的托管体系——中央国债登记结算有限责任公司（简称中债登）和中国证券登记结算有限责任公司（简称中证登）。中债登主要负责银行间债券市场的开户和债券的登记、托管、结算以及商业银行柜台国债交易的托管。中证登则负责交易所债券市场的开户和债券的登记、托管、结算。中债登受人民银行和银监会共同监管，中证登受证监会监管。这两大系统存在较大差异，在制度、技术上都未能实现有效连接。对非银行金融机构和 2009 年后的商业银行来说，虽然没有跨市场交易的限制，但若要在银行间债券市场和交易所债券市场进行投资和交易，则必须同时在中债登和中证登开户。由于建立了相对集中的托管体系，分别开户和分别登记、托管、清算的模式显然限制了跨市场交易，容易形成制度性套利。

"谁审批，谁监管"的相互割裂的监管体制是制约中国债券市场发展的第五大问题。基于上述分析，债券市场监管体制改革的方向和重点是：

1. 构建统一的债券监管体系。统一而有效的监管体系是债券市场发展的重要前提。目前存在的多头监管体系既有过渡性的时代特征，也有现行金融监管模式的烙印，在当时条件下，对于发挥各方积极性，探索债券市场发展的破冰之路，有积极意义。我国债券市场的发展，未来既不再是破冰之路，甚至不主要是探索之路，而是走向国际化的发展之路，目的是大幅度提高债券市场的财富管理功能，为中国资本市场成为国际金融中心打下坚实的基础。为此，必须协调相关监管机构的职能，通过修改《证券法》和有关监管法规、规则，实现证券监管部门对债券市场的统一监管。作为过渡期安排，对场内和场外债券市场，可实行证监会与人民银行的联合监管。

2. 改革债券发行制度。现行的企业债发行审批与公司债发行审批应合而为一，均由证监会核准或备案。人民银行注册管理的短期融资券、中期票据等准企业债券也要纳入企业债监管范围，统一规范企业作为发行主体的各类债券的发行标准和程序，地方政府债、金融债等发行审批主体可不变，改革的重点在企业债券类的发行体制。

债券发行制度改革的另一个重点是发行审批机制由审批制、核准制过渡到注册制或备案制，为此必须健全发行标准，完善债券发行主体的信息披露机制，提高市场透明度，加强债券市场的动态监管。

3. 保持债券场内市场和场外市场的内在联通和协调发展，是债券市场改革的基本目标，必须摒弃"谁审批，谁监管"的发展思路和监管原则，这个思路和原则只会加剧市场分割、制度壁垒、"山头林立"，统一的体现财富管理功能的符合国际金融中心标准的债券市场难以形成。我们必须在制度规则、发行标准和交易技术层面上实现两个市场的相互连通和信息互换，为债券市场的全面开放和国际化铺平道路。

参考文献

［1］吴晓球.五大要素构建中国现代经济体系［N］.人民日报（海外版），2017-11-28（03）.

［2］中国金融四十人论坛课题组.我国债券市场发展的制度分析与存在的问题［J］.新金融评论，2016（6）.

［3］中国人民银行.2017年10月末金融市场情况［Z］.

［4］吴晓求，赵锡军，瞿强，等.市场主导与银行主导：金融体系在中国的一种比较研究［M］.北京：中国人民大学出版社，2006.

［5］吴晓求.建立以市场为主导的现代金融体系［J］.中国人民大学学报，2005（5）.

［6］吴晓求.中国金融监管改革：逻辑与选择［J］.财贸经济，2017（7）.

［7］朱顺泉.信用评级理论、方法、模型与应用研究［M］.北京：科学出版社，2012.

［8］马春爱，杨贺.国内主要信用评级机构财务分析框架比较研究［J］.商业会计，2011，4（10）.

［9］中央国债登记结算有限责任公司官网、中国证券登记结算有限责任公司官网、上海清算所官网.

中国金融监管改革：逻辑与选择

【作者题记】

本文是作者为第二十一届（2017）中国资本市场论坛撰写的主题报告的主要内容，发表于《财贸经济》2017 年第 7 期。

【摘要】

一国金融监管架构和监管重点，与该国金融结构和金融风险的特性有着密切关系。金融监管改革的基本逻辑是，金融结构渐进式、趋势性调整和由此引起的金融风险的巨大变化。当前，中国金融结构变化导致金融风险的来源发生重大变化，金融风险的性质和结构亦由此发生重要变化。中国金融监管改革的基本要点是：监管模式上，实现微观审慎监管与宏观审慎政策的协调和功能上的一致；监管架构上，在功能调整后的人民银行和赋予微观审慎监管功能的金融监督管理委员会的基础上，构建具有"双峰"形态的监管架构；监管重点从资本监管逐渐调整为资本监管与透明度监管并重；监管方式从传统监管逐步过渡到智能监管与传统监管相结合并渐进以智能监管为主。

关键词： 金融结构　金融风险　金融监管　理论逻辑

Abstract

A country's financial regulatory framework and regulatory focus are closely related to the characteristics of the country's financial pattern, financial structure and financial risk. The logic of financial regulation reform is the gradual as well as the tendency of the financial structure adjustment and the resulting great changes in the financial risks. Nowadays, the change of the financial structure leads to a significant change in the source of the financial risk, and accordingly, the nature and structure of financial risk will also be significantly changed. The basic points of reform of financial regulation in China are: Firstly, in the regulatory pattern, to realize the functional coordination and unification of micro-prudential supervision and macro-prudential policy. Secondly, in the regulatory framework, based on adjusting the function of the People's Bank of China and giving the micro-prudential supervision function to "the FRC" (Financial Regulatory Commission), to establish the "twin peaks regulation" system. Thirdly, in the regulatory focus, to focuses on both the capital regulation and the transparency regulation. Fourthly, in the regulatory approach, to lay emphasis on the integration of the traditional regulatory and the intelligent supervision, and gradually pay more attention to the intelligent supervision.

Key words: Financial structure; Financial risk; Financial regulation; The theory of logical

　　一国金融监管架构和监管重点虽与该国文化、传统、法律有密切关系，但更与其金融模式和金融结构有着直接的关联。不同的金融结构衍生出不同的金融风险，也孕育着不同的金融模式。一国金融结构的形成及其裂变过程，除金融文化有潜移默化的影响外，则主要由经济发展阶段和居民收入水平等经济因素决定。金融监管的核心要义是阻碍风险，收缩风险的传递效应，防止风险外部性泛滥，使风险能得以收敛，以维护金融市场和金融体系的稳定和有效。

　　中国金融体系和金融结构似乎正处在一个敏感变革期。这种变革的力量既来自实体经济需求，也来自国际化外部竞争压力。内部需求和外部压力推动金融创新，推动金融结构的升级和金融功能的完善，进而推进中国金融监管架构的变革和完善。

一、中国金融结构变动趋势

中国近 20 年乃至未来金融结构已经或正在发生什么样的变化？本文试图从三个方面来观测这种变化，时间跨度 20 余年，即大体从 1995 年到 2016 年。

（一）中国经济货币金融环境的变化

一国金融结构的变化，与该国经济的货币金融环境有密切关系。一般来说，经济的货币金融环境，是该国金融结构变化的基础。进入 21 世纪以来，中国经济的货币金融环境有了重大变化。这里主要从中国经济的货币化率（M_2/GDP）、金融化率（F/GDP）和证券化率（S/GDP，S1/GDP）等指标加以观测。

从表 1、表 2 和表 3 可以看到，M_2 和金融资产增长速度要快于 GDP 增长速度，平均每年分别高于 GDP 增长 7.67 个百分点和 10.95 个百分点。2000年经济货币化率为（M_2/GDP）1.3423，2010 年为 1.7574，2015 年又上升到 2.0310，2016 年则为 2.0831，表现为稳定的上升趋势；2000 年金融化率（F/GDP）为 2.0864，2010 年为 2.9010，2015 年上升到 3.5142，2016 年则为 3.6302，经济金融化率中间虽略有波动，但总体呈上升趋势，中间的波动与股票市场的波动有一定关系。经济证券化率（S/GDP，S1/GDP）虽表现出明显的不确定性，但隐约仍然呈缓慢上升的趋势。经济证券化率这种不确定性主要由股市的波动性决定。

表 1   1995—2016 年中国经济货币化率（M_2/GDP）变动情况

年份	GDP		M_2		经济货币化率
	规模（亿元）	增长率（%）	规模（亿元）	增长率（%）	（M_2/GDP）
1995	61 339.90	11.00	60 750.50	29.5	0.9904
1996	71 813.60	9.90	76 094.90	25.3	1.0596
1997	79 715.00	9.20	90 995.30	17.3	1.1415
1998	85 195.50	7.80	104 498.50	14.8	1.2266

续表

年份	GDP		M₂		经济货币化率
	规模（亿元）	增长率（%）	规模（亿元）	增长率（%）	（M₂/GDP）
1999	90 564.40	7.70	119 897.90	14.7	1.3239
2000	100 280.10	8.50	134 610.30	12.3	1.3423
2001	110 863.10	8.30	158 301.90	14.4	1.4279
2002	121 717.40	9.10	185 006.97	16.8	1.5200
2003	137 422.00	10.00	221 222.80	19.6	1.6098
2004	161 840.20	10.10	254 107.70	14.7	1.5701
2005	187 318.90	11.40	298 755.70	17.6	1.5949
2006	219 438.50	12.70	345 577.90	16.9	1.5748
2007	270 232.30	14.20	403 442.21	16.7	1.4929
2008	319 515.50	9.70	475 166.60	17.8	1.4871
2009	349 081.40	9.40	610 224.50	28.5	1.7481
2010	413 030.30	10.60	725 851.80	19.7	1.7574
2011	489 300.60	9.50	851 590.90	13.6	1.7404
2012	540 367.40	7.90	974 148.80	13.8	1.8028
2013	595 244.40	7.80	1 106 524.98	13.6	1.8589
2014	643 974.00	7.30	1 228 374.81	12.2	1.9075
2015	685 505.80	6.90	1 392 278.11	13.3	2.0310
2016	744 127.20	6.70	1 550 066.67	11.3	2.0831

资料来源：国家统计局、Wind 资讯。

表 2　　1995—2016 年中国经济金融化率（F/GDP）变动情况

年份	金融总资产 F（亿元）	GDP（亿元）	经济金融化率（F/GDP）
1995	68 727.28	61 339.90	1.1204
1996	93 767.93	71 813.60	1.3057
1997	120 286.25	79 715.00	1.5090
1998	142 315.94	85 195.50	1.6705
1999	168 799.46	90 564.40	1.8639
2000	209 219.70	100 280.10	2.0864
2001	232 202.06	110 863.10	2.0945
2002	260 366.13	121 717.40	2.1391
2003	311 985.06	137 422.00	2.2703

续表

年份	金融总资产 F （亿元）	GDP （亿元）	经济金融化率 （F/GDP）
2004	351 715.57	161 840.20	2.1732
2005	411 034.77	187 318.90	2.1943
2006	533 296.70	219 438.50	2.4303
2007	859 298.57	270 232.30	3.1799
2008	753 660.11	319 515.50	2.3588
2009	1 035 299.25	349 081.40	2.9658
2010	1 198 184.73	413 030.30	2.9010
2011	1 290 667.77	489 300.60	2.6378
2012	1 467 401.49	540 367.40	2.7156
2013	1 645 765.88	595 244.40	2.7649
2014	1 960 968.40	643 974.00	3.0451
2015	2 408 973.71	685 505.80	3.5142
2016	2 701 330.23	744 127.20	3.6302

注: 此处金融总资产 $F=M_2+$ 股票市值 + 债券余额; 债券余额为 Wind 债券分类下的债券余额, 下同。
资料来源: 国家统计局、Wind 资讯。

表3　1995—2016 年中国经济证券化率（S/GDP）变动情况　单位: 亿元人民币

年份	股票 S1		债券余额 S2 （3）	证券化金融资产* S=S1+S2 （4）	GDP （5）	狭义证券 化率 S1/GDP （2）/（5）	广义证券 化率 S/GDP （4）/（5）
	流通市值 （1）	总市值 （2）					
1995	938.22	3 474.28	4 502.50	7 976.78	61 339.90	0.0566	0.1300
1996	2 867.03	9 842.39	7 830.64	17 673.03	71 813.60	0.1371	0.2461
1997	5 204.42	17 529.24	11 761.71	29 290.95	79 715.00	0.2199	0.3674
1998	5 745.59	19 521.81	18 295.63	37 817.44	85 195.50	0.2291	0.4439
1999	8 213.97	26 471.18	22 430.38	48 901.56	90 564.40	0.2923	0.5400
2000	16 087.52	48 090.94	26 518.46	74 609.40	100 280.10	0.4796	0.7440
2001	14 463.17	43 522.20	30 377.96	73 900.16	110 863.10	0.3926	0.6666
2002	12 484.56	38 329.13	37 030.03	75 359.16	121 717.40	0.3149	0.6191
2003	13 178.52	42 457.72	48 304.54	90 762.26	137 422.00	0.3090	0.6605

续表

年份	股票 S1		债券余额 S2（3）	证券化金融资产*S=S1+S2（4）	GDP（5）	狭义证券化率S1/GDP（2）/（5）	广义证券化率S/GDP（4）/（5）
	流通市值（1）	总市值（2）					
2004	11 688.64	37 055.57	60 552.30	97 607.87	161 840.20	0.2290	0.6031
2005	10 630.52	32 430.28	79 848.79	112 279.07	187 318.90	0.1731	0.5994
2006	25 003.64	89 403.89	98 314.91	187 718.80	219 438.50	0.4074	0.8555
2007	93 064.35	327 141.00	128 715.36	455 856.36	270 232.30	1.2106	1.6869
2008	45 213.90	121 366.43	157 127.08	278 493.51	319 515.50	0.3798	0.8716
2009	151 258.65	243 939.12	181 135.63	425 074.75	349 081.40	0.6988	1.2177
2010	193 110.41	265 422.59	206 910.34	472 332.93	413 030.30	0.6426	1.1436
2011	164 921.30	214 758.10	224 318.77	439 076.87	489 300.60	0.4389	0.8974
2012	181 658.26	230 357.62	262 895.07	493 252.69	540 367.40	0.4263	0.9128
2013	199 579.54	239 077.19	300 163.71	539 240.90	595 244.40	0.4016	0.9059
2014	315 624.31	372 546.96	360 046.63	732 593.59	643 974.00	0.5785	1.1376
2015	417 925.40	531 304.20	485 391.40	1 016 695.6	685 505.80	0.7751	1.4831
2016	393 266.27	508 245.11	643 018.45	1 151 263.56	744 127.20	0.6830	1.5471

注：“＊”处证券化金融资产不包括基金。

资料来源：国家统计局、Wind 资讯。

（二）全社会金融资产结构的变化

金融资产有不同的分类。基于不同的分类和分析目的，金融资产的计算口径和方法亦不同，统计出的结果也有很大差别。这里，我们主要从两个角度来分析中国金融资产结构的变化：一是金融资产的属性（货币属性和资产属性）和流动性差异角度，即从货币的层次，M_0、M_1、M_2 和证券化金融资产角度来分类金融资产，以观察其内部的结构变化。二是通过对商业银行的信贷资产和证券化金融资产的比较，来观测金融资产结构的变动。

表 4 和表 5 表示的是 1995—2016 年 20 年间金融资产结构中，货币资产与证券化金融资产的规模扩张、增长情况及其结构变化。这里，除广义货币 M_2 外，S 表示证券化金融资产，S1 和 S2 分别表示股票和债券，S=S1+S2；MS 表示 M_2+S 口径意义上的金融总资产。

表 4 　　　　　　　1995—2016 年中国金融资产分类变动（Ⅰ）

（基于货币资产与证券化金融资产的比较）

年份	M₂		证券化金融资产 S （S=S1+S2）						MS （M₂+S）	
			股票市值（S1）		债券余额（S2）		证券化金融资产 S			
	规模 （亿元）	增长率 （%）	市值 （亿元）	增长率 （%）	规模 （亿元）	增长率 （%）	总规模 （亿元）	增长率 （%）	规模 （亿元）	增长率 （%）
1995	60 750.50	29.5	3 474.28	-5.86	4 502.50	72.16	7 976.78	26.50	68 727.28	29.12
1996	76 094.90	25.3	9 842.39	183.29	7 830.64	73.92	17 673.03	121.56	93 767.93	36.43
1997	90 995.30	17.3	17 529.24	78.10	11 761.71	50.20	29 290.95	65.74	120 286.25	28.28
1998	104 498.50	14.8	19 521.81	11.37	18 295.63	55.55	37 817.44	29.11	142 315.94	18.31
1999	119 897.90	14.7	26 471.18	35.60	22 430.38	22.60	48 901.56	29.31	168 799.46	18.61
2000	134 610.30	12.3	48 090.94	81.67	26 518.46	18.23	74 609.40	52.57	209 219.70	23.95
2001	158 301.90	14.4	43 522.20	-9.50	30 377.96	14.55	73 900.16	-0.95	232 202.06	10.98
2002	185 006.97	16.8	38 329.13	-11.93	37 030.03	21.90	75 359.16	1.97	260 366.13	12.13
2003	221 222.80	19.6	42 457.72	10.77	48 304.54	30.45	90 762.26	20.44	311 985.06	19.83
2004	254 107.70	14.7	37 055.57	-12.72	60 552.30	25.36	97 607.87	7.54	351 715.57	12.73
2005	298 755.70	17.6	32 430.28	-12.48	79 848.79	31.87	112 279.07	15.03	411 034.77	16.87
2006	345 577.90	16.9	89 403.89	175.68	98 314.91	23.13	187 718.80	67.19	533 296.70	29.74
2007	403 442.21	16.7	327 141.00	265.91	128 715.36	30.92	455 856.36	142.84	859 298.57	61.13
2008	475 166.60	17.8	121 366.43	-62.90	157 127.08	22.07	278 493.51	-38.91	753 660.11	-12.29
2009	610 224.50	28.5	243 939.12	100.99	181 135.63	15.28	425 074.75	52.63	1 035 299.25	37.37
2010	725 851.80	19.7	265 422.59	8.81	206 910.34	14.23	472 332.93	11.12	1 198 184.73	15.73
2011	851 590.90	13.6	214 758.10	-19.09	224 318.77	8.41	439 076.87	-7.04	1 290 667.77	7.72
2012	974 148.80	13.8	230 357.62	7.26	262 895.07	17.20	493 252.69	12.34	1 467 401.49	13.69
2013	1 106 524.98	13.6	239 077.19	3.79	300 163.71	14.18	539 240.90	9.32	1 645 765.88	12.16
2014	1 228 374.81	12.2	372 546.96	55.83	360 046.63	19.95	732 593.59	35.86	1 960 968.40	19.15
2015	1 392 278.11	13.3	531 304.20	42.61	485 391.40	34.81	1 016 695.60	38.78	2 408 973.71	22.85
2016	1 550 066.67	11.3	508 245.11	-4.34	643 018.45	32.47	1 151 263.56	13.24	2 701 330.23	12.14

注：（1）2011 年 10 月起，货币供应量 M₂ 已包括住房公积金中心存款和非存款类金融机构在存款类金融机构的存款；

（2）MS 是从流动性差异的角度和持有主体（居民部门、企业部门、政府部门以及海外部门）持有商业银行和资本市场证券化金融资产（不包括基金）的全部金融资产，但不包括四部门持有主体持有的非银行金融机构的金融资产；

（3）此表略去了 M₀、M₁ 的变化。

资料来源：国家统计局、Wind 资讯、《中国统计年鉴（2016）》。

表5 1995—2016 年中国金融资产分类变动（Ⅰ）
（基于货币资产与证券化金融资产的比较）

年份	S1/S	M₂/S	M₂/MS	S/MS
1995	0.4355	7.6159	0.8839	0.1161
1996	0.5569	4.3057	0.8115	0.1885
1997	0.5985	3.1066	0.7565	0.2435
1998	0.5162	2.7632	0.7343	0.2657
1999	0.5413	2.4518	0.7103	0.2897
2000	0.6446	1.8042	0.6434	0.3566
2001	0.5889	2.1421	0.6817	0.3183
2002	0.5086	2.4550	0.7106	0.2894
2003	0.4678	2.4374	0.7091	0.2909
2004	0.3796	2.6034	0.7225	0.2775
2005	0.2888	2.6608	0.7268	0.2732
2006	0.4763	1.8409	0.6480	0.3520
2007	0.7176	0.8850	0.4695	0.5305
2008	0.4358	1.7062	0.6305	0.3695
2009	0.5739	1.4356	0.5894	0.4106
2010	0.5619	1.5367	0.6058	0.3942
2011	0.4891	1.9395	0.6598	0.3402
2012	0.4670	1.9749	0.6639	0.3361
2013	0.4434	2.0520	0.6723	0.3277
2014	0.5085	1.6767	0.6264	0.3736
2015	0.5226	1.3694	0.5780	0.4220
2016	0.4415	1.3464	0.5738	0.4262

从表4和表5的数据变动趋势，可观测到以下变化：

（1）M₂ 以较快速度增长，除少数年份（如1995年、1996年、2008年）增长速度超过20%，多数年份在16%左右波动，2011年增速开始下落到13%左右，且相对平稳。与此同时，证券化金融资产（S）则呈现跳跃式扩张，波动幅度很大，这主要是由股票（S1）市场的巨大波动所致。

（2）从内部结构和比例看，证券化金融资产的比例（S/MS）其间虽有剧烈波动，但总体上开始呈现出上升趋势。

（3）在证券化金融资产中，股票（S1）市值占比（S1/S）亦在波动中呈上升趋势。

表6和表7是从银行信贷资产与证券化金融资产的分类角度，对中国金融资产规模增长及其结构变化所作的统计和分析，实际上是对所谓直接融资与间接融资存量结果的比较，从研究金融资产结构变动的角度看，这种分析比流量意义上的比较分析要科学而准确。

表6　　　　　1995—2016年中国金融资产分类变动（Ⅱ）
（基于银行信贷资产与证券化金融资产的比较）

年份	银行信贷资产C（金融机构各项贷款余额）		证券化金融资产S（S=S1+S2）						CS（C+S）	
			股票市值（S1）		债券余额（S2）		S			
	规模（亿元）	增长率（%）	市值（亿元）	增长率（%）	规模（亿元）	增长率（%）	总规模（亿元）	增长率（%）	规模（亿元）	增长率（%）
1995	50 544.10	26.44	3 474.28	−5.86	4 502.50	72.16	7 976.78	26.50	58 520.88	26.44
1996	61 156.60	21.00	9 842.39	183.29	7 830.64	73.92	17 673.03	121.56	78 829.63	34.70
1997	74 914.10	22.50	17 529.24	78.10	11 761.71	50.20	29 290.95	65.74	104 205.05	32.19
1998	86 524.10	15.50	19 521.81	11.37	18 295.63	55.55	37 817.44	29.11	124 341.54	19.32
1999	93 734.30	8.33	26 471.18	35.60	22 430.38	22.60	48 901.56	29.31	142 635.86	14.71
2000	99 371.07	6.01	48 090.94	81.67	26 518.46	18.23	74 609.40	52.57	173 980.47	21.98
2001	112 314.70	13.03	43 522.20	−9.50	30 377.96	14.55	73 900.16	−0.95	186 214.86	7.03
2002	131 293.93	16.90	38 329.13	−11.93	37 030.03	21.90	75 359.16	1.97	206 653.09	10.98
2003	158 996.23	21.10	42 457.72	10.77	48 304.54	30.45	90 762.26	20.44	249 758.49	20.86
2004	177 363.49	11.51	37 055.57	−12.72	60 552.30	25.36	97 607.87	7.54	274 971.36	10.09
2005	194 690.39	9.77	32 430.28	−12.48	79 848.79	31.87	112 279.07	15.03	306 969.46	11.64
2006	225 285.28	15.71	89 403.89	175.68	98 314.91	23.13	187 718.80	67.19	413 004.08	34.54
2007	261 690.88	16.16	327 141.00	265.91	128 715.36	30.92	455 856.36	142.84	717 547.24	73.74
2008	303 394.64	15.94	121 366.43	−62.90	157 127.08	22.07	278 493.51	−38.91	581 888.15	−18.91
2009	399 684.82	31.74	243 939.12	100.99	181 135.63	15.28	425 074.75	52.63	824 759.57	41.74
2010	479 195.55	19.89	265 422.59	8.81	206 910.34	14.23	472 332.93	11.12	951 528.48	15.37
2011	547 946.69	14.35	214 758.10	−19.09	224 318.77	8.41	439 076.87	−7.04	987 023.56	3.73
2012	629 909.64	14.96	230 357.62	7.26	262 895.07	17.20	493 252.69	12.34	1 123 162.33	13.79
2013	718 961.46	14.14	239 077.19	3.79	300 163.71	14.18	539 240.90	9.32	12 582 02.36	12.02

续表

年份	银行信贷资产 C（金融机构各项贷款余额）		证券化金融资产 S（S=S1+S2）						CS（C+S）	
	规模（亿元）	增长率（%）	股票市值（S1）		债券余额（S2）		S		规模（亿元）	增长率（%）
			市值（亿元）	增长率（%）	规模（亿元）	增长率（%）	总规模（亿元）	增长率（%）		
2014	816 770.01	13.60	372 546.96	55.83	360 046.63	19.95	732 593.59	35.86	1 549 363.6	23.14
2015	939 540.16	14.03	531 304.20	42.61	485 391.40	34.81	1 016 695.60	38.78	1 956 235.76	26.26
2016	1 066 040.06	13.50	508 245.11	-4.34	643 018.45	32.47	1 151 263.56	13.24	2 217 303.62	13.35

资料来源：国家统计局、Wind 资讯。

表 7　　　1995—2016 年中国金融资产分类变动（Ⅱ）

（基于银行信贷资产与证券化金融资产的比较）

年份	C/CS	S/CS	S/C	S1/C	S1/S	S1/CS
1995	0.8637	0.1363	0.1578	0.0687	0.4355	0.0594
1996	0.7758	0.2242	0.2890	0.1609	0.5569	0.1249
1997	0.7189	0.2811	0.3910	0.2340	0.5985	0.1682
1998	0.6959	0.3041	0.4371	0.2256	0.5162	0.1570
1999	0.6572	0.3428	0.5217	0.2824	0.5413	0.1856
2000	0.5712	0.4288	0.7508	0.4840	0.6446	0.2764
2001	0.6031	0.3969	0.6580	0.3875	0.5889	0.2337
2002	0.6353	0.3647	0.5740	0.2919	0.5086	0.1855
2003	0.6366	0.3634	0.5708	0.2670	0.4678	0.1700
2004	0.6450	0.3550	0.5503	0.2089	0.3796	0.1348
2005	0.6342	0.3658	0.5767	0.1666	0.2888	0.1056
2006	0.5455	0.4545	0.8332	0.3968	0.4763	0.2165
2007	0.3647	0.6353	1.7420	1.2501	0.7176	0.4559
2008	0.5214	0.4786	0.9179	0.4000	0.4358	0.2086
2009	0.4846	0.5154	1.0635	0.6103	0.5739	0.2958
2010	0.5036	0.4964	0.9857	0.5539	0.5619	0.2789
2011	0.5552	0.4448	0.8013	0.3919	0.4891	0.2176
2012	0.5608	0.4392	0.7831	0.3657	0.4670	0.2051
2013	0.5714	0.4286	0.7500	0.3325	0.4434	0.1900
2014	0.5272	0.4728	0.8969	0.4561	0.5085	0.2405
2015	0.4803	0.5197	1.0821	0.5655	0.5226	0.2716
2016	0.4808	0.5192	1.0799	0.4768	0.4415	0.2292

从表 6 和表 7 的历史数据，可观测到以下变化：

（1）与证券化金融资产（S）的快速扩张且波动大（主要是股票市值的巨大波动所致）相比较，银行信贷资产（C）的增长速度平均要略慢于 S 的扩张速度，且年度之间增长速度亦表现出较大的波动性。其中，有 1 年（2009年）增速超过 30%，有 5 年（1995—1997 年、2003 年、2010 年）增速接近或超过 20%，有 3 年低于 10%（1999 年、2000 年、2005 年），其余年份大都在11%~15% 波动。银行信贷资产的扩张和证券化金融资产的增长具有相似的不稳定性，只不过前者（S）的不稳定性更为明显，这主要源自股票市场的巨大波动。

（2）在 CS（C+S）口径范围的金融资产中，信贷资产占比（C/CS）呈下降趋势，证券化金融资产占比呈上升态势。其中，狭义证券化资产占比（S1/CS）在波动中相对平稳且略有上升。存量意义上的间接融资与直接融资之比正在悄然地发生变化。

3. 居民部门持有金融资产的结构变化

居民部门持有金融资产结构的变化，是观察、分析金融资产结构变动的重要窗口。表 8 是 1995—2014 年居民部门金融资产持有类型、数量和结构的变化，这里居民部门持有的证券化资产新增了证券投资基金份额（S3），居民部门持有的非证券化金融资产表示为 F，合计表示的是 FS 口径下居民部门持有的总金融资产。

表 8 表现了与前述相类似的金融资产结构变动趋势：居民部门持有的证券化金融资产的比例呈上升趋势，持有的非证券化金融资产的比例呈下降趋势，这种变化态势从 2012 年开始加速，2012 年之前 F/FS 占比几乎都在70% 以上，2012 年、2013 年和 2014 年则分别快速下落到 61.44%、57.64% 和54.78%。

表8 1995—2014年居民部门金融资产结构变化*

| 年份 | 证券化金融资产（S） | | | | | | | | 非证券化金融资产（F） | | 总金融资产（FS） | | 证券化、非证券化资产占比（%） | | |
| | 股票（S1） | | 债券（S2） | | 保险准备金（2004年以前）/证券投资基金份额（2004年以后）（S3） | | 总和（S=S1+S2+S3） | | 通货及存款 | | | | | | |
	规模（亿元）	增长率（%）	规模（亿元）	增长率（%）	规模（亿元）	增长率（%）	规模（亿元）	增长率（%）	规模（亿元）	增长率（%）	规模（亿元）	增长率（%）	S/FS	(S1+S2)/FS	F/FS
1995	475	-2.66	2 954.9	25.18	304.3	42.46	3 734.2	21.95	35 970.5	31.52	39 704.7	30.56	9.40	8.64	90.60
1996	1 508	217.47	4 206.3	42.35	431.6	41.83	6 145.9	64.58	45 562.4	26.67	51 708.3	30.23	11.89	11.05	88.11
1997	2 914	93.24	5 987.2	42.34	503.6	16.68	9 404.8	53.03	54 421.6	19.44	63 826.4	23.44	14.73	13.95	85.27
1998	3 679	26.25	7 400.2	23.60	762.4	51.39	11 841.6	25.91	62 400.6	14.66	74 242.2	16.32	15.95	14.92	84.05
1999	4 928.4	33.96	9 702.4	31.11	891.2	16.89	15 522	31.08	70 386.2	12.80	85 908.2	15.71	18.07	17.03	81.93
2000	9 652.5	95.85	12 274.4	26.51	1 003	12.54	22 929.9	47.73	75 373.7	7.09	98 303.6	14.43	23.33	22.31	76.67
2001	8 677.9	-10.10	13 941.6	13.58	1 438	43.37	24 057.5	4.92	85 555.6	13.51	109 613	11.50	21.95	20.64	78.05
2002	7 491	-13.68	15 007.4	7.64	2 298	59.81	24 796.4	3.07	100 733	17.74	125 529	14.52	19.75	17.92	80.25
2003	7 907.4	5.56	18 082.9	20.49	3 030	31.85	29 020.3	17.03	119 415	18.55	148 435	18.25	19.55	17.51	80.45
2004	8 897	—	6 293	—	1 905	—	32 974	—	147 395	—	180 369	—	18.28	8.42	81.72
2005	7 865	-11.60	6 534	3.83	2 449	28.56	38 587	17.02	170 496	15.67	209 083	15.92	18.46	6.89	81.54
2006	17 001	116.16	6 944	6.27	5 618	129.40	57 394	48.74	194 206	13.91	251 600	20.33	22.81	9.52	77.19

续表

年份	证券化金融资产（S）								非证券化金融资产（F）通货及存款		总金融资产（FS）		证券化、非证券化资产占比（%）		
	股票（S1）		债券（S2）		保险准备金（2004年以前）/证券投资基金份额（2004年以后）（S3）		总和（S=S1+S2+S3）								
	规模（亿元）	增长率（%）	规模（亿元）	增长率（%）	规模（亿元）	增长率（%）	规模（亿元）	增长率（%）	规模（亿元）	增长率（%）	规模（亿元）	增长率（%）	S/FS	(S1+S2)/FS	F/FS
2007	51 604	203.54	6 707	-3.41	29 716	428.94	128 444	123.79	207 051	6.61	335 495	33.34	38.28	17.38	61.72
2008	20 157	-60.94	4 981	-25.73	17 011	-42.75	85 770	-33.22	257 100	24.17	342 870	2.20	25.02	7.33	74.98
2009	47 374	135.03	2 623	-47.34	8 383	-50.72	110 237	28.53	300 632	16.93	410 869	19.83	26.83	12.17	73.17
2010	56 477	19.22	2 692	2.63	7 346	-12.37	141 499	28.36	353 333	17.53	494 832	20.44	28.60	11.96	71.40
2011	59 755	5.80	1 898	-29.49	7 952	8.25	172 050	21.59	405 984	14.90	578 034	16.81	29.76	10.67	70.24
2012	61 619	3.12	4 527	138.51	11 049	38.95	293 806	70.77	468 158	15.31	761 964	31.82	38.56	8.68	61.44
2013	55 800	-9.44	4 876	7.71	9 753	-11.73	365 091	24.26	496 762	6.11	861 853	13.11	42.36	7.04	57.64
2014	79 000	41.58	5 579	14.42	9 214	-5.53	466 704	27.83	565 298	13.80	1 032 002	19.74	45.22	8.20	54.78

注：*与前述图表相比，从口径上看，表8中的证券化金融资产加上了保险准备金/证券投资基金。2004年以后的证券化金融资产总和并包括股票、债券、证券投资基金份额、证券公司客户保证金、保险准备金、金融机构理财产品、结算资金、其他金融资产。与前述各表数据口径略有差异。2004年以后数据来源于"李翔．居民金融资产与经济增长关联性分析［J］．消费导刊，2010（4）"；2004年以后的数据来源于2004—2014年国家资产负债表（社科院版）。

综上研究，关于中国金融结构变动趋势可以得出如下若干分析性结论：

（1）中国经济的金融化的程度在不断提高，其显著指标就是，中国经济货币化率（M_2/GDP）中，金融化率（F/GDP）和证券化率（S/GDP，S1/GDP）均呈上升趋势。

（2）无论从何种口径计算，证券化金融资产在金融总资产中的比列都呈上升趋势，在证券化金融资产中，权益类证券（股票 S1）市值占比（S1/S）表现为波动中上升的趋势。

（3）从居民部门持有的金融资产看，持有的证券化金融资产的比例呈上升趋势，持有的非证券化金融资产的比例呈下降趋势。从 2012 年开始，这种下降趋势有加速的迹象。

（4）中国金融体系正进入结构性变革的时期。

二、中国金融风险结构变动特征

中国金融结构所展现出的证券化金融资产或具有财富管理功能的金融资产的占比呈不断上升的趋势，正在深刻地改变着中国金融风险的来源和特点，风险权重亦即发生重要变化。

（一）金融体系中的两类基础性风险

人们一般将金融风险分为信用风险、市场风险、流动性风险和操作风险等类型，信用风险的核心是偿付能力，市场风险则直接来源于价格波动，流动性风险主要表现为现金偿债能力，操作风险则主要由交易系统缺陷、技术能力不足和管理失范引起。这种对风险的划分，是一种微观视角。从宏观或从金融体系角度看，无论哪种类型的风险，如果没有出现风险溢出和外部感染，那么，这种风险就只是金融机构或投资人自身的一种损益。

当这种损益或损失越过了一定范围，损益的风险外部性才会表现出来。这种情况在商业银行经营活动中表现得十分明显。商业银行阻止风险外溢最基础、最核心的工具，就是资本充足率，减弱风险的工具主要是收缩货币创造功能的存款准备金制度。对商业银行来说，最基础的风险源自资本不足。所以，资本不足风险，是一种基础型的金融风险。在传统金融体系中，这类风险是最重要的风险。

金融的脱媒催生并推动了金融市场特别是资本市场的发展，金融脱媒的结果是风险绕开资本，或者不表现为资本不足风险。这时的金融产品表现的是一种信用集合，交易者或投资者的交易行为基于对信息的判断而进行，这时，信息是否充分而透明，决定了风险存在和大小。这就是为什么透明度是资本市场存在和发展的基础原因。所以，与资本不足风险并存而生的一种风险就是透明度风险。实质上，在现代金融体系中，资本不足风险与透明度风险是来源不同、性质各异的两类基础风险。随着金融结构也就是金融资产结构的变化，这两类基础风险的权重和结构会发生相应的变化。

（二）从商业银行资产结构的变化看风险结构的变化

随着金融市场化改革和金融的不断创新，商业银行的资产结构正在发生重大变化。这种变化在银行表内、表外业务变化中得到印证。作者目前还没有找到中国商业银行关于表内外业务结构整体变化的长期的连续数据[①]，但是，从中国工商银行、招商银行、北京银行这三个不同类型的、具有样本意义的商业银行的表内外业务的变化中，可观测到结构变动的趋势。

表9、表10和表11分别展现的是中国工商银行（代表国有控股的大型商业银行）、招商银行（代表股份制商业银行）和北京银行（代表城市商业银行）三类具有代表性商业银行的表内、表外业务的结构变化，以此可以观测商业银行表内外资产结构的变动趋势。

表9 2005—2016年中国工商银行（表内和表外）资产结构变化

年份	表内资产（1）		表外资产（2）		表内与表外资产总和（3）		表内资产占比（％）	表外资产占比（％）
	规模（百万元）	增长率（％）	规模（百万元）	增长率（％）	规模（百万元）	增长率（％）	（1）/（3）	（2）/（3）
2005	6 457 239	—	795 098	—	7 252 337	—	89.04	10.96
2006	7 509 118	16.29	1 124 678	41.45	8 633 796	19.05	86.97	13.03

[①] 作者收集了人民银行近几年发布的金融稳定报告所披露的相关数据：2013—2015年商业银行表内资产与表外资产的比例分别是1∶0.3576、1∶0.4087、1∶0.4241。表外资产增长速度明显快于表内资产的增长速度。

续表

年份	表内资产（1）		表外资产（2）		表内与表外资产总和（3）		表内资产占比（%）	表外资产占比（%）
	规模（百万元）	增长率（%）	规模（百万元）	增长率（%）	规模（百万元）	增长率（%）	（1）/（3）	（2）/（3）
2007	8 684 288	15.65	1 623 342	44.34	10 307 630	19.39	84.25	15.75
2008	9 757 654	12.36	1 627 399	0.25	11 385 053	10.45	85.71	14.29
2009	11 785 053	20.78	1 984 986	21.97	13 770 039	20.95	85.58	14.42
2010	13 458 622	14.20	2 893 580	45.77	16 352 202	18.75	82.30	17.70
2011	15 476 868	15.00	3 452 733	19.32	18 929 601	15.76	81.76	18.24
2012	17 542 217	13.34	3 855 087	11.65	21 397 304	13.04	81.98	18.02
2013	18 917 752	7.84	4 644 406	20.47	23 562 158	10.12	80.29	19.71
2014	20 609 953	8.95	4 871 691	4.89	25 481 644	8.15	80.88	19.12
2015	22 209 780	7.76	8 179 588	67.90	30 389 368	19.26	73.08	26.92
2016	24 137 265	8.68	8 840 731	8.08	32 977 996	8.52	73.19	26.81

注：表外资产指商业银行从事的不列入资产负债表，但能影响银行损益的资产。狭义的表外资产是指虽未列入资产负债表，但形成银行的或有资产，并可能转入表内的资产，主要包括担保、承诺、金融衍生工具三类。此处按照狭义的表外资产的口径与定义进行讨论，包括信贷承诺类表外资产与衍生工具类表外资产（蒋清海，李佳.西方商业银行表外资产发展特点［J］.国际金融，2013（8）：14-17）。表10和表11同此。

资料来源：中国工商银行各年年报。

表10   2001—2016年招商银行（表内和表外）资产结构变化

年份	表内资产（1）		表外资产（2）		表内与表外资产总和（3）		表内资产占比（%）	表外资产占比（%）
	规模（百万元）	增长率（%）	规模（百万元）	增长率（%）	规模（百万元）	增长率（%）	（1）/（3）	（2）/（3）
2001	266 331	—	29 162	—	295 493	—	90.13	9.87
2002	371 660	39.55	51 963	78.19	423 623	43.36	87.73	12.27
2003	503 893	35.58	93 086	79.14	596 979	40.92	84.41	15.59
2004	586 574	16.41	154 287	65.75	740 861	24.10	79.17	20.83
2005	734 612	25.24	221 901	43.82	956 513	29.11	76.80	23.20
2006	934 102	27.16	361 985	63.13	1 296 087	35.50	72.07	27.93
2007	1 310 552	40.30	545 005	50.56	1 855 557	43.17	70.63	29.37
2008	1 571 797	19.93	542 337	-0.49	2 114 134	13.94	74.35	25.65
2009	2 067 941	31.57	772 539	42.45	2 840 480	34.36	72.80	27.20

续表

年份	表内资产（1）		表外资产（2）		表内与表外资产总和（3）		表内资产占比（%）	表外资产占比（%）
	规模（百万元）	增长率（%）	规模（百万元）	增长率（%）	规模（百万元）	增长率（%）	（1）/（3）	（2）/（3）
2010	2 402 507	16.18	896 720	16.07	3 299 227	16.15	72.82	27.18
2011	2 794 971	16.34	896 105	−0.07	3 691 076	11.88	75.72	24.28
2012	3 408 099	21.94	1 009 670	12.67	4 417 769	19.69	77.15	22.85
2013	4 016 399	17.85	1 657 326	64.15	5 673 725	28.43	70.79	29.21
2014	4 731 829	17.81	2 607 213	57.31	7 339 042	29.35	64.47	35.53
2015	5 474 978	15.71	3 507 786	34.54	8 982 764	22.40	60.95	39.05
2016	5 942 311	8.54	3 834 998	9.33	9 777 309	8.85	60.78	39.22

资料来源：招商银行各年年报。

表 11　　　　2006—2015 年北京银行（表内和表外）资产结构变化

年份	表内资产（1）		表外资产（2）		表内与表外资产总和（3）		表内资产占比（%）	表外资产占比（%）
	规模（百万元）	增长率（%）	规模（百万元）	增长率（%）	规模（百万元）	增长率（%）	（1）/（3）	（2）/（3）
2006	272 969	—	22 105	—	295 074	—	92.51	7.49
2007	354 223	29.77	26 828	21.37	381 051	29.14	92.96	7.04
2008	417 021	17.73	29 015	8.15	446 036	17.05	93.49	6.51
2009	533 469	27.92	53 355	83.89	586 824	31.56	90.91	9.09
2010	733 211	37.44	86 856	62.79	820 067	39.75	89.41	10.59
2011	956 499	30.45	105 498	21.46	1 061 997	29.50	90.07	9.93
2012	1 119 969	17.09	171 464	62.53	1 291 433	21.60	86.72	13.28
2013	1 336 764	19.36	202 457	18.08	1 539 221	19.19	86.85	13.15
2014	1 524 437	14.04	257 677	27.27	1 782 114	15.78	85.54	14.46
2015	1 844 909	21.02	330 432	28.23	2 175 341	22.07	84.81	15.19

注：截至投稿日，北京银行尚未公布其 2016 年年度报告。

资料来源：北京银行各年年报。

从表 9 至表 11 数据变化趋势中，可以得到如下判断：

（1）绕开资本监管，节约资本而发展非资本型业务是商业银行业务创新的重点。

（2）相较于表内业务，表外业务的扩张速度有加快趋势，比例逐年上升，商业银行业务结构性变革已经开始。

（3）商业银行传统的相对单一的资本不足型风险已经发生了结构性变化，透明度不足风险已经形成。风险的结构性变化，对商业银行风险管理带来了挑战。

（三）从证券化金融资产的变动观测风险结构的变化

从银行表内→银行表外→债券→股票→……是一个基础风险逐步变化的过程，是一个由传统金融资本不足风险到现代金融市场透明度风险的转型过程。这种风险结构的变化，推动了金融功能的升级和调整，是金融脱媒的产物，是传统金融迈向现代金融的重要标志。

在债券和股票这两类标准的证券化金融资产中，风险的来源和形式以及引发风险的影响因素有重大差异。债券风险主要来源于信用或者偿债能力，也间接来源于发行主体的信息披露或透明度。受到一定区间约束的价格波动是债券风险的日常表现形式。债券风险主要由利率、其他金融资产收益率和信用评级等因素决定。与债券不同，股票风险则与发行主体的信用评级没有必然联系，而与信息披露和市场透明度有直接关联。股票风险虽然也表现为价格波动，但这种价格通常没有一个既定的区间，波动幅度会明显大于债券。股票价格的波动虽与利率、汇率等因素有关，但其基础性的影响因素则来自市场对公司的预期，这种预期既包括盈利预期，也包括非盈利预期。

从广义上说，无论是股票发行主体上市公司的信息披露，还是债券发行和债券定价的前置条件的信用评级，其实质都可归属于市场透明度的范畴，其信息内容既要客观、系统，信息发布又要公开、及时而完整，信息的接收载体是社会公众而不是特定个体。正是从这个意义上说，证券化金融资产或者说资本市场的基础风险来源于透明度不足，是一种典型的透明度风险。有研究表明，中国金融资产结构正在发生一些重要变化。证券化金融资产占比渐进提升的趋势已逐步形成，股票市值在金融资产中的比例也在缓慢上升。基于债券、股票等证券化金融资产的基础风险特征和金融资产结构的这种变化，可以得出中国金融体系中来自透明度的风险在上升，来自传统的资本不足的风险虽然仍然巨大并在迅速增加，但风险权重下降应是一个基本趋势。

（四）新金融业态的风险特征

新金融业态指的是互联网金融。互联网金融在中国正处在快速发展和规范整顿并重时期。互联网金融的发展对中国金融结构和金融风险的改变会产生重要影响。除网络货币外，互联网金融主要包括三部分业务形态：（1）第三方支付；（2）网上融资；（3）网上投资。其中，第三方支付又是互联网金融的标志和核心。互联网金融的风险有其特殊性。

从对互联网金融风险已有的研究中，[①] 可以得出如下初步结论：一是互联网金融本质上仍是金融，其不同业态所隐含的风险与现有商业银行和资本市场等隐含的风险类似；二是互联网金融是一种基于"二次脱媒"后的新金融业态，其风险源发生了某种转型或变异，导致风险类型更加复合。

具体而言，互联网金融中第三方支付的技术风险更加敏感，脉冲式风险更加突出；网上贷款和与此对应的网上投资的信用风险同时叠加了透明度风险，或者说这种信用风险的生成源是透明度风险。敏感度很高的技术风险和作为风险生成源的透明度风险，可能是互联网金融中最值得关注的风险。

可以看出，除第三方支付中的技术风险、脉冲风险或流动性风险外，互联网金融最重要的风险仍然来自透明度风险。

上述分析得出的基本结论是：中国金融体系中，资本不足风险虽然仍是两大基础性金融风险之一，但其风险权重正在下降。与此相对应，透明度风险的权重则在逐步上升，中国金融结构已经进入一个资本不足风险与透明度风险并重的时代。

三、中国现行金融监管的功能特征

（一）资本监管：中国现行金融监管亦即中国银行业监管的基石和重点

中国金融监管架构从 1983 年中国人民银行被正式明确定位于中国的中

---

① 关于互联网金融风险的分析，主要引自，吴晓求，等.互联网金融——逻辑与结构[M].北京：中国人民大学出版社，2015：13-14.

央银行起开始逐步形成，1992年中国证监会成立，1998年中国保监会成立，2003年中国银监会成立，至此"一行三会"扁平化式的中国金融监管架构已经形成，并沿袭至今，遵循"分业经营、分业监管"的监管模式。由于中国银行业金融资产的占比长期以来都在80%以上，在中国金融体系中具有决定性影响，所以，中国金融监管模式深刻地打上了银行业监管的烙印和理念。

有学者曾将中国银行业监管概括为："宏观审慎监管与微观审慎监管有机结合，事前结构性监管措施与持续监管同时强化，监管标准统一性和监管实践灵活性适当平衡，支持经济持续增长和维护银行业体系稳健统筹兼顾，外部监管与内部自律相互促进。"[①] 但一般认为，中国银行业监管已经从过去的合规监管为主逐步演变成市场风险监管为本、合规监管并重的监管体系，形成了中国银行业资本充足率、拨备率、杠杆率和流动性比率四大监管工具指标体系，其中以资本充足率为核心的资本监管又是整个银行业监管体系的基石。

2012年6月，中国银监会以巴塞尔协议Ⅲ为基础制定了被业界称为"中国版巴塞尔协议Ⅲ新资本协议"的《商业银行资本管理办法（试行）》（以下简称《资本办法》），并从2013年1月1日起实施。

《资本办法》是现阶段中国银行业监管最重要的制度，核心是完善和规范银行业资本监管，特别强调"商业银行资本应抵御其所面临的风险，包括个体风险和系统性风险"。关于资本监管，《资本办法》主要强调了以下几点：

一是，建立了统一配套的资本充足率监管体系。资本充足率指标是银行资本监管的基石指标。参考巴塞尔协议Ⅲ的要求，将资本监管分为四个层次：第一层次为最低资本要求。核心一级资本充足率、一级资本充足率和资本充足率分别为5%、6%和8%。第二层次为储备资本要求和逆周期资本要求。储备资本要求为风险加权资产的2.5%，逆周期资本要求为风险加权资产的0~2.5%。第三层次为系统重要性银行附加资本要求，为风险加权资产的1%。第四层次为第二支柱框架下的资本要求，以确保资本充分覆盖风险。按此要求，正常时期系统重要性银行和非系统重要性银行的资本充足率分别为

---

① 刘明康.中国特色银行业监管的理论与实践［J］.中国金融，2011（13）：14-18.

11.5% 和 10.5%（见表 12）。

表 12　　　　　　　　　　中国银行业资本监管指标

银行类别	最低资本要求			留存超额资本	逆周期超额资本	系统重要性银行超额资本
	核心一级资本	一级资本	总资本			
系统重要性银行	5%	6%	8%	2.5%	0~2.5%	1%
非系统重要性银行	5%	6%	8%	2.5%	0~2.5%	无

资料来源：中国银监会，转引自巴曙松.巴塞尔协议Ⅲ在中国的实施：差别与优势［J］.中国证券期货，2012（12）.

二是，严格并明确了资本定义和各类资本工具的合格标准，提高了资本工具的损失吸收能力。

三是，扩大了资本覆盖风险的范围，确定了信用风险、市场风险和操作风险加权资产的比重，明确了资产证券化、场外衍生品等复杂交易性业务的资本监管规则，以引导商业银行审慎开展金融创新，约束由此带来的资本风险。

四是，将商业银行资本充足率水平分为四类，进行差异化监管。

除资本监管外，中国银行业监管还引入了杠杆率、拨备率和流动性监管指标（见表 13）。

表 13　　　　　　中国银行业杠杆率、拨备率、流动性指标标准[①]

监管指标	内容	水平	过渡期安排
杠杆率	核心资本 / 总资产（含表外）	4%	系统重要性银行：2013 年底；非系统重要性银行：2016 年底
拨备率	拨备 / 信贷余额	2.5%	系统重要性银行：2013 年底；非系统重要性银行：2016 年底在第二支柱下适度动态调整
	拨备覆盖率	150%	动态调整
流动性指标	流动性覆盖率（LCR）	100%	2013 年底之前达标
	净稳定融资比率（NSFR）	100%	2016 年底之前达标

资料来源：中国银监会，转引自巴曙松.巴塞尔协议Ⅲ在中国的实施：差别与优势［J］.中国证券期货，2012（12）.

---

① 除 LCR 和 NSFR 外，中国银监会还辅以流动性比例、存贷比（已取消）以及核心负债依存度、客户存款集中度、同业负债集中度等流动性风险监管和监测指标。

关于商业银行表外业务的监管，主要是通过信用（风险）转换系统并入资本监管范畴。但随着金融创新在表外的扩张和银行理财产品的快速发展，基于风险系数转换机制的间接资本监管，既可能过度约束金融创新和商业银行的功能转型，又难以约束风险的爆发。因为越来越多的表外资产，越来越明显地具有透明度风险的特征。在对非银行类金融机构（如保险公司、证券公司、信托公司等）的监管中，资本监管也是监管的重点，并以此为基础，设计风险管理指标，规范业务经营及拓展范围（见表14）。

表 14   **非银行金融机构资本监管指标**

非银行类金融机构	监管指标
信托公司	1. 信托公司净资本不得低于人民币 2 亿元； 2. 净资本不得低于各项风险资本之和的 100%； 3. 净资本不得低于净资产的 40%
财务公司	1. 资本充足率不得低于 10%； 2. 拆入资金余额不得高于资本总额； 3. 担保余额不得高于资本总额； 4. 短期证券投资与资本总额的比例不得高于 40%； 5. 长期投资与资本总额的比例不得高于 30%； 6. 自有固定资产与资本总额的比例不得高于 20%； 7. 财务公司对其吸纳的存款，需向人民银行提交存款准备金
汽车金融公司	1. 资本充足率不低于 8%，核心资本充足率不低于 4%； 2. 对单一借款人的授信余额不得超过资本净额的 15%； 3. 对单一集团客户的授信余额不得超过资本净额的 50%； 4. 对单一股东及其关联方的授信余额不得超过该股东在汽车金融公司的出资额； 5. 自有固定资产比例不得超过资本净额的 40%
消费金融公司	1. 资本充足率不低于 10%； 2. 同业拆入资金比例不高于资本总额的 100%； 3. 资产损失准备充足率不低于 100%； 4. 投资余额不高于资本总额的 20%

注：此表未纳入证券公司资本监管指标，详细内容可参阅《证券公司风险控制指标管理办法》。
资料来源：中国银监会。

（二）透明度监管：资本市场监管的基石

金融"脱媒"后，金融风险的特点发生了重大变化，由金融机构（以商业银行为代表）的"点对点"风险演变成"多对多"风险，信息的收集、处理和发布也由个体性转化成公共性，由此，透明度监管也成为资本市场监管的重点。

资本市场透明度监管主要包括上市公司信息披露监管和市场交易信息监管两部分，其中上市公司信息披露监管又是资本市场透明度监管的重中之重。

在资本市场上，信息披露的强制性和公开性是保证市场透明度的基石，也是上市公司信息披露制度的基石。这一原则早在美国 1933 年的《证券法》和 1934 年的《证券交易法》就已确立。中国资本市场的信息披露制度坚持了这一原则。

中国资本市场的信息披露和强化透明度的法律规则体系相当完备，形成了法律、法规、规章和自律性约束的规则体系。

第一个层面是通过《公司法》、《证券法》以及《刑法》中的相应条款加以规范；

第二个层面是相应的行政法规，主要包括《股票发行与交易管理暂行条例》《国务院关于股份有限公司境内上市外资股的规定》《国务院关于股份有限公司境外募集股份及上市特别规定》等；

第三个层面的规定最为具体、详细，主要指证券监管部门制定的适用上市公司信息披露的制度规定，主要包括《首次公开发行股票并上市管理办法》、《首次公开发行股票并在创业板上市管理暂行办法》、《上市公司证券发行管理办法》、《上市公司非公开发行股票实施细则》、《上市公司信息披露管理办法》、《禁止证券欺诈行为暂行办法》、《证券市场禁入暂行规定》、《股份有限公司境内上市外资股规定的实施细则》、《证券交易所管理办法》、《上市公司收购管理办法》、《上市公司重大资产重组管理办法》、《公开发行证券的公司信息披露内容与格式准则》1—31 号、《公开发行证券的公司信息披露编报规则》1—20 号、《公开发行证券的公司信息披露规范问答》、《关于规范上市公司信息披露及相关各方行为的通知》、《关于前次募集资金使用情况报告的规定》等；

第四个层面是信息披露的自律性规范，主要是证券交易所的《股票上市规则》《股票上市公告书内容与格式指引》和《上市公司信息披露事务管理制度指引》等。

资本市场上强调信息披露的完整性，并不意味着事无巨细的垃圾信息都要披露，也不意味着选择性信息披露。2000年美国《公平披露规则》明令禁止上市公司的选择性信息披露行为。中国对上市公司披露信息进行分类管理，分为常态信息、重大信息（重大事件）和可能对市场带来不确定性影响的临时个体信息，分别以不同规定的形式予以披露。

禁止性交易行为是市场信息的重要组成部分。除对上市公司发行、上市、交易规定了包括持续性信息披露在内的所有信息披露要求外，对市场的禁止性交易行为，包括内幕交易、操纵市场和欺诈行为等，在《证券法》和上述相应规章、规则中有相应规范。

中国资本市场信息披露和透明度法律及规则体系较为完整、相当缜密，但其有一个重要缺陷，就是规范调整的对象较为狭窄，主要限制在股票和上市公司发行的债券上，其他类型的证券发行和交易以及衍生品适用其他法律和规定[①]，对于各类相近市场的"结合部"，各种新的类证券创新工具以及与资本市场相衔接的形式复杂、多样、多变的各类接口，亦无法律或规则加以规范。根据中国金融分业监管模式的功能设计，这类最终接口在资本市场（主要是股票市场）的形式繁杂的"结合部"，既缺乏规范，又无法律监管，而这些又是金融创新的重点地带，也是巨大风险产生的源头。

由此，可以得出的基本结论是：

第一，就《证券法》所确立的范围而言，资本市场的透明度规则是较为规范而完整的；

第二，信息披露所确立的强制性、公开性和有效性的原则是恰当的；

第三，资本市场透明度原则涉及的范围和证券品种过于狭窄；

第四，法律规范和监管的对象，要么相对割裂，要么形成监管真空地带；

---

① 见《中华人民共和国证券法》第二条。

第五，资本市场的风险虽然来源于传统意义上的上市公司信息披露和市场交易信息的不真实、不完整，但似乎正越来越多地来源于形形色色的与资本市场相交的"结合部"和监管真空。

资本市场上述新的风险来源和"结合部"及监管真空，既是监管模式改革、监管功能再造的重要原因，也是设计新的监管架构思考的重点之一。坚持和扩展透明度监管是中国金融监管的核心要义。

（三）新金融业态的监管理念：重在透明度监管

我曾将现行金融业态划分为第一金融业态（商业银行及银行类金融机构）、第二金融业态（资本市场）和第三金融业态（互联网金融），并详尽分析了互联网金融也是本文所说的新金融业态的风险来源和风险特点，明确指出，这种新金融业态的风险源，除第三方支付中的技术风险、脉冲式流动性风险外，最重要的风险仍来自透明度风险。[①]

厘清风险类型和不同风险源的重要目的，就是试图找到相应的监管准则的逻辑。无论是商业银行还是资本市场，其所确立的监管准则的本质都是试图对冲和管控潜在风险。商业银行存款准备金制度试图对冲货币的无限创造所带来的信用的无边际扩张。资本充足率所要对冲的风险主要是试图收缩不良资产率上升引发的金融外部负效应。存贷比的限定（目前已取消）是商业银行资产规模和结构流动性安全的重要阀门。拨备覆盖是商业银行资产风险的事后补偿机制。透明度则是资本市场"三公"原则实现的基石。由此可见，无论是第一金融业态的商业银行，还是第二金融业态的资本市场，为了维持运行的常态化，各自均基于自身的风险特点，制定了一套与其风险结构相匹配的监管准则。作为第三金融业态的互联网金融，必须找到并制定与其风险结构相匹配并能有效管控或对冲风险的监管准则。显然，互联网金融的监管准则与商业银行的监管准则有较大差异，也与资本市场的监管准则有所不同。

---

① 引自吴晓求，等.互联网金融——逻辑与结构［M］.北京：中国人民大学出版社，2015：13–14.

互联网金融的监管准则是什么呢？

互联网金融监管准则的"基石"标准或核心标准是透明度，外置标准或进入标准是平台技术安全等级，目的主要是保证互联网金融体系内资金的安全、信息的真实和运行的有序。

从业务线形态看，互联网金融与商业银行的功能相似。但从"基因"匹配性看，互联网金融与资本市场更接近。互联网金融的"二次脱媒"更多地指向商业银行，或者说互联网金融主要是继资本市场之后对商业银行的"再脱媒"，而对资本市场的"脱媒"作用相对较弱，仅限于资本市场交易环节的"脱媒"而已。正因为对商业银行和资本市场的这种"二次脱媒"的差异，互联网金融的风险"基因"与资本市场更为相近，这就是为什么互联网金融的监管准则从形式上更接近于资本市场。

资本市场的"基石"监管准则所要求的透明度，更多地强调上市公司的信息披露。与此不同，互联网金融所要求的透明度更多地指向借款人的信息透明度，而这正是所有互联网平台的核心职责所在，也是互联网金融有序运行最重要的基础。

技术安全是互联网金融的另一条生命线。如果说借款人足够的信息透明度是互联网金融存在和发展的内核，那么技术优势和技术安全则是互联网金融有序运行的外部保障。所以，对互联网平台的技术等级要求，显然也是制定互联网金融监管的重要标准。[①]

四、中国金融监管模式改革：原则与方向

（一）需要关注的问题和改革的基本原则

研究中国金融监管模式和监管架构的改革，必须基于中国金融结构的变革、金融风险的变化和中国金融战略目标的定位。在此前提下，可参考成熟市场国家金融监管改革的趋势。

---

① 引自吴晓求，等．互联网金融——逻辑与结构［M］．北京：中国人民大学出版社，2015：14–15.

前述的研究已经表明，中国金融结构正在发生重大变化，金融证券化趋势虽波折起伏，但渐趋明朗。与此相适应，在金融风险中透明度风险的权重在提升，特别是在新金融业态互联网金融快速发展之后，这种风险特征更加明显。中国的大国经济决定了其追求大国金融的战略。基于国际经验和金融结构的内在演进规律，中国所企求的大国金融应是强大的资源配置、财富管理和分散风险功能的统一。这种金融就是基于发达金融市场（主要是资本市场）的现代金融体系，抑或是市场主导型金融体系。

基于金融结构的这种内在变化和要求，也基于中国金融的现实和对历史经验、教训的总结，我认为，改革或调整中国金融监管模式和架构，不能仅仅停留在抽象的宽泛的类似于"防范系统性金融风险"等认识上，而必须对以下三个问题要有深刻而准确的理解。

一是，中国金融风险的结构化特征趋于明显，基础风险源正在发生（或未来会更快地发生）重大变化，中国金融的风险不仅来自资本不足的风险，而且会越来越多地来自透明度风险。

二是，由于产品的复合和市场的传递效应，中国金融风险开始具有层次性和复杂性，既有微观主体的个体性金融风险（主要是资本不足风险），也有产品或工具的透明度风险以及产品间风险的相互感染，还有基于杠杆的市场以及跨市场的风险传递和延伸。各种风险的交织、扩散和杠杆化，也就必然形成金融的系统性风险乃至危机。监管的主要目的就是要设计针对不同层面的风险的约束工具，使风险要么被阻隔，要么收敛或减弱风险的传递效应，这是维护金融体系安全的重要屏障。

在微观和市场风险的屏障机制阻隔或收敛风险的功能严重不足甚至失效情况下，金融的系统性风险随之出现，严重时亦会爆发金融危机。一般来说，无论是微观主体风险、产品与市场风险，还是宏观体系风险都有跨期特征。

三是，基于风险的分层特点和相互感染性，为了阻隔风险，防范风险外溢及出现严重的外部性和相互感染，必须在微观主体、产品和市场、宏观体系三个层面建立起相应的具有风险对冲、风险收敛、风险干预和逆周期的操作机制与操作工具。这就是微观审慎监管与宏观审慎政策在主体上要相对分立、金融风险监管与金融体系稳定相衔接的基本原则。

（二）改革的基本方向和新模式的核心元素

现阶段中国金融监管所实行的"一行三会"的分业监管模式，有中国的时代特征。客观上看，这种分业监管模式优缺点分明。优点是，分工明确、职责清晰，对中国金融体系和金融市场有待发展的部分如非银行金融机构、资本市场、金融产品和金融科技创新、证券化金融资产、新金融业态等具有保护和推动作用，对金融市场化改革、金融结构的调整、金融功能的改善、金融效率的提升和金融体系现代化的提高发挥了积极作用。但缺点也非常明显，最重要的是监管协调差、监管真空大、风险溢口多。随着金融创新的加快和金融结构的调整，监管真空所带来的风险溢出的外部性明显增强，爆发金融危机的概率在增大。2015年中国股市危机的爆发原因虽然复杂，但游离于既定监管视野之外的真空地带的风险溢口增多，风险的外部性迅速扩张，显然是非常重要的因素，这也是中国这次讨论金融监管体制改革的重要背景和事件诱因。

我认为，中国金融监管改革新模式主要有以下四个基本要点：

一是，在监管模式上，要实现微观审慎监管与宏观审慎政策功能上的相互协调与统一。微观审慎监管是新的中国金融监管模式的基石，宏观审慎政策则是新模式的灵魂。作为新监管模式基石的微观审慎监管，侧重于准入监管、行为监管和市场风险监管，建立逆周期调节机制和指标，功能是阻隔风险、减弱风险、防范风险的外溢。作为新模式灵魂的宏观审慎政策，除货币政策外，必须强化宏观审慎政策的警示评估体系、操作性工具和干预机制。2015年以来，人民银行已着手建立了较为全面的宏观审慎评估体系（MPA）。[1]同时，必须研究和完善相应的系统性风险的干预机制和操作工具。宏观审慎政策的重点，在于阻隔跨市场风险的传递、减弱系统性风险的扩张和缓释系

---

[1] 我国的宏观审慎评估体系（MPA）包括七个方面的指标，即资本和杠杆、资产负债、流动性、定价行为、资产质量、跨境融资风险、信贷投放情况。详见中国人民银行：《宏观审慎评估体系（MPA）》。

统性风险的恶化，防范系统性金融风险的爆发，以及在特定情况下对系统重要性金融机构的救助等。微观审慎监管指标体系与宏观审慎政策的指标体系要有功能上的衔接和可转换性。

二是，监管架构上可由现在的"一行三会"扁平化结构过渡到组织结构的"双峰"形态。中国人民银行是一峰，主要负责宏观审慎政策制定、实施和监控。同时，可考虑成立中国金融监管委员会（简称金监委），这是"双峰"中的另一峰，负责微观审慎监管，作为宏观审慎政策的制定者和执行者，职能调整后的人民银行除原有职能外，必须加强跨市场的风险协调能力、对系统重要性金融机构风险的管控力、系统性金融风险预警和干预的政策实施力及包括信息系统、云数据平台等在内的金融基础设施的建设。作为微观审慎监管的执行主体，新组建的金监委，不是"三会"合并的翻版，除准入监管、行为监管、市场风险监管外，更为重要的是要保证市场之间、产品之间、产品与市场之间监管的无缝联结，建立起逆周期风险调节机制（工具和指标）。微观审慎监管不仅要关注风险，也要在制度和指标设计上为金融创新留下足够的空间，在金融创新中动态地调整和完善监管结构和指标。

除本文主张的"双峰监管"模式外，还有专家认为在中国可构建以宏观审慎政策为实施重点的大央行监管模式。[1]大央行模式明显受到英国模式的影响，有其符合逻辑的一面，但其最根本的缺陷是没有将金融市场监管与金融体系稳定在主体上作相对独立的分离，没有在金融体系稳定这个最后的屏障前设置前置性的风险对冲和风险衰减机制，没有充分考虑风险分层和资本不足风险与透明度风险在监管制度上的根本差异。因而，在现阶段，大央行模式不应成为中国金融监管模式改革的目标。

三是，监管重点应从资本监管为主逐步转入资本监管与透明度监管并重。前述研究表明，包括证券化金融资产在内的所有具有财富管理功能的金融产品，其基础风险均来自透明度。如前所述，金融创新的基本趋势表现于绕开资本监管，目的是节约资本，风险外置，追求更高的资本效率。这种风

---

[1]　参阅李波.以宏观审慎为核心推进金融监管体制改革［N］.第一财经日报，2016-02-05.

险源于透明度又不消耗资本的金融产品，显然是金融创新的重点，其规模、比例呈扩大和上升趋势。所以，透明度风险在整个金融风险中的权重必然上升。在关注和动态调整资本监管的同时，重视和强化透明度监管，并建立起动态匹配机制，应是新金融监管体系特别是微观审慎监管的重点。

四是，监管方式应从传统监管走向智能监控与传统监管相结合并逐步以智能监管为主。传统监管以指标管理、窗口指导、政策干预等为特征，虽然也强调过程监管即动态监管，但由于信息能力不足，基本上仍是静态化的目标管理。这就是为什么有时风险已经来临，但却浑然不知。新的监管模式将把金融的信息化能力和云数据平台作为最重要的金融基础设施来建设，以完成从传统的静态监管到智能化的动态监管。智能监管的基石是覆盖金融体系全市场的云数据平台和科学、完整、结构化的风险指标体系。这种智能化的信息系统和云数据平台建设，是中国金融监管模式改革和监管功能提升的关键，是新的金融监管模式和架构能否有效预警、防范、减弱和干预风险的重要技术保障。至于新金融监管模式的内部结构、功能定位、操作工具、政策框架、指标体系和风险阈值、宏微观监管指标、计算方法、转换系数和衔接配套等，是新金融监管模式所必须研究和深化的内容。

参考文献

［1］吴晓求，许荣.金融市场化趋势推动着中国金融的结构性变革［J］.财贸经济，2002（9）.

［2］李硕.居民金融资产结构与经济增长关联性分析［J］.消费导刊，2010（4）.

［3］中国人民银行金融稳定分析小组.中国金融稳定报告2015［M］.北京：中国金融出版社，2015.

［4］中国人民银行金融稳定分析小组.中国金融稳定报告2016［M］.北京：中国金融出版社，2016.

［5］蒋清海，李佳.西方商业银行表外资产发展特点［J］.国际金融，2013（8）.

［6］吴晓求，等.互联网金融——逻辑与结构［M］.北京：中国人民大学出版社，2015.

［7］刘明康．中国特色银行业监管的理论与实践［J］．中国金融，2011（13）．

［8］巴塞尔银行监管委员会．第三版巴塞尔协议［M］．中国银行业监督管理委员会，译．北京：中国金融出版社，2011.

［9］中国银行业监督管理委员会．商业银行资本管理办法（试行）［S］．2013.

［10］巴曙松．巴塞尔协议Ⅲ在中国的实施：差别与优势［J］．中国证券期货，2012（12）．

［11］中国证券监督管理委员会．证券公司风险控制指标管理办法［S］．2016.

［12］美国证券交易委员会．公平披露规则（*Regulation Fair Disclosure*）［S］．2000.

［13］中国人民银行济南分行调查统计处课题组．国际金融监管体制改革比较研究及对我国的启示［J］．金融发展评论，2012（9）．

［14］李波．以宏观审慎为核心推进金融监管改革［N］．第一财经日报，2016-02-05.

［15］中国人民银行．宏观审慎评估体系（MPA）［Z］．2016.

股市危机：逻辑结构与多因素分析

【作者题记】

本文是作者为第二十届（2016）中国资本市场论坛撰写的主报告，发表于《财经智库》2016 年 5 月第 1 卷第 3 期，《公司金融研究》2016 年第 Z1 期作了转载，《财贸经济》以《股市危机：结构缺陷与规制改革》为题，将此文的核心内容发表在 2016 年第 1 期。

【摘要】

金融危机有多种形态，其中，股市危机似乎已成为金融危机的一种常态。近 30 年来，股市危机乃至金融危机在全球频发并表现出某些周期性、递延性和关联性等特征，其背后是否具有共同的理论逻辑？在金融危机的诸多形态（货币危机、债务危机、股市危机和银行流动性危机）之间，相互转化、相互传染是如何发生的？不同类型的国家金融危机的形态组合和逻辑过程为什么会有重大差异？是否存在金融危机的跨期和跨区域的国际传递？这些都是本文研究的重要内容。

在构建上述股市危机理论逻辑的基础上，本文以中国 2015 年中期发生的股市危机为研究样本，深入分析了引发这次股市危机的主要原因，剖析了中国股市的结构性缺陷，然后在此基础上，试图厘清关于股市危机的若干重要理论认识，并提出了相应的改革措施和政策建议。

关键词： 股市危机　杠杆配资　逻辑结构

Abstract

There are many forms in financial crises. Among them, the stock market crisis seems to become a normal state of financial crises. In the past 30 years, stock market crises and financial crises occur frequently and exhibit certain features, such as periodicity, continuity and interconnectivity. Do they share a common theoretical logic? Among these financial crises forms, such as currency crises, debt crises, stock market crises and bank liquidity crises, how do they spread or convert into each other? Why do financial crises have different patterns or logical processes in different countries? Does inter-temporal or cross-regional transfer exist in financial crises? All these topics will be discussed in this study.

Based on the theoretical logic construction of stock market crises, this study will take the stock market crisis occurred in China in the mid of 2015 as a sample and analyze the main causes of the stock market crisis and the structural defects in the Chinese stock market.Connecting all previous points together, this study tries to clarify a number of important theoretical knowledge about the stock market crises and propose corresponding reform measures and policy recommendations.

Key words：Stock market crisis；Leverage allocation；Logical structure

金融危机有多种形态，其中，股票市场危机似乎已成为各国金融危机的一种常态。从全球市场来看，股市动荡乃至危机伴随着其他金融危机形态（如货币危机、债务危机等）的出现而频繁出现，这种频繁似乎是以 8~10 年为一个周期。股市危机是现代金融结构下一种重要的金融危机形态，它在整个金融危机的形态和链条中究竟处在何种地位，起着什么样的作用，有待于进一步研究。

中国是一个正在开放的国家，市场化和国际化是中国金融改革及发展的基本着力点。发展中国的资本市场并使其成为 21 世纪新的国际金融中心，是中国金融改革和发展的重中之重。与其他大国一样，中国在金融体系市场化改革和资本市场发展的过程中，亦会出现重大的市场风险乃至市场危机。2015 年 6 月中旬至 8 月下旬，中国股票市场出现了自 1990 年建立以来第一次真正意义上的市场危机。以上证指数为例，曾有两次在 10 个交易日（2015 年 6 月 15 日至 29 日和 2015 年 8 月 18 日至 26 日）连续下跌超过 20%，即分别从 5 170 点左右跌至 4 000 点左右和从 4 000 点左右跌至 2 800 点左右。根据学术界公认的标准，如果一个市场在 10 个交易日内股票价格指数的下跌超过了 20%，就可以认定这个市场已出现了危机。按照这个标准，中国在 2015 年 6 月中旬以后出现的市场大幅下跌可以认为是一场真正意义上的市场危机。目前，虽然中国股票市场已趋于正常，但 2015 年 6 月中旬至 8 月底的市场危机带给我们的教训是深刻的。认真分析这次股市危机形成的内在逻辑和外部原因，清晰地还原其演变过程，在全球股市危机的历史中寻求规律和启迪，对正在走向更加开放的中国资本市场来说，其意义不言而喻。前车之鉴，后事之师。

一

在剖析中国 2015 年股市危机之前，让我们先回顾自 1929 年大萧条以来全球股票市场中那些可以载入史册的危机事件。

从研究股市危机的角度看，那些可以载入史册的股市危机主要有 1987 年美国的"黑色星期一"、20 世纪 90 年代前后日本泡沫经济引发的股市危机、1997 年前后的亚洲金融危机（1998 年的俄罗斯金融危机实质上是亚洲金融危机的延续）、2000 年前后美国互联网泡沫所引发的股市危机（主要是纳斯达克市场危机）和 2008 年由美国次贷危机引发的全球金融危机等。这几次股市危机的影响深远，对剖析金融危机形成的逻辑结构和在不同类型金融体系中的演变过程具有典型意义。

（一）1987 年 10 月 19 日"黑色星期一"

在 1933 年结束大萧条以来的 50 多年时间里，包括股票市场在内的全球金融市场波澜不惊。然而，正是在这平静的表象下，全球股票市场正在积蓄某种能量并进入了一个剧烈动荡的时期，而这个动荡时期的历史起点就是1987年10月19日（史称"黑色星期一"）。1987年10月19日星期一，一个普通的日子，但它是将载入史册的特殊日子。这天上午自9：30纽约证券交易所（以下简称纽交所）开市伊始，道琼斯指数就下跌了67点，随后卖盘以排山倒海的气势涌出：开盘不到1小时，道琼斯指数就下跌了100多点；到下午2点，道琼斯指数已下跌了250点，市场开始出现崩溃式下跌；到下午4点收盘时，道琼斯指数已由上一交易日收盘时的2 246.72点下跌到1 738.47点，下跌了508.25点，当日下跌幅度达到了创纪录的22.6%（见图1）。当时，在纽交所上市的1 600多只股票中，有95%左右的股票都在下跌，其中近1 200只股票的价格下跌到1年前的水平，通用、运通、波音、可口可乐等蓝筹股的股价下跌超过30%，纽交所当天交易市值损失超过5 000亿美元，约等于法国当年的国民生产总值，是自1933年大萧条结束以来全球最严重的股市危机，史称"黑色星期一"。面对市场雪崩式的下跌和空前的市场危机，美国政府和金融监管当局公开喊话，以安抚市场情绪、稳定投资者信心。在"黑色星期一"发生的当天，时任美国总统里根随即发表讲话，认为美国经济"所有指标都很健康"，美联储主席格林斯潘第二天清晨发表了具有历史意义的讲话："为履行中央银行的职能，美联储为支持经济和金融体系的正常运行，将保证金融体系的流动性。"美联储和美国证券交易委员会随后采取了一系列稳定市场的措施，包括向市场提供足够的流动性、鼓励金融机构与客户共渡难关、保证贷款续贷、鼓励上市公司回购股票等。美国政府、美联储及美国证券交易委员会有力的短期救市措施，使得市场的恐慌情绪得到缓解，因而股市危机并未演变成全面的金融危机，更没有引发经济衰退。一个月后，美国股市开始反弹，并逐渐进入正常状态，并在两年后回到1987年"黑色星期一"爆发前的水平。在"黑色星期一"股市危机爆发后，除了美国政府、美联储以及美国证券交易委员会等及时发表安抚市场情绪的讲话、声明和推出市场流动性救助、贷款续贷、股份回购等短期措施外，更为重要的是，社会各阶层都在系统、全面、深入地分析"黑色星期一"产生的原因，寻找市场结构的缺陷，以期推动在制度规则和机制方面的改革。"熔断"机制就是在对"程序化交易对市场持续下跌具有重要助推作用"的认识基础上所建立起来的一种新的交易制度安排。在短期政策的救助和安抚下，在市场制度和规则做了重新调整的基础上，在美国经济强劲增长的推动下，美国股市在20世纪90年代进入了黄金增长的10年（见图2）。

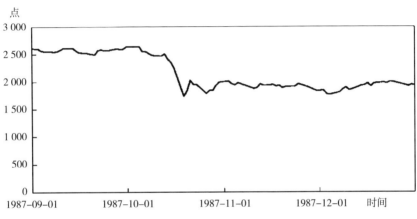

图1　1987年9—12月"黑色星期一"前后道琼斯指数的变动趋势

（资料来源：Wind 资讯）

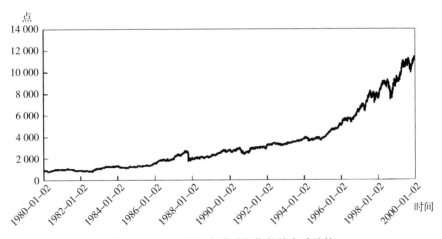

图2　1980—2000年道琼斯指数的变动趋势

（资料来源：Wind 资讯）

在经历了1987年10月19日"黑色星期一"后，全球股票市场开始进入了一个原因错综复杂、风险相互传递、市场繁荣与危机交织的梦幻时期。

（二）20世纪90年代前后日本泡沫经济引发的股市危机

与1987年10月19日美国的"黑色星期一"不同，在1990年前后由日本泡沫经济引发的股市危机并不是单一的市场危机，而是先由信贷过度扩张引发房地产价格暴涨，进而引爆股市危机，最后导致银行危机和金融体系瘫痪的综合性金融危机。两者结果唯一不同的是，这种综合性金融危机并没有引发日元贬值危机。

从第二次世界大战废墟中发展起来的日本经济，在20世纪70年代中后期进入高速发展时期，日经225指数相对均衡上涨。到1985年，日经225指数在12 000点上下浮动，处在正常成长状态。从1986年起，日经225指数持续上升，到1989年底最高已接近39 000点，4年间日经225指数的上涨超过了200%（见图3）。在国民总资产的金融资产中，股票资产由1985年底的242万亿日元猛增到1989年底的890万亿日元，增长了约270%。

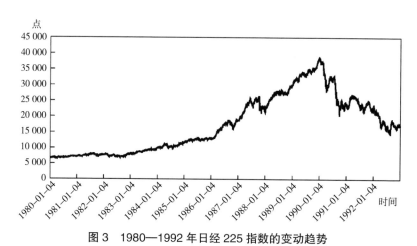

图3 1980—1992年日经225指数的变动趋势

（资料来源：Wind资讯）

在日经225指数快速上涨之前或上涨过程中，信贷的过度投放引发了日本房地产价格的快速上涨。20世纪80年代中后期，由于全国范围内的土地开发热潮，日本的土地价格快速上涨：在国民总资产中，土地资产总额从1985年底的1 003万亿日元增加到1989年底的2 137万亿日元，增长了一倍多。在放松金融管制、房地产抵押贷款创新、银企相互持股的金融模式下，日本房地产价格的上涨带来了股票价格的快速上涨，而房地产和股价的交互上涨，致使银行贷款随之循环增加，为市场不断地提供巨额流动性。这种基于投机、缺乏实体经济支持的资产价格泡沫化的内循环效应的尽头就是1989年12月29日之后日经225指数的暴跌：从1989年12月29日最高时的38 915点开始下跌，1990年日经225指数下跌了30%，1991年又下跌了30%；虽然其间有一些反弹，但下跌是日经225指数的基本趋势，至1992年8月18日下跌到14 309点的低位，基本回到1985年的水平，此后一直处在漫漫"熊市"之中而不可拔。时至今日，日本股票市场的趋势仍无明显改变。1990年前后日本泡沫经济引发的股市危机，给日本金融业特别是商业银行带来了深重灾难，严重影响了日本实体经济的增长，阻碍了产业的转型与竞争力的提升。时间已经过去了25年，但日本泡沫经济时期股市危机形成的逻辑，对中国而言仍具有巨大的反省价值。

（三）1997年前后的亚洲金融危机

1997年前后爆发的亚洲金融危机既有其经济结构脆弱的内生原因，也有外生的热钱输入因素。从一定意义上说，这是1990年前后日本泡沫经济引发的股市危机的跨期延伸。

从20世纪60年代开始，韩国、新加坡、中国台湾和中国香港先后推出出口导向型经济发展战略，创造了所谓的"亚洲四小龙"奇迹。这种出口导向型经济发展模式相继被泰国、马来西亚、印度尼西亚和菲律宾等东南亚国家所效仿，并取得了明显成效。在1997年之前，这些国家的经济已取得连续10年的高速增长（见表1）。

表1　1985—1997年泰国、马来西亚、印度尼西亚、菲律宾的经济增长

年份	泰国		马来西亚		印度尼西亚		菲律宾	
	GDP（亿美元）	增长率（%）	GDP（亿美元）	增长率（%）	GDP（亿美元）	增长率（%）	GDP（亿美元）	增长率（%）
1985	389.01	4.65	317.72	−1.12	873.39	3.48	307.34	−7.31
1986	430.97	5.53	282.43	1.15	800.61	5.96	298.68	3.42

续表

年份	泰国		马来西亚		印度尼西亚		菲律宾	
	GDP（亿美元）	增长率（%）	GDP（亿美元）	增长率（%）	GDP（亿美元）	增长率（%）	GDP（亿美元）	增长率（%）
1987	505.35	9.52	321.82	5.39	759.30	5.30	331.96	4.31
1988	616.67	13.29	352.72	9.94	887.88	6.36	378.85	6.75
1989	722.51	12.19	388.49	9.06	1 014.55	9.08	425.75	6.21
1990	853.43	11.17	440.24	9.01	1 144.26	9.00	443.12	3.04
1991	982.35	8.56	491.34	9.55	1 281.68	8.93	454.18	-0.58
1992	1 114.53	8.08	591.52	8.89	1 391.16	7.22	529.76	0.34
1993	1 250.11	8.25	668.94	9.89	1 580.07	7.25	543.68	2.12
1994	1 443.08	8.99	744.81	9.21	17 68.92	7.54	640.85	4.39
1995	1 680.19	9.24	888.32	9.83	2 021.32	8.40	741.20	4.68
1996	1 819.48	5.90	1 008.51	10.00	2 273.70	7.64	828.48	5.85
1997	1 508.91	-1.37	1 001.69	7.32	2 157.49	4.70	823.44	5.19

资料来源：世界银行。

随着经济的高速增长，这些国家的银行信贷快速扩张，同时国际资本涌入，导致短期外债大幅增加，而资产价格开始膨胀。在 20 世纪 90 年代前半期，泰国、马来西亚、印度尼西亚等国的股价增长了 3~5 倍；与此同时，它们的房价上涨也十分惊人。在此期间，它们的资产与债务结构出现了严重不匹配，而缺乏弹性的汇率制度、过分依赖国际资本的经济增长模式以及快速上涨的资产价格已为金融风险埋下了伏笔，危机一触即发。1997 年 7 月初的泰铢大幅贬值以及泰国放弃固定汇率制度成为亚洲金融危机的导火索和突破口（见表 2）。泰国货币危机的爆发，迅速蔓延到东南亚各国及金融的各个层面，而后陆续扩散到中国台湾、中国香港和韩国。随后，韩国爆发了更为严重的全面金融危机。作为亚洲金融危机的延伸，1998 年俄罗斯金融危机全面爆发。

表2　　亚洲金融危机时期相关国家的汇率及股市波动

国家	汇率变动		股指名称	股票价格指数变动	
	危机前	危机中		危机前	危机中
泰国	24.7	55.5	泰国综合指数	527.3	207.3
菲律宾	26.4	45.1	马尼拉综合指数	2 809.2	1 082.2
印度尼西亚	2 432.0	16 650.0	雅加达综合指数	724.6	256.8

续表

国家	汇率变动		股指名称	股票价格指数变动	
	危机前	危机中		危机前	危机中
马来西亚	2.5	4.7	吉隆坡综合指数	1 077.3	262.7
韩国	884.8	1 962.5	韩国综合指数	745.4	280.0
俄罗斯	5.8	27.0	俄罗斯 RTS	418.6	38.5

注：危机前汇率就是 1997 年 6 月底危机前收盘价（美元兑该国货币），危机中汇率就是危机期间最高收盘价（或报价），危机前股指就是 1997 年 6 月底危机前收盘价，危机中股指就是截至 1999 年底最低收盘价。

资料来源：Wind 资讯、彭博通讯社。

亚洲金融危机给危机国家或地区带来了严重危害，如货币大幅贬值、股市崩盘、财富严重缩水、经济衰退、银行倒闭、经济秩序混乱以及社会动荡加剧。类似的现象在 1998 年俄罗斯金融危机中亦有出现（见图 4）。

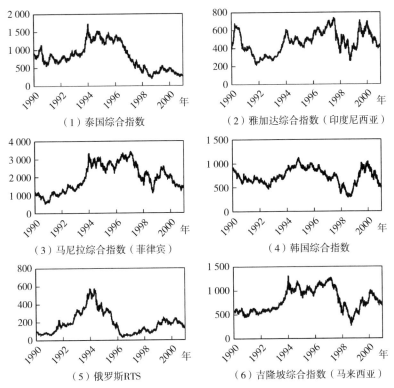

（1）泰国综合指数　　　　　　　　　（2）雅加达综合指数（印度尼西亚）

（3）马尼拉综合指数（菲律宾）　　　　（4）韩国综合指数

（5）俄罗斯RTS　　　　　　　　　　（6）吉隆坡综合指数（马来西亚）

图 4　1990—2000 年亚洲金融危机相关国家和地区股票价格指数变动图

（资料来源：Wind 资讯）

1997 年开始爆发的亚洲金融危机对新兴发展中国家具有典型意义，它是一次全面的带有标准特征的金融危机，而且金融危机的多种形态交叉在一起，它们相互影响、互相推动，具有清晰的逻辑过程，并且经历了汇率波动、货币贬值、股市动荡、财富缩水、银行倒闭、经济衰退等一系列过程。

（四）2000 年前后美国互联网泡沫引发的股市大动荡

在亚洲金融危机和俄罗斯金融危机的阴霾还未完全散尽之时，一场由互联网泡沫引发的结构性股市危机在美国悄然而至，它就是 2000 年前后的纳斯达克股市危机。

从 20 世纪 80 年代至 1999 年的近 20 年时间里，除了 1987 年 10 月 19 日发生的"黑色星期一"出现了短期的大幅下跌外，美国股市呈逐年上升趋势，股价年均增长率达到 13%，其持续上涨时间和上涨幅度在美国 200 年的股票市场历史中是罕见的。狭义证券化率（股票市值 /GDP 总值）也由 1982 年的 60% 上升到 1999 年的 300%。[1]

在股市持续上涨的同时，作为高科技市场，纳斯达克在科技泡沫特别是互联网估值泡沫的推动下，其上涨幅度远超纽交所股票价格的上涨幅度。纳斯达克指数从 1994 年 10 月的 750 点左右上涨到 2000 年 3 月 10 日的 5 048 点（收盘价，盘中当日最高达 5 132 点），涨幅超过了 5.7 倍，远超同期道琼斯指数的涨幅 1.6 倍（见图 5 和图 6）。美国股票市场特别是纳斯达克市场表现出非理性繁荣[2]。

这场由科技股特别是互联网公司（.com 公司）估值泡沫所推动的非理性繁荣，在美联储连续多次加息和 2000 年 4 月 3 日美国地方法院裁定微软违反美国《反垄断法》之后，终于走到了尽头。纳斯达克指数从 2000 年 3 月 10 日的 5 132 点的历史高点下跌到 2001 年 4 月的 1 600 点左右，下跌幅度接近 70%，2002 年 10 月进一步下跌到自 1996 年 8 月以来的新低点 1 114.11 点的。

---

[1] 参见查尔斯·P. 金德尔伯格，罗伯特·Z. 阿利伯. 金融危机史（第六版）[M]. 朱隽，叶翔，李伟杰，译. 北京：中国金融出版社，2014.

[2] 1996 年 12 月，时任美联储主席格林斯潘针对不断上涨的股市首次提出了"非理性繁荣"的说法。

受此影响，道琼斯指数也出现了大幅下跌。在美国，受金融结构的约束，股价的大幅下跌尚未严重影响到银行体系，所以此次危机表现为单一的股市危机。单一的股市危机是一把双刃剑，在美国互联网泡沫引发的世纪之交危机中得到了印证。纳斯达克指数的大幅下跌，使无数高科技公司特别是具有互联网概念的公司破产、倒闭或退市，同时也催生了一批伟大的公司，它们在崩盘的灰烬中重生、发展、壮大，如亚马逊（Amazon）、微软（Microsoft）、英特尔（Intel）和思科（Cisco）等。大浪淘沙后留下的是精华，催生着伟大，孕育着一个新经济时代的到来。

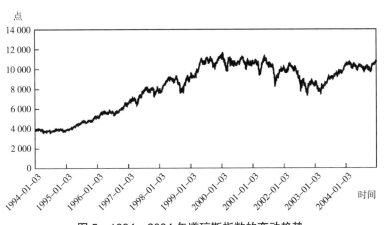

图 5　1994—2004 年道琼斯指数的变动趋势

（资料来源：Wind 资讯）

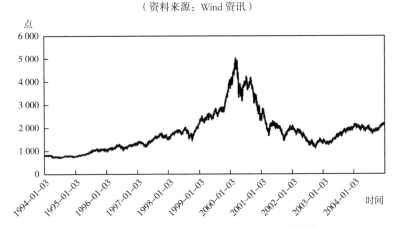

图 6　1994—2004 年纳斯达克指数的变动趋势

（资料来源：Wind 资讯）

从此次危机的逻辑线索和国际资本的流动角度看，这场互联网泡沫引发的市场危机与1997年的亚洲金融危机有着千丝万缕的关联，是全球股市危机的进一步延伸。另外，此次危机还在向更大规模、更深层次进行传递和繁衍。

（五）2008年美国次贷危机引爆的全球金融危机

在时隔8年之后，更大范围的金融危机终于在全球蔓延开来，这就是震撼世界的2008年全球"金融海啸"。它是自1933年大萧条结束以来最严重、波及范围最广的一次全球性金融危机。

2000年，由互联网泡沫引发的股市危机，使人们的财富严重缩水、需求不足，而且经济出现衰退趋势。为了刺激经济增长，从2001年起，美联储开始从加息周期转变为减息周期，在连续13次降低利率之后，联邦基准利率由2001年初的6.5%下降到2003年6月的1%，为46年来的最低水平。联邦基准利率的持续且大幅下降加上美国联邦政府实施的减税政策，使美国的房贷需求和房价不断上涨。2000—2006年美国的房价上涨了80%，抵押贷款公司、银行和其他放贷机构为追求高利润，大量发放住房抵押贷款；随后，基于竞争的加剧，次贷的规模和比例逐渐增大。为了增加资产流动性，投资银行又将这些贷款进行了证券化，并形成了抵押贷款支持证券（MBS）、资产支持证券（ABS）等债券供投资者购买。截至2006年底，次级贷款占全部住房抵押贷款的比例达到20%。在金融创新的浪潮下，投资银行在MBS的基础上不断推出新的结构性金融工具［如信用违约互换（CDS）、担保债务凭证（CDO）等］。在一个低利率的环境中，MBS、ABS以及MBS的衍生品和杠杆交易，吸引了越来越多的投资者。这些创新性金融工具在短期内满足了市场的交易需求，但它们使风险处于潜在的累积状态，而利率周期的反转和房地产价格的停滞或下跌就会使这种风险迅速暴露。

2004年6月，基于通货膨胀的压力和市场的潜在风险，美联储的低利率政策开始逆转：截至2006年8月底，经过17次加息，联邦基准利率由1%上升到5.25%。美联储连续加息的政策效应在2006年下半年开始显现，全国房价开始下降，同时按揭违约风险明显增加，MBS、ABS 以及 MBS 的衍生品 CDS、CDO 等金融产品的风险开始暴露。2007 年 4 月 2 日，新世纪金融公司（New Century Financial Corp.）申请破产保护，自此揭开了美国次贷危机的帷幕。随后，美国次级抵押贷款机构出现了"多米诺骨牌效应"，次贷危机全面扩散，全球股票市场开始出现强烈反应。在 2007 年，这场危机还仅限于次贷危机，并未演变成全球性的金融危机。

进入 2008 年后，次贷危机使全球一些著名金融机构的财务状况严重恶化、出现了巨额亏损，致使市场的流动性压力骤然增大，而投资者的恐慌情绪开始蔓延，因此股票市场的波动明显扩大。

2008 年 9 月是美国次贷危机演变成全球性金融危机的关键时刻。2008 年 9 月 7 日，美国联邦政府宣布接管房利美和房地美；9 月 15 日，有着 158 年历史的美国第四大投行雷曼兄弟宣布申请破产保护；9 月 16 日，美国政府宣布接管全球保险业巨头美国国际集团（AIG）等。这些事件彻底摧垮了全球投资者的信心，导致全球股票市场出现了持续性暴跌，使金融危机迅速从美国蔓延至欧洲、亚洲等金融市场相对发达的国家或地区。受此次危机的影响，除股票价格出现暴跌外，欧洲一些国家（如 PIGS[①] 某些国家、冰岛等）还出现了严重的货币危机、债务危机和银行流动性危机。由于此次起源于美国次贷危机的全球金融危机来势汹汹、破坏性极大，以至于人们把它称为"金融海啸"（financial tsunami）。

关于 2008 年全球金融危机对世界经济和全球金融市场的影响，我们曾做过一些研究[②]，学者们仍在做更深入的研究，主流的评价似乎大体一致，主要是：（1）对金融机构的重创，包括美国的五大投行垮掉了 3 家以及全球数十家银行的倒闭等。（2）对股票市场的巨大破坏力，道琼斯指数从危机前的 14 164.53 点下跌到 6 547.05 点。（3）包括不动产和金融资产在内的资产大幅缩水。有人认为，这场危机导致全球金融资产缩水 27 万亿美元[③]。（4）经济

---

① PIGS 指金猪四国，即葡萄牙（Portugal）、意大利（Italy）、希腊（Greece）和西班牙（Spain）

② 参见吴晓求，等. 金融危机启示录［M］. 北京：中国人民大学出版社，2009.

③ 参见石自强. 历次金融危机解密［M］. 北京：龙门书局，2011.

衰退，失业加剧。这次危机导致 2007—2009 年全球经济增长率由危机前 2007 年的 4.95% 下降到 -0.6%，美国的经济增长率从 1.78% 衰退到 -2.78%，欧元区则由 2.6% 衰退到 -3.9%。此外，失业率也有较明显的上升，美国的失业率由 2008 年的 5.8% 上升到 2010 年的 9.6%。中国政府采取了 4 万亿元的强烈经济刺激计划，因而经济增长率未受到大的影响（见表 3）。

表 3　2000—2014 年美国、英国、法国、德国、日本和中国的经济增长率及失业率

单位：%

年份	美国	英国	法国	德国	日本	中国
	经济增长率					
2000	4.09	3.77	3.88	2.98	2.26	8.43
2001	0.98	2.66	1.95	1.70	0.36	8.30
2002	1.79	2.45	1.12	0.01	0.29	9.09
2003	2.81	4.30	0.82	−0.72	1.69	10.02
2004	3.79	2.45	2.79	1.18	2.36	10.08
2005	3.35	2.81	1.61	0.71	1.30	11.35
2006	2.67	3.04	2.37	3.71	1.69	12.69
2007	1.78	2.56	2.36	3.27	2.19	14.19
2008	−0.29	−0.33	0.20	1.05	−1.04	9.62
2009	−2.78	−4.31	−2.94	−5.64	−5.53	9.23
2010	2.53	1.91	1.97	4.09	4.65	10.63
2011	1.60	1.65	2.08	3.59	−0.45	9.48
2012	2.32	0.66	0.18	0.38	1.75	7.75
2013	2.22	1.65	0.66	0.11	1.61	7.68
2014	2.39	2.55	0.18	1.60	−0.10	7.35
	失业率					
2000	4.00	5.50	10.22	7.70	4.80	4.50
2001	4.70	4.70	8.61	7.80	5.00	4.50
2002	5.80	5.10	8.70	8.60	5.40	4.40
2003	6.00	4.80	8.58	9.30	5.20	4.30
2004	5.50	4.60	9.21	10.30	4.70	4.30
2005	5.10	4.70	8.88	11.10	4.40	4.10
2006	4.60	5.40	8.83	10.30	4.10	4.00

续表

年份	美国	英国	法国	德国	日本	中国
	失业率					
2007	4.60	5.30	8.00	8.60	3.90	3.80
2008	5.80	5.30	7.39	7.50	4.00	4.40
2009	9.30	7.70	9.12	7.70	5.00	4.40
2010	9.60	7.80	9.28	7.10	5.00	4.20
2011	8.90	7.80	9.17	5.90	4.50	4.30
2012	8.10	7.90	9.83	5.50	4.30	4.50
2013	6.70	7.70	9.86	5.30	4.00	4.60
2014	5.60	5.80	10.40	4.70	3.60	5.10

资料来源：世界银行。

实际上，由于美国金融市场的高度开放和美国金融市场在国际上的中心地位，故美国的金融结构具有良好的风险分散功能。这场大萧条以来最严重的发端于美国次贷市场的全球性金融危机，对美国经济和金融体系的破坏性既远低于金融危机中被传染的国家（这些国家为美国过度分食了金融危机的苦果），也远低于美国在这场金融危机所获得的财富、机制和优势。为什么在这场危机之后美国在全球经济、金融中的地位不但没有被削弱，反而有所增强？为什么欧盟和欧元的影响力、优势反而有所削弱？这些方面都值得我们再深思、再讨论。

二

股市危机乃至金融危机在全球的频发，其理论逻辑是什么？它们除了具有自身的特殊原因外，还有共同的"基因"吗？有共同的逻辑结构吗？金融学家特别是金融史学家一直在研究思考这样的问题。在这里，我们分析的金融危机主要侧重于股票市场危机，必要时也会偶尔涉及其他危机形态。

关于金融危机的过程、原因、机理、效应、干预、救助等的研究，因危机发生时期、金融体制背景、汇率制度、金融结构、发展水平，甚至文化传统的差异，关注的重点有所不同。

不过，几乎所有有影响的研究都会探寻危机的形成规律和逻辑结构。这里基于近 30 年来特别是基于前述严重金融危机的历史事件，试图厘清以下几个重要的理论疑惑。

（一）股市危机乃至金融危机发生的理论逻辑是什么

首先，我们需要研究股票市场泡沫的形成和危机的发生与广义货币（M_2）变动之间的关系。下面观测几个典型国家股市危机前后的相关数据，见表 4 至表 10 和图 7 至图 13。

表 4　　1980—2010 年美国 M_2 的变动和股票市值、股价指数相关数据

年份	广义货币（M_2）		纽约证券交易所				纳斯达克			
	水平值（10亿美元）	增长率（%）	道琼斯指数	增长率（%）	市值（10亿美元）	增长率（%）	纳斯达克指数	增长率（%）	市值（10亿美元）	增长率（%）
1980	1 604.80	—	963.98	—	1 189.22	—	202.34	—	125.77	—
1981	1 760.30	9.69	875.00	−9.23	1 095.87	−7.85	195.84	−3.21	130.78	3.99
1982	1 915.00	8.79	1 046.55	19.61	1 254.26	14.45	232.41	18.67	164.06	25.44
1983	2 134.70	11.47	1 258.64	20.27	1 513.53	20.67	278.60	19.87	240.98	46.89
1984	2 319.40	8.65	1 211.56	−3.74	1 484.76	−1.90	247.35	−11.22	214.32	−11.07
1985	2 505.00	8.00	1 546.67	27.66	1 834.64	23.56	325.22	31.48	291.64	36.08
1986	2 742.30	9.47	1 895.95	22.58	2 050.30	11.75	348.83	7.26	344.08	17.98
1987	2 841.30	3.61	1 938.80	2.26	2 058.79	0.41	330.47	−5.26	328.04	−4.66
1988	3 003.60	5.71	2 168.60	11.85	2 268.79	10.20	381.38	15.41	337.66	2.93
1989	3 167.90	5.47	2 753.20	26.96	2 793.43	23.12	454.82	19.26	382.94	13.41
1990	3 286.20	3.73	2 633.66	−4.34	2 568.17	−8.06	373.84	−17.80	309.33	−19.22
1991	3 386.10	3.04	3 168.83	20.32	3 361.48	30.89	586.34	56.84	510.06	64.89
1992	3 440.10	1.59	3 301.11	4.17	3 679.79	9.47	676.95	15.45	616.40	20.85
1993	3 493.40	1.55	3 754.09	13.72	4 156.51	12.97	776.82	14.75	778.86	26.36
1994	3 507.00	0.39	3 834.44	2.14	4 102.01	−1.32	751.96	−3.20	788.63	1.25
1995	3 652.00	4.13	5 117.12	33.45	5 484.47	33.70	1 052.14	39.92	1 169.51	48.30
1996	3 828.00	4.82	6 448.27	26.01	6 676.95	21.74	1 291.03	22.71	1 500.94	28.34

续表

年份	广义货币（M₂）		纽约证券交易所				纳斯达克			
	水平值（10亿美元）	增长率（%）	道琼斯指数	增长率（%）	市值（10亿美元）	增长率（%）	纳斯达克指数	增长率（%）	市值（10亿美元）	增长率（%）
1997	4 041.40	5.57	7 908.25	22.64	8 811.04	31.96	1 570.35	21.64	1 832.61	22.10
1998	4 382.00	8.43	9 181.43	16.10	10 544.27	19.67	2 192.69	39.63	2 606.99	42.26
1999	4 644.00	5.98	11 497.12	25.22	11 672.29	10.70	4 069.31	85.59	5 207.81	99.76
2000	4 928.80	6.13	10 786.85	−6.18	11 872.47	1.71	2 470.52	−39.29	3 611.82	−30.65
2001	5 434.00	10.25	10 021.50	−7.10	10 834.46	−8.74	1 950.40	−21.05	2 854.56	−20.97
2002	5 769.80	6.18	8 341.63	−16.76	8 888.44	−17.96	1 335.51	−31.53	1 952.42	−31.60
2003	6 064.20	5.10	10 453.92	25.32	11 329.74	27.47	2 003.37	50.01	2 963.95	51.81
2004	6 415.20	5.79	10 783.01	3.15	12 822.02	13.17	2 175.44	8.59	3 277.14	10.57
2005	6 676.10	4.07	10 717.50	−0.61	13 661.86	6.55	2 205.32	1.37	3 330.64	1.63
2006	7 065.30	5.83	12 463.15	16.29	15 486.23	13.35	2 415.29	9.52	3 643.28	9.39
2007	7 474.50	5.79	13 264.82	6.43	15 524.27	0.25	2 652.28	9.81	3 880.61	6.51
2008	8 204.80	9.77	8 776.39	−33.84	9 208.27	−40.68	1 577.03	−40.54	2 302.63	−40.66
2009	8 511.30	3.74	10 428.05	18.82	11 559.26	25.53	2 269.15	43.89	3 376.21	46.62
2010	8 822.50	3.66	11 577.51	11.02	13 459.81	16.44	2 652.87	16.91	3 927.76	16.34

资料来源：世界银行、Wind 资讯。

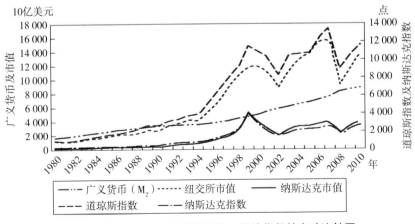

图 7（1） 美国 M₂ 和股票市值、股价指数的变动比较图

（资料来源：Wind 资讯）

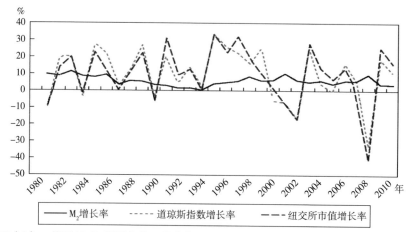

图7（2） 美国 M₂ 和股票市值、股价指数增长率的变动比较图（以道琼斯指数为例）

（资料来源：Wind 资讯）

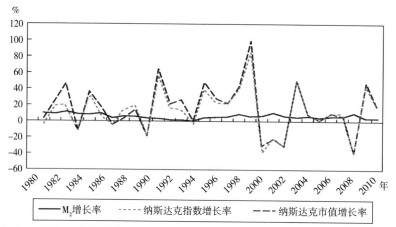

图7（3） 美国 M₂ 和股票市值、股价指数增长率的变动比较图（以纳斯达克指数为例）

（资料来源：Wind 资讯）

表5　1980—2000 年日本 M₂ 的变动和股票市值、股价指数相关数据

年份	广义货币 （M₂，万亿日元）	增长率 （%）	股票市值 （万亿日元）	增长率 （%）	日经225指数	增长率 （%）
1980	350.42	—	—	—	7 063.13	—
1981	391.68	11.77	—	—	7 681.84	8.76
1982	428.08	9.29	—	—	8 016.67	4.36
1983	464.41	8.49	—	—	9 893.82	23.42

续表

年份	广义货币（M₂，万亿日元）	增长率（%）	股票市值（万亿日元）	增长率（%）	日经225指数	增长率（%）
1984	500.95	7.87	—	—	11 542.60	16.66
1985	544.75	8.74	—	—	13 083.80	13.35
1986	594.78	9.18	—	—	18 820.65	43.85
1987	650.85	9.43	—	—	21 564.00	14.58
1988	709.96	9.08	—	—	30 159.00	39.86
1989	788.01	10.99	555.30	—	38 915.87	29.04
1990	842.00	6.85	517.69	−6.77	23 848.71	−38.72
1991	888.72	5.55	424.11	−18.08	22 983.77	−3.63
1992	917.96	3.29	363.99	−14.17	16 924.95	−26.36
1993	958.53	4.42	319.94	−12.10	17 417.24	2.91
1994	998.67	4.19	357.64	11.78	19 723.06	13.24
1995	1 039.34	4.07	362.57	1.38	19 868.15	0.74
1996	1 078.88	3.80	340.63	−6.05	19 361.35	−2.55
1997	1 141.56	5.81	304.14	−10.71	15 258.74	−21.19
1998	1 177.36	3.14	297.40	−2.22	13 842.17	−9.28
1999	1 210.36	2.80	422.50	42.07	18 934.34	36.79
2000	1 226.52	1.34	428.88	1.51	13 785.69	−27.19

注：广义货币及股票市值数据来源于世界银行，以现价本币单位计量。表6至表10的数据统计方式相同。

资料来源：世界银行、Wind 资讯。

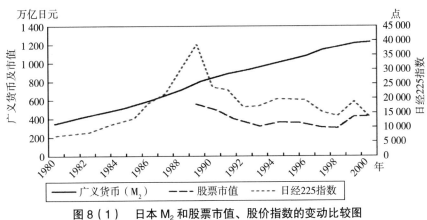

图 8（1）　日本 M₂ 和股票市值、股价指数的变动比较图

（资料来源：Wind 资讯）

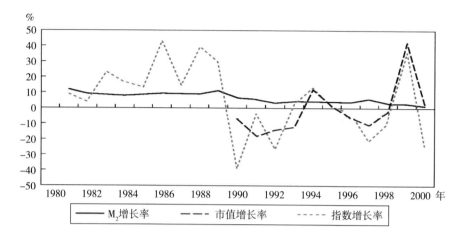

图 8（2）　日本 M$_2$ 和股票市值、股价指数增长率的变动比较图

（资料来源：Wind 资讯）

表 6　1990—2000 年韩国 M$_2$ 的变动和股票市值、股价指数相关数据

年份	广义货币 （M$_2$，万亿韩元）	增长率 （%）	股票市值 （万亿韩元）	增长率 （%）	韩国综合指数	增长率 （%）
1990	68.71	—	88.63	—	696.11	—
1991	83.75	21.89	76.29	−13.92	610.92	−12.24
1992	96.26	14.94	77.96	2.20	678.44	11.05
1993	112.22	16.58	98.11	25.85	866.18	27.67
1994	133.18	18.68	134.38	36.96	1 027.37	18.61
1995	153.95	15.59	148.75	10.70	882.94	−14.06
1996	178.31	15.83	127.56	−14.25	651.22	−26.24
1997	203.53	14.14	78.61	−38.37	376.31	−42.21
1998	258.54	27.03	107.51	36.77	562.46	49.47
1999	329.32	27.38	319.04	196.75	1 028.07	82.78
2000	413.05	25.43	334.37	4.80	504.62	−50.92

资料来源：世界银行、Wind 资讯。

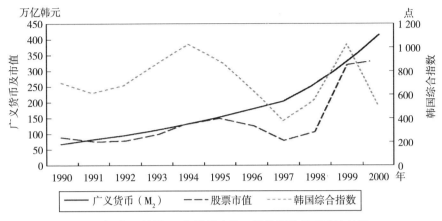

图 9（1）　韩国 M₂ 和股票市值、股价指数的变动比较图

（资料来源：Wind 资讯）

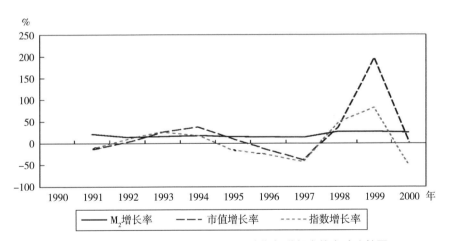

图 9（2）　韩国 M₂ 和股票市值、股价指数增长率的变动比较图

（资料来源：Wind 资讯）

表 7　1990—2000 年泰国 M₂ 的变动和股票市值、股价指数相关数据

年份	广义货币 （M₂，百亿泰铢）	增长率 （%）	股票市值 （百亿泰铢）	增长率 （%）	泰国综合指数	增长率 （%）
1990	166.31	—	63.91	—	612.86	—
1991	198.57	19.40	76.45	19.61	711.36	16.07
1992	229.37	15.51	120.38	57.47	893.42	25.59
1993	272.93	18.99	239.14	98.66	1 682.85	88.36
1994	302.10	10.69	333.98	39.66	1 360.09	−19.18

续表

年份	广义货币 （M₂，百亿泰铢）	增长率 （%）	股票市值 （百亿泰铢）	增长率 （%）	泰国综合指数	增长率 （%）
1995	355.70	17.74	343.32	2.80	1 280.81	−5.83
1996	393.47	10.62	305.33	−11.07	831.57	−35.07
1997	470.40	19.55	166.68	−45.41	372.69	−55.18
1998	517.76	10.07	110.35	−33.80	355.81	−4.53
1999	537.43	3.80	181.82	64.77	481.92	35.44
2000	563.81	4.91	170.26	−6.36	269.19	−44.14

资料来源：世界银行、Wind 资讯。

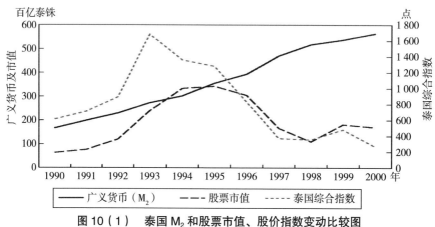

图 10（1）　泰国 M₂ 和股票市值、股价指数变动比较图

（资料来源：Wind 资讯）

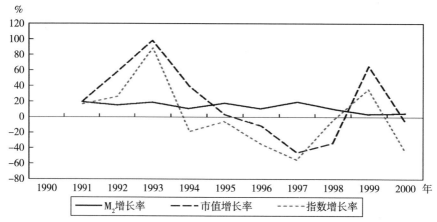

图 10（2）　泰国 M₂ 和股票市值、股价指数增长率的变动比较图

（资料来源：Wind 资讯）

表8　1990—2000 年菲律宾 M_2 的变动和股票市值、股价指数相关数据

年份	广义货币（M_2，百亿菲律宾比索）	增长率（%）	股票市值（百亿菲律宾比索）	增长率（%）	马尼拉综合指数	增长率（%）
1990	36.89	—	20.35	—	653.11	—
1991	43.43	17.72	22.94	12.74	1 154.26	76.73
1992	49.12	13.11	35.35	54.11	1 256.22	8.83
1993	62.95	28.15	73.03	106.61	3 241.86	158.06
1994	79.77	26.73	131.08	79.48	2 785.81	−14.07
1995	98.82	23.87	152.94	16.68	2 594.18	−6.88
1996	122.27	23.73	183.45	19.95	3 170.56	22.22
1997	150.53	23.11	154.75	−15.65	1 869.23	−41.04
1998	163.42	8.57	118.74	−23.27	1 968.78	5.33
1999	191.01	16.88	155.47	30.93	2 142.97	8.85
2000	206.52	8.12	136.68	−12.09	1 494.50	−30.26

资料来源：世界银行、Wind 资讯。

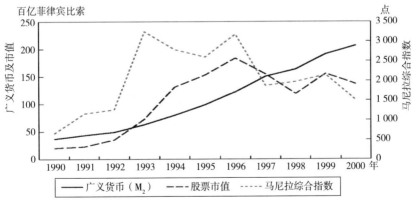

图 11（1）　菲律宾 M_2 和股票市值、股价指数的变动比较图

（资料来源：Wind 资讯）

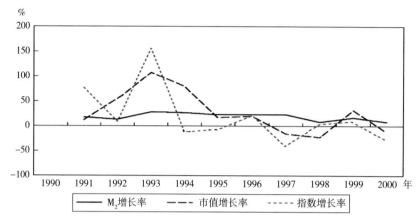

图 11（2）　菲律宾 M_2 和股票市值、股价指数增长率的变动比较图

（资料来源：Wind 资讯）

表 9　1990—2000 年马来西亚 M_2 的变动和股票市值、股价指数相关数据

年份	广义货币（M_2，百亿林吉特）	增长率（%）	股票市值（百亿林吉特）	增长率（%）	吉隆坡综合指数	增长率（%）
1990	7.67	—	11.91	—	505.92	—
1991	8.96	16.88	14.64	22.92	556.22	9.94
1992	15.40	71.91	20.03	36.84	643.96	15.77
1993	19.46	26.36	39.96	99.54	1 275.32	98.04
1994	21.70	11.51	54.53	36.45	971.21	−23.85
1995	25.72	18.53	54.08	−0.82	995.17	2.47
1996	30.48	18.48	66.62	23.18	1 237.96	24.40
1997	35.37	16.04	52.15	−21.72	594.44	−51.98
1998	35.45	0.23	32.72	−37.26	586.13	−1.40
1999	39.74	12.10	46.88	43.30	812.33	38.59
2000	43.73	10.05	49.74	6.10	679.64	−16.33

资料来源：世界银行、Wind 资讯。

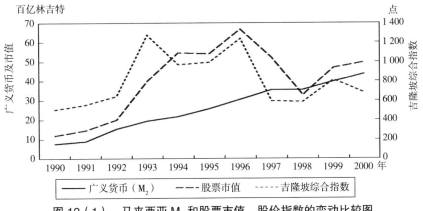

图 12（1）　马来西亚 M_2 和股票市值、股价指数的变动比较图

（资料来源：Wind 资讯）

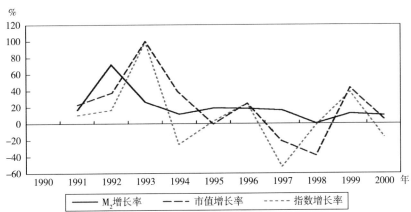

图 12（2）　马来西亚 M_2 和股票市值、股价指数增长率的变动比较图

（资料来源：Wind 资讯）

表 10　1990—2000 年印度尼西亚 M_2 的变动和股票市值、股价指数相关数据

年份	广义货币 （M_2，万亿 印度尼西亚盾）	增长率 （％）	股票市值 （万亿印度 尼西亚盾）	增长率 （％）	雅加达综合 指数	增长率 （％）
1990	85.35	—	9.26	—	417.79	—
1991	100.31	17.53	14.19	53.23	247.39	−40.79
1992	120.00	19.62	18.76	32.22	274.34	10.89
1993	144.06	20.06	46.65	148.59	588.77	114.61
1994	173.17	20.20	85.62	83.56	469.64	−20.23
1995	220.83	27.52	126.36	47.58	513.85	9.41

续表

年份	广义货币（M₂，万亿印度尼西亚盾）	增长率（%）	股票市值（万亿印度尼西亚盾）	增长率（%）	雅加达综合指数	增长率（%）
1996	280.63	27.08	183.45	45.18	637.43	24.05
1997	351.50	25.25	151.91	−17.19	401.71	−36.98
1998	572.12	62.76	157.44	3.64	398.04	−0.91
1999	642.11	12.23	365.01	131.83	676.92	70.06
2000	748.85	16.62	368.77	1.03	416.32	−38.50

资料来源：世界银行、Wind 资讯。

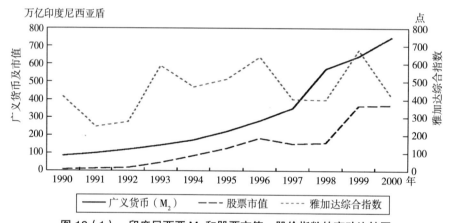

图 13（1） 印度尼西亚 M₂ 和股票市值、股价指数的变动比较图

（资料来源：Wind 资讯）

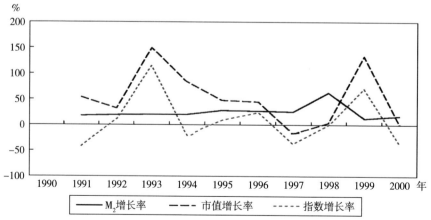

图 13（2） 印度尼西亚 M₂ 和股票市值、股价指数增长率的变动比较图

（资料来源：Wind 资讯）

通过表 4 至表 10 的数据和图 7 至图 13 的趋势比较大体可以形成这样的理论猜想：股市的泡沫化和股市危机的发生或许是经济金融化时代通货膨胀的一种替代或结构升级，因而它们最终还是一种货币现象。这或许就是在金融市场特别是股票市场相对发达的经济体，过多的货币不会引发严重的通货膨胀，但会引发资产价格泡沫，进而引发股市危机的一种解释。

货币过多投放大多是通过信贷的过度扩张来实现的，进而我们必须思考信贷过度扩张与股市泡沫及股市危机的衍生过程。

在大多数发生过股市危机的国家，信贷的过度扩张或者信贷泡沫是股市危机的历史起点。信贷的过度扩张一般都发生在经济周期中增长阶段的中前期，此时人们对经济充满着乐观预期，资产中的不动产价格持续上升。房地产价格上涨的周期时间相对较长，有些国家房地产价格的上涨幅度相当惊人，如 20 世纪 80 年代日本的房地产价格就上涨了 5~6 倍。随着房地产价格的上涨，资产中一种更具流动性的金融资产（即股票）亦会上涨。股票价格的上涨既有经济增长、企业盈利增加的原因，也有乐观预期的驱使，还有同属资产类别的房地产价格上涨的刺激。资产价格的上涨通过银行抵押贷款又会进一步创造更多的流动性。流动性的大幅增加在经过几个循环周期后，必然会引发股市的巨大泡沫，一旦资产升值的幅度不能对冲增量资金的成本，市场上升的动能就会减弱，此时股市危机也就悄然而至，这就是市场交易量或换手率是观察市场上涨还是下跌，是继续成长还是危机开始的重要指标的原因所在。处在高点时期的下跌，是演变成股市危机还是渐进"熊市"，取决于市场上涨时资金的来源，或者准确地说，取决于资金杠杆率。高杠杆的市场大多会演变成市场危机，即股价快速下跌，低杠杆的市场则可能进入漫漫"熊市"。随着股价下跌趋势的确立，另一类资产（即房地产）的价格亦会下跌，但它下跌的幅度在大多数国家可能会逊色于股票市场，其中的一个重要原因在于人们恐慌程度的差异和对财富的不同认知。

从上述分析中，我们大致可勾画出股市危机形成的逻辑线索，见图 14。

这是一个市场危机发生的逻辑简图。实际上，真实的情况（诱因、演变和后果）比这复杂得多。

在图 14 中有两个因素没有考虑，即汇率变化和国际资本流动。

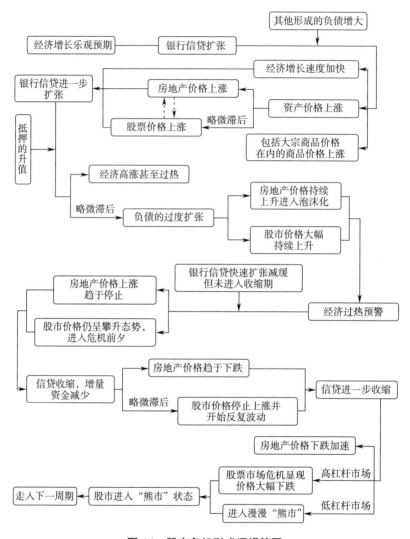

图 14　股市危机形成逻辑简图

（二）金融危机的多种形态是如何相互转化、相互传染的

当我们纳入汇率变动的巨大影响后，股市危机的发生过程会发生什么变化呢？从完整的结构形态看，金融危机包括货币危机、债务危机、股市危机、银行危机。金融危机既指这四种危机中的一种，也指这四种危机中的相

互组合形态。在极端情况下，甚至包括这四种危机的重叠。在现实中，如果一国或一个经济体出现了四种危机形态中的一种，一般都认定为其已出现了金融危机。

在不同国家，由于发展水平、金融结构、汇率制度、货币因素以及金融文化等的差异，危机的组合形态会有明显差异，危机对金融体系和经济增长的影响力亦有很大不同。例如，美国在最近 30 年发生的三次金融危机（1987年、2000 年和 2008 年）主要表现为股市危机，其他危机形态不十分明显，即使在最严重的 2008 年金融危机中，其他的风险略有显现，但并不严重，还未到危机状态。1990 年前后日本泡沫经济引发的金融危机则相对复杂一些，是由股市危机、银行危机交织在一起的，但债务危机不严重，货币危机不存在，这主要与日本的金融结构、经济大国的地位和金融的开放度有密切关系。亚洲金融危机涉及国大多表现为四种危机的交织，其中又以韩国最为典型。作为亚洲金融危机的延伸，俄罗斯金融危机也表现为四种金融危机的交织，因而可以称为全面金融危机。这些国家之所以会出现全面金融危机，与其经济结构的脆弱性、金融结构的不平衡性和货币弹性有密切关系。

虽然有些国家的金融危机表现形态具有相对单一性，但在危机的形成过程中，其他危机形态要素仍有感染或推动的作用。任何一种危机的出现，都是经济和金融诸多要素（如货币、汇率、信贷、资产价格、金融杠杆、复杂的金融创新等）作用的结果，客观上都有一个相互感染、转化、衍生、扩展和爆发的过程。

从国际资本流动的角度看，发生金融危机的国家有两种类型：第一，国际资本是本国经济发展的重要资本资源，国际资本净流入额占比相对较高，而且资本在国际流动的规模大、频率高、速度快。通常来说，这些国家都是发展中国家或后发达国家（或地区），如泰国、菲律宾、马来西亚、印度尼西亚和韩国等，也有经济转型国家（如俄罗斯等）。第二，经济规模大、金融资源丰富、资本实力强大的国家，如美国和日本。其中，美国是资本净输出国，2007 年美国的对外直接投资净额达到 1 928.76 亿美元。在这两种类型的国家（或地区）中，上述四种金融危机出现的概率有很大差别，而且诸多金融因素对危机形成的作用亦有显著不同。

就第一种类型的国家（即对国际资本依赖程度较高的国家）而言，金融危机通常都是通过国际资本的涌入推高市场汇率，在短期内引发本币升值，进而加大外汇市场波动。为了抑制汇率（本币）升值，中央银行通常会向市场注入更多流动性。随着经济增长的乐观预期，银行信贷规模扩张，经济持续增长，房地产价格上涨，本币升值预期相对固化，股价上涨，国际资本流入规模扩大，投机气氛渐浓。由于银行抵押资产升值，银行信贷进一步扩展，经济显现过热状态，汇率坚挺，资产价格上涨速度加快并呈泡沫化特征。其中，尤以股票价格的上涨明显，此时包括国际资本在内的投资者或投机者由于资产价格特别是股票价格过高、本币估值过高，会出现大规模的跨市场联动做空，其结果通常是货币大幅贬值、股票价格暴跌、银行坏账大增、债务（特别是国际债务）违约严重、大量国际资本特别是短期投机性资本流出、汇率大幅波动、国际储备告急，最终导致金融危机全面爆发、经济严重衰退、居民财富大幅缩水，不少银行由于流动性困难而面临倒闭。一国在金融危机时迫切需要外部救助，因而国际救助启动。风险的这种衍生过程和形成逻辑在亚洲金融危机及俄罗斯金融危机中已经出现过。这种复合式金融危机早已在过度依赖国际资本和汇率机制上埋下了伏笔，因而危机的爆发已在趋势之中。从起源和基因角度看，这种复合式金融危机主要是一种外部输入式的，而一国内部结构的脆弱起到了一种类似于"猎物"的引诱作用。

由于第二种类型国家（或地区）货币的特殊功能和国际地位，其对国际资本的依赖性不强，即使出现金融危机，一般也不会出现因货币大幅贬值而引发的货币危机，并且难以出现全面的债务危机。由于国际资本的双向大幅流动和本币国际化的地位，这种金融结构既有风险对冲功能，又有危机（主要是货币危机和债务危机）减压或减震效应。是否会出现大范围的银行危机甚至倒闭，取决于所在国的金融模式和金融结构的市场化程度，但有一点我们可以肯定，资产价格的大幅下跌和股市危机是不可避免的，因而它更多地表现为一种相对单一的股市危机。这类国家金融危机发生的原因是具有某种货币创造功能的杠杆。

（三）是否存在金融危机的跨期、跨地域的国际传递？

近 30 年来，基于汇率的自由化、金融结构的证券化和金融市场的国际化，国际资本在全球的流动规模不断增加、流通速度不断加快，而国际投机性资本的逐利嗅觉愈加敏感。在这种条件下，几乎没有一场金融危机是孤立的。金融危机跨期、跨区域的传递效应从国际资本的大规模移动过程中总能寻找到一些蛛丝马迹，就像大海中的波涛一样，虽隔千里，形似无关，实则相连，因为海浪永不停息，资本逐利的动能更不会泯灭。

从一个完整的周期看，金融危机会使处在危机末端的投资者和所在国居民的财富大幅缩水，这是从最后结果上看到的。实际上，在资产价格大幅涨落的过程中，有不少人大发其财，特别是国际资本。一个危机的结束，意味着国际逐利资本更大规模地流出，表明它在流动中寻找下一个目标。对于任何一场金融危机，人们都可以找到解释的理由。人们解释的理由要么来自经济结构的失衡，要么来自经济政策的失误，要么来自政府管控的失灵，抑或人类行为的贪婪等。这种解释都有合理的成分，但我仍然确信，金融危机是一种衍生性的通货膨胀，是资本逐利的结果。金融危机在本质上仍是一种货币现象。

既然金融危机是资本逐利的结果，而资本的天性就是生命不息、逐利不止，因此这种流动可以是跨地域的，也可以是跨期的。资本跨期、跨地域的流动特性，使全球几乎所有金融危机都有某种延续性和关联性。

一些学者亦有同样的推测。查尔斯·P. 金德尔伯格和罗伯特·Z. 阿利伯在《金融危机史》（*A History of Financial Crises*）一书中就认为，20 世纪 80 年代初墨西哥、巴西、阿根廷及其他发展中国家的巨额债务危机将泡沫推向了日本，从而推高了 20 世纪 80 年代中后期日本的房地产价格和股票价格。90 年代初，随着日本资产价格泡沫的破灭，大量游资撤离日本，而后转向泰国、马来西亚、印度尼西亚、菲律宾等国，进而导致这些国家的货币升值、房地产和股票价格上涨。在亚洲金融危机后，游资又涌入了美国，为日后美国金融危机的形成起了重要作用。[①]

三

在 2008 年全球金融危机 7 年后，中国股票市场爆发了自 1990 年建立以来最严重的危机。这场股市危机发生在中国经济转型、增速下降、金融结构调整的重要时期。我国股票市场波动幅度之大、涨跌速度之快，着实让全球市场受到了惊吓，更让我们深刻地体会了股市危机的巨大风险和发展资本市场的复杂性。在中国资本市场的发展历史上，这场股市危机是一个里程碑式的大事件，值得人们去分析、反思和总结。

（一）过程描述

与全球历次市场危机一样，中国的这场股市危机也经历了快速上涨、断崖式下跌、政府救市、市场趋稳四个阶段。从时间跨度、波动幅度和后续影响看，它与 1987 年 10 月 19 日美国的"黑色星期一"有一定的相似性。

2014 年 7 月中旬，中国股票市场在 2 000 点左右徘徊了 6 年之后，正在悄然复苏，见图 15。在最初的 4 个月（即从 2014 年 7 月中旬到 11 月中旬），市场处在恢复性缓慢上涨之中，这种恢复性上涨是合理的、符合预期的。从 2014 年 11 月 19 日市场开始第一波快速上涨到 2015 年 1 月 5 日的 31 个交易日，代表蓝筹股市场的上证指数从 2 450 点上涨到 3 350 点，上涨幅度达到了 36.7%。此后，在诸多"利多"因素的刺激下，从 2015 年 3 月 9 日开始，中国股票市场开始了第二波快速上涨。到 4 月 27 日，上证指数由 3 224 点上涨到 4 527 点，上涨幅度达到了 40.4%，中小板和创业板分别上涨了 35.2% 和 41.5%。在此期间，市场交易量急剧放大，由此前的 6 600 亿元左右猛增到 1.65 万亿元左右，流通市值由 35.43 万亿元增加到 47.26 万亿元，换手率从 1.86% 快速上升到 3.46%。此时，政策层面已经开始提示风险，但在非理性预

[①] 参见查尔斯·P.金德尔伯格，罗伯特·Z.阿利伯.疯狂、惊恐和崩溃：金融危机史（第六版）[M].朱隽，叶翔，李伟杰，译.北京：中国金融出版社，2014.

期和高杠杆的作用下，市场迅速进入第三波的疯狂上涨。从 2015 年 5 月 19 日到 6 月 12 日的 18 个交易日中，上证指数从 4 285 点上涨到 5 166 点，其间曾达到 5 178 点的峰值，上涨幅度达到 20.6%。与此同时，中小板和创业板上涨了 20.0% 和 17.8%。在此期间，创业板曾达到创纪录的 4 037.96 点。在这一阶段，市场交易量几乎每天都在 2 万亿元左右，5 月 28 日更是达到了令人难以置信的 2.42 万亿元的新交易纪录，换手率曾一度突破 4%。如果从 2014 年 11 月 19 日算起，到 2015 年 6 月 12 日，在不到 7 个月的时间里，上证指数从 2 450 点上涨到 5 166 点（峰值为 5 178 点），累计上涨超过一倍，达到了 110.9%。中小板和创业板在此期间的累计上涨幅度更大，分别达到了 121.4% 和 159.1%。从市场结构上看，由于银行、地产、石油石化、煤炭等传统大盘股的权重大，因而上涨幅度较小，而小市值、互联网和并购概念股的上涨幅度惊人，大多在 4 倍以上，少数达到了 10 倍以上。除去银行、石油石化等行业的上市公司，市盈率平均超过 50 倍，创业板平均市盈率超过 150 倍。无论是从上涨速度、上涨幅度上看，还是从交易量、换手率上看，抑或是从市盈率上看，市场显然出现了极其严重的泡沫，因而危机已在眼前，崩盘随时出现。

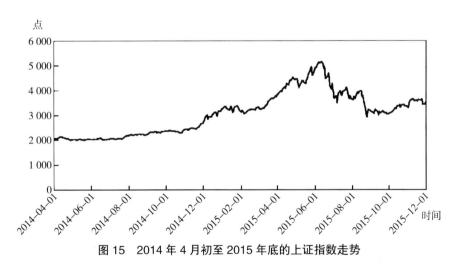

图 15　2014 年 4 月初至 2015 年底的上证指数走势

（资料来源：Wind 资讯）

2015 年 6 月 15 日又是一个星期一，从这天开始到 7 月 8 日，除了有几个交易日短暂稳定外，崩盘式的下跌成为市场的大趋势。上证指数从 6 月

15 日开盘时的 5 174 点一路狂泻到 7 月 8 日的 3 507 点，大跌 1 667 点，市场整体跌幅达到了 32.2%，而中小板、创业板的跌幅更大，分别达到 38.4% 和 39.7%。此后，政府采取了一系列重要的救市政策，在短期内稳定了市场。由于受到过早讨论政府退市和基于内幕交易的大规模救市反向操作行为的影响，2015 年 8 月 18—26 日的 7 个交易日（其中有两天是周末）内，市场出现了第二波大幅下跌，上证指数从 4 000 点狂跌到 2 850 点，下跌幅度为 28.8%，同期中小板、创业板下跌了 26.8% 和 29.3%，见图 16 和图 17。在此期间，从 2015 年 6 月 15 日到 8 月 26 日，上证指数从最高点 5 178 点下跌到最低点 2 850 点，下跌了 45.0%，中小板和创业板分别下跌了 44.6% 和 51.8%。按照学术界对市场危机下跌幅度的定义，即 10 个交易日内市场指数连续下跌超过 20% 就可被定义为"危机"，则中国股票市场 2015 年 6—8 月的这场异常波动就是危机。这场股市危机对中国金融体系的稳定产生了严重影响，为了恢复投资者信心、稳定市场预期、保证金融体系的整体安全，在市场出现了第一波下跌后，政府就开始推出包括入市、续贷、鼓励回购、暂停 IPO、限制做空等稳定市场的措施。在股市第二波下跌后，政府和监管部门加大了打击操纵市场和内幕交易等违规违法行为的力度和清理场外配资的行为。目前，市场已趋于正常，25 年来中国的第一次股市危机正在慢慢消解。

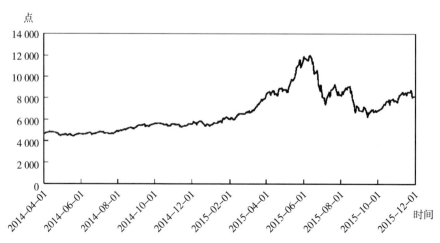

图 16　2014 年 4 月初至 2015 年底的中小板指数走势

（资料来源：Wind 资讯）

图 17　2014 年 4 月初至 2015 年底的创业板指数走势

（资料来源：Wind 资讯）

（二）原因分析

本轮股市的异常波动，实质上是一场单纯的股市危机，引发这场股市危机的原因主要有六方面。

第一，市场对中国经济改革和增长模式转型的短期预期过高，但长期预期不足，从而造成急功近利、短期炒作，进而形成了快速推高价格、迅速套利离场的市场状态。

应该说，2014 年 7 月前的中国经济具备了摆脱徘徊、告别低迷、进入成长周期的基础。自 2008 年全球金融危机以来，中国经济持续增长，经济规模迅速扩大，GDP 由 2008 年的 31.67 万亿元猛增到 2013 年的 58.8 万亿元，经济增长了 85.66%，并且在 2010 年成为全球第二大经济体。2013 年，中国进出口贸易第一次突破 4 万亿美元，达到 4.16 万亿美元，成为全球第一大贸易国。

与此同时，中国的经济改革和经济转型开始启动，致使中国的经济增长模式处在调整之中。从需求驱动转向创新驱动，市场在配置资源中的"基础作用"转向"决定性作用"是这一次增长模式转型的重要特点。"一带一路"倡议、"互联网＋"模式、新兴产业的崛起、经济发展新多极圈的形成等，构成了对未来中国经济的新预期。在这种现实基础和未来预期的作用下，中国股市从 2014 年 7 月开始了新一轮成长周期。然而，随着市场的缓慢上涨和有关政策、规则的出台，改革红利和"新因素"的作用被过度解读，市场夸大并突出了短期效应，忽视了长期的战略价值，把经济转型的一些长期因素偷换成短期的炒作概念，从而使缓慢上涨的市场变成了泡沫化的市场，致使具有长期成长基础的市场被快速透支。

第二，严重误读大力发展资本市场的政策本意，扭曲理解资本市场的战略价值，功利化地认为发展资本市场就是推高股价。

发展资本市场是中国金融改革的重点，也是中国金融市场化、国际化改革的重要突破口，对进一步调整金融结构、完善金融功能、提升金融效率、提高金融防范风险的能力都有重要意义。在过去较长的一个时期内，中国金融结构过度"银行化"，银行类金融机构的信贷资产规模和占比越来越大。与此同时，证券化金融资产的比重趋于下降，因而金融体系中存量资产所沉淀的潜在风险越来越大，为了有效地化解中国金融体系越来越严重的金融风险，推动资产证券化、大力发展资本市场是一个必然的选择。正是基于这种宏观判断，我们开始着力推进多层次资本市场的发展，同时推动资本市场领域多方面的改革，并取得了积极的成效。我们认为，发展资本市场符合金融结构变革的基本趋势。但是，市场对这个长期的基本趋势做了过于短期的理解，把发展资本市场这样一个国家战略误读为"国家牛"，而"国家牛"的概念很容易麻痹投资者的风险意识。没有风险意识的"国家牛"认知，在现实中很容易演变成"快牛"甚至"疯牛"。在全球资本市场的发展历史中，不乏此类案例。

第三，高杠杆配资是这次股市危机的直接推手。

在股票市场上，配资交易是一种信用交易，也是一种杠杆交易。配资交易视配资类型、资金性质和渠道、工具特点、平仓机制的不同而具有不同的市场杠杆效应。随着证券公司融资业务和融资工具的创新，中国股票市场中的配资渠道和配资类型日渐丰富及多元。在股市长期向好、上涨预期一致时，配资规模特别是场外配资规模会有爆发式增长；在监管不足或监管滞后时，这种爆发式增长的配资交易给未来的危机埋下了伏笔。

我国股票市场上的配资分为场内配资和场外配资，主要分为五大渠道：证券公司融资融券、证券公司股票收益互换、"伞形"结构化信托、单账户结构化配资、互联网和民间配资。五大配资渠道的资金来源主要有自有资金、债务融资（包括同业贷款和多种债券融资）、非债务工具融资、交易保证金和银行资金等。在五大配资渠道中，上述资金来源的规模、结构虽有较大差别，但银行资金却是其重要来源，只不过进入的方式有所不同——有的是以非理财资金通过同业贷款等方式进入配资（如证券公司的"两融"业务），有的是通过理财资金购置相关产品间接配资（如认购信托产品优先级等），见图18。

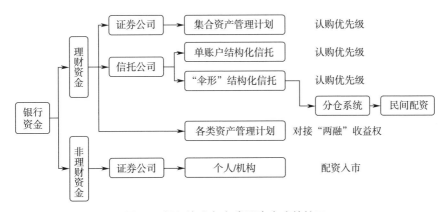

图18　银行资金与各类配资方式的接口

（资料来源：清华大学国家金融研究院课题组.完善制度设计，提升市场信心——建设长期健康稳定发展的资本市场［R］.2015-11-19）

在配资渠道日渐多元化的同时，随着市场上涨预期的增强，配资规模快速膨胀。以证券公司"两融"规模为例，2014年6月底证券公司的融资规模约4 000亿元，到2015年6月底则大幅增加到2.04万亿元，其间峰值达到2.26万亿元，到11月底，融资余额大幅下降到1.19万亿元，见图19和图20。

依照清华大学国家金融研究院根据渤海证券相关数据进行的测算，2014年10月至2015年6月股市上涨期间，峰值阶段进入股票市场的杠杆资金为5.4万亿~6万亿元。其中，场外配资（"两融"以外的配资）规模为3万亿~3.8万亿元；在场外配资中，又以信托渠道的杠杆资金规模最大，占60%，为1.8万亿~2.2万亿元。表11是场内融资与场外配资在市场峰值阶段的规模及占比测算。

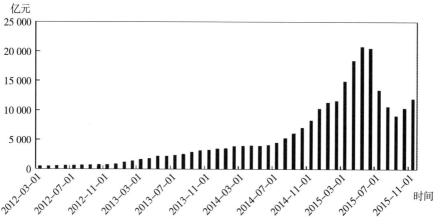

图19　2012年3月至2015年11月证券公司"两融"余额的变化

（注：自2014年7月后，融券额不足"两融"余额的1%）

（资料来源：Wind资讯）

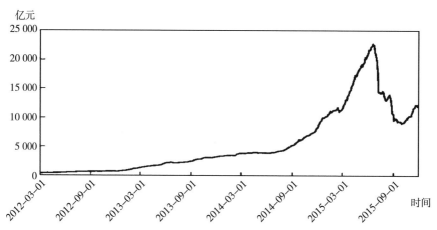

图20　两市融资余额的变化趋势

（资料来源：Wind资讯）

表11　　　　　　　　　　　多杠杆资金峰值阶段的规模及占比测算

资金类型	市场峰值（亿元）	占比（%，区间取中值）
信托渠道的杠杆资金规模	18 000~22 000	35.04
民间配资	4 000~6 000	8.76
分级基金A类规模	1 752	3.07
资管配资规模	7 655	13.41

续表

资金类型	市场峰值（亿元）	占比（%，区间取中值）
场外配资规模合计	31 407~3 7407	60.29
融资余额	22 666	39.71
全部配资规模合计	54 073~60 073	100

资料来源：清华大学国家金融研究院课题组.完善制度设计，提升市场信心——建设长期健康稳定发展的资本市场［R］.2015-11-19.本表在引用时做了一些调整。

截至 2015 年 8 月底，在市场第二波大幅下跌后，场外配资降到 1 万亿元左右。经过 8 月以后对场外配资的进一步清理，11 月底场外配资除少数未到期产品外，基本已清理完毕，场内融资也降到 1.19 万亿元。此时，融资规模趋于正常范围，市场进入正常状态。

研究表明，市场融资规模的快速膨胀与杠杆率有密切关系。在市场上涨阶段，特别是在峰值时期，在证券公司和资金提供方利益的诱使下，融资主体为追求股票投机收益最大化，不断提高杠杆率，场内融资有时会达到限值的 2 倍，而场外配资多在 3~5 倍，最高杠杆率甚至达到 10 倍。市场配资规模的迅速膨胀和高杠杆推动着股市快速上涨，致使风险大幅增加、市场价格泡沫化、市场结构极其脆弱，因而危机一触即发，而且危机发生后必呈雪崩式下跌。图 21 表明市场融资规模（以场内融资为例）与市场指数变动有高度的相关性。

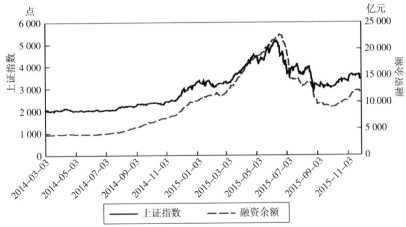

图 21　2014 年 3 月至 2015 年 11 月场内融资与上证指数的变化关联图

（资料来源：Wind 资讯）

第四，交易机制的结构性缺陷对市场危机起了助推作用。

在分析交易机制（或交易制度）对股市危机的影响时，研究者主要关注以下问题：一是"T+1"交易制度的适当性；二是市场停牌机制的选择，即个股涨跌停板和整体市场的熔断机制；三是程序化交易的市场效应，包括量化投资和高频交易；四是现货市场买多与套空的动能结构；五是衍生品交易对现货市场的影响等。

（1）关于"T+1"交易制度的适当性分析。从1995年1月1日起，我国股票市场一直实行的是"T+1"交易制度，其目的是试图让投资者在买卖股票时有一个理性判断的时间，以维护市场的稳定，尽可能保护市场的投资功能，防止过度投机。但是，从这次股市危机的情况看，由于"T+1"交易制度不能进行日内回转交易，因而在市场突然变向时投资者是无法控制风险的。一些符合适当性规定的投资者可能会转向股指期货，通过套空来锁定风险，这将对股指期货的下行有一定的压力，从而会在更宏观的层面影响现货市场的趋势。

从规则体系的一体化、市场化和国际化的角度看，应认真研究股票市场适当的交易制度，既能抑制投机，又有利于市场稳定。

（2）关于市场"停摆"机制的改革。为了抑制过度投机，使投资者有一个理性思考的时间，在股票市场出现异常波动并达到一定程度后，各国都会设计一个期限不等的"停摆"机制。中国股票市场实施的是个股价格涨跌停板制度，至今已有19年的历史。[①]从实际效果看，在市场出现某种突发情况，特别是在市场出现危机状态和上市公司出现异常信息时，涨跌停板制度的确成了一种有利于市场炒作的制度设计，它对价格发现和价格扭曲的矫正难有正向作用。在市场出现异常波动或危机时，它还会加重投资者的恐慌情绪、使市场环境恶化、加剧市场危机、延缓市场恢复正常状态的时机。从已有的实践看，个股涨跌停板制度难以达到"理性判断"的制度效应。

---

① 为了抑制当时过度投机的市场，1996年12月26日中国股票市场实行了个股涨跌停板制度，即ST股票价格的涨跌幅限制为±5%，ST以外的股票价格实行±10%的涨跌幅限制。

作为个股涨跌停板制度的升级替代品，中国自 2016 年 1 月 1 日起建立了具有市场整体效应的双向"熔断机制"，即在市场出现异常波动时的市场整体"停摆"制度。该制度于 2016 年 1 月 8 日暂停。应当明确，任何一种"停摆"机制都不可能阻止危机的发生，只可能在一定程度上恢复市场的定价功能、改善市场流动性、减轻危机的冲击作用。

（3）程序化交易的市场效应。程序化交易相对于传统的人为主观交易是一种交易技术创新，也是一种在计算机和网络技术支持下瞬间完成预先设置好的组合交易的交易手段。高频交易既是一种程序化交易，更是程序化交易的新进展。量化投资大多通过程序化交易来完成。程序化交易及其高频交易的基础是云计算、大数据、计量模型和网络平台，因而是股票市场交易技术和交易制度的创新。在实践中，市场交易制度和数据结构对程序化交易特别是高频交易的效率有重要影响。基于量化投资的程序化交易都是一种"止损"（或"止盈"）交易，且交易程序是事先设定的，故在市场出现异动特别是大幅下跌时，止损交易容易出现群体性行为。在高杠杆配资的市场结构中，程序化交易对加剧价格下跌、引发市场危机的确有推波助澜的效应。2015 年 6 月中旬至 8 月的中国股票市场崩盘式的下跌，明显有这个因素的作用，从这些交易日跌停板股票数量之多、跌停价压盘规模之大可略窥端倪。

有人把高频交易归类于引发这次危机的众多原因之一，可能略显勉强。如前所述，因为中国股票市场的交易制度和交易结构制约了高频交易的宽度及深度。至于股指期货市场上的高频交易是不是这场股市危机的主要原因，需要做跨市场的计量分析。

（4）股票市场多空动能结构失衡。就中国股票市场的内部结构看，买多和卖空的动能是严重不匹配的，这种多空动能的严重不匹配并不主要体现在存量上，而是体现在增量上。从图 19 所示的证券公司"两融"规模及结构上就能明显地观察到这一情况，这还没有考虑规模更加庞大的场外配资在买多动量上的巨大作用。在证券公司的"两融"中，融券规模还不到"两融"规模的 1%。在美国市场上，这一比率大约为 3:1。在实际市场操作中，杠杆融资买入不但规模几乎没有约束，而且交易便捷、制度阻碍小，成本也不高，而融券不仅数量上有硬约束，而且存在更复杂的制度屏障，因此在成本上无优势。在上涨预期明确的市场趋势中，这种动能结构严重失衡的力量，必将加快市场的上涨，直至危机的到来。

（5）股指期货在这场危机中的角色。在制度设计中，为了弥补或平衡股票市场上多空力量在动能结构方面的严重失衡，股指期货的设立或许能起到一定的对冲或校正作用。从理论上看，股指期货的重要功能是完善或校正现货市场的价格发现功能，起到价值回归的引导作用。站在中国股票市场多空动能结构严重失衡的角度看，建立并发展一个有效的股指期货市场显然是有必要的。

然而，由于股票衍生品市场和股票现货市场在交易制度和投资者结构上的重大差异，虽然股指期货在客观上仍然发挥了一定的股票价格校正作用，但这种价格校正效应在类别和个股上有巨大的差异。总体指数的回归掩盖了相关类股和个股价格的严重扭曲，这正是在政府救市期间，人们诟病股指期货的重要原因。与此同时，股指期货市场上的投资者还利用了"T+0"的灵活交易制度与股票市场上"T+1"的滞后效应以及投资者适当性原则获得了巨额的制度性盈利。这种由于制度差异而获取的利益显然有失公允，这正是股指期货在中国恶名不断的重要原因。从这个角度来说，虽然我们还没有非常确定的定量分析结果得出股指期货是这场危机爆发的"帮凶"，但对股票市场的投资者特别是中小投资者而言，其不公平性是显而易见的。这从一个侧面说明，公平制度的安排是多么重要。

第五，监管的滞后和监管独立性的缺失是股市危机爆发的不可漠视因素。

近年来，为了健全证券公司的市场主体地位、活跃股票市场、给投资者以更大的资产组合空间，资本市场上金融创新的步伐明显加快，多种新型的金融产品、融资工具、避险机制、交易技术和交易制度等都有较快发展或完善，如股票收益互换、结构化融资、"伞形"信托、基于互联网平台的多种形态的场外配资、衍生品与现货的跨期套利以及各种类型的程序化交易、量化投资、高频交易等。无论是金融工具的创新还是交易技术的升级，一方面提升了市场效率、拓展了市场交易资源、改善了市场流动性，另一方面也改变了原来的交易结构，使其进一步游离于传统监管视野之外，致使既往监管标准难以覆盖，而新的不确定性显著增加。从整体上看，市场监管的理念没有及时跟上创新的步伐，传统监管手段难以监测到新的风险源。也就是说，监管的敏感度远远不及风险变化的速度，对市场创新的速度以及这种创新可能带来的新风险缺乏深度理解，这样的监管一定是滞后的监管。虽然我们不能把这次股市危机的主要责任归咎于监管低效，但监管的滞后和对风险的低敏感，无疑是一个不可漠视的因素。

监管的滞后和低效既与监管者的市场化和专业化能力有关系，更与监管者的监管独立性不够有密切的关系。在市场上涨的过程中，当市场开始出现严重的泡沫化趋势之前，监管部门对上涨的关心大大超过对风险的关注，有时甚至会误认为股票价格的上涨是监管者的重要目标，以至于对一些可能给市场带来重大潜在风险的工具创新和违规违法行为视而不见。2015 年 3 月至 6 月中旬，股票市场的交易量持续放大，从 6 500 亿元到 1.6 万亿元再到 2 万亿元，峰值时甚至超过 2.4 万亿元（峰值时，市场流通市值换手率超过 4%），这样令人恐惧的交易规模已比同期全球所有市场的交易量总和还要大，难道不知道这种不可持续的巨大交易量对后续的市场意味着崩盘式的危机吗？在 2015 年 3 月市场交易量突破 1 万亿元时，就有专家提出了明确的风险警示 [1]，提出面对这样巨大的成交量，需要反思很多规则的设计，要进行新的思考，并且随着指数的上升要不断降低市场杠杆率。那时，社会（包括监管部门）只关注股票市场的上涨，把股票市场的发展简单理解为股票价格的上涨、市值的增加，以至于忽略了高杠杆给市场带来的灾难。除了没有警惕配资越来越大、杠杆越来越高的巨大风险外，在此期间，各种以提高股价为目的的可疑信息披露（以形形色色的并购重组为标志）也在股票市场弥漫。事后表明，这些可疑信息不少都是虚假信息。从基本常识和起码的专业能力看，对如此多的所谓"利好"信息是必须纳入监管视野的，但在当时，这些

---

① 参见吴晓求 . 上万亿交易量让人感到恐惧［N］. 上海证券报，2015-03-20.

可疑信息被股票市场上涨的欢呼声淹没了，监管的独立性被严重削弱。一个缺乏独立性监管的股票市场一定是一个秩序混乱的股票市场，其结果一定是一个泡沫化的股票市场，而股灾和危机只是时间问题。

资本市场发展的基石是透明度，资本市场秩序的维系依靠独立监管。监管的天职是维护市场秩序和"三公"原则，至于市场的涨跌趋势，显然不在监管的职责范围内。

第六，一些重要媒体对于市场乐观情绪的过度渲染，对市场产生了严重的单向误导，构成了市场危机爆发的舆情因素。

在25年的股票市场发展历史中，中国的股票市场从来没有像2015年这样受到众多主流媒体如此高度的关注，这或许与现在的股票市场与经济发展、居民财富和人民生活息息相关有关。媒体作为信息发布的平台和传播的渠道，必须尽可能做到客观、真实、完整，对那些具有明显倾向性的预测、评论、建议等，亦要在技术上做到不为其背书，这一点对官方主流媒体尤为重要。但是，在这次股市危机形成的过程中，一些媒体特别是一些官方主流媒体频繁发表一些针对市场走势的评论、预测，这在一定程度上影响了投资者预期，加固了人们的"牛市"思维。在中国，不少人会认为，官方主流媒体的观点表达的是"国家意志"。例如，2015年4月21日人民网发表的《4 000点才是A股牛市的开端》一文经新华网转载后又被其他媒体广泛传播，对市场产生了重大而广泛的影响。虽然此文是人民网记者个人撰写的稿件，但由于《人民日报》、人民网、新华网的特殊背景和权威性，投资者理所当然地会认为这可能代表这些官方主流媒体的意见，甚至有人还会将其误读为"国家意志"。在众多网络媒体的广泛传播下，此文对市场的影响已远远超过预期。在此期间，虽然有专业人士对此文提出过严重质疑，认为既不专业更没有依据，但这种质疑被市场当时的亢奋情绪所淹没。

除了某些官方主流媒体外，一些市场化媒体更倾向于传播市场的"牛市情结"，很少提示风险。如果说某些主流官媒的"牛市"观点具有权威性、引导性，那么市场化财经媒体则将这种"牛市"思维普及化、大众化。在这种舆情的渲染下，全社会弥漫着一种浓烈的"牛市情结"，风险意识荡然无存，股票市场很容易进入一种非理性状态。

（三）政策建议

这场危机是中国建立股票市场以来第一次真正意义上的市场危机，它既有对发展资本市场复杂性理解不深所带来的急于求成的主观原因，更有制度、规则、监管等基础架构原因。为此，我们特提出以下改革意见和政策建议：

1. 大力发展资本市场的基本方向不能变。中国是个大国，因此必须构建与中国经济相匹配的大国金融。中国金融的核心标志是人民币的国际化和资本市场的国际中心地位，而发达、透明、具有国际金融中心地位的资本市场是中国大国金融的基石。中国现行的金融结构与大国金融的目标还有很大差距。中国金融结构最根本的缺陷在于不断累积风险、分散和化解风险的能力差、财富管理的功能弱，表现为银行类金融机构的信贷资产比重高、证券化金融资产比重低。这样的金融结构潜伏着巨大风险，既不可能形成现代意义上的大国金融，也不可能成为国际金融中心。改革现行的金融结构唯有大力发展资本市场。在中国，发展资本市场顺应了现代金融变革的基本趋势。需要注意的是，要深刻认识到中国发展资本市场的复杂性和长期性，要充分尊重资本市场发展的内在规律，要缜密设计、循序渐进，不可一蹴而就，过度过快地透支金融结构性改革的红利。

2. 在基本制度方面，要继续推进多层次资本市场的发展。彻底改革现行的实质上是行政配置资源的股票发行核准制，建立以市场配置资源为主导的、以强化信息披露为核心的股票发行注册制。从核准制到注册制，不是简单的行政放权，而是资源配置机制的变革，是资本市场平衡责权结构的变革。注册制改革的核心是强化信息披露，建立基于成长性而不是重要性，立足于未来而不是关注过去的企业上市标准，其目标是建设一个信息透明、自主投资、预期有序、基于成长的股票市场。

3. 规范融资渠道，形成动态的杠杆调整机制。在市场融资方面：一是大幅调低杠杆率，建立一种逆周期的动态的杠杆调整机制；二是在清理的基础上，规范市场融资渠道，注意平衡金融工具的创新和管控风险，建立一种可监测、可调节的杠杆融资机制。总体而言，我国要收缩甚至清理场外配资渠道和规模，规范并发展场内"两融"。为了平衡市场多空动能结构，要特别注意发展包括融券在内的市场卖空工具。

4. 平衡处理交易技术创新与风险管控的关系。在交易技术创新方面，要正确处理包括程序化交易和高频交易等在内的新交易技术的创新与市场风险之间的关系。一般来说，应鼓励交易技术和交易平台的创新，充分体现云计算、大数据、互联网平台、计量化在股票交易技术进步中的推动作用；同时，又必须将这些交易方式纳入可监测的范围，制定如何最大限度地限制"幌诈"效应和在市场出现异常波动时的临时限制机制。

5. 强化监管的独立性，调整监管重心。一是必须强化监管主体的独立性。监管者依据法律赋予的权力和责任监管市场，只做监管的事。二是调整监管的重心。从事前监管、事中监管和事后监管并重调整为事中监管和事后监管的统一。事中监管的重点是信息披露监管，事后监管的重点是违法违规行为的监管。违法违规行为主要包括虚假陈述、内幕交易、操纵市场等。三是改革宏观监管架构，在厘清监管权力、责任、义务边界的基础上，系统整合现行的监管架构，建立一个权力有约束、责任有主体、义务有边界、危险无漏出的功能型超级金融监管者。

四

2015 年刚刚发生的这场股市危机，是在中国金融体系特别是资本市场即将全面开放之际发生的。正确把握危机发生的规律，深刻剖析危机形成的原因，科学总结治理危机的得与失，对未来中国资本市场深化改革、扩大开放和建设国际金融中心，无疑具有极其重要的意义。前车之鉴，后事之师。危机之后，理念当有所改变，制度当有所进步，规则当有所完善，市场当有所成熟，但所有这些都是建立在总结历史、直面现实、科学反思的基础上。在全面回顾、梳理和总结 30 年来全球金融危机历史的基础上，结合中国这次股市危机的特点和原因，我们认为以下几点至关重要。

1. 金融危机并不必然以经济基本面的恶化为前提，或者说经济的严重衰退是金融危机出现的大概率事件，反之则不然

在现代经济金融结构下，由于金融的作用日趋重要，并逐渐成为现代经济的核心，因而金融危机的出现可能主要是基于金融自身的原因，而非实体经济的原因。这实质上告诉我们，要防止金融危机的爆发，必须更多地关注金融因素的重大变异。

2. 金融危机本质上仍是一种货币现象，或者说是一种资本严重过剩的现象

在金融市场不发达的经济体系中，过多的货币（即通货膨胀）必然引起物价的大幅上涨，而在金融结构趋于市场化或金融市场发达的经济体中，过多的货币会演变成资本的严重过剩，从而推动资产价格的大幅上涨，继而使金融危机成为可能的事件。金融危机是恶性通货膨胀的基因变异（转基因），两者不同宗但同源，这实质上为我们找到了解决金融危机的根本办法。

3. 虽然金融危机在现实中有多种组合形态，但股市危机通常都是一种经常出现的形态

金融危机的形态有货币危机、债务危机、股市危机和银行危机。在最近30 年全球金融危机的既有历史中，它们有各种不同的组合，既有四种危机相互交织在一起的全面金融危机（如 1997 年亚洲金融危机、1998 年俄罗斯金融危机），也有相对单一的股市危机（如 1987 年"黑色星期一"、2000 年互联网泡沫危机、2015 年中国股市危机等），还有股市危机与银行危机的交织（如1990 年日本泡沫经济危机、2008 年美国金融危机，即使在这两次金融危机中，仍以股市危机为主）。可以肯定的是，任何一种现代意义上的金融危机都必然伴随着股市危机，或者说股市危机是现代金融危机的常态。

4. 一个国家（或经济体）的金融危机是复合式的全面金融危机，还是相对单一的股市危机，取决于这个国家的经济规模、市场化程度和竞争力，也取决于这个国家货币的弹性和金融风险的结构状态

一国金融危机容忍度的顺序选择应为单一股市危机、以股市危机为主的

复合型金融危机、全面金融危机。基于中国未来基本要素的判断，股市危机或股市的周期性异常波动可能是中国金融危机（如果有的话）未来的主要形态，银行危机是中国防范金融危机的重点和底线，因为它涉及社会的稳定和金融的基本秩序。中国未来出现货币危机的概率相对较小，是因为人民币未来的弹性会得到很大改善，而全面的债务违约危机出现的概率也不会很大。

5. 从短期看，金融危机虽是一种资本过剩条件下过度投机的现象，但在不同经济增长类型的国家，由于过剩资本的形成机制和期限结构的不同，金融危机的主体形态和形成过程迥然不同

这里说的不同经济增长类型是从资本来源依赖性上说的。一国的经济增长过度依赖外源性资本输入，尤其当这种外源性资本主要是一种短期投机性资本，那么这个国家一定会发生金融危机，且一定会表现为复合型金融危机，甚至是全面金融危机。在经济增长主要依赖于内源性资本的国家，一旦出现金融危机，股市危机可能是常态。虽然以内源性资本为主的国家也会出现国际资本的大规模流动，但不会出现过度失衡的现象，这些国家大多是国际资本的输出者，至少是潜在输出者。

6. 在所有出现金融危机的国家，无论是单一的股市危机还是复合型或全面金融危机，它们都有一个共同现象，即资产价格的持续大幅上涨是重要前提

在资产价格上涨的过程中，以房地产价格的持续、大幅上涨为先导，继而以股票价格的持续大幅上涨为主体，直至进入泡沫化状态。其中，银行资金直接或间接地以杠杆融资的方式进入股市，而杠杆融资是股市危机的催化剂。

7. 控制股市危机就必须控制杠杆率，就如同控制水流量必须控制阀门一样

杠杆与贪婪成正比。杠杆是贪婪的标签，贪婪是杠杆的动力。杠杆有多大，危机来得就有多猛；杠杆率有多高，危机来得就有多快。高杠杆将少数人送上天堂，而将多数人送下地狱。高杠杆让2008年全球金融危机成为一场"海啸"，也让2015年的中国股市变得一地鸡毛。资本市场不能没有杠杆，但

肯定不需要贪婪成性的高杠杆。优化杠杆，逆周期动态调整杠杆是资本市场杠杆原理的精髓。在中国，优化杠杆的重点是规范融资方式，建立全方位、可监测、大数据的融资监控体系。

8.有效的监管是市场重要的稳定机制，也是市场秩序和市场透明度的建设者、维护者

市场监管者的核心职责是维护市场的透明度和秩序，这就是为什么监管者必须重视对信息披露的监管和对市场违法违规行为进行处罚。监管者是市场的清道夫，而不是至少不主要是市场趋势的直接推动者。监管者的唯一行为准则就是法律，他们追求的唯一目标就是没有边际的蓝色天空。

参考文献

［1］查尔斯·P.金德尔伯格，罗伯特·Z.阿利伯.疯狂、惊恐和崩溃：金融危机史（第六版）［M］.朱隽，叶翔，李伟杰，译.北京：中国金融出版社，2014.

［2］石自强.历次金融危机解密［M］.北京：龙门书局，2011.

［3］清华大学国家金融研究院课题组.完善制度设计，提升市场信心——建设长期健康稳定发展的资本市场［R］.2015-11-19.

［4］吴晓求，等.金融危机启示录［M］.北京：中国人民大学出版社，2009.

［5］吴晓求，等.中国资本市场制度变革研究［M］.北京：中国人民大学出版社，2013.

［6］吴晓求，等.中国资本市场研究报告（2015）——中国资本市场：开放与国际化［M］.北京：中国人民大学出版社，2015.

［7］吴晓求.上万亿成交量让人感到恐惧［N］.上海证券报，2015-03-20.

［8］吴晓求.大国金融中的中国资本市场［J］.金融论坛，2015（5）.

大国金融中的中国资本市场

【作者题记】

现代金融体系的核心是资本市场。按照我国建设国际金融中心的战略目标，当前的中国资本市场还有相当大的差距。在中国大国金融战略框架下，资本市场发展的目标是什么？构建现代资本市场体系的关键在哪里？作者试图在大国金融结构下探讨中国资本市场的改革。

本文是作者为第十九届（2015）中国资本市场论坛撰写的主题研究报告。后发表于《金融论坛》2015 年第 5 期，部分内容刊于《文汇报》2015 年 3 月 6 日第 T14 版·文汇学人。

【摘要】

大国经济需要与之相匹配的大国金融，而资本市场处于金融体系的核心地位。中国资本市场发展的战略目标是构建具有全球财富管理功能的国际金融中心，开放与国际化是中国资本市场改革和发展的必然趋势。按照我国建设国际金融中心的战略目标，当前的中国资本市场还有相当大的差距，特别表现在开放和国际化程度较低。为此，我国资本市场需要深化改革、扩大开放。其中，深化改革的重点是资本市场的市场化和相关法律、法规、政策的调整；开放与国际化必须优先考虑如何扩大开放，让国际资本有序进入中国资本市场进行投资，不断提高国际投资者的投资比例，以期构建与大国金融相匹配的资本市场。

关键词：大国金融　资本市场

Abstract

A great power's economy needs to be matched with a great country's finance. Capital market is the core of financial system. The strategic goal of the development of China's capital market is to build an international financial center which has the function to manage the global wealth. Openness and internationalization are the inevitable trends of the reform and development of China's capital market. Currently, China's capital market is relatively lagged compared with the advanced capital markets, especially the degrees of openness and internationalization are low. Therefore, China's capital market needs to be reformed and opened further. The market-oriented reform of capital market and adjustment in relevant laws, regulations and policies are the key points of reform. The international capitals should be allowed to enter China's capital market orderly to invest; the international investors ratio should be increased constantly, so as to build a capital market matching a great country's finance.

Key words：Major country finance；Capital markets

从 1990 年沪深两个交易所相继运行以来，中国资本市场走过了 24 年的历程。经过 24 年的改革与发展，中国资本市场在规模、结构、功能、制度规范、法律建设和对经济社会的影响力等诸多方面发生了根本性变化，取得了令人瞩目的成就。但是，按照我国建设国际金融中心的战略目标，中国资本市场还有相当大的差距，这种差距不但表现在市场规模结构、制度规则体系、信息披露和透明度等基础环节，还更明显地表现在开放和国际化程度低等方面。中国资本市场虽然在 2002 年推出了 QFII 制度，但从总体来看，还是一个相对封闭的市场，对国际资本市场缺乏影响力，与中国的大国地位不匹配，与中国所要构建的大国金融目标不匹配。中国资本市场未来改革的重点，除了推进证券化金融资源配置机制的市场化改革外，还必须顺势而为地推进资本市场的对外开放，提高其在国际资本市场的地位和影响力，提升国际化程度，努力构建与中国大国经济地位相匹配的国际金融中心。开放与国际化是中国资本市场的大趋势，也是中国构建大国金融的战略性步骤。

一、中国的大国金融战略：结构元素分析

中国是个大国，中国经济是大国经济，中国必须构建与大国经济相匹配的大国金融。中国所要构建的大国金融，既要有高效而强大的资源配置能力，又要有良好的风险分散机制，同时必须是开放的、国际化的。中国所要构建的大国金融必须具有以下结构元素：

一是，具有发达、透明、开放、流动性好的资本市场。这样的资本市场具有资源特别是存量资源调整、风险流动和分散、经济增长的财富成长模式和分享机制等三大功能。[①]中国资本市场的国际金融中心地位是中国大国金融形成的基石。

二是，具有市场化创新能力和满足客户多样化金融需求的金融中介。这样的金融中介显然具有四种功能：提供流动性；过滤风险；创造产品并通过市场机制发现价格；基于金融市场产品的风险组合或资产增值服务。在中国，商业银行在金融中介服务中居主导地位，着眼于财富管理的金融中介则起着越来越重要的作用。

三是，发达的货币市场。如果说发达的资本市场主要承担财富管理的职能，是大国金融的心脏，那么通畅的货币市场则主要负责流动性管理，它与商业银行一起形成大国金融的血液循环系统。

四是，人民币的国际化。中国大国金融中的人民币国际化不仅包含人民币的可自由交易，还包括人民币成为国际重要储备性货币的内容。

在大国金融的四大结构性元素中，资本市场处在核心的、基础的地位，或者说发达的、开放的、具有国际金融中心地位的资本市场是中国大国金融

① 参阅吴晓求，赵锡军，瞿强，等.市场主导与银行主导：金融体系在中国的一种比较研究［M］.北京：中国人民大学出版社，2006：10.

的核心元素。从这个意义上说，中国所要构建的大国金融是一种市场主导型的现代金融结构。

二、中国资本市场的战略目标：国际金融中心

作为大国金融基石的中国资本市场，其未来发展的战略目标一定是国际金融中心。中国所谋求的国际金融中心不是或不主要是货币清算中心，甚至也不是全球货币的定价中心、交易中心，而是全球财富管理中心，人民币计价资产的交易中心。

随着全球经济格局的变化和调整，国际金融中心的格局实际上正在发生重大变化。国际金融中心漂移的轨迹也是全球经济格局的变动轨迹。有种种迹象表明，全球新的国际金融中心正在向中国（上海）漂移。纵观全球经济发展的脉络和金融中心演进的路径，历史上曾经出现过五大金融中心。从威尼斯商人到阿姆斯特丹郁金香，从伦敦的工业霸主到纽约的华尔街奇迹，金融中心用几个世纪的时间，在欧洲画了一道绚丽的弧线后，漂移到北美洲上空后落地生根、开花结果。20 世纪中后期，全球新的金融中心似乎显示了向东京漂移的愿望，然而新的金融中心并没有足够的时间去欣赏东京的美景和富士山的壮丽，而是向着具有灿烂文明和具有巨大发展潜力的中国漂来。中国新的国际金融中心的形成可能是 21 世纪全球金融变革的伟大事件。它是中国金融崛起继而也是中国经济崛起的重要标志，是中国这样一个大国经济持续稳定增长的重要保障。中国成为全球新的国际金融中心，成为全球金融新的增长极，已经势在必然。

2009 年 4 月，国务院作出了"到 2020 年要把上海建设成与我国经济实力以及人民币国际地位相适应的国际金融中心"的决定。这一目标的确定是恰当的，是顺应历史大趋势的。在这一目标的基础上，我曾对中国资本市场的发展战略目标作过如下简要归纳：到 2020 年，将以上海—深圳资本市场为轴心的中国金融市场，建设成为全球最具影响力的金融市场增长极，并将上海建设成为全球新的国际金融中心，基本实现中国金融体系的现代化、市场化

和国际化 [①]。这样的国际金融将具有以下特征：

第一，中国资本市场将是全球最重要、规模最大、流动性最好的财富管理中心之一。上市公司总数将达到 3 800 家左右，其中，主板市场上市公司 1 800 家左右，国际板、中小板、创业板达到 2 000 家左右。股票市场市值达到 80 万亿元人民币，经济证券化率 90% 左右，接近或基本达到发达市场经济国家这一指标。中国资本市场的资产成为全球投资者必须配置的核心资产。

第二，中国资本市场将形成股票市场、债券市场、金融衍生品市场相互协调、共同发展的结构系列。其中，股票市场结构系列更趋合理，债券市场规模将不断扩大。

第三，中国资本市场将形成涵盖主板市场、中小板市场、创业板市场、国际板市场、场外交易市场（包括新三板）在内的多层次股票市场（权益类市场）结构系列。股票市场的透明度日益提高，流动性充分，具备了财富储备的功能。B 股通过必要的改革和转板，将退出历史舞台。

第四，投资者队伍进一步发展，类型趋于多样，功能日渐多元，规模不断扩大。投资者中机构投资者、国际投资者所占的市场份额将进一步上升。据 Wind 资讯统计，到 2014 年第三季度末，我国机构投资者（含一般法人）持股市值约占同期 A 股流通市值的 57.7%，以 QFII、RQFII 和沪港通为代表的外国（境外）投资者到 2014 年末仍不超过 1%；到 2020 年，机构投资者（含一般法人）持股比例应达到 75% 左右，机构投资者将在市场交易中起着明显的主导作用。在机构投资者中，由于风险与收益之间约束机制的不同，私募基金的作用将日渐凸显且超越公募基金在市场上的影响力。与此同时，国外（境外）机构投资者比例会有明显提升。

第五，市场功能进一步改善，将从关注增量融资（IPO 和增发）过渡到关注存量资源配置（并购重组），市场更具持续性和成长空间。市场波动将表

[①] 吴晓求.深化改革　扩大开放　促进中国证券市场的健康发展 [Z]. 在十二届全国人大常委会第 14 讲讲座稿，2014-12-28.

现出与经济周期、政策趋势和国际市场波动大体相协调的状态。这种波动特征表明，中国资本市场将进入相对成熟阶段。

三、国际金融中心的形成：中国的现实和他国的经验

（一）中国资本市场发展的现实与国际金融中心的战略目标存在巨大差距

经过 24 年的发展，中国资本市场虽然已是具有 2 600 多家上市公司，到 2015 年 3 月底总市值超过 47 万亿元人民币，主板、中小板、创业板并存的全球第二大市值市场，但无论在资源配置的市场化程度、信息披露和透明度、市场投资功能和法制建设等方面，还是在开放与国际化方面都与国际金融中心的要求存在巨大差距。

仅就国际化水平看，差距十分明显。衡量一国资本市场的开放程度和国际化水平，除了金融机构的国际竞争力和法制环境外，主要看两项指标：一是国际（境外）投资者的投资规模及比例；二是外国（境外）上市公司的数量及市值占比。

就国际（境外）投资者的投资规模及占比看，中国资本市场的国际化水平是很低的。从 2002 年我们推出 QFII 制度以来，到 2014 年 11 月末，QFII 总的批准额度是 662.48 亿美元，截至 2014 年第三季度末，QFII 持股市值 1 059 亿元人民币，约占同期 A 股流通市值的 0.43%，即使考虑 2014 年 11 月 17 日推出的沪港通和 RQFII，到 2014 年末国际（境外）投资者投资规模占 A 股流通市场亦不会超过 1%。

由于受到中国法律的限制和人民币资本项下并未完全开放的约束，迄今为止外国（境外）公司还不能到中国 A 股上市，从国际投资者占比和外国（境外）公司还不能到中国 A 股上市看，中国资本市场还是一个相当封闭的市场。

（二）国际金融中心的形成：他国的经验

国际金融中心的形成除了必须消除外汇管制外，还必须有源源不断的、规模越来越大的国际资本的流入，这种流入不是短期的国际套利资本，而必

须是趋势性的、长期流入的国际资本。这个经验或结论在纽约成为国际金融中心的过程中得到了充分的验证。

19世纪中叶前后，作为当时新兴国家的美国，已经成为国际资本投资的乐园，吸纳了欧洲对外投资的大部分。从表1可以看到，在19世纪国际资本源源不断地流入美国。尽管在某一时期，国际资本流入美国出现了一定程度的波动，但仍然可看到，外国资本净流入占美国资本增量的比重呈现上升的趋势。有数据显示，1790—1900年，外国资本输入占美国国内资本净值的比率接近5%，然而其中1870—1900年所流入的外国资本占1790—1900年的80%左右，这充分说明了19世纪后期流入美国的国际资本的速度明显加快。[①]

表1 　　　　　　　1799—1890年外国资本净流入占资本增量的比重

年份	外国资本净输入 / 国内资本净值	年份	外国资本净输入 / 国内资本净值
1799—1805	−0.012	1851—1860	0.027
1806—1815	0.050	1861—1870	0.158
1816—1840	0.220	1871—1880	0.055
1841—1850	−0.008	1881—1890	0.086

资本是具有趋利性的。缺乏有效的投资渠道，或者说缺乏保值升值的渠道，是不可能吸引国际资本流入的。外国资本蜂拥流入美国，与其资本市场的快速发展是分不开的。从表2可以看到，作为资本市场重要组成部分的债券市场和股票市场，为外国资本提供了多元化的投资渠道，尤其是直接投资和铁路债券。其中，1843—1914年直接投资和铁路债券的增加更为迅速，从1843年的0分别增加至12.1亿美元和39.34亿美元。

---

① 参见斯坦利·L.恩格尔曼，罗伯特·E.高尔曼.剑桥美国经济史［M］.北京：中国人民大学出版社，2008.

表 2			美国境内外国投资的分布情况				单位：百万美元
年份	政府债券	联邦政府债券	州和地方政府债券	铁路债券	其他私人有价证券	直接投资	短期投资	国外投资总计
1843	150	0	150	0	53	0	28	231
1853	159	27	132	52	8	5	150	374
1869	1 108	1 000	108	243	15	25	153	1 544
1914	213	—	—	3 934	1 607	1 210	450	7 414

国外资本的不断流入，促进了美国资本市场的快速发展。从表3可以看到，无论是从上市公司数量看，还是从发行的股票数量看，纽约证券交易所的规模和增长速度均远远超过同时期的伦敦证券交易所，从而奠定了20世纪纽约国际金融中心的地位。

表 3	纽约证券交易所和伦敦证券交易所的股票情况			
年份	纽约证券交易所		伦敦证券交易所	
	公司数目（家）	发行股票数目（只）	公司数目（家）	发行股票数目（只）
1870	43	61	7	8
1880	93	112	34	44
1890	129	173	92	138
1900	145	239	92	145
1910	151	233	93	147

综上可以看到这样一个循环系统：19世纪中叶至20世纪初，伴随着工业大革命，作为后起之秀的美国经济快速发展，而经济快速发展促进了美国资本市场的跨越式发展，美国资本市场的跨越式发展又为海外资本提供了保值增值和财务管理的渠道，从而吸引了大量的海外资本流入美国。海外资本投资股票、债券，无论是从规模还是比重上看，都呈现出快速增加和上升的趋势，海外资本的流入进一步促进了美国经济的快速发展，资本流动和经济增长进入了良性循环，如图1所示。在这个良性循环系统中，美国资本市场的快速发展和海外资本的流入是极为重要的一环。

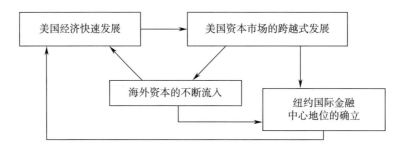

图1　纽约国际金融中心形成示意图

四、中国资本市场改革的重点：以注册制为重点的市场化改革

深化改革、扩大开放是中国构建大国金融和资本市场实现国际金融中心战略目标的唯一选择。

（一）必须加快推进资本市场的市场化改革

推进资本市场市场化改革的目的，是要让市场在发行上市、并购重组和退市机制等证券化金融资源配置过程中发挥决定性作用，让市场有序合理地引导证券化金融资源的流动和配置，不断提升资源配置效率，让资本市场上的金融资产的成长性具有内生性，推动市场透明度的提升，为中国资本市场的国际化和国际金融中心的形成奠定价值基础。具体地说，中国资本市场改革的重点在以下几个方面：

一是，股票发行制度的改革。从核准制到注册制是我国股票发行制度改革的基本方向。注册制改革是中国资本市场改革的重中之重。注册制改革的目的是，试图形成权责对称的机制，加大市场对发行人的硬约束。注册制改革有利于提高市场透明度。

二是，并购重组规则的调整。现行并购重组规则遵循的是核准制条件下的审核程序，复杂而冗长，责权不清晰。要按照注册制的改革思路调整现行并购重组的规则和程序，要从过去的实质性审查过渡到简化程序、明确标准、强化责任、事后监管的并购重组规则上来。要突出并购重组对资本市场价值和上市公司竞争力提升的作用，要提高并购重组的有效性。

三是，制定清晰、可操作的退市标准并严格执行。严格而有效的退市机制，是市场具有投资价值的重要保障，也是市场保持足够吸引力、抑制疯狂投机的重要机制。

四是，必须推动债券市场的发展和改革。一个只有发达股票市场而没有相应债券市场的资本市场是难以成为财富管理中心的，也不可能形成真正意义上的国际金融中心。从中国目前的现状看，债券市场是个短板，严重阻碍了资本市场的国际化，成为制约中国资本市场成为国际金融中心的重要约束力量。

在抑制债务风险和完善信用评级的前提下，要逐步扩大债券发行规模，改革债券发行审批体制，明确债券发行审批和监管的单一主体，统一债券交易市场，打破部门分割，消除银行间市场和公开市场的壁垒，形成统一的开放的债券市场，使其真正成为市场化的社会财富管理机制。

（二）修改包括《证券法》在内的法律、法规

基于市场化改革和国际化的战略目标，必须对包括《证券法》在内的与资本市场有关的法律、法规进行相应调整和修改，必须改革与资本市场投资资金来源相关联的资金管理规则和政策。

与资本市场相关联的一切法律、法规的制定或调整，都必须以市场配置资源为基本出发点，以提高市场透明度和保护投资者合法权益为基本准则。为此，要修改《证券法》中关于股票发行和相关法规关于再融资（二次发行）审批或核准的内容、机制，为注册制的改革提供法律基础。

要调整《证券法》中有关上市公司选择的标准，要把成长性而不仅仅是盈利性作为选择上市公司的重要标准，以提升市场投资价值。

在相关法律中，应尽快建立或完善集团诉讼制度，完善投资者民事赔偿（救济）机制，切实保护投资者利益。法制的完善和对投资者利益的保护，是中国资本市场国际化的重要内容。

（三）调整资本市场资金投资的政策约束，倡导社会形态的资金按一定比例进入市场

由于认识和政策设计上的偏差，中国资本市场内在的供求平衡机制并没

有有效地建立起来。在中国资本市场上，供给源源不断，需求或资本市场的投资资金来源则相当单一，主要是个人收入盈余和储蓄资金，非个人以外的资金很少进入或政策上根本就不允许进入资本市场进行投资，国有企业或事业单位的盈余是不允许进入资本市场投资的，地方政府管理的社保资金也不允许进入资本市场进行投资，企业年金也基本不进入资本市场投资，即使像大学里的校友基金会这样的纯社会形态的资金也不鼓励进入资本市场投资。中国资本市场供求关系长期处在失衡状态，这种内在的长期的失衡状态必然带来"牛短熊长"的格局，投机盛行、暴涨暴跌就是一种必然现象。我们必须调整现行的资本市场投资资金政策，要允许甚至鼓励一些社会形态资金进入资本市场投资。各种社会形态的资金是市场的稳定器，是市场的基石投资者。所谓"401k"条款的改革本质上就是要放松社会形态资金的投资约束。

（四）必须加快人民币国际化改革的步伐

人民币国际化是中国资本市场国际化继而成为国际金融中心的重要前提。人民币国际化包括人民币能够跨越国界、在境外流通，成为国际上普遍认可的计价、结算和储备货币的过程。一国货币的国际化是货币国内职能的国际延伸，是该国经济实力和综合国力提高的必然结果。随着一国经济在国际经济体系中比例的提高和地位的上升，该国货币在国际货币体系中的地位也会相应提升，成为国际贸易结算和支付的工具，进而成为国际投资工具，最终成为一种国际储备货币，最终完成货币的国际化。一般来说，一国货币的国际化要经过起步、初级、中级、中高级和高级等阶段（见表4）。

表4　　　　　　　　　　货币国际化的渐进过程

阶段	货币职能	职能空间	货币自由化程度及中央银行责任
起步阶段	边民互市贸易中作为计价结算的手段	货币发行国与邻国之间使用	货币兑换及使用多在民间进行，自由化程度低，中央银行责任集中在对货币兑换进行监管
初级阶段	扩展到边境贸易的计价结算手段	货币发行国与多个邻国使用	货币兑换及使用开始进入官方渠道，自由化程度略有提高，中央银行责任是促进货币流通官方渠道拓展，监管民间货币兑换

阶段	货币职能	职能空间	货币自由化程度及中央银行责任
			续表
中级阶段	扩展到一般贸易计价结算手段	扩展到货币发行国与非邻国使用	货币成为自由兑换货币，中央银行责任是确保他国能兑换其持有的本国货币
中高级阶段	扩展到国际投资和借贷工具	扩展到包括非邻国在内的区域，具有一定区域规模	接受范围扩大，拥有成熟的国内金融市场，中央银行等金融监管机构能进行有效监管
高级阶段	扩展到政府国际储备手段	被相当多的国家所接受	货币成为国际货币，中央银行需要密切关注国际金融市场上本币供求状况变化

资料来源：褚华.人民币国际化的路径依赖和模式安排［J］.新金融，2009（9）.转引自吴晓求，等.变革与崛起——探寻中国金融崛起之路［M］.北京：中国金融出版社，2011：130.

一国货币国际化是个渐进过程。从影响范围看，包括货币的周边化、区域化和全球化。从职能上看，包括清算工具、投资工具和储备货币的递进。从目前中国的综合国力、全球第一的贸易规模、币值的相对稳定和市场体系的发达程度等诸要素看，人民币已具备国际化的基础条件，只是在市场体系（特别是资本市场）方面还有某些不足，人民币国际化具备了进入可自由兑换的阶段，继而进入结算货币和投资工具的国际化阶段。人民币国际化的战略目标是国际储备性货币，为此必须加快人民币国际化的进程，进一步推进汇率制度的市场化改革。

（五）开放和国际化的顺序：优先考虑扩大国际（境外）资本投资规模

前述法律、法规、规则以及政策等方面的改革和调整，是中国资本市场开放和国际化的重要基础。在中国资本市场的开放过程中，有一个顺序原则，这个顺序原则与未来中国资本市场发展所要实现的国际金融中心的结构特征和特定功能有密切关系。

以中国资本市场为基石构建的国际金融中心，就其功能和结构来说，有两个显著特征：一是人民币计价资产的交易中心和财富管理中心；二是基于中国大国经济的平台，中国本土上市公司无论是从数量、规模还是占比上看，都应占主导地位，国际（境外）投资者占比显然比现在会有大幅度提升，但中国投资者仍占主导地位。从上市公司数量和市值占比、国际（境外）投资者占比这些指标看，中国未来所要建设的国际金融中心可能与美国资本市场的结构相近，即上市公司中，国际（境外）上市公司占比在 20% 左右，在投资者持股市值中，国际（境外）投资者占比在 15% 左右（见表 5 至表 7）。

表 5 美国上市公司和投资者结构

年份	纳斯达克市场		纽约证券交易所		美联储金融账户数据中的投资者结构	
	上市公司数量（家）	国际上市公司占比（%）	上市公司数量（家）	国际上市公司占比（%）	投资者持股总市值（10亿美元）	国际投资者持股市值占比（%）
2005	3 164	10.49	2 270	19.91	20 636.1	10.27
2006	3 133	10.25	2 280	19.78	24 339.3	10.52
2007	3 069	10.00	2 273	18.52	25 580.9	11.56
2008	3 023	9.79	1 963	21.14	15 640.5	12.31
2009	2 852	9.92	2 327	21.27	20 085.5	13.24
2010	2 778	10.73	2 317	22.36	23 567.2	13.65
2011	2 680	11.08	2 308	22.53	22 959.9	14.80
2012	2 577	11.25	2 339	22.40	26 236	15.07
2013	2 637	11.72	2 371	21.89	33 672.1	15.32

资料来源：世界交易所联盟、美联储。

表 6 东京证券交易所上市公司和投资者结构

年份	上市公司数量（家）	国际上市公司占比（%）	投资者持股总市值（10亿美元）	国际投资者持股市值占比（%）
2005	2 351	1.19	4 572.90	26.30
2006	2 416	1.03	4 614.07	27.80
2007	2 414	1.04	4 330.92	27.40
2008	2 390	0.67	3 115.80	23.50
2009	2 335	0.64	3 306.08	26.00
2010	2 293	0.52	3 827.77	26.70
2011	2 291	0.48	3 325.39	26.30
2012	2 304	0.43	3 478.83	28.00
2013	3 419	0.32	4 543.17	30.80

资料来源：世界交易所联盟、东京证券交易所。

表 7 英国伦敦证券交易所上市公司和投资者结构

年份	上市公司数量（家）	国际上市公司占比（%）	上市公司总市值（10 亿美元）	国际投资者持股市值占比（%）
2009	3 088	20.01	3 453.62	41.5
2010	2 966	20.36	3 613.06	43.4
2011	2 886	20.72	3 266.42	—
2012	2 767	21.25	3 396.50	53.2
2013	2 736	20.91	4 428.98	—

注：国际投资者持股市值占比一项中 2009 年数据缺失，表中数据为 2008 年数据。

资料来源：世界交易所联盟、ONS、伦敦证券交易所。

中国所要建设的国际金融中心的结构特征，对中国资本市场的开放顺序及重点有重要影响。概括地说，优先考虑开放投资市场，让国际资本有序进入中国资本市场进行投资，以不断提高国际投资者的投资比例。外国公司到中国上市或设立国际公司板则似应相对放后考虑，不是目前开放的重点。

不断扩大国际投资者进入中国资本市场投资的规模，提升其投资比例，现有的渠道有 QFII、RQFII 等机构渠道，也有沪港通等选择性的双向市场通道。待沪港通积累一定经验后，或许还有更多的类似于"沪港通"这样的双向市场通道，比如"深港通""沪纽通"等。无论是机构渠道还是双向市场通道，都只是中国资本市场对外开放和国际化的过渡性步骤，一旦人民币资本项下完全开放，到那时，这些过渡性措施的作用都会大幅度下降，取而代之的是中国资本市场双向全面开放，中国资本市场的国际化时代也就真正来临，中国资本市场也就将进入国际金融中心的时代。

参考文献

［1］吴晓求，赵锡军，瞿强，等.市场主导与银行主导：金融体系在中国的一种比较研究［M］.北京：中国人民大学出版社，2006.

［2］吴晓求.深化改革 扩大开放 促进中国证券市场的健康发展［Z］.在十二届全国人大常委会第 14 讲讲座稿，2014–12–28.

［3］吴晓求，等.变革与崛起——探寻中国金融崛起之路［M］.北京：中国金融出版社，2011.

［4］斯坦利·L.恩格尔曼，罗伯特·E.高尔曼.剑桥美国经济史［M］.北京：中国人民大学出版社，2000.

互联网金融：成长的逻辑

【作者题记】

本文发表于《财贸经济》2015 年第 2 期。

【摘要】

互联网金融是一种新的金融业态。本文从互联网金融的基本内容、运行结构、理论基础、风险特点、监管标准以及替代边界等角度出发，探究其生存逻辑、理论结构及监管准则。本文认为，广阔的市场空间是互联网金融生存的必要条件，而金融功能与互联网技术特性在基因层面上的匹配是其生存和发展的充分条件，是其生存和发展的逻辑基础。在理论层面上，金融功能理论、"二次脱媒"理论、新信用理论、普惠金融理论、连续金融理论构成了互联网金融独特的理论结构。互联网金融的内核性风险更多地表现于透明度风险，外置风险则更多地表现于技术和系统安全性，风险的叠加性相对明显。因此，互联网金融监管准则的基石标准应是透明度，外置标准是平台技术安全等级。本文认为，互联网金融与传统金融的相互竞争，会推动金融结构的变革和金融功能效率的提升，完成从大企业金融、富人金融到普惠型金融的转型。

关键词： 互联网金融　金融功能　理论结构　风险特点　监管准则

Abstract

Internet finance is a new kind of finance format. This paper analyzes the survival logic, theoretical structure and supervision rules of internet finance from the perspectives of its basic contents, operation structure, theoretical foundation, risk characteristics, supervision standard and substitution boundary. Broad market space is the necessary condition of internet finance, and the match of financial function and technological characteristics of internet is the sufficient condition and logic foundation of internet finance. Financial function theory, "second disintermediation" theory, new credit theory, inclusive finance theory and continuous finance theory constitute the unique theoretical structure of internet finance. The risks of internet finance may appear in the forms of operation risk, technological risk, credit risk and liquidity risk, but the intrinsic risk is in the form of transparency risk while the external risks lie in the safety of technology and system. The additivity of risks is relatively obvious. Based on above risk characteristics, this paper holds the opinion that the basic standard of internet finance supervision is transparency, while the external standard is technological safety level of platform. The competition between internet finance and traditional finance will promote the reform of financial structure and the improvement of financial efficiency, and help complete the transformation from finance for big enterprises and finance for the rich to inclusive finance.

Key words: Internet-based finance; Financial function; Theoretical structure; Risk characteristics; Supervision rules

互联网金融对传统金融体系的撞击进而引发新的金融业态的出现，可能是未来若干年中国金融面临的现实。互联网金融对所有的研究者来说，都是一个全新的研究课题，是一个混沌而不太知晓的世界。互联网金融的基本内涵、运行结构、理论基础、商业模式、风险特点、替代边界、监管标准等，都需要我们作系统而深入的研究。

一、互联网金融：定义与形态

关于互联网金融的内涵，虽然目前尚无十分准确的定义，但就其核心要素和基本属性而言，学者们的认识已渐近明朗。所谓互联网金融，是基于互联网平台的金融，互联网平台和金融功能是互联网金融最重要的两个要素。关于互联网金融的基本属性，我们同意谢平的判断，即既不同于商业银行的间接融资，也不同于资本市场的直接融资，属于第三种金融融资模式，[①] 因而，是一种新的金融业态。[②] 在本文的研究中，则进一步把互联网金融定义为第三金融业态。

在对互联网金融作出准确定义之前，我们不妨对业已出现的互联网金融的形态或业务线进行适当归类。

从互联网平台和金融功能两个核心要素出发，目前互联网金融的形态或业务线大体可归于以下四类：

（1）第三方支付，包括互联网支付和移动支付。

（2）网络融资，主要包括三部分：一是基于平台客户信息和云数据的小微贷款和消费贷款，二是P2P（Peer to Peer）平台贷款，三是众筹（Crowdfunding）模式。

（3）网络投资，主要包括两部分：一是P2P和众筹平台融资的资金提供者，二是网上货币市场基金。

（4）网络货币。关于金融产品的网络销售及金融信息的整合、发布，可归类于互联网对金融业务的支持体系，其本质不属于金融业务。

有一种形态是否属于互联网金融形态，尚存争议，即传统金融业务互联网化。它指的是互联网替代金融中介和市场网点、人工服务，但产品结构、

---

① 参阅谢平，邹传伟.互联网金融模式研究［J］.金融研究，2012（12）.

② 参阅吴晓求.中国金融的深度变革与互联网金融［J］.财贸经济，2014（1）.

盈利模式并未发生根本性变化。谢平等学者将其纳入互联网金融的范围，吴晓求则将其定义为金融互联网而非互联网金融。[①]

据此，我们大体可以得出如下判断：从概念和内容看，互联网金融有狭义和广义之分。狭义的或严格意义上的互联网金融，是不包括传统金融业务互联网化，即金融互联网部分的；广义的宽泛意义的互联网金融则包括金融互联网部分。

之所以要做这样的划分，是因为狭义的互联网金融与金融互联网在商业理念、盈利模式和金融产品的设计规则等"基因"层面存在重大差异，本文后面的研究对此会有深入分析。本文所指的互联网金融指的是狭义的严格意义上的互联网金融。

大体看来，我们可以对互联网金融做如下定义：所谓互联网金融指的是具有互联网精神、以互联网为平台、以云数据整合为基础而构建的具有相应金融功能链的新金融业态，也称第三金融业态。

二、互联网金融：生存的逻辑

分析互联网对金融的渗透，探讨互联网金融的生存逻辑，进而研究互联网金融对整个金融体系的影响，就必须研究互联网是如何渗透商业领域进而如何颠覆传统商业模式的。

（一）电子商务：互联网金融的一面镜子

互联网对传统商业模式的渗透乃至颠覆，对研究互联网金融的发展，有重要启发意义。而要研究电商模式的形成，就必须了解互联网对产业整合所具有的特殊功能。

我们知道，互联网通过巨大的黏合作用和信息整合开创了一个无边界的社会，这个无边界的社会变得前所未有地复杂而富有生命力。它正在悄然无息而又以不可逆转的趋势创造出一种新的社会组织结构，形成新的社会存在形式，进而彻底改变了人的生存状态和生活方式。

---

① 转引自，蚂蚁金融.基于互联网的普惠金融实践（第二版）［R］.2014：19.

互联网最基础的功能是对信息的整合，从而形成了价值无尽的信息流。人类社会的黏合剂实际上是信息。信息的贯通使众人形成了社会，单片的信息只有零碎的价值，信息的黏合具有社会价值。当众多信息的黏合被一种机制进行有序地整合而形成了巨大的无穷无尽的然而又是结构清晰的信息流时，一种无边界的平台就在眼前。人与人之间的关系不再被物理空间所约束，社会的存在方式悄然发生了革命性的变化。这种巨大变化体现在人的生存状态、生活方式、文化观念、消费模式等诸多方面。这个对信息进行有序整合而形成巨大信息流的机制就是互联网。

互联网不仅实现了信息流在时间和空间上的整合，从个体到整体的整合，由局部到无边界的整合，而且以此为基础，推动着物流的整合，进而以其巨大的成本优势实现对已有产业的系统整合，重塑新的竞争格局。互联网既是传统产业的重构者，又是大众消费模式的牵引者，它在结构层面推动着经济增长模式的转型。

如果说互联网的信息整合功能对社会组织结构和生活方式的变革具有重大影响，那么基于信息流基础上的对物流的牵引，进而对已有产业进行重构，则是其具有的巨大经济意义。

互联网进入商业流通后对传统商业模式的颠覆，进而重构一种全新的商业运行结构即电子商务（电商模式）就是一个经典案例，而阿里巴巴所建构的新的商业运行结构则是诸多经典案例中的精品。

实际上，以阿里巴巴为代表的电商模式除了创造无边界的合作平台外，以信息流的整合牵引物流聚合是其成功的关键点。无边界的平台，克服了传统商业的物理空间、局域和时间约束，人们的消费（购物）过程可随时随地完成。基于信息流基础上的物流聚合，使消费者具有无限广阔的选择权，而分工基础上的协作以及无物理空间约束的特点，则极大地降低了商业成本。电商特别是像淘宝网这样的纯平台电商所具有的这些优势或特点，正是传统商业模式的根本缺陷所在。互联网之所以成为传统商业的重构者甚至颠覆者，是因为它们是大众消费习惯的牵引者、变革者，是一种新的消费模式和商业文化的创造者。

互联网在攻克了传统商业帝国这个古老的产业后，下一个要渗透的一定是金融服务业，要改变的是传统金融体系。这是因为金融产业与商业一样同属服务业，且幅员辽阔、利润丰厚，舞台之大比商业有过之而无不及。电子商务是互联网金融的一面镜子。

（二）广阔的市场空间为互联网金融生存和发展提供了肥沃的土壤

从商业的角度看，互联网所要重构的产业一定是"产业帝国"：规模大、服务面广、利润厚、具有统一的标准，对经济活动具有广泛的影响力。金融业具备所有这些要素。

1. 从世界范围看，截至 2011 年底，全球金融资产规模达到 218 万亿美元，其中，全球银行业资产规模约占全球金融资产的 39%，约 85 万亿美元。人的一生或多或少都会与诸如支付、清算、储蓄、融资、投资、保险、理财等金融服务相关联。金融和商业一样，无孔不入地渗透到人们的生活和经济活动中，是名副其实的"产业帝国"，是产业链中的"皇冠"。

2. 就中国的情况而言，金融更像一个臃肿的"产业帝国"。到 2013 年底，中国金融资产规模达到 192.89 万亿元人民币，利润达到 1.87 万亿元人民币。其中银行业金融机构资产达 151.35 万亿元人民币，占金融业总资产的 78.46%；利润达 1.74 万亿元人民币，占金融业利润的 92.94%。银行业中 16 家上市银行实现的净利润占沪深两市 2 513 家上市公司的 51.42%。总体而言，中国金融特别是商业银行由于缺乏外部的系统性竞争者，高额利润有较大的垄断性，创新动力不够，内部竞争虽然相对充分，但外部压力则明显不足，迫切需要来自体系外部的系统性压力和战略竞争者。互联网金融是中国现行金融体系的战略竞争力，也是中国金融变革的推动者。

3. 金融这个传统的"产业帝国"，在中国需要新的活力。新的活力来源于基因式的变革，来源于体系外部的系统性压力，这种外部的和系统性压力的重要来源就是互联网，就如同传统"商业帝国"需要互联网焕发新的生命力一样。

无比广阔的市场空间为互联网金融的发展提供了比商业更加绚丽的舞

台，是互联网金融生存和发展的肥沃土壤。

（三）金融与互联网在功能（基因）上是耦合的

广阔的市场空间，是互联网金融生存和发展的重要外部条件，而金融功能与互联网技术的耦合，或者说金融功能与互联网的技术特性在基因层面上匹配，则是互联网金融生存的必要条件，是互联网金融生存的逻辑基础。

按照现代金融功能理论的划分，金融系统具有六项基本功能：

（1）跨期、跨区域、跨行业的资源配置；

（2）提供支付、清算和结算；

（3）提供管理风险的方法和机制；

（4）提供价格信息；

（5）储备资源和所有权分割；

（6）创造激励机制。

在上述的六项基本功能中，一般认为，"资源配置"和"支付结算"是金融最基础的两大功能，通常主要由商业银行来承担，在中国尤为明显。后四种功能，在不同金融模式中，在不同程度上分别亦由商业银行和资本市场来承担，其中风险管理（财富管理）是现代金融最核心的功能。从基因的匹配性上看，互联网与金融的前四种功能，即"资源配置（融资）""支付清算""风险管理（财富管理）""提供价格信息"，具有更高的耦合性。后两种功能的实现更多的是基于一种制度结构和产品设计，但互联网平台的植入，与此两种功能的实现并无冲突，一定意义上说亦有利于这两种功能效率的提升。

三、互联网金融：功能耦合性分析

（一）互联网金融可以进一步优化金融的"资源配置"功能

金融学意义上的"资源配置"，是指资金的供给方通过适当的机制将其使用权让渡给资金需求方的过程。这种资源配置过程通常分为两类，一是吸收存款和发放贷款的过程，主要由商业银行作为中介来完成；二是资金供给者与需求者以市场为平台直接进行交易的过程，这个市场平台主要是资本市场。我们约定俗成地把前者称为"间接融资"，后者称为"直接融资"。

在这两种融资形式中，间接融资的基础风险是信用风险，直接融资的基础风险是透明度风险。传统上，在间接融资中，信用风险评估的主要测度除信用记录和信誉等级外，更多地侧重于现金流、利润等财务指标和资产（含不动产）规模等指标，缓释信用风险的机制大多数都是抵押、质押和担保。在直接融资中，透明度的风险主要表现在上市公司的信息披露是否真实、及时、完整。两种融资模式对风险的定义在自身逻辑范围内没有问题，但前者即商业银行对信用风险的定义多少有点"富人好信用，穷人差信用"的逻辑；后者则把信用的履约置于法律和道德两重约束下的"自觉之中"。实际上，个人或企业信用的优劣，是否存在履约风险，在实际交易行为中是最能体现出来的。持续性的、高频率的、以信用为担保的交易，更能真正地、动态地反映交易主体的信用和履约能力。互联网与生俱来的信息流整合功能，创造了云数据时代，它显然区别于以抽样统计为基础的小数据时代。互联网通过对云数据的处理，使人们能够清晰地看到抽样所无法描述的细节信息。显然，现在的计算机完全具备了这样的大计算能力。

在互联网所创造的云数据时代，首先是如何获取数据，其次是互联网"开放、平等、协作、分享"的精神。云数据为数据的获得创造了天然的平台，从而较好地解决了经济活动中的信息不对称性问题。或许在这个时代，仅仅云数据的处理就可能形成新的"金融中介"，个人或企业的信用信息无一不体现在其中。这些云数据中所体现的信用信息，其实比传统的信用识别标志要准确得多。所以，互联网在现行主流金融最关心的信用风险识别技术上，显然更进了一步，使金融识别风险的能力更具时效性、准确性，进一步完善了金融识别风险的能力。

互联网既然可以更有效地识别信用风险，又解决了经济活动中的信息不对称性问题，那么，以互联网为平台的金融显然更利于金融的"资源配置"即融资功能的实现。

（二）互联网金融可以进一步改善现行的以商业银行为主体的支付体系，更便捷地提供支付清算服务，使金融的支付清算功能效率大幅提升

在不同的金融结构中，支付清算体系的构建有较大差异。在大多数国家，商业银行承担着社会经济活动中支付清算的功能，在中国尤为如此。中国的商业银行构建了形式多样的基于实体经济交易和少量金融交易的支付清算系统，在全社会支付清算功能中居绝对主导地位。

就占主导地位的银行支付清算系统而言，由于更多地吸收和运用了现代信息技术，支付清算的技术手段和工具不断创新，效率有较大提高。这实际上就是互联网的巨大作用。这说明，基于互联网平台的金融，在克服了时空约束的基础上，加快了资金的流动速度，克服了支付清算资金的"存量化"，最大限度地保证了交易双方特别是资金接收方的利益。

除了商业银行运用互联网技术改进或创新支付工具和支付体系，从而大大提升银行体系的支付效率外，以互联网为平台游离于银行体系之外的第三方支付及支付工具是真正意义上的互联网金融之核心元素之一，是互联网金融的重要形态。这种具有互联网金融基因的支付工具和支付体系，开始具有"脱媒"的某些特征。它与商业银行运用互联网技术所创新或所改进的支付工具和支付体系相比，貌似一样或相近，实则有较大差异。这种差异来自基因的不同，不可将两者混为一谈。

基于互联网金融平台的支付工具和支付体系，或许由于其"脱媒"和高技术的特性，其灵活、便捷、快速、高效是传统金融支付工具和支付体系所难以达到的。所以，基于互联网金融的支付工具和支付体系，显然既是现有金融包括商业银行支付工具和支付体系的重要竞争者，也是现有社会支付系统进一步升级的推动者。

（三）互联网金融进一步完善了"财富管理（风险配置）"的功能

互联网金融对金融之"财富管理（风险配置）"功能的贡献主要表现在三个方面：一是向下延伸客户群链条，进一步丰富财富管理的功能；二是提供成本低廉、快捷便利的基于财富管理的金融产品营销网络；三是推动余额

资金的财富化，有效地扩大了财富管理需求者规模。在诸多金融功能的实现过程中，财富管理的需求具有较大的隐性特点，格式化或标准化产品及服务对个性化的财富管理影响甚微，因为对个性化的财富管理者来说，对"人"的认同远高于对"平台"的认同。

在目前的金融状态下，互联网金融平台对潜在的非个性化的财富管理需求者来说，具有巨大吸引力。其基本表现形式是，在基于优化资源配置的前提下，追求余额资金的财富化。"余额宝"是一个有价值的案例。"余额宝"类型的、基于互联网金融平台的财富管理工具最大的贡献在于，突破了商业银行余额资金储蓄化的格律，实现了余额资金的财富化。在这里，客户的余额资金不再是无任何收益的闲置资金，也不是低利率的储蓄产品。这一功能的突破，极大地延伸了财富管理的客户端，并对商业银行固有的储蓄产品特别是活期储蓄产品带来重大挑战，进而客观上推动了商业银行传统业务的竞争和转型。所以，互联网金融在"财富管理"功能的拓展上，具有积极的推动作用。

（四）互联网金融对改善金融之"提供价格信息"的功能有积极影响，从而使价格信息更丰富、更及时、更准确

一般认为，金融提供的价格信息包括两类：一是资金价格即利率；二是资产价格，通常由股票价格及其指数来表示。前者主要由货币市场和银行体系提供，后者则由资本市场动态即时发布。互联网平台的引入，提高了动员资金的能力和资金的使用效率，加快了资金的流转速度，促进了互联网金融与现行主流金融特别是商业银行的竞争，将使利率这一资金价格更能及时、准确地反映资金供求关系，进而引导资金的合理流动。在资本市场上，由于交易系统和实时报价系统充分采用了先进的计算机技术和信息技术，股票价格及其指数已经充分体现了动态及时的特点，这与互联网的技术基础是一脉相承的。

在电商模式中，基于互联网平台的竞价机制，是一个很好的案例。互联网所创造出的无边界平台，为众多厂商和消费者以及厂商之间的竞价提供了

最优的机制。在这里，价格没有外部力量的约束，所有价格都是厂商之间、消费者与厂商之间竞价的结果。所谓互联网对信息流的整合，一个重要内容就是推动竞争价格的形成。这种价格形成机制远比传统市场结构下的价格形成机制合理而透明，互联网平台解决了传统市场结构下所存在的信息不对称性和成本约束问题，所以，互联网金融不仅进一步改善了传统金融之"提供价格信息"的功能，而且也使这个"价格信息"的内涵得以扩充、丰富。

四、互联网金融的理论结构

互联网金融既有传统金融相近的理论基础，更有自身独特的理论结构。

（一）金融功能理论

与传统金融相比较，互联网金融并不突出金融组织和金融机构，而是基于金融功能更有效地实现而形成的一种新的金融业态，其基础理论仍是金融功能理论。

如前分析，互联网金融的出现和蓬勃发展，一方面使金融功能的实现越来越不依赖于特定的金融组织和金融机构，另一方面又使金融功能的效率在成本大幅降低的同时大大提升。金融功能的内涵得以深化，金融服务的对象大大拓展。

金融功能效率的提升，首先，突出表现在金融的支付结算功能上。互联网金融提供的支付结算服务，具有灵活、便捷、快速、安全的特点，这是传统金融支付结算所难以达到的。其次，表现在资源配置或融资功能上。互联网金融的资源配置功能或提供的融资服务，是对传统金融融资功能的结构性补充，更有效地解决了某些特定的资金供给与资金需求的匹配性，完成了在传统金融结构下所难以完成的某些特定的资金供求的撮合，使金融资源配置功能的实现更丰富、更结构化。再次，表现在金融的财富管理或风险管理功能上。互联网金融实现了财富管理的大众化，这显然是对传统金融财富管理富人化观念的一种颠覆，使财富管理功能的内涵和外延得到极大的深化和延伸。最后，在金融其他功能的实现过程中，互联网金融要么降低了成本，要么扩展其内涵，要么提升了效率。

（二）"二次脱媒"理论

一般认为，信息不对称、市场不确定性以及由此引发的风险管理之需求，是金融中介存在的重要原因，也是金融中介理论形成的基础。[①] 然而，互联网金融所具有的特点正在侵蚀着金融中介赖以存在的基础，从而使金融中介正在经历历史演变中自资本市场"脱媒"以来的第二次"脱媒"。如果说资本市场是金融第一次"脱媒"的推手，那么互联网金融就是金融第二次"脱媒"的催化剂。正是基于这种理解，我始终认为，互联网金融是一种新的金融业态，即第三金融业态。

在互联网金融中，信息的不对称性，有了更大的、根本性的改进。互联网平台具有信息发布及时、信息搜索快速且具有强大的信息流整合能力以及对云数据的有效处理能力，在解决信息不对称方面，互联网金融与传统金融相比较，向前迈出了根本性的一步。传统金融中介存在的经济性和必要性受到了严重冲击。金融中介的组织形态亦将发生重要变化。可以预期，基于云数据的发掘和处理，可能是互联网金融时代新的金融中介的重要形态。这或许是金融第二次"脱媒"的重要副产品。

在金融形态结构化演进过程中，资本市场对商业银行而言，是金融的第一次"脱媒"，脱媒的重点在"资源配置"即融资功能上。这次"脱媒"推动了金融结构的变革，因而无疑是一次历史性跨越。之所以是历史性跨越，是因为金融的第一次"脱媒"推动了金融资源的自由流动和市场化配置，促进了金融体系风险定价机制的形成，完成了信息从点对点到点对多、多对多的转变，从信息封闭到信息公开的转型，实现了资金所有者由储蓄者到投资者角色的转换，进而建立了财富增长的市场机制。

然而受信息技术等因素的约束，金融的第一次"脱媒"并不彻底。互联网平台的植入势必推动金融的"二次脱媒"。金融的第一次"脱媒"，从现象看，似乎是为了规避利率管制，但其实质是金融功能演变使然，是商业银行

[①] Scholtens 和 Wensveen（2000）等人认为，价值增加应是金融中介理论的核心内容之一。

提供的金融服务满足不了资金持有者对高收益然而也是高风险产品的需求。同样，互联网金融推动金融"二次脱媒"，虽然也可以找到绕开管制的某种痕迹，但其实质也是因为现行金融体系满足不了日益多样化的金融服务需求。

与金融的第一次"脱媒"主要是推动金融活动的市场化不同，互联网金融推动的金融"二次脱媒"，主要是解决金融的效率和金融服务的结构性匹配问题。这里说的金融效率主要表现为灵活、快捷、低成本、相对安全和信息对称性。金融服务的结构性匹配，则主要指的是金融服务的广泛性或普惠性问题。所有这些问题都是金融的第一次"脱媒"所没有解决或没有很好解决的问题。

（三）新信用理论

信用是金融的内核和基石，也是金融的生命线。信用风险是传统金融三大风险中的基础风险。如何评估信用等级，如何观测、缓释和对冲信用风险，在现行金融运行框架中已有相对成熟的理论、技术和方法。一般而论，在现行信用评级理论和方法中，信用的优劣、高低通常与企业的资产规模、财务状况、资金流量和个人的身份地位、收入水平、资产规模等有密切的关系，资产抵押或质押通常也是缓释风险的主要机制。在这里，信用与收入、财富、名誉、地位几乎是同义语。基于云数据的互联网金融，从根本上颠覆了传统金融关于信用的定义和观测信用的视角。

实际上，经济主体（企业和个人）的信用状况，最后都要通过其经济行为特别是市场交易行为来体现。在金融活动中，金融交易行为是经济主体信用表现的最好检验。互联网平台所产生的云数据，客观地描述了相关交易主体的履约状况和信用水平，真实地展现了他们的商业行为轨迹。基于对云数据的挖掘、整理、计算而形成的信用观测结果显然比传统金融对信用的"先验"评估要真实得多、准确得多、客观得多。阿里小贷低不良率就是一个很好的例证。

所以，互联网金融通过云数据来观测实际交易行为的履约状况，进而判断相关经济主体的信用能力，显然大大推进了信用理论的内涵。如果说重财务指标、重资产指标等硬指标的信用理论是工业社会的信用理论，进而称为传统信用理论，那么，基于云计算大数据侧重于观测实际交易行为轨迹的信用理论就是互联网时代的信用理论，进而也可以称为新信用理论。新信用理论是互联网金融存在和发展的重要理论基石。

（四）普惠金融理论

2005 年，联合国提出普惠金融（inclusive financial system）的理念，希望推动建立为社会各阶层所有成员提供公平、便捷、安全、低成本服务的金融体系。普惠金融的实质就是将需要金融服务的所有人纳入金融服务范围，让所有人得到适当的与其需求相匹配的金融服务。普惠金融理念应当是金融服务的最高准则，也是衡量一国金融体系公平性的最高标准。

中国金融体系经过多年的改革在诸多方面取得了巨大成就，但一些深层次的结构性的问题仍然相当严重，其中金融服务的广度和深度存在明显的不足。有调查数据显示，在中国大多数有信贷需求的家庭只能通过民间借贷来满足，3/4 的农村家庭借贷更是依赖于非正规民间渠道。[①] 大多数小微企业难以从正规金融渠道获得贷款。在中国，金融体系资金配置更多地倾向于大中型企业特别是国有企业，财富管理的重点则主要在高收入群体，对数量众多且十分活跃的小微企业和中低收入阶层的金融服务被严重忽视。从这个意义上说，中国现行的金融体系本质上是一种大企业金融和富人金融。金融服务的严重不平衡性，扩大了社会贫富差距，背离了普惠金融的基本理念。

由于商业规则和运行平台的约束，传统金融难以实现普惠性理念。互联网金融十分有效地弥补了传统金融的内在缺陷。它以互联网为平台，以信息整合和云数据计算为基础，开创了一个自由、灵活、便捷、高效、安全、低成本、不问地位高低、不计财富多少、人人可以参与的新的金融运行结构。在这里，小微企业可以获得相应贷款，低收入群体可以享受财富管理带来的喜悦，消费者可以体验快捷支付带来的时间效率，需要资金周转的小微企业

---

① 中国农业银行战略规划部，中国家庭金融调查与研究中心. 中国农村家庭金融发展报告（2014）［M］. 成都：西南财经大学出版社，2014.

可以找到手持盈余资金但却投资无门的投资者，虽然他们可能面临比传统金融更高的风险。这些被传统金融所忽视的企业、个人终于在互联网金融上获得了适当的金融服务。金融服务第一次摆脱了对身份、地位、名望、财富、收入的依赖，显然它是对普惠金融理念的践行，而这正是互联网金融具有强大生命力的源泉。

（五）从离散金融到连续金融

金融工具是金融服务的载体，传统金融本质上是离散金融。离散金融最显著的特征就是几乎所有的金融工具的服务功能都是断裂的，或者说离散的，它们之间在功能上难以自动或不可能无成本转换，金融服务或金融工具之间存在一条人为的巨大沟壑，要跨越这一条条沟壑，消费者即金融服务的需求者，必须付出不应该由他们付出的成本。这些成本是传统金融巨额利润的组成部分。这些沟壑的存在与传统金融的内在结构浑然一体。

传统金融为了防范风险，通常都会设立诸多条条框框，至于这诸多条条框框给客户带来多大的效率损失，带来多大的成本付出，通常不在其视野之中。在传统金融的运行框架内，为防范风险设立诸多条条框框当然无可非议，但当这些条条框框给社会带来的巨大效率损失大大超过了其所获取的利润时，就不得不反思其存在的经济性。所以，传统金融这种离散金融的服务特点不仅常让人有不便和僵化之感，还有某种置客户利益于不顾追求自身利益最大化的利己主义倾向。要知道金融要盈利，但金融的本质不是追求利润最大化，通过为社会提供恰当的金融服务而盈利，追求全社会的福祉和效率，应是其最高境界。从这个意义上说，传统金融的确背离了金融的本质。

与传统金融不同，互联网金融是一种连续金融。互联网金融的所有工具创新都源于客户的需要而不主要是自身利润的需求。第三方支付、基于互联网金融平台的财富管理等显然都有这些特点。互联网金融的工具可以自由通畅地转换，没有障碍，没有沟壑，甚至没有成本。这就是为什么互联网金融在中国有广阔的发展前途。连续金融的服务是无缝隙的，工具是自动转换的，体现了互联网精神，即以客户为本，为客户创造价值，为客户提供便利，进而为社会带来效率。这当然不是说互联网金融不需要利润，而是说这种利润的获取是以客户价值的提升为前提的。这与金融的本质是匹配的。互联网金融的这种理论和精神代表的是金融的未来。

五、互联网金融的风险特点

分析、了解互联网金融的风险，是制定互联网金融监管准则的前提，也是提高监管有效性的重要基础。互联网金融作为互联网与金融之间跨界融合的产物，其形态虽然发生了重大变异，但其本质仍是金融，这就如同汽车和马车都是交通工具一样，虽然外部形态已完全不同。所以，互联网金融存在与商业银行相类似的操作风险、技术风险、信用风险、政策风险和流动性风险等，也存在与资本市场相似的透明度风险。不同的是，由于互联网金融的运行平台和运行结构发生了根本性变化，业务形态较之现行金融存在基因上的差异，故而风险的形式亦有自己的某些特点。互联网金融的风险因其形态或业务线的不同而有所不同。

本文第一部分对互联网金融的形态或业务线做了如下四个部分的划分：（1）第三方支付；（2）网络融资；（3）网络投资；（4）网络货币。除网络货币本文暂不涉及外，前三种形态所隐含的风险实际上有较大差异，这些风险共同构成了现实的、多样化的、复合性的互联网金融风险类型。

（一）第三方支付

支付是金融的基础功能。第三方支付是互联网金融中最具核心竞争力的功能，也是对传统金融最具挑战性的功能。人们通常说的互联网金融对传统金融具有颠覆性作用，通常指的都是互联网金融的第三方支付功能。

互联网金融中的第三方支付，按照使用终端形态的不同，通常又分为互联网支付和移动支付。互联网支付基于个人电脑（PC）终端，移动支付基于手机和平板电脑移动终端。随着移动终端的不断普及，移动支付正在成为第三方支付的发展趋势。无论是互联网支付还是移动支付，第三方支付都存在技术风险和操作风险，这一点与传统金融的卡支付所存在的风险相近似。第三方支付所存在的技术风险主要指，所信赖的信息系统的技术安全和技术容量、黑客攻击、账户资金被盗等。这里说的操作风险指的是支付人的操作失误。从已有的实践和案例看，不能得出第三方支付所存在的技术风险和操作风险比传统金融高的结论，但如何提高第三方支付的技术保证，增厚其技术盾牌，改善操作上的灵活性、便捷性和安全性，仍是互联网金融防范风险的重要内容。

（二）网络融资

互联网金融概念中的网络融资，指的是以互联网为平台的融资。本文定义的网络融资主要有三种形式：一是基于平台客户信息和云数据的网络贷款，基本形式是对小微企业贷款和消费贷款。二是基于P2P平台的借贷。P2P本身是连接投资者和融资者的平台，通过这个平台实现个人对个人的借贷，也有个人对企业的借贷。三是众筹模式，主要利用互联网让小企业或个人展示创意或创业项目，以获取外部资金支持。众筹模式通常有债权式众筹和股权式众筹等形式。①

互联网金融中的基于平台客户信息和云数据的网络贷款与传统金融的贷款一样，也存在信用风险。不同的是，这种不进行实地面对面征信的网络贷款，是以平台客户信息和云数据为基础的，侧重于贷款人的行为数据而不是先验的资质条件。从已有的相关数据看，基于云数据的网络贷款不良率不比商业银行贷款不良率高，甚至更低。

P2P平台融资的风险主要表现在三个方面：一是借款人的信息披露是否充分，这是P2P最大的风险源。二是缺乏有效的、可持续的风险对冲机制，不存在类似于商业银行的贷款风险拨备机制，一旦出现借款人较大规模的违约，就有可能出现"跑路"现象。三是政策边界风险。从形式上看，P2P融资模式离非法集资只差一步，如果存在"资金池"则可能出现严重的政策法律风险。

---

① 参阅，蚂蚁金服.基于互联网的普惠金融实践（第二版）［R］.2014：23.

（三）网络投资

网络投资主要有两种形式：一是 P2P、众筹模式的资金提供者，其投资收益表现为利息、项目或产品回报、股权等。二是网上货币市场基金，如余额宝。从已有数据看，其收益率明显高于商业银行活期储蓄，甚至高于商业银行定期储蓄利率。网络投资与互联网金融的支付体系，有自动衔接的功能。

对 P2P 贷款的投资风险，主要来源于借款人的信息披露是否充分，企业或项目经营状态，风险对冲机制是否具备。对众筹模式的投资风险，则主要集中在项目或产品是否盈利或是否有良好的市场预期。投资于网上货币市场基金的风险，主要是流动性风险，但由于其基础资产主要表现于同业存款和流动性较好的货币市场产品，所以风险一般很低。但如果这种投资产品与支付工具是自动转换的，在支付脉冲高峰期（如每年 11 月 11 日），不排除存在流动性风险的可能性。

综上分析，可以得出如下初步判断：一是互联网金融本质上仍是金融，其不同形态所隐含的风险与现有商业银行和资本市场等所隐含的风险相类似；二是互联网金融是一种基于"二次脱媒"后的新的金融业态，其风险源发生了某种转型或变异，风险类型更加复合。

概括而言，第三方支付中的技术风险更加敏感，脉冲式风险更加突出；网络贷款和与此相对应的网络投资中的信用风险同时叠加了透明度风险，或者说这种信用风险的生成源是透明度风险。敏感度很高的技术风险和作为风险生成源的透明度风险，可能是互联网金融中最值得关注的风险，而如何构建适当的风险对冲机制，保持互联网金融融资功能的可持续性，是互联网金融未来面临的一大难题。

六、互联网金融的监管准则

厘清风险类型和风险源的重要目的之一是制定相应的监管准则。无论是商业银行还是资本市场，其所确立的监管准则，其本质都是试图对冲潜在的有可能发生的风险。商业银行存款准备金制度，试图对冲货币的无限创造所带来的信用的无边际扩张。资本充足率标准所要对冲的风险主要是试图收缩不良资产率上升引发的金融外部负效应。存贷比的限定是商业银行资产规模和结构流动性安全的重要阀门。拨备覆盖是商业银行资产风险的事后补偿机制。透明度则是资本市场"三公"原则实现的基石。由此可见，无论是第一金融业态的商业银行，还是第二金融业态的资本市场，为了维持运行的常态化，各自基于自身的风险特点，制定了一套与其风险结构相匹配的监管准则。作为第三金融业态的互联网金融，必须找到并制定与风险结构相匹配、能有效约束或对冲风险的监管准则。互联网金融的这套监管准则，显然与商业银行的监管准则有较大差异，也与资本市场的监管准则有所不同。

那么，互联网金融的监管准则是什么呢？

互联网金融监管准则的基石标准或核心标准是透明度，外置标准或进入标准是平台技术安全等级，目的主要是保证互联网金融体系内资金的安全、信息的真实和运行的有序。

从业务线形态看，互联网金融与商业银行功能相似。从基因匹配性看，互联网金融与资本市场更接近。互联网金融的"二次脱媒"更多地指向商业银行，或者说互联网金融主要是继资本市场之后对商业银行的"再脱媒"，而对资本市场的"脱媒"作用相对较弱，仅限于资本市场交易环节的"脱媒"而已。正因为对商业银行和资本市场的这种"二次脱媒"的差异，互联网金融的风险基因与资本市场更相近。这就是为什么互联网金融的监管准则从形式上更接近于资本市场。

资本市场的基石监管准则所要求的透明度，更多地强调上市公司的信息披露。与此不同，互联网金融所要求的透明度，则更多地指向借款人的信息透明度，而这正是所有互联网平台的核心职责所在。它是互联网金融有序运行最重要的基础。

技术安全是互联网金融的另一条生命线。如果说借款人足够的信息透明度是互联网金融存在和发展的内核，那么技术优势和技术安全则是互联网金融有序运行的外部保障。所以，对互联网平台的技术等级要求，显然也是制定互联网金融监管的重要标准。

七、互联网金融的替代边界

互联网金融的发展趋势不可逆转，其所具有的云数据、低成本、信息流整合、快捷高效率，无疑会对传统金融业态特别是净资产收益率（ROE）较高的银行业带来严重挑战。但是，应当清晰而客观地看到，这种挑战有的是带有颠覆性的、此长彼消式的竞争，具有替代性趋势；有的是彼岸相望、相互促进式的竞争，彼此难以替代。互联网金融与传统金融特别是商业银行的相互竞争，客观上会推动金融结构的变革，以及金融功能效率的提升，拓展金融服务的范围，推动金融产品的创新。

大体而言，互联网金融将在支付功能上具有明显的优势；在资源配置或融资领域，基于平台客户信息和云数据的网络贷款特别是小微贷款，亦具有较明显优势；P2P、众筹等模式由于满足了传统金融难以企及的客户群即所谓的长尾客户的融资需求，因而，使金融服务的普惠性和结构化得到大幅提升，因而亦有较大空间；对非个性化资产管理，虽然受到感知认同某种程度的约束，但仍有一定的生存空间。在这些领域，互联网金融会在不同程度上挤压传统金融特别是商业银行的生长空间。面对这种蚕食式的竞争，传统金融特别是商业银行必须调整策略，广泛运用互联网技术，加快改革和创新，进而客观上推动银行业的技术进步，加快互联网与金融的全面融合。

与互联网金融一样，商业银行显然有自身的比较优势，如个性化服务、高度的专业性、较高的感知价值、对冲风险的能力、雄厚的资本实力以及线下大客户的垄断等。这些比较优势，使传统金融特别是商业银行在大额贷款、个性化财富管理、投资咨询、资源储备等方面有难以替代的优势。资本市场在财富管理、资产证券化等领域的地位则难以撼动。

在互联网金融的渗透、竞争和撞击下，中国金融将呈现如下基本趋势：现行金融模式和运行结构会发生巨大的变革，金融功能的效率会大大提高，金融服务的结构化功能将不断完善，金融将从大企业金融、富人金融向普惠型金融转型。

参考文献

［1］金磷．史上最有深度互联网金融研报——互联网金融［OL］．百度文库，2013.

［2］刘积仁，史蒂夫·佩珀马斯特．融合时代：推动社会变革的互联与创意［M］．北京：中信出版社，2013.

［3］吴晓求．中国金融的深度变革与互联网金融［J］．财贸经济，2014（1）．

［4］谢平，邹传伟．互联网金融模式研究［J］．金融研究，2012（12）．

［5］蚂蚁金融．基于互联网的普惠金融实践（第二版）［R］．2014.

［6］中国农业银行战略规划部，中国家庭金融调查与研究中心．中国农村家庭金融发展报告（2014）［M］．成都：西南财经大学出版社，2014.

［7］兹维·博迪，等．金融学［M］．北京：中国人民大学出版社，2013.

［8］克莱·舍基．人人时代：无组织的组织力量［M］．胡泳，沈满琳．译．北京：中国人民大学出版社，2012.

金融理论的发展及其演变

【作者题记】

本文发表于《中国人民大学学报》2014 年第 4 期。

【摘要】

　　金融理论发展经历了脱胎于古典经济学基础上的早期金融学、建立在新古典经济学框架上的现代金融学和当前正在探索中的以新制度金融和行为金融为代表的新金融经济学三个阶段。从转移和配置风险这一金融功能视角出发，其有助于把握金融理论演变的基本逻辑、现代金融的核心功能和现代金融活动的基本原则。辩证看待实体经济与现代金融之间相互依存、相互促进的关系，有助于正确理解金融危机对已有金融理论的挑战和对未来金融理论发展的启示。可以预见，金融学的未来将在现代金融理论、新制度金融学以及行为金融学的互补中不断完善，而实践中，树立风险管理为核心的金融功能观与确立资本市场的战略定位则是决定中国未来金融改革和发展的关键。

　　关键词：金融功能　新金融经济学　金融危机

Abstract

The development of financial theory has undergone three phases，namely the early finance derived from classical economics，the modern finance established in the framework of neoclassical economics，and the new financial economics currently being explored and represented by new institutional finance and behavioral finance.Based-on-the-perspective-of-financial functions，especially transferring and configuring risks，it is beneficial to grasp the fundamental logic of financial theory evolution.It can be predict ed that the future development of finance will make constant improvements among the complementary of modern financial theory，new institutional finance and behavioral finance.In practice，establishing a risk management as the core concept of financial functions and setting up the strategic position of capital markets are key factors for China's future financial reform and development.

Key words： Financial functions；New financial economics；Financial crisis

一、早期金融学的理论脉络：从货币、信用到银行与利率

早期金融理论的演变和研究重心的变化，根据不同的标准，有不同的理解和概括，但围绕价格决定及其波动因素的研究，无疑是金融理论研究重点之一，也是推动金融理论演变的重要因素。实际上，在市场化金融结构出现之前，金融学的研究，演变的轴心是从关注商品价格波动即通货膨胀规律逐渐过渡到研究资金价格即利率确定的影响因素。出于对商品价格的关注，早期金融学重点研究了货币的职能和货币的数量，从商品数量与货币数量对比的角度得出了物价变动的规律。对资金价格即利率的关注使早期的金融学开始分析货币需求和货币供给机制，并最终得出中央银行通过调控货币供给进行宏观调控的政策分析框架。

早期的金融学脱胎于古典经济学家们对货币问题的分析，尤其是货币本质与货币数量的问题。从被称作"英国政治经济学之父"的威廉·配第到亚当·斯密和大卫·李嘉图，都对货币的本质和起源、货币的职能、货币流通规律展开了深入探讨，其理论探讨的成果最终形成了古典的"货币数量

论"[①]。在古典学派货币理论的基础上，马克思科学系统地论证了货币产生的必然性、本质、职能，以及流通中货币必要量的多少。

早期的金融学真正形成始于货币、信用与银行之间的紧密关系以及其对物价、利率和经济运行产生重大影响之时。在古典经济学家们的视野中，货币主要以金属铸币形态存在，货币与信用仍然保持着相互独立的状态。随着银行券的广泛使用，货币与信用的联系已经日益紧密。到20世纪30年代，发达资本主义国家先后实施了彻底不兑现的银行券流通制度，货币流通与信用活动变成了同一的过程，由此形成了一个新的范畴"金融学"。凯恩斯纳入投机动机的货币需求理论和以弗里德曼为代表的货币主义货币需求函数都是早期金融理论的重要内容。早期金融学的研究核心是基于银行体系的信用货币创造机制。信用货币创造数量的多少相应引起商品价格水平变动即通货膨胀的形成过程，同时也会影响货币价格即利率的确定。因此，早期金融学通过研究货币供求的均衡关系最终导向货币对经济的作用即货币政策的探讨。

早期金融学研究的核心机制是信用货币创造机制，集中体现为双层次的存款货币创造。对这一机制的理论研究始于菲利普斯1920年出版的《银行信用》[②]一书，该书首次提出了原始存款和派生存款的概念，并对货币乘数机制进行了详细分析。1934年米德在《货币数量与银行体系》[③]一文用正式的货币供给模型对货币供给机制和银行系统的货币创造进行了系统研究。中央银行通过投入通货及扩大信贷创造了基础货币，基础货币及其量的增减变化直接决定着存款货币银行准备金的增减，从而决定着存款货币银行创造存款货币的能量。众多存款货币银行则通过自我约束机制分散决策，根据安全、流动、盈利的准则，判断在多大程度上满足客户的货币需求。

① 关于流通中的货币数量，大卫·休谟、大卫·李嘉图和魁奈在各自著作中均有不同表述。

② Phillips, *Bank Credit: A Study of the Principles and Factors Underlying Advances Made by Banks to Borrowers*, Arno Press, 1980（first published, 1920）.

③ Meade, J.E.（1934）'The Amount of Money and the Banking System', *Economic Journal*, 44: 77–83.

在早期金融学的理论研究中，人们最先关注的是商品价格决定及其波动的影响因素，在考虑了信用货币创造机制后，货币供给和货币需求的对比一定程度上决定了通货膨胀的高低。大约从 19 世纪末期开始，人们对商品价格形成原因的研究逐渐减少，进而转向研究利率决定。如果说对商品价格的研究是对有形商品价格的研究，那么对利率的研究实际上就是对资金价格的研究。慢慢地，早期金融学开始全面、系统地研究利率，试图找到是什么因素决定了利率的形成以及利率的高低，研究利率在经济运行及经济均衡中起着什么样的作用。这一时期的经典著作是欧文·费雪 1930 年出版的《利息理论》①。费雪系统阐述了有关现值、利率和投资的理论，提出了定量的货币理论，被誉为中央银行货币规则的创始人。显然，从经济发展的阶段性看，从主要研究商品价格到逐步转向主要研究资金价格即利率，是金融理论研究的一种深化，同时，也似乎表明经济活动开始出现某些虚拟化的倾向。经济的虚拟化实质上是经济体系的进步。

早期金融学关于货币对经济的作用以及货币政策调控的分析集中反映在 IS–LM 模型上②。LM 曲线包括了所有满足货币需求数量等于货币供给数量这一均衡条件的点，因此，货币供给的变动或者货币需求的自主性变动都会导致 LM 曲线的移动，相应引起利率水平和总产出水平的变化。货币当局的货币政策操作正是基于这一机制通过调控准备金率、再贴现率以及公开市场业务操作影响货币供给，从而影响经济体的总需求及总产出。

二、资本市场发展与现代金融学的理论演进

（一）资本市场发展对早期金融学的影响

20 世纪 50 年代以后，作为较为古老的一种金融中介，以经营传统信贷业务为主的商业银行在经济生活中虽然仍然发挥着重要的作用，但是有迹象

---

① Irving Fisher，The Theory of Interest，New York：Macmillan，1930.

② John Hicks，"Mr.Keynes and the Classics：A Suggested Interpretation"，*Econometrica*（1937），pp. 147–159.

表明，其传统的核心功能似有衰退的迹象。[①] 这从当时金融结构的市场化变化就可以略见端倪。金融结构市场化变革的推动力量来自资本市场的蓬勃发展。也正是从 20 世纪 50 年代开始，经济学家们开始越来越多地研究资本市场问题，特别是资产或风险的定价、风险管理技术以及高度市场化状态中的公司资本结构问题。资本市场的内容非常广泛，它不仅仅是股票市场的问题，更不只是股票价格的波动。股票市场及其价格波动只是资本市场理论研究中的一个重要组成部分。金融结构的市场化导致金融理论发生了根本性的变化。从实体经济运行的角度来看，资本市场构造了经济运行的新基础、新平台。这个新基础、新平台的出现，意味着经济活动的行为准则和运行轨迹都将发生重大变化。如果我们不随之进行调整，那就意味着会被新的规则所抛弃。在没有资本市场的情况下，经济活动是相对规则化的，经济活动的规律性看得相对比较清楚，经济变量之间的关系在理论上也存在着相对的稳定性，它们之间的逻辑关系是清楚的。在资本市场不断发展特别是当资本市场成为全社会经济运行的基础之后，很多经济变量之间的相互关系就变得不那么直接甚至不那么稳定了，它们之间需要有转换的变量。也就是说，资本市场发展将使全社会经济运行的规则发生根本性的调整。在传统商业银行主导金融结构的时代，商业银行制定的所有规则构成了社会的基本规则。如果不与它相对接，就无法获得银行体系资金的支持。在金融制度相对单一的那个时代，没有银行体系的支持，就不可能有持续的发展，从而，也就不可能有竞争力。在资本市场蓬勃发展之后，资本市场的规则亦将成为社会经济活动的重要规则。[②]

资本市场的发展首先使货币的度量变得困难了。资本市场发展以前，货币供给的计量标准主要指存款货币银行的存款货币和经济体系中流通的现金通货。但是随着资本市场的发展和金融创新的开展，区分货币与非货币变

---

① Allen，Franklin and Anthony M.Santomero.（2001）"What Do Financial Intermediaries Do？"，*Journal of Banking and Finance*，25（2）：271–294.

② 吴晓求.金融的过去、今天和未来［J］.中国人民大学学报，2003（1）.吴晓求.梦想之路——吴晓求资本市场研究文集［C］.北京：中国金融出版社，2007：257–275.

得越来越困难，货币层次之间的界限也变得模糊了。以货币市场共同基金为例，这类基金把资产投向货币市场，很大程度上与存款货币银行的存款资产存在竞争性替代关系，在一些国家如美国被计入广义货币供应量（M_2），而在中国则尚未计入货币供应量[①]。再如，日本中央银行公布四个口径的货币供应量指标：M_1、M_2、M_3 和 L，其中 L 口径的货币供应量包括投资信托、银行债券、金融机构发行的融资券和政府债券、外国债券。[②] 韩国中央银行于2006 年 6 月调整了广义货币供应量 M_3 的结构，并采用金融机构总体流动性（Lf）作为最新的广义流动性指标。[③]

资本市场的发展同时也使货币需求变得不再稳定，难以有效估计，这是由于资本市场的发展带来一系列的金融创新，大量的证券化金融资产的涌现，使得这些金融资产和货币之间的替代性大大加强。20 世纪 70 年代在金融体系出现了"脱媒"现象，即大量资金从商业银行体系转入资本市场。在货币估计的经验研究中也出现了"失踪货币"之谜[④]，即根据传统货币需求方程对货币需求进行的估计结果明显大于实际的货币余额。

资本市场的发展为货币政策及宏观调控带来最为严峻的挑战是货币政策的传导机制甚至货币政策的目标函数都在发生变化。在金融结构市场化变革之前，凯恩斯学派的观点认为，货币政策通过利率途径对经济活动产生影响，这一机制通过 IS–LM 模型来表达，强调货币资金的价格——利率在货币政策传导中的作用。然而，随着资本市场的深化和发展，金融资产价格的变动使得货币政策传导机制变得更加复杂。格林斯潘（Greenspan，1999）指出，

---

① 尽管中国人民银行尚未把货币市场基金纳入货币供应量统计口径，但近年来已经逐渐考虑金融市场发展的影响，例如自 2001 年起，把证券公司客户保证金纳入广义货币供应量，自 2011 年 10 月起，货币供应量已包括住房公积金中心存款和非存款类金融机构在存款类金融机构的存款。

② 根据日本中央银行对货币供应量口径的说明。http://www.boj.or.jp/en/statistics/outline/exp/exms.htm/。

③ The Bank of Korea，Monetary Policy in Korea，2008（Second Edition）.

④ Stephen M. Goldfeld，（1976）"The Case of the Missing Money，"*Brookings Papers on Economic Activity*，3：683–730.

美联储的货币政策应更多考虑股票市场的因素。[1] 资本市场中种类丰富的金融资产价格变动可能通过托宾 Q 效应、财富效应以及资产负债表效应对中央银行的货币政策实施传导，这一传导的结果是使货币政策的传导链条更加复杂，同时也削弱了货币供应量作为货币政策中介指标的效力。因此，一些发达国家放弃了以货币供应量作为货币政策中介指标，实施泰勒规则以利率为中介指标。关于货币政策是否应对金融资产价格变动作出反应尚存在争论，部分学者如 Goodhart（1995）认为，金融资产价格变动能够准确反映未来消费物价的变化，中央银行货币政策不应把目标只限定在通货膨胀上，而应当构建包括房地产价格、股票价格在内的广义通货膨胀指标。[2] 而现任美联储主席伯南克（Bernanke et. al., 1999, 2001）及其合作者的研究则表明，货币政策没有必要对金融资产价格的变动作出反应。[3] 在中国，亦存在类似的争议和分歧。

（二）现代金融学的理论演进

伴随着资本市场发展所推动的金融结构的市场化变革趋势的到来，现代金融学研究的轴心从资金价格逐渐过渡到金融资产价格，从股票、债券等基础资产的定价理论逐渐发展到期货、期权、互换等衍生品的定价理论。

20 世纪 50 年代后，经济结构特别是金融结构发生了重大的变化，利率虽然仍是人们所关注的问题，但已经慢慢地不被经济学界的主流所重视。人们开始慢慢将视野转向更加复杂的价格理论，即资本市场资产价格的变化及其决定。经济学家们对这个问题的研究与当时的经济结构特别是金融结构正在发生重大变化有着密切的关系。20 世纪 50 年代以来，金融对经济活动的

---

① Greenspan, A.（1999）, "New Challenges for Monetary Policy", Opening remarks at a Symposium, Fed of Kansas City.

② Goodhart, C.（1995）, Prices stability and financial fragility, in K.Sawamoto, Z.Nakajima and H.Taguchi.（eds.）*Financial Stability in a Changing Environment*, London: Macmillan, 439–510.

③ 参见 Bernanke, B., Gertler, M.and S.Gilchrist（1999）, The Financial Accelerator in a Quantitative Business Cycle Framework, in: J.Taylorand M.Woodford（eds.）, *Handbook of Macroeconomics*, Vol.1C, 1341–1393. 以及 Bernanke, B., and Gertler, M.（2001）, "Should Central Banks Respond to Movements in Asset Prices？" *The American Economic Review*, 91（2）, 253–257.

作用急剧加大。如果说人们着力研究利率理论意味着货币对经济的推动作用日益明显，那么价格理论的研究重心从较为虚拟化的资金价格即利率，转向更加虚拟化的资产价格，则表明以市场化金融结构为特征的现代金融已逐步成为现代经济的核心。马克思有一句很著名的话："货币是经济运行的第一推动力。"延伸到今天，似乎也可以概括为，建立在金融结构市场化基础上的"现代金融是现代经济的发动机"。

现代金融学始于马柯维茨 1952 年在《金融学杂志》发表的《证券组合选择》一文。[①] 该文彻底改变了传统金融学用描述性语言表达金融思想的方法[②]，把研究重点放在资本市场数以万计证券资产的组合选择上，分别以均值和方差衡量收益和风险，提出了期望均值—方差理论，即投资者对证券资产的选择不仅取决于资产的收益均值，还取决于资产的收益方差。然而，当投资者面临选择的证券数量增加时，为了计算各种证券可能构成的证券组合，计算量将呈几何级数增加。威廉·夏普于 1964 年发表在《金融学杂志》的《资本资产定价模型：风险状态下的市场均衡理论》建立在马柯维茨的资产选择理论基础上，研究资本市场均衡条件下资产收益的确定，在一系列严格的假设下，推导出均衡状态下投资者将只从无风险证券和市场证券组合中进行选择，即"资本资产定价模型"（CAPM），也被称为"单因素模型"[③]。林特纳和莫辛也分别于 1965 年和 1966 年独立地提出了 CAPM 模型。[④]

1958 年米勒和莫迪利亚尼共同发表的论文《资本成本、公司金融和投资

---

① Markowitz，Harry.（1952）.Portfolio Selection.*The Journal of Finance*，7（1），77–91.

② 根据 Bernstein（1992），在马柯维茨（1952）论文发表之前的《金融学杂志》上的论文主要讨论的主题包括"联邦储备政策、货币增减对于物价与企业活动的影响"等传统金融学的研究主题，在 1959 年之前的论文几乎都是叙述性的，"毫无数学公式的推演"。与此形成鲜明对比的是，今天的《金融学杂志》几乎整页整页都是数学公式的推导，而文字表达所占的篇幅已经很少。

③ Sharpe，W.F.（1964）.Capital Assetprices：A Theory of Market Equilibrium Under Conditions of Risk.*The Journal of Finance*，19（3），425–442.

④ 参见 Lintner，J.（1965）.The Valuation of Risk Assets and the Selection of Risky Investments in Stock Portfolios and Capital Budgets.*The Review of Economics and Statistics*，47（1），13–37. 以及 Mossin，J.（1966）. Equilibrium in a Capital Asset Market.Econometrica：*Journal of the Econometric Society*，768–783.

理论》提出了著名的 MM 定理，即在完全市场条件下，公司资本结构不会影响公司价值。[1] 这一理论不仅奠定了公司金融这门学科的基础，并且该研究首次明确运用了无套利分析方法。布莱克和斯科尔斯（1973）同样使用了无套利分析方法，对股票价格变动的模型进行连续动态化，得到期权价格与股票价格之间的偏微分方程，并最终得出布莱克—斯科尔斯期权定价模型。[2]布莱克—斯科尔斯期权定价模型得到了罗伯特·默顿所做的一系列重要扩展，这些扩展后来被总结在《连续时间金融学》（Merton，1990）一书中。[3]同样使用无套利定价方法，罗斯（1976）提出了一定程度上克服 CAPM 不可检测问题的"套利定价理论"（APT）。[4]APT 实际上是一个多因素定价模型，揭示了均衡价格形成的套利驱动机制和均衡价格的决定因素。

尤金·法玛于 1965 年在其博士论文中正式提出的有效市场假说（EMH）理论[5]，一定程度上对资本市场资产价格确定的效率问题进行了总结。按照有效市场假说，资本市场具有根据新信息迅速调整证券价格的能力，因此，高度有效的资本市场可以迅速传递所有相关的真实信息，使价格反映其内在价值。

现代金融学的理论殿堂对 20 世纪 50 年代之后的金融实践产生了根本性甚至是革命性的影响。对金融资产尤其是金融衍生品精确定价技术的发展，直接导致金融产品交易尤其是金融衍生产品的交易规模呈现爆炸式增长。由于对公司金融理论的研究进展以及金融契约理论的发展，各种规模的公司在金融市场上的筹资和融资活动变得更加频繁。资产组合理论的发展和投资组合业绩的科学评估，导致基金公司、保险公司和养老金等大型机构投资者积极参与资本市

---

[1]　Modigliani，F.，&Miller，M.H.（1958）．"The Cost of Capital，Corporation Finance and the Theory of Investment." *The American Economic Review*，48（3），261–297.

[2]　Black，Fischer and Scholes，Myron S.（1973），"The Pricing of Options and Corporate Liabilities." *Journal of Political Economy*，May-June，81（3），pp.637–654.

[3]　Merton，Robert.C.（1990），*Continuous-Time Finance*.Basil Black well：Cambridge，MA.

[4]　Ross，S.A.（1976）．"The Arbitrage Theory of Capital Asset Pricing" *Journal of Economic Theory*，13（3），341–360.

[5]　EMH 理论的正式发表是在 1970 年。Fama，E.F.（1970），"Efficient Capital Markets：A Review of Theory and Empirical Work".*The Journal of Finance*，25：383–417.

场投资活动，这都导致资本市场规模的空前膨胀。与此同时，原本提供专门化金融服务的金融机构掀起了一波又一波并购浪潮，致使提供一站式金融服务的巨无霸式金融机构规模空前扩张，银行和非银行金融机构的界限变得模糊。金融活动跨越了国界，金融全球化不仅自身是经济全球化的一部分，同时更直接推动了经济的全球化。

在现代金融理论彻底改变了金融实践的同时，现代金融学的创立者们也几乎都获得了举世瞩目的诺贝尔经济学奖[①]，并且，不同于早期金融理论的研究者们长期坐守书斋，其的理论贡献对金融市场投融资活动影响有限。现代金融理论例如 MM 定理、CAPM 模型、B-S 期权定价模型等，在所有金融市场的参与者那里都耳熟能详，并有重要的影响力，这决定了现代金融理论的研究者们在金融市场和金融机构普遍拥有很高的声誉，他们也几乎都亲身投入金融市场，实践由他们所创立的金融理论。当然，这其中有成功的案例，也有失败的教训。[②]

三、现代金融学面临的挑战与新金融经济学的探索

（一）现代金融学面临的挑战

现代金融学辉煌的理论殿堂构筑在"新古典经济学"基础之上，其理论推导的前提假设之一是市场是完美的因而并不存在交易成本，前提假设之二是市场参与者都是理性的，并且拥有完全的信息。因此，现代金融理论属于"新古典金融学"的范畴，是在新古典经济学基础上建立起来的研究资本市场在不确定环境下对金融资产进行准确定价从而对资源和风险进行跨期最

[①]　均值方差理论的创立者马柯维茨和CAPM模型的创立者夏普以及 MM 定理的创立者米勒共同获得 1990 年诺贝尔经济学奖；MM 定理的另一位创立者莫迪利亚尼获得 1985 年诺贝尔经济学奖；期权定价模型的创立者斯科尔斯和默顿获得 1997 年诺贝尔经济学奖（布莱克于 1995 年逝世）。

[②]　根据 Bernstein（1992，2007），马柯维茨 1968 年即加入套利资产管理公司并创建了第一只通过计算机实施的套利对冲基金；夏普则于 1998 年创办了成功的硅谷风险投资公司——财务引擎公司为客户提供投资组合规划；斯科尔斯和默顿在他们担任合伙人的对冲基金公司——长期资本管理公司破产后，斯科尔斯于 1999 年创办了 Platinum Grove 对冲基金管理公司并获得成功，默顿则为高盛等公司提供风险管理咨询。

优配置的理论体系。在方法上，现代金融学借助了新古典经济学的优化分析和均衡分析等基本方法，同时也最大限度地使用了随机过程理论等现代数学工具。

然而，真实的金融世界和现代金融学的理论殿堂是有差异的。一方面，市场并不是完美的，而是受到各种交易成本摩擦的影响。政治架构、税收制度、监管体系、法律制度、新闻媒体、文化渊源甚至信仰习惯都会影响金融体系的效率。新制度经济学在现代金融理论的模型基础上开始考察种种制度因素对金融活动的影响，形成了"新制度金融学"（Merton & Bodie，2005）系列研究文献。[①] 目前，这一方向的探索已经涌现出对金融研究影响深远的两类研究成果：一类是从比较金融视角开展的对商业银行主导和资本市场主导的比较金融体系研究（Allen & Gale，1995、2000）[②]，另一类是从法律视角探索金融市场建立、运行和发展的制度基础的研究（LLSV，1997、1998）。[③]

另一方面，市场参与者也并不是完全理性的，因而在进行金融投融资决策时存在系统性的偏差。首先，现代金融学理论分析基础即经济主体决策基于理性预期、风险回避和效用函数最大化等假设存在问题，例如投资者具有倾向于过分自信和乐观的心理特征。此外，投资者会有回避损失和存在心理账户的系统性偏差。其次，无套利均衡是现代金融学理论分析的基础，即使市场存在非理性的投资者，理性投资者的套利行为会使资产价格回到均衡水平。然而，由于存在基本面风险和执行成本以及噪声交易者风险（DeLong

---

① Merton，Robert C.，and ZviBodie（2005）．"Design of Financial Systems：Towarda Synthesis of Form and Structure，" *Journal of Investment Management*，Vol.3，No.1（March），pp.1-25.

② 参见 Franklin Allen，D.Gale（1995），"A Welfare Comparison of Intermediaries and Financial Markets in Germany and the U.S."，*European Economic Review*，39，179-209. 以 及 Franklin Allen and Douglas Gale（2000），*Comparing Financial Systems*，MIT Press.Cambridge，Massachusetts.

③ 参见 La Porta，Rafael，Florencio Lopez-de-Silanes，Andrei Shleifer，and Robert Vishny（1997），Legal Determinants of External Finance，*Journal of Finance*，52，1131-1150. 以 及 La Porta，Rafael，Florencio Lopez-de-Silanes，Andrei Shleifer，and Robert Vishny，（1998），Law and Finance，*Journal of Political Economy*，106，1113-1155.

et al，1990；Shleifer & Vishny，1997）[①]，投资者至多只能进行有限套利。因此，现代金融理论面对一系列金融异象的实证证据并不能提供有力的理论解释，这些金融异象包括公司规模效应、日历效应、市场过度反应、股价过度波动、股票收益的均值回归以及新信息在股票价格中的反映不足等。

（二）新金融经济学的探索

尽管现代金融理论遭遇到来自新制度金融学和行为金融学的挑战，但是这些挑战至多只能算是一种探索，还不足以构成一个新的金融经济学的理论体系。正如默顿和博迪（Merton & Bodie，2005）所说，新制度金融学和行为金融学的理论探索只能是在现代金融理论基础上的一种修订，他们解释的更多的是金融资产价格为何会出现对现代金融理论模型预测的偏离。因此，现代金融理论仍然为资本市场的资产定价和公司金融决策提供了基础模型，类似于解释了变量的一阶效应，而新制度金融学和行为金融学这些新金融经济学的探索则类似于解释的是二阶的乃至更高阶的效应。

默顿和博迪（Merton & Bodie，2005）对新制度金融学理论贡献的解释是，现代金融学把不同金融体系内部的特殊制度结构和组织形式视为外生给定的，由于不存在交易成本，不同金融制度和组织结构的选择并不重要。而新制度金融学的核心思想是，只有金融活动的特定功能才是外生的，而金融制度结构和组织形式则是内生形成的，因此，在特定的经济金融发展背景下，金融制度的选择就显得至关重要。当然，默顿和博迪（Merton & Bodie，2005）也承认，新制度金融学的发展并不是要替代现代金融理论，而仅仅是建立在现代金融理论基础上的修订，在发展良好的金融体系中，现代金融理论关于资产定价和公司金融的主要结论都是毋庸置疑的。

新金融经济学在另一方向上的探索——行为金融学的理论基础是有限套利理论和投资者的非理性行为，投资者的非理性行为又表现为非财富最大化

---

① 参见 DeLong, J.Bradford, Andrei Shleifer, Lawrence H.Summers, and Robert J.Waldmann.（1990）. "Noise Trader Risk in Financial Markets." *Journal of Political Economy*，98（4）：703–38. 以及 Shleifer, Andrei，and Robert W.Vishny.（1997）. "The Limits of Arbitrage." *Journal of Finance*，52（1）：35–55.

行为和启发式偏见以及定式心理误会。行为金融学的探索同时还渗透到资产定价和公司金融这两大金融研究的核心领域。行为金融学的研究者们针对CAPM 提出了行为资产定价理论（Shefrin & Statman，1994）[1]。他们提出，市场上存在 CAPM 模型中的信息交易者，也存在认知偏差并具有不同风险偏好的噪声交易者，因此，当前者主导市场交易时，市场是有效的，而当噪声交易者主导市场时，市场是无效的。此外，Stein（1996）研究了投资者非理性而公司管理层理性情况下的公司融资行为。[2]Shefrin（2001）的分析发现，公司管理者的认知不理性和情感影响容易导致决策失误，而公司外部投资者和分析师的认知偏差则使公司股票偏离其基本价值。[3] 尽管行为金融学在最近十多年里发展迅速，亦有行为金融学家获得诺贝尔经济学奖[4]，但是，行为金融学尚未发展出被普遍接受的完整理论框架。

四、功能视角下的金融理论演进逻辑

（一）金融的基本功能

近一个世纪以来迅猛发展百家争鸣的金融学理论内容异常丰富，而这些理论内在的冲突和争论更令人眼花缭乱、无所适从。置身于金融理论争论中难免让人顾此失彼，唯有跳出金融理论争论的圈子，站在现代经济发展对金融的核心需求，即从金融的核心功能出发，才有可能对金融理论的演进逻辑作出准确梳理。金融的核心功能是什么？有人认为，金融就是资金融通。也有人说，金融是创造信用的一种机制。对金融的概括涉及对金融内涵的理

---

① Sherfrin，H.and M.Statman（1994）．"Behavioral Capital Asset Pricing Theory." *Journal of Financial and Quantitative Analysis*，29（1994），323–349.

② Stein，J.（1996），"Rational Capital Budgeting in an Irrational World"，*Journal of Business*，69：429–455.

③ Shefrin，H.（2001），"Behavioral Corporate Finance". *Journal of Applied Corporate Finance*，14，113–124.

④ 例如 2002 年诺贝尔经济学奖授予美国普林斯顿大学的丹尼尔—卡恩曼（Daniel Kahneman）和美国乔治—梅森大学的弗农—史密斯（Vernon L.Smith），以表彰他们在行为经济学及行为金融领域的开创性贡献。

解。不同发展阶段的金融，核心功能是不同的。这样可能更有助于理解金融结构的演进逻辑。传统金融更多的是一种资源配置的机制，而现代金融则更多的是一种分散风险、转移风险进而是一种配置风险的机制。金融发展到今天，其核心功能是为经济体系创造一种动态化的风险传递机能。默顿和博迪在《金融学》中对金融做了六大功能的概括①。其中有一个功能与上面所说的很接近。他们所概括的其他五个功能相对来说都是次要的，比如说支付清算的功能。但现代金融最本质的内涵是转移风险②。任何对金融的理解如果离开了转移风险这一点，可能也有它的道理，却未把握其灵魂。

金融经过了从融通资金到信用创造，再到转移风险的发展过程。虽然现代金融仍有融通资金、创造信用的功能，但最核心的功能还是转移风险或配置风险。就像当今社会的产业体系仍然是以农业、现代工业、不断升级的服务业以及后工业化社会的新型产业（以信息技术和生物工程为基础）为主体组成的一样，但现代社会最具生命力的产业无疑是以信息技术和生物工程为基础的后工业化产业（新经济产业），这种概括丝毫不否认农业在整个产业链中的重要性。

以这种理解作为参照系，如果一个国家的经济体系中的金融体系缺少转移风险的功能，那么这种金融体系是非常危险的，或者是没有效率的。站在金融功能视角下，我们对传统金融向现代金融的演进逻辑就能看得更加清楚。

任何经济活动都是有风险的。无论是在以传统商业银行为主体的金融体系，还是在以资本市场为核心的金融体系，经济体系中的风险都会通过各种管道转变为金融风险，这些风险最终都有可能要蔓延到金融体系，所以，金融机构都把防范风险当成头等大事。这种风险防范在商业银行占主体的金

---

① 这六大功能是：在时间和空间上转移资源；管理风险；清算与支付结算；储备资源和分割股份；提供信息；解决激励问题。参阅，兹维·博迪（Zvi Bodie），罗伯特·C.默顿（Robert C.Merton）.金融学［M］.北京：中国人民大学出版社，2000：24-30.

② 现代金融理论的开创者马柯维茨（1952）的核心贡献就是强调重视风险，一是"考虑收益的同时一定要考虑风险"，二是"不要把鸡蛋都放在同一个篮子里"（Bernstein，1992）。

融体系中，人们特别是商业银行家和中央银行等试图把风险堵在金融体系之外。堵的结果是有时候会出现一种极端的形态——经济的严重衰退或所谓的经济危机。堵风险的理论前提是，传统金融体系中只有资源配置机制而缺乏风险配置机制，早期金融理论中的利率确定本质上是一个通过资金定价从而对资金进行配置的机制。现代金融理论则不同，分散风险，进而配置风险是现代金融的核心功能。而配置风险的前提是，风险能流动并能对其定价。风险流动的前提是资产证券化。所以，资产证券化是现代金融形成的基石。对风险进行度量则是配置风险的另一重要条件。马柯维茨"均值方差理论"贡献的核心是第一次对风险提出了科学的系统的度量，其最有名的观点是"在考虑收益的同时一定要考虑风险"。现代金融理论的这一常识在 1952 年那个时候则是划时代的创新。CAPM 模型的贡献则是改用更易计算的贝塔值度量风险，并且能明确推导出资产的预期回报是贝塔系数即系统性风险的函数。MM 定理则指出，决定公司价值的变量只有公司商业活动的收益和风险，公司的资本结构只是改变收益与风险在不同主体之间的分配。布莱克—斯科尔斯期权定价公式则直接研究如何对风险进行动态套期保值。因此，现代金融理论的每一个模型，"都是关于如何管理各种变量的风险"[1]。现代金融理论的重要推动者默顿更指出，所有现代金融理论都将风险作为核心，"它贯穿着思维的整个主体"。因此，在现代金融理论指导下，金融机构才有可能对风险进行准确度量，在度量的基础上对其有能力承担的风险进行锁定，对超出其能力之外的风险实施对冲交易，使风险流动并有效转移。这就是配置风险的全过程。

如前所述，现代金融是一种转移风险的机制，而转移风险的技术前提是风险始终处在流动状态。换句话说，如果一种金融体系能够使经济体系的风险流量化而不是存量化，那么，这种金融体系就是安全的、健康的、有效率的。存量化的风险有可能侵蚀着金融体系的机体，从而严重恶化金融体系的功能。现代金融最核心的功能就是要创造出一种能够使风险流量化的机制。

---

[1] Peter L.Bernstein, *Capital ideas evolving*, 2007, John Wiley & Sons, Inc.

打个比方说，现代金融从功能上看，应该更像浩浩荡荡的长江，而不是特大型的水库。"水库"型的金融，是传统金融。历史上，我们曾把金融比喻成"蓄水池"。在今天，作为指导原则，我们不能再按照"蓄水池"的理论来构建我们的金融体系，因为，"蓄水池"式的金融体系无法转移风险，而只能使风险沉淀。任何经济活动都要通过转移风险来分散风险，而不要把风险集中在一个特定的重要部位。

（二）金融活动的基本原则

沿着现代金融是一种分散风险、转移风险和配置风险的机制这个思路出发，我们可以得出现代金融活动的两个很重要的基本原则。

第一个原则是，金融体系和金融活动必然体现流动性和效率平衡的原则。金融结构的改革和金融产品的设计都要很好地体现流动性和效率之间的平衡。金融机构与产品之间的衔接以及金融机构内部业务的交叉、内部防火墙的设计，都需要比较好地处理流动性与效率的平衡。这就需要有一个成熟的、敏感的、有效率的资本市场。当然如果仅有资本市场，是不够的，难以实现金融体系在流动性与效率之间达成平衡。资本市场只是提供了流动性与效率平衡的基础，只是金融体系演进的发动机或者说是引擎，而不是现代金融的全部。除了有一个流畅、高效的资本市场外，还要有一个具有良好风险过滤机制的银行体系。对中国而言，在效率和流动性之间，效率应受到更多的关注。因为中国的金融体系，从整体上看，效率是不高的。流动性似乎还可以，因为我国商业银行有着庞大的"盈余"资金。

第二个原则是，风险与收益的对称原则。如果说第一个原则是金融结构设计的原则的话，那么，第二个原则就是金融产品设计的原则。在这里，风险对冲是很重要的。我们把现代金融定义为转移风险的机制，绝不意味着只是单一地转移风险。实际上，在转移风险的同时，还必须转移与之相匹配的收益。在金融市场特别是资本市场活动中，风险与收益的匹配性是个前提。不同的投资人对市场中可交易的产品会有不同的风险与收益的预期。不同的预期是市场存在的条件。市场之所以有交易行为，是因为无论是买方还是卖方，都认为此种交易价格体现了收益与风险的匹配。所以说风险和收益相匹配的原则对金融产品的设计至关重要。在资本市场发达的前提下，任何金融产品的交易都是要通过市场来实现的。

自从有了金融制度以来，融通资金的功能就客观存在，过去的金融只是融通资金。金融的融通资金功能对生产的社会化和经济的规模性起了重要的推动作用。后来，由于现代商业银行制度的建立，特别是中央银行的出现，金融体系具备了创造信用的机能，所谓的"货币乘数"就是这一机能的概括。从融通资金到信用创造，再到转移风险，这是金融功能发展的三个阶段。金融功能的这种变化是金融结构和金融功能不断升级的过程。

（三）推动金融功能不断升级的主要因素[①]

金融功能的不断升级，根源于经济结构的升级变动和人们不断变化的金融需求。概括地说，主要源于以下三个基本因素：

第一，经济规模及其发展水平对金融制度的深刻影响。一国经济规模及其发展水平对一国金融制度和金融结构的形成具有决定性的作用。人类社会进入工业化时代以后，在市场机制作用下，经济规模迅速扩大，经济发展水平不断提高，客观上要求新的金融制度帮助其实现经济的规模化，满足其对资金的巨大需求。商业银行这种金融制度出现了，以商业银行为特征的金融寡头出现了。这种金融结构所具有的信用创造能力，以及资金可以跨区域和跨期配置，使其在一定时期内可以集中甚至超规模地配置资源，这显然满足了现代工业对资金规模的要求。

第二，产业周期的缩短、产业升级的加速和技术含量的提高，对资本形成和风险分散提出了新的要求，从而对金融制度和金融结构产生了新的重要影响。20 世纪 70 年代以后，现代工业社会开始从资本密集型转向科技主导型，产业的生命周期有缩短的趋势。在技术的推动下和竞争的压力下，产业升级速度明显加快，新技术转化成新的主导产业的时间在缩短。与此同

---

① 参阅吴晓求，赵锡军，瞿强，等.市场主导与银行主导：金融体系在中国的一种比较研究［M］.北京：中国人民大学出版社，2006：4-7.

时，越来越多的资源和财富开始通过不同的金融产品来表现，资源和财富越来越金融化、越来越证券化。工业化后期的产业体系的这种结构性特征以及资源、财富的金融化、证券化，意味着什么呢？意味着不确定性在增加。这客观上要求金融体系不仅要有有效配置资源的功能和机制，而且迫切要求具有分散风险的功能，使原来藏身于金融体系内的不断存量化的风险使之流量化，从而创造一种风险流动的机制。这种功能的金融制度，只有资本市场这种有别于传统商业银行的金融制度才具有。一种可以使风险流量化的金融制度或金融体系是一种富有弹性的金融体系。我们认为，判断金融体系的脆弱性或者是否富有弹性，首要的评判标准就是风险的流动能力或者说释放能力。包括风险投资在内的资本市场在 20 世纪 70 年代之后，之所以有蓬勃的发展，分散风险的功能可能是一个重要的内在原动力。

第三，收入水平以及受收入水平影响的资产选择偏好，也会从根本上对金融制度和金融结构产生重要影响。在收入水平较低时，包括居民（或投资者）在内的所有经济主体的金融需求结构还处在一个较低的水平上，静态意义上的资产安全性是其对金融中介或金融机构提供金融服务最基本的也是核心的要求。而当人们的收入水平达到一定程度后，人们对金融服务的要求就会超越静态意义上的资产安全性的要求，而是希望提供增值、避险、组合和一体化金融服务。

第四，信息技术的进步及其在金融市场的广泛运用，也会深刻地影响金融结构向着市场主导型方向演变。信息技术的迅速发展，大大提高了金融市场的交易效率，使得各类金融市场包括货币市场、资本市场、外汇市场、衍生品市场等在区域和期限上不再处在分割的状态，跨期、跨品种和跨区域的套利机制不断趋于成熟和完善。

第五，文化和法律制度对金融体系的演变亦会产生不可忽视的重要影响。

上述几个方面的原因推动着现代金融的形成，推动了金融产品的不断创新，从而推动着金融功能的升级，并最终促使以转移风险为核心功能的现代金融的出现。

五、金融危机与金融学的未来

（一）百年不遇的金融危机对现代金融理论的挑战

金融理论和金融市场在过去一百年里的迅猛发展令人震撼，以至于金融学已经成为经济学这一社会科学皇冠上最璀璨夺目的明珠，成为社会科学领域当之无愧的无冕之王。正当金融学者们陶醉于美妙壮观的金融学理论殿堂时，金融从业者们享受着其他行业羡慕的高额股票期权收入时，从 2008 年开始，一场"百年不遇"起始于美国次贷、发端于华尔街的全球性金融危机，终于爆发了。它对世界经济和全球金融体系产生了巨大冲击和深远影响。这场全球性金融危机同时也对现有金融理论带来了极大的挑战，引起所有金融研究者们的深思。

金融危机发生后，大家首先想到的是金融市场是否存在过度的扩张。有人认为，20 世纪 90 年代美国新自由主义经济政策主导下的低利率和放松管制所带来的金融市场的大规模扩张，导致了金融资产特别是证券化金融资产的迅速膨胀，从而使金融市场特别是资本市场的快速发展开始脱离实体经济。这种金融资产的膨胀导致的虚拟经济游离实体经济基础的现象，使金融危机的出现成为某种必然。

统计资料显示，从 1990 年开始，美国资本市场的资产规模以很快的速度在增长，这一速度大大超过了同期 GDP 的增长速度。1990 年初，美国金融资产（股票和债券）规模和 GDP 的比例那时大体上维持在 1.6∶1 的水平上，危机的 2008 年前则维持在 3.2∶1 的水平上。金融资产规模的快速扩张是不是背离了实体经济的要求？这需要深入分析。但在作这种分析时，实际上必须思考这样一个很重要的问题——实体经济与现代金融的关系：谁主沉浮？"谁主沉浮"这个提法包含了两方面的含义：一方面是指现代金融主要是资本市场的发展从最终意义上说必须受制于实体经济，没有实体经济的增长，现代金融（主要是资本市场）的快速发展就会失去基石，如果这种快速发展到了"泡沫化"程度时，则势必对金融体系和实体经济产生严重损害。另一方面，以资本市场为核心的现代金融，并不完全依附于实体经济，并不是实体经济的附庸。金融发展到今天，实体经济与现代金融并不是一个主宰与附庸的关系，它们之间实际上是相互推动、相互促进的作用。从一定意义上说，现代金融对实体经济正在起着越来越明显的主动推动作用。我们常说的金融是现代经济的核心，道理就在这里。我们不能因这次全球金融危机的出现就否认现代金融对实体经济的积极推动作用，否认金融是现代经济的核心和发动机的地位。虽然从根本上说，金融（虚拟经济）的发展，最终要取决于实体经济，但同时又绝不能看轻现代金融对实体经济的积极推动作用。我们曾对实体经济和现代金融（虚拟经济）之间的关系做过一些研究，得出的基本结论是：资本市场资产价格变动与实体经济成长之间会呈现出阶段性的发散关系，这种阶段性发散关系，表明现代金融在经济运行中的独特作用。不过，资本市场资产价格与实体经济的阶段性发散关系，在一个经济长周期结束时，资产价格会程度不同地向实体经济收敛。这种收敛的现实表现形式就是金融波动或金融危机。[①]

由于现代金融对实体经济作用的主导性不断增强，如果此时出现金融危机，一般不会从实体经济开始，而可能是先从金融体系和资本市场开始。危机的逻辑过程会不同于 20 世纪 30 年代的那场金融危机。当然，今天我们可以很清楚地看到，这次金融危机的确起始于资本市场和金融体系，然后再感染和影响实体经济，从而导致实体经济的衰退。从这个意义上说，是现代金融主实体经济之沉浮。

由于金融结构的变化和功能的转型，资本市场与实体经济的关系正在发生微妙的变化，表现为从依附→相关→游离→收敛的变化过程。目前的金融危机就是实体经济与现代金融（虚拟经济）过度发散关系的收敛过程。这种收敛过程实际上也是能量积聚过程，目的是为下一轮更大程度的游离创造条件。收敛过程既可以以金融危机的形式表现，也可以以金融市场波动显示。不断地收敛就是波动，突然的大幅度收敛就是危机。游离的过程是金融资产膨胀的过程。金融波动或金融危机既是金融风险释放的过程，也是金融体系

---

① 参见吴晓求.实体经济与资产价格变动的相关性分析［J］.中国社会科学，2006（6）.

调整的过程。每一次金融危机都将促进金融制度的变革，推动金融体系的结构性调整和升级。

至此，我们想说明这样一个道理：在金融结构和金融功能发生巨大变化的今天，我们既不能陷入实体经济决定一切的境地，由此而否认现代金融对经济发展的巨大推动作用，也不能得出现代金融（虚拟经济）的发展可以天马行空、无所约束，从而忽视实体经济的最终制约作用。真可谓"道在中庸两字间"。[①]

（二）金融学的未来

气象学家洛伦兹（Lorenz）1963 年提出著名的"蝴蝶效应"[②]，"一只南美洲亚马孙河流域热带雨林中的蝴蝶，偶尔扇动几下翅膀，可以在两周以后引起美国得克萨斯州的一场龙卷风"。回顾金融的历史，公元 994 年前后，宋朝四川商人发行自己的私人纸币"交子"时绝没有想到，数百年后纸币在全世界完全替代了金属货币[③]。而 1973 年布莱克和斯科尔斯也没有想到，他们对期权定价的研究[④] 像飓风一样引发了百万亿美元的衍生品交易，彻底改变了随后的金融实践和金融理论研究方向。展望未来的金融学研究，引发未来金融实践"龙卷风"事件的曲折微妙的"蝴蝶翅膀"机制将在新一代金融学者们手中如何飞舞呢？

首先，建立在新古典经济学基础上的现代金融理论体系仍将在相当长的一段时期内"大致有效"。因此，在对任何金融现实问题的分析上，现代金融理论都将为金融学者们提供一个好的出发点而不是终点，考虑各个经济体独特的制度因素和经济主体自身的理性局限，将为未来的金融体系演进提供

---

① 吴晓求，等.金融危机启示录［M］.北京：中国人民大学出版社，2009：3-20.

② Lorenz，Edward N.（March，1963）."Deterministic Nonperiodic Flow".*Journal of the Atmospheric Sciences*，20（2）：130-141.

③ 威廉·N.戈兹曼，K·哥特.罗文霍斯特著.价值起源［M］.王宇、王文玉，译.沈阳：万卷出版公司，2010（第一版）.迄今为止，还没有有力的证据来证实或证伪 14 世纪欧洲的早期货币市场的发展是否应归功于中国早期的纸币模式.

④ Black，Fischer and Scholes，Myron S."The Pricing of Options and Corporate Liabilities." *Journal of Political Economy*，May-June1973，81（3），pp.637-654.

预测。可以预见，现代金融理论和新制度金融学以及行为金融学将在理论互补的基础上发展演进，暂时还不会出现一个全新的金融理论范式。正如博迪和默顿（Bodie & Merton，2005）所说，现代金融理论将在资产定价、资源配置和风险管理上大致正确，而新制度金融学和行为金融学则将在金融制度演进、金融机构组织和金融工具开发等领域提供理论指导。

其次，金融功能视角，尤其是以风险管理为核心的金融功能观，将在很大程度上指导未来的金融实践和金融研究。从金融功能视角出发，金融制度设计、金融机构和金融市场的定位以及金融产品的创新开发都将是内生决定的，都是为了更好地满足企业和投资者特定金融功能而发展出来的。因此，金融机构和金融市场将处于静态竞争和动态合作的创新螺旋之中。一般而言，这一创新螺旋表现在金融机构创新开发出新产品，一旦新产品拥有广泛的市场，将迅速地在资本市场获得推广，资产证券化就是一个典型范例。

最后，不论从现代金融理论演进的逻辑出发，还是从当前中国金融改革的实践看，都要把金融结构的市场化作为影响中国未来经济增长和稳定的至关重要的战略目标，而金融结构的市场化的主要推动力来源于金融市场特别是资本市场的大发展。存量资源调整、风险流动和分散、经济增长的财富分享机制是资本市场具有深厚生命力和强大竞争力的三大原动力，也是近几十年来资本市场蓬勃发展的内在动力，是现代金融体系核心功能的体现。不能因为金融危机的出现，而否认以资本市场为主导的金融体系制度创新意义。无论是风险分散还是资源配置，无论是增量资金需求还是存量资产流动，离开了资本市场其效率都将大打折扣。综观美国、日本、中国经济发展的历史，任何一个经济体从小到大的迅速成长过程中，无不体现着资本市场这个存量资源配置和风险配置平台的重要作用。以资本市场为主导的金融体系，强调的是通过有效的风险流动和释放机制，避免风险的不断积聚和对经济体系的巨大破坏力。

参考文献

［1］费雪.利息理论［M］.陈彪如，译.上海：上海人民出版社，1999.

［2］黄达.金融学（第二版）［M］.北京：中国人民大学出版社，2009.

［3］威廉·N.戈兹曼，K.哥特·罗文霍斯特著.价值起源［M］.王宇，王文玉，译.沈阳：万卷出版公司，2010.

［4］吴晓求.金融的过去、今天和未来［J］.中国人民大学学报，2003（1）.梦想之路——吴晓求资本市场研究文集［C］.北京：中国金融出版社，2007：257–275.

［5］吴晓求，赵锡军，瞿强，等.市场主导与银行主导：金融体系在中国的一种比较研究［M］.北京：中国人民大学出版社，2006：4–7.

［6］吴晓求.实体经济与资产价格变动的相关性分析［J］.中国社会科学，2006（6）.

［7］吴晓求，等.金融危机启示录［M］.北京：中国人民大学出版社，2009.

［8］兹维·博迪，罗伯特·C.默顿.金融学［M］.北京：中国人民大学出版社，2000.

［9］布莱恩·科特尔(Brain Kettell).金融经济学(中译本)［M］.北京：中国金融出版社，2005.

［10］Franklin Allen，D. Gale，（1995），*Comparing Financial Systems*，MIT Press.

［11］Bernanke，B.，Gertler，M. and S. Gilchrist（1999），*The Financial Accelerator in a Quantitative Business Cycle Framework*，in：J. Taylor and M. Woodford（eds.），*Handbook of Macroeconomics*，Vol. 1C，1341–1393.

［12］Bernanke，B.，M Gertler（2001），Should Central Banks Respond to Movements in Asset Prices？*The American Economic Review*，91（2），253–257.

［13］Peter L.Bernstein，（1992）.Capital Ideas：The Remarkable Origins of Modern Wall Street，New York：Free Press.

［14］Peter L. Bernstein，2007，Capital Ideas Evolving，John Wiley & Sons，Inc.

［15］Black，Fischer and Scholes，Myron S.（1973），"The Pricing of Options and Corporate Liabilities." *Journal of Political Economy*，May-June，81（3），pp.637–654.

［16］DeLong，J. Bradford，Andrei Shleifer，Lawrence H.Summers，and Robert J. Waldmann.（1990）."Noise Trader Risk in Financial Markets." *Journal of Political Economy*，98（4）：703–738.

［17］Lorenz，Edward N.（1963）."Deterministic Nonperiodic Flow". *Journal of the*

Atmospheric Sciences，20（2）：130–141.

［18］Fama，E. F.（1970），Efficient Capital Markets：A Review of Theory and Empirical Work. *The Journal of Finance*，25：383–417.

［19］Greenspan，A.（1999），"New Challenges for Monetry Policy"，Opening remarks at a Symposium，Fed of Kansas City.

［20］John Hicks，"Mr. Keynes and the Classics：A Suggested Interpretation，" *Econometirca*，（1937）：147–159.

［21］La Porta，Rafael，Florencio Lopez-de-Silanes，Andrei Shleifer，and Robert Vishny，（1997），Legal determinants of external finance，*Journal of Finance*，52，1131–1150.

［22］La Porta，Rafael，Florencio Lopez-de-Silanes，Andrei Shleifer，and Robert Vishny（1998），Law and Finance，*Journal of Political Economy*，106，1113–1155.

［23］Markowitz，Harry，（1952）. "Portfolio Selection，" *Journal of Finance*，Vol. 7，No. 1（March），pp. 77–91.

［24］Meade，J.E.（1934）. "The amount of money and the banking system"，*Economic Journal*，44：77-83.

［25］Merton，Robert C.（1990），*Continuous-Time Finance*. Oxford，U.K.：Basil Blackwell.

［26］Merton，Robert C.，and Zvi Bodie，（2005）. "Design of Financial Systems：Toward a Synthesis of Form and Structure，" *Journal of Investment Management*，Vol. 3，No. 1（March），pp. 1–25.

［27］Modigliani，Franco and Merton Miller（1958），"The Cost of Capital，Corporation Finance and the Theory of Investment，" *American Economic Review*，Vol. 48（June）：261–97.

［28］Ross，Stephen，（1976）. "The Arbitrage Theory of Capital Asset Pricing，" *Journal of Economic Theory*，Vol. 13，pp. 341–360.

［29］Phillips，*Bank Credit：A Study of the Principles and Factors Underlying Advances Made by Banks to Borrowers*，Arno Press，1980（first published，1920）.

［30］Sharpe，William，（1964）. "Capital Asset Prices：A Theory of Market Equilibrium under Conditions of Risk," *Journal of Finance*, Vol. 19, No. 3 (September), pp. 425–442.

[31] Shleifer, Andrei, and Robert W. Vishny. (1997). "The Limits of Arbitrage." *Journal of Finance*, 52 (1): 35–55.

[32] Stephen M. Goldfeld, (1976) "The Case of the Missing Money," *Brookings Papers on Economic Activity*, 3: 683–730.

中国金融的深度变革与互联网金融

【作者题记】

自 1984 年以来，中国金融体系沿着市场化方向取得巨大的进步，着眼未来的竞争态势和现代金融的发展趋势，中国金融体系还存在哪些问题？我们如何构建与大国经济相匹配的大国金融？作为传统社会颠覆性力量的互联网金融在大国金融建设中又将扮演怎样的角色？作者第一次将研究触角延伸到一个新的领域：互联网金融。

本文源自作者为第十八届（2014）中国资本市场论坛撰写的主题报告，经过大幅修改后，主要内容发表于《财贸经济》2014 年第 1 期。

【摘要】

中国金融体系存在市场化程度不高、平滑风险能力弱、国际化程度低的缺陷，因此必须通过资本市场的发展推进金融体系"宽度"改革、通过开放和国际化推动金融体系"长度"改革，而互联网金融发展将会牵引金融体系的"深度"改革。互联网与金融具有基因契合特点，互联网与金融系统的资源配置、支付结算、风险配置和竞价机制四种基本功能相耦合因而能大大优化这些功能。本文最后分析了互联网金融与传统金融的替代边界，指出未来的金融业态是在竞争中共存、在共存中竞争。

关键词： 金融体系改革　互联网金融

Abstract

There are still three main limitations in Chinese finance system: low level marketization, weak ability to take risks and low internationalization. Accordingly, we should push forward the "width" reform of finance by developing capital market, the u lengthreform by opening up and internationalization, and the "depth" reform by internet-based finance. Internet matches with the finance genetically and couples to finance system basic functions of the allocation of resources, payment and clearance, diversification risk and bidding mechanism, which leads to optimize these four basic functions. Finally, we analyze the alternative boundary between internet-based finance and traditional finance? and point that in the future finance modes will develop in competition and compete in developing.

Key words: Reformation of finance system; Internet-based finance

自 1984 年以来，经过 30 年的改革开放，中国金融体系沿着市场化方向取得了巨大进步，无论在规模、结构、产品和对实体经济的作用等方面，还是在制度、规则、治理结构、透明度以及风险管控等方面都有根本性的变化，中国金融体系的整体竞争力有了显著提升。中国是一个大国，为此必须着眼于未来的竞争态势和现代金融的发展趋势，在吸收现代科学技术特别是信息技术的基础上，构造一个与大国经济相匹配的大国金融。这样一个现代意义上的大国金融，其核心标志是：结构上要富有弹性并具有良好的透明度和金融功能的高效率；既要有趋优的资源（资金）配置机制，又要有很强的风险平滑（或风险配置）能力。这样的大国金融，既是高度市场化的、竞争性的，又是开放的、国际性的，还是高技术化的、便捷的。

按照这样的战略目标，当前中国金融体系的能力明显不足，具有重要缺陷。

一、中国金融体系的主要缺陷

（一）存在较大程度的垄断性，市场化程度不够，金融效率相对较低

中国金融体系的垄断性特征主要表现为准入垄断、价格管制、市场封闭。其结果是竞争不够充分，超额垄断利润明显，客户对金融服务满意度低，从而造成了在金融与实体经济、金融与资金提供者（储蓄者和投资者）之间收益的不平衡。

金融效率低是中国金融的重要标志之一。中国的广义货币（M2）存量与GDP之比接近200%，在世界主要经济体中是最高的[①]。M2 与 GDP 之比，既反映了潜在通胀的压力，也反映了金融体系的效率。垄断和市场化程度不高是金融效率低的重要原因。

（二）金融结构弹性较低，吸收和平滑风险的能力较弱

现代金融的核心功能是配置风险。金融结构的弹性既来自竞争、透明度和市场化机制，更取决于金融体系的证券化程度或者说取决于金融资产中证券化金融资产的比重。金融体系的风险不在于价格波动，而在于风险的持续积淀或风险的存量化趋势。要使一国金融得以安全有效运行，必须创造一种风险流量化的机制，这种机制就是资产证券化和以此为基础发展起来的资本市场。风险流量化机制是金融结构富有弹性的前提。无论是从资本市场发展的现状看，还是从金融资产的证券化率看，中国金融结构都是相当刚性的。刚性化的金融结构为金融风险乃至金融危机埋下了伏笔。

（三）开放度不够，国际化程度低

中国金融体系之所以要开放、要大幅度提升国际化程度，是因为要维系日益庞大的中国经济的长期增长，必须要有一个既能在全球配置资源又能在全球分散风险的金融体系。从中国金融体系国际化现状看，要实现这一目标显然力不从心，与中国经济在世界经济舞台上的地位也不相匹配。

[①] 美国约为 60%，日本约为 140%，欧盟约为 60%。

中国金融体系开放度较低的一个标志是，除 QFII 之外的外国投资者进入中国资本市场投资还存在制度性障碍，人民币还不是可自由交易的货币。国际化程度较低的标志是，外国（境外）投资者在中国资本市场投资比例低，外国（外资）企业还不能到中国市场上市，人民币在国际货币体系中缺乏应有的影响力。

二、中国金融体系的"三维"改革

要实现中国金融体系改革的战略目标，必须推进改革、扩大开放。鉴于中国金融体系所存在的缺陷，我们必须推进以下三个方面的改革，我将这三个方面的改革概括为"三维"改革。

（一）中国金融之"宽度"改革 [①]

金融"宽度"改革的核心是推进金融结构的市场化、证券化，大力发展资本市场内容主要是大力推进资产证券化特别是信贷资产证券化，不断提高金融资产证券化率。

资产证券化是资本市场发展的基础条件，也是一国现代金融体系形成的基石，是金融结构市场化变革的主导力量。广义的资产证券化包括权益资产证券化和债权资产（债务）证券化，信贷资产证券化是债权资产证券化的重要类型。在中国，除了继续推进权益类资产证券化，优化权益类证券资产结构，提高权益类证券资产的市场价值之外，还必须大力推进债权资产（债务）证券化，包括政府债券、公司债券和信贷资产支持债券等，以推动资本市场在结构上的均衡发展。

从现状看，中国资本市场规模偏小，对经济和金融投资活动的影响力有限，在结构上又是不平衡的。股票市场的市场化程度高于债券市场，但其市

---

① 关于中国金融之"宽度"改革即大力发展资本市场的研究，在历年"中国资本市场报告"中多有阐述，特别在《中国资本市场研究报告（2013）——中国资本市场：制度变革与政策调整》（北京大学出版社，2013 年 6 月出版）、《中国证券公司：现状与未来》（中国人民大学出版社，2012年 5 月出版）、《中国创业板市场：成长与风险》（中国人民大学出版社，2011 年 4 月出版）中有系统研究。

场表现不尽如人意，无论是市值规模还是价格指数都长期徘徊不前，基本上没有反映经济运行的实际情况。债券市场相对封闭，种类较少，规模有限，分割运行。信贷资产支持证券更是雷声大、雨点小，几无进展。这种结构上不平衡的资本市场损害了市场的效率，大大降低了资本市场的财富管理功能，不利于企业优化资本结构。

中国股票市场的改革重点：一是必须修改《证券法》，为股票市场的市场化改革奠定法律基础；二是修改以 IPO 发行审核制度、退市机制、并购重组规则为重点的资本市场一系列制度、规则，以适应市场化改革的要求；三是严厉打击包括虚假信息披露、欺诈上市、内幕交易在内的违规违法行为，提高市场透明度。

在中国，债券市场改革的重点有两个：一是改革债券发行审批体制。多头审批、多头监管的体制，是制约中国债券市场发行的主要体制性因素。二是统一市场、消除分割，使之真正成为投资者财富组合的机制。

推进信贷资产证券化，是未来中国金融改革的一个重要方面。它对于盘活商业银行存量资产、减轻商业银行的资本消耗、提前消除其未来的不确定性、丰富资本市场品种、完善资本市场财富管理功能都是有重要意义的。当前，最重要的是切实推进资产证券化进程。在实践中，我们也要注意防止类似于美国次贷危机现象的出现。

（二）中国金融之"长度"改革 [①]

其核心是中国金融的对外开放和国际化，使金融配置资源的链条跨越国界；主要内容是推进人民币汇率的市场化改革，加快人民币国际化步伐，提高外国（境外）投资者在中国资本市场中的投资比例，实现外国（外商）企业在中国境内上市，将中国资本市场建设成 21 世纪新的国际金融中心。

---

① 有关中国金融之"长度"改革即加大中国金融的开放，提升其国际化程度的研究，亦可参见由吴晓求教授主持的相关年度的中国资本市场研究报告和其他著作，主要是：《中国资本市场 2011—2020——关于未来 10 年发展战略的研究》（中国金融出版社，2012 年 3 月出版）、《变革与崛起——探寻中国金融崛起之路》（中国金融出版社，2011 年 3 月出版）、《全球金融变革中的中国金融与资本市场》（中国人民大学出版社，2010 年 5 月出版）。

人民币国际化是中国金融改革中最具战略意义的举措，也是金融领域中最重大的改革，其对中国经济社会的巨大影响甚至要高于中国加入 WTO。从一些硬指标，例如经济规模、国际贸易、外汇储备、经济竞争力等看，中国有条件、有基础加快人民币国际化进程。国际货币体系的现状以及国际上要求改变现状的呼声，也为人民币国际化创造了有利条件。

通常来说，人民币国际化可分两步走。第一步，人民币成为可自由交易的货币。目前，人民币经常项目已经放开，资本项下多数也已逐步放开。有理由相信，人民币实现可自由交易的目标到 2016 年是可以实现的。第二步，人民币成为国际货币体系中的重要一员，成为国际上一种重要的储备性货币。从可自由交易货币到储备性货币的过程，既是全球金融博弈的过程，也是投资者认同的过程，其间会有巨大的摩擦和波动。人民币成为可自由交易的货币只是人民币国际化战略的过渡目标或初始目标，成为国际货币体系中重要的储备性货币应是人民币国际化战略的最终目标。这一最终目标的实现，对中国经济和社会的现代化具有难以估量的影响。

从基础条件和技术路线设计看，人民币国际化必须要有国内发达的金融市场特别是发达的资本市场作为支撑，必须要有大量国际投资者进入中国金融市场（主要是资本市场）进行投资，这种金融投资活动实质上是人民币的回流机制。所以，大力发展并开放资本市场，提高外国（境外）投资者在中国市场的投资比例，显然是中国金融"长度"这一维度改革的题中之义。

按照我国政府的设想，到 2020 年要把上海（或许也包括深圳）建设成为 21 世纪新的国际金融中心。按照我的理解，这个国际金融中心，主要是人民币计价资产的交易中心，这个市场的金融资产应是全球投资者乃至各国中央银行必须配置的资产。我们的研究表明，到 2020 年，中国资本市场的规模、影响力应在全球资本市场中居第二位，市值应在 80 万亿~100 万亿元人民币[①]。

---

① 参阅吴晓求，等. 中国资本市场 2011—2020——关于未来 10 年发展战略的研究［M］. 北京：中国金融出版社，2012.

（三）中国金融之"深度"改革

"深度"改革的核心是：打破行业垄断，促进适度竞争，提高金融效率。主要内容是：推进金融领域资金价格形成机制的改革即利率市场化，推动利润在实体经济和金融领域的平均化，实现产业资本和金融资本的合理配置和协调发展；消除歧视，打破垄断，允许新的具有巨大能量的竞争者（甚至是搅局者）参与竞争。这样的竞争者（或者搅局者），显然不是传统意义上的民营资本，而更多指的是互联网。互联网作为一种全新的运营平台，其与金融结合，将彻底改变传统金融竞争结构和运行模式，将重塑一种新的金融架构，即互联网金融。

利率市场化是中国金融之"深度"改革的前提条件和重要内容之一。中国经济改革成功的要素主要有两个：一是企业是市场的主体，从而决定了资本的可自由流动；二是价格由市场供求关系来决定，从而奠定了资本合理流动的基础。中国金融改革之所以还不到位，既表现于金融企业市场主体性不够，更表现于金融领域资金价格即利率主要是由政府来决定的，利率没有反映出资金的盈缺性，也没有体现出风险的差异性。金融企业市场主体性的不足，必须通过放松限制，引入竞争才能解决；而利率管制则通过改革和放权就能实现。

利率管制扭曲了资金价格，导致了商业银行的高额垄断利润，损害了实体经济，加剧了资金供求关系的紧张，导致了大量以"利率"为标的的寻租行为的出现，催生着"影子银行"的野蛮生长，滋生着腐败。

利率市场化显然不仅仅指贷款利率市场化，更包括存款利率的市场化，从一定意义上说，后者更具有基础性。从短期看，利率市场化可能会收窄金融机构（主要是商业银行）的收益率，也可能会给一些资本实力较弱的金融机构（商业银行）带来更大的风险，但从长期看，有利于金融领域的适度竞争，有利于实体经济的发展。

允许民营资本参与银行、证券、保险、信托、基金等金融机构的发起设立和并购重组，虽然也是中国金融之"深度"改革的内容之一，但基于民营资本在规模、信誉、竞争力等方面处于明显劣势，民营资本如果还是基于原有的金融模式，那其对中国金融之"深度"改革中的实际作用则相当有限。如果运行结构与现行金融机构一样，任何一家新设立的民营银行在50年内都不可能挑战工商银行。所以，民营资本进入金融领域在通常情况下只能起一个拾遗补阙的作用，这个拾遗补阙的作用主要指的是，设立小微金融机构，服务小微企业。

可以预计，有一种力量，将对现存金融体系提出全面挑战，那就是互联网。以互联网为平台构造的金融模式，我们称为互联网金融。互联网金融之所以有可能全面挑战甚至颠覆现行金融模式，是因为它重新搭建了一个快速、高效、低成本、高信息化的基础平台，从而塑造了一个全新的金融运行结构。对传统金融的运行结构而言，互联网金融是一个"异物"，正是这个"异物"可能会使整个金融体系发生"基因"式的变革。互联网金融是中国金融之"深度"变革的核心内容和最重要的节点。金融或许会进入互联网金融时代。

三、互联网的巨大力量：对社会组织结构的重塑和对产业运行模式的重构

为什么互联网金融会对现存金融模式带来全面挑战甚至是颠覆性的影响？这种"异常"的力量来自哪里？让我们先从互联网对社会组织结构、产业运行模式的重构说起，以此试图打开这个神秘的"黑匣子"。

（一）互联网实现了对信息的整合，进而创造了价值无尽的信息流

互联网通过巨大的黏合作用和信息整合开创了一个无边界的社会，这个无边界的社会变得前所未有地复杂而富有生命力。它正在悄然无息而又以不可逆转的趋势创造出一种新的社会组织结构，形成新的社会存在形式，进而彻底改变了人的生存状态和生活方式，使创新变得更加频繁，奇迹不再持久。

如果把1946年2月14日在美国宾夕法尼亚大学诞生的世界上第一台计

算机 Eniac 看作是互联网始祖的话，那么穷尽互联网的历史也不过区区 67 年。以现在的标准看，Eniac 显然还不是互联网本身。一般认为，1969 年美国军方所设计的局域网可以看成是互联网的前身，虽然这个局域网并没有对社会带来什么影响。真正的互联网形成于 1983 年。1991 年商用 Internet 协会（CIEA）的成立标志着互联网全面发展时期的来临[1]。所以，互联网的真实历史实际上只有 30 年，然而，它对经济和社会的影响则是极其深远而巨大的。计算机的发明及以此为基础而形成的互联网，使人类社会从工业社会进入信息化社会，就如同 1769 年蒸汽机的诞生使人类社会由农业社会迈向工业社会一样，具有划时代的意义。

互联网最基础的功能是对信息的整合，从而形成了价值无尽的信息流。人类社会的黏合剂实际上是信息。信息的贯通使众人形成了社会，单片的信息只有零碎的价值，信息的黏合具有社会价值。当众多信息的黏合被一种机制有序地整合而形成了巨大的无穷无尽的然而又是结构清晰的信息流时，一种无边界的平台就在眼前。人与人之间的关系不再被物理空间所约束，社会的存在方式悄然发生了革命性的变化。这种巨大变化体现在人的生存状态、生活方式、文化观念、消费模式等诸多方面。这个对信息进行有序整合而形成巨大信息流的机制就是互联网。

互联网平台的无边界性，激发了人的巨大想象，人的创造精神在这个平台上得到了前所未有的、淋漓尽致的发挥。创新不再是科学精英的专利，创新走下了神坛。无论是美国的脸书（Facebook）、推特（Twitter），还是中国的腾讯、阿里巴巴、淘宝，例子数不胜数。互联网时代，奇迹不会持久，兴衰和沉浮的周期在缩短。在这个时代，我们只有适应并从中找到成功的机会。躲避或对抗，只是落后和失败的代名词。

（二）互联网以信息流为基础牵引着物流的整合

互联网不仅实现了信息流在时间和空间上的整合，从个体到整体的整

---

① 参见刘积仁、史蒂夫·佩珀马斯特. 融合时代：推动社会变革的互联与创意［M］. 北京：中信出版社，2013.

合，由局部到无边界的整合，而且以此为基础，推动着物流的整合。进而，以其巨大的成本优势实现对已有产业的系统整合，重塑新的竞争格局。互联网既是传统产业的重构者，又是大众消费模式的牵引者，它在结构层面推动着经济增长模式的转型。

如果说互联网的信息整合功能对社会组织结构和生活方式的变革具有重大影响，那么基于信息流基础上的对物流的牵引，进而对已有产业进行重构，则是其具有的巨大经济意义。

互联网进入商业流通后对传统商业模式的颠覆，进而重构一种全新的商业运行结构——电子商务（电商）——就是一个经典案例，而阿里巴巴所建构的新的商业运行结构则是诸多经典案例中的精品。

关于阿里巴巴是如何颠覆传统商业模式进而构建自己的商业运行结构的，《融合时代：推动社会变革的互联与创意》一书做了如下的分析和描述[①]："互联网将线上和线下融合在了一起，从而打破了时空的界限，让沟通更有效率，让人类的力量通过无限协作发挥出巨大的潜能……"

"2012 年 11 月 11 日，由天猫商城和淘宝网发动的'双十一'促销活动创造了 191 亿元日销售收入的世界纪录，……短短的一天里，天猫商城和淘宝网的交易额已经是'十一黄金周'期间上海所有大中型商业企业总营收的 3 倍。而在 2012 年全年，网民们只是点点鼠标、敲敲键盘，就在两家网站上完成了 1 万亿元的交易额，……之所以能够取得如此大的成功，根本原因在于采用了广泛的社会分工和协作的模式。"

2013 年 11 月 11 日的"光棍节"（现在称"双十一"购物节），第三方支付平台支付宝一天的成交金额又创造了新的纪录，达到 350 亿元人民币。

实际上，以阿里巴巴为代表的电商模式除了创造无边界的合作平台外，以信息流的整合牵引物流聚合是其成功的关键点。无边界的平台，克服了传统商业的物理空间、局域和时间约束，人们的消费（购物）过程可随时随

---

① 参见刘积仁，史蒂夫·佩珀马斯特. 融合时代：推动社会变革的互联与创意［M］. 北京：中信出版社，2013.

地（any time and any where）完成，基于信息流基础上的物流聚合，使消费者具有无限广阔的选择权，而分工基础上的协作以及无物理空间约束的特点，则极大地降低了商业成本。电商特别是像淘宝网这样的纯平台电商所具有的这些优势或特点，正是传统商业模式的根本缺陷所在。互联网之所以成为传统商业的重构者甚至是颠覆者，是因为它们是大众消费习惯的牵引者、变革者，是一种新的消费模式和商业文化的创造者。

互联网在攻克了传统商业帝国这个古老的产业后，下一目标又在哪里？

四、互联网金融：一种新的金融运行结构

互联网下一个要攻城略地的产业帝国一定是金融，这是因为金融产业与商业一样同属服务业且幅员辽阔、利润丰厚，舞台之大比商业有过之而无不及。更为重要的是，互联网与金融在功能上是耦合的，嫁接在互联网平台上的金融，就如同"马车变汽车"，将使金融的功能效率大幅提升。这种提升是质的飞跃，基因式的变革。

（一）我们先从金融的规模或者容量说起

互联网所要重构的产业一定是"产业帝国"：规模大、服务面广、利润厚、具有统一的标准，对经济活动具有广泛的影响力。金融业具备所有这些要素。

1. 从世界范围看，截至 2011 年底，全球金融资产规模达到 218 万亿美元[①]；其中全球银行业资产规模约占全球金融资产的 39%，约 85 万亿美元。[②]人的一生或多或少都要配置诸如支付、清算、储蓄、融资、投资、保险、理财等金融服务。金融和商业一样，无孔不入地渗透到人们的生活和经济活动中，是名副其实的"产业帝国"，是产业链中的"皇冠"。这个传统"产业帝国"需要新的活力，活力源头来自基因的变革，变革的重要力量就是互联网。

---

① 数据来源：McKinsey Global Institute，Financial Globalization：Retreat or Reset？ March 2013.

② 数据来源：McKinsey Financial Institutions Group，The Triple Transformation Achievinga Sustainable Business Model，October 2012.

2. 就中国的情况而言，金融更像一个"产业帝国"：臃大、傲慢而缺乏活力。到 2012 年底，中国金融资产规模达到 171.53 万亿元人民币，利润达到 1.58 万亿元人民币。其中，银行业金融机构资产 133.62 万亿元人民币，占金融总资产的 77.9%，利润 1.51 万亿元人民币，占金融业利润的 95.2%。[①] 银行业中 16 家上市银行实现的净利润占沪深两市 2 467 家上市公司的 52.6%。[②] 金融特别是商业银行的服务覆盖全社会，但服务效率低。总体而言，中国金融特别是商业银行由于缺乏系统性竞争，垄断利润太高，创新动力不足，活力明显不够，迫切需要来自体系外部的系统性压力和竞争。

3. 金融这个传统的"产业帝国"，在中国需要新的活力。新的活力来自基因式的变革，新的活力来自体系外部的系统性压力，这个基因式变革和系统性压力的重要来源就是互联网，就如同传统"商业帝国"需要互联网焕发新的生命力一样。互联网这个无边界平台基础上的金融就是"互联网金融"。

（二）互联网与金融功能的耦合分析

仅有广阔的市场空间，只是互联网金融生存的必要条件；而金融功能与互联网的耦合，或者说金融功能与互联网的技术特性在基因层面上的匹配，是互联网金融生存和发展的充分条件，是互联网金融存在的逻辑基础。

按照现代金融功能理论的划分，金融系统具有六项基本功能[③]：

（1）跨期、跨区域、跨行业的资源配置；

（2）提供支付、清算和结算；

（3）提供管理风险的方法和机制；

（4）提供价格信息；

（5）储备资源和所有权分割；

---

① 参阅中国人民银行，《2013 年中国金融稳定报告》。

② 16 家上市银行分别是工商银行、建设银行、农业银行、中国银行、交通银行、招商银行、民生银行、兴业银行、浦发银行、中信银行、光大银行、平安银行、华夏银行、北京银行、宁波银行和南京银行，净利润统计数据来自 Wind 资讯，并经过笔者计算。

③ 参阅兹维·博迪，罗伯特·默顿.金融学［M］.北京：中国人民大学出版社，2000：24.按照我的理解，我对这六大功能做了适当概括和顺序调整。

（6）创造激励机制。

在这六项基本功能中，一般认为，"资源配置"和"支付结算"是最基础的两大功能，通常主要由商业银行来承担。在中国，尤为明显[1]。后四种功能主要由资本市场来承担，其中风险管理（财富管理）是现代金融最核心的功能。从基因的匹配性上看，互联网与金融的前四种功能，即"资源配置""支付清算""风险管理（财富管理）""提供价格信息"，具有更高的耦合性。后两种功能的实现更多的是基于一种制度结构和产品设计，但互联网平台的植入，与此两种功能的实现并无冲突，一定意义上说亦有利于这两种功能效率的提升。这里主要分析互联网与前四种功能的耦合性。

1. 互联网金融可以进一步优化"资源配置"之功能。

金融学意义上的"资源配置"，核心是资金的供给方通过适当的机制将使用权让渡给资金需求方的过程。这种机制分为两类：一是金融机构主要是商业银行，资源配置表现为吸收存款和发放贷款的过程；二是金融市场主要是资本市场，资金供给者与需求者以市场为平台直接交易以完成资源配置过程。通常，约定俗成地把前者称为"间接融资"，后者称为"直接融资"。在金融的两种融资形式中，间接融资的基础风险是信用风险，直接融资的基础风险是透明度风险。传统上，在间接融资中，信用风险评估的主要标的除信用记录外，更多地侧重于土地、房屋等物质资产和公司信誉状况等指标，缓释信用风险的机制多数都是抵押、质押和担保。在直接融资中，透明度风险主要表现于信息披露是否真实、及时、完整。前面两种对风险的定义在自身逻辑范围内没有问题，但前者即商业银行对风险的定义多少有点"富人好信用，穷人差信用"的逻辑；后者则把信用的履约置于法律和道德两重约束下的"自觉之中"。而实际上，个人或企业信用的优劣，是否存在履约风险，在多种交易行为中是能体现出来的。持续性的、高频率的、以信用为担保的交易，更能真正地、动态地反映交易主体的信用和履约能力。互联网与生俱

---

[1] 在美国金融体系中，资本市场亦较多地承担了"资源配置"和"支付结算"功能，这是因为美国的金融体系是市场主导型的金融体系。

来的信息流整合功能，创造了大数据时代，它显然区别于以抽样统计为基础的小数据时代。它通过对云数据的处理，使人们能够清晰地看到抽样所无法描述的细节信息。显然，现在的计算机完全具备了计算的能力。在互联网所创造的大数据时代，首先是如何获取数据，其次是互联网"开放、平等、协作、分享"的精神，为数据的获得创造了天然的平台，从而较好地解决了经济活动中信息不对称性问题。对大数据时代云数据的挖掘、整理、分类、甄别等具有极大的商业价值，其中隐蔽着巨大的"财富"。或许在这个时代，仅仅云数据的处理就能形成新的"金融中介"，个人或企业的信用信息无一不体现在其中。在这些云数据中所体现的信用信息，其实比传统的信用识别标志要准确得多。所以，互联网在金融最关心的信用风险识别上，显然更进了一步，使金融识别风险的能力更具时效性、准确性，进一步完善了金融识别风险的能力。

互联网既然可以更有效地识别信用风险，又解决了经济活动中的信息不对称性问题，那么，以互联网为平台的金融显然更利于金融的"资源配置"功能的实现。

2. 互联网金融可以进一步改善现行的以商业银行为主体的支付体系，更便捷地提供支付清算服务，使金融的支付清算功能效率大幅提升。

在不同的金融结构中，支付清算体系的构建有较大差异，在大多数国家，商业银行承担着社会经济活动中支付清算的功能，在中国尤为如此[①]。中国的商业银行构建了形式多样、烦琐复杂的基于实体经济交易和少量金融交易的支付清算系统，在全社会支付清算功能中占绝对主导地位。资本市场也已形成了基于证券交易的支付清算系统，但两者之间相对封闭。就占主导地位的银行支付清算系统而言，由于更多地吸收和运用了现代信息技术，支付清算的技术手段和工具不断创新，效率有较大提高。但由于在庞大的商业银行体系内存在机构壁垒和利益约束，支付清算资金还在一定程度上存在"存量化"现象，这实际上降低了资金效率。基于互联网平台的金融，在

---

① 美国是一个金融市场非常发达的国家，金融市场承担了相当部分的支付清算功能。

克服了时空约束的基础上，加快了资金的流动速度，克服了支付清算资金的"存量化"，最大限度地保证了交易双方特别是资金接收方即债权人的利益。所以，互联网金融这一便捷、及时的支付清算体系，既是现有银行支付清算体系的竞争者，又是对社会总支付清算系统的完善。

3. 互联网金融对金融之"财富管理（或者说风险配置）"功能的贡献主要表现在两个方面：一是向下延长客户群链条，二是提供成本低廉、快捷便利的营销网络。前者进一步丰富了财富管理需求者的结构，后者有效地扩大了财富管理需求者规模。在诸多金融功能的实现过程中，财富管理的需求具有较大的隐性特点，格式化或标准化产品及服务对个性化的财富管理影响甚微，因为对个性化的财富管理者来说，对"人"的认同远高于对"平台"的认同。但是，在中国金融特别是商业银行目前的状态下，互联网平台对潜在的非个性的财富管理者来说，仍具有巨大吸引力。其基本表现形式就是，在基于优化资源配置前提下的，余额资金的财富化。"余额宝"就是一个有价值的案例。余额宝最大的贡献在于，突破了商业银行余额资金储蓄化的格律，实现了余额资金的财富化。在这里，客户的余额资金不再是无任何收益的闲置资金，也不是低利率的储蓄产品。这一功能的突破，极大地延伸了财富管理的客户端，并对商业银行固有的储蓄产品带来巨大挑战，推动了商业银行传统业务的竞争和转型。

财富管理除了满足个性化的需求、专门的高频度和差异化的服务外，还要有相当多的基于小客户的标准化的服务或产品，这些金融产品具有明确的公共标准。互联网为这些基于财富管理功能的标准化的金融产品提供了规模化的销售平台，互联网所具有的巨大成本优势在这里得到了充分的展现。

所以，互联网金融在"财富管理"功能的拓展上，具有积极的推动作用。

4. 互联网金融对改善金融之"提供价格信息"的功能有积极推动作用，使价格信息更丰富、更及时、更准确。

一般认为，金融提供的价格信息包含两类：一是资金价格即利率；二是资产价格，通常由股票价格指数表示。前者主要由货币市场和银行体系提供，后者则由资本市场动态即时发布。互联网平台的引入，提高了动员资金的能力和资金的使用效率，加快了资金流转速度，促进了金融体系特别是其与商业银行的竞争，将使利率这一资金价格更能及时、准确地反映资金供求关系，进而引导资金的合理流动。在资本市场上，由于交易系统和实时报价系统充分吸纳了先进的计算机技术和信息技术，股票价格指数已经充分体现了动态及时的特点，这与互联网的技术基础是一脉相承的。

互联网所创造出的无边界平台，为众多厂商和消费者与厂商之间的竞价提供了最优的机制。在这里，价格没有外部力量的约束，所有价格都是厂商之间和消费者与厂商之间竞价的结果。所谓互联网对信息流的整合，一个重要内容就是推动竞争价格的形成。这种价格形成机制远比传统市场结构下的价格形成机制合理而透明，因为互联网平台解决了传统市场结构下所存在的信息不对称性和成本约束问题。所以，互联网金融不仅进一步改善了传统金融之"提供价格信息"的功能，而且也使这个"价格信息"的内涵得以扩充、丰富。

五、互联网金融的现状与未来

（一）现状及评析

互联网金融在中国目前还处在初始状态，标准意义上的功能链完整的互联网金融还处在破壳之中。

"支付宝"的出现对于打破银行支付垄断、引入竞争机制具有重要意义，但其资金源头仍从属于商业银行的存贷款，这显然是个约束。

"余额宝"的核心贡献在于确立了余额资金的财富化，确立了市场化利率的大致刻度，有利于推动利率市场化进程。总体而言，在资本市场没有得到有效发展和制度约束仍然存在的前提下，在"余额宝"基础资产没有任何证券化金融资产的条件下，"余额宝"的生存迟早会受到利率市场化的冲击。

"阿里小贷"具有互联网金融的某些核心元素。但从目前看，由于制度、规则和相应政策的约束，"阿里小贷"的客户范围具有特定的限制，目前还难以对商业银行业务范围带来真正意义上的挑战。

"P2P 贷款"，从外壳或形式上看，十分接近互联网金融，但由于其对客户的风险甄别以及风险对冲机制未有效地建立起来，对信用风险的评估与商业银行无异，前途扑朔迷离。

网上销售理财产品最近比较活跃，这主要是基于传统渠道的垄断和高成本而引发的另一条竞争渠道，这是互联网渠道成本优势之使然。它或许会成为未来互联网金融的"表外业务"。

（二）互联网金融与金融互联网

由于制度和现行规则的约束，完整意义上的互联网金融在中国还没有真正形成。前述几种形态除了"阿里小贷"外，只是片段化的互联网金融，因为它们还没有独立生存的机制。即使"阿里小贷"也仍在传统规则边界上游走。至于商业银行等金融机构借助互联网所做的工具或系统创新，大体上属于金融互联网。要正确理解互联网金融与金融互联网的重大差别。

所谓互联网金融指的是以互联网为平台构建的具有金融功能链且具有独立生存空间的投融资运行结构。这里，"以互联网为平台"是最基础的要素，它意味着对物理空间的摆脱，意味着货币流的牵引力量甚于信息流，意味着硬成本到软成本的过渡。"金融功能链"和"独立生存空间"也是互联网金融必不可少的元素，例如，支付宝具有金融的支付清算功能，但由于其"上游"资金在现行制度下必须也只能来源于客户在银行的储蓄或银行对客户的贷款，没有独立的资金源头，所以支付宝只具有互联网金融基因，还不是标准意义上的互联网金融。相较于传统金融（商业银行）的运行结构而言，互联网金融是一种"异物"，是一种基因发生某种变异的金融，这种"基因变异"本质上是一种飞跃。

当传统金融（这里更多的指的是商业银行）吸纳、运用包括互联网技术在内的现代信息技术，去创新某些金融工具、构建新的网络系统，与此同时，原有的运行结构和商业模式并没有相应地发生变化，我们将这种金融与互联网的结合称为金融互联网。相较于传统金融来说，金融互联网显然是一个创新但不是飞跃，因为在金融互联网中，互联网是一个手段，是手臂的延伸，而不是平台，因而也就不是"基因式变革"。

互联网金融基于"基因变革"的力量，对现存金融体系在理念、标准、商业模式、运行结构、风险定义和风险管控诸多方面都会提出全面挑战。它是传统金融的合作者，更是传统金融的竞争者，因而也是整个金融结构变革的重要推动者。

金融互联网的主要功能不是对金融体系的变革，而是基于自身技能的修复和壮大，是为了提升在原有体系中的竞争力，对金融体系本身的变革力远逊于互联网金融。当然，与传统金融相比较，金融互联网无疑也是巨大的进步。

（三）互联网金融的替代边界：新的金融业态

随着制度、规则和准入标准的调整，互联网金融的发展趋势不可逆转，其所具有的低成本优势、信息流整合（大数据产生）、信息的对称与共享和快捷高效率，无疑将对传统金融业态特别是净资产收益率（ROE）较高的银行业带来严重挑战。但是，应当清晰而客观地看到，这种挑战有的是带有颠覆性的、此长彼消式的竞争，具有替代性趋势；有的是彼岸相望促进式的竞争，彼此难以替代。相互竞争后，新的金融业态可能是，分工更加明确、个性更加突出、结构更加多元、效率进一步提高。

在前面的分析中，我们了解到，在金融诸功能中，互联网金融与其耦合的程度是存在重大差异的，这种差异是互联网金融进入后新的金融业态形成的基本原因。

大体而言，互联网金融将在支付功能上具有明显的优势；在资源配置（融资）领域，对风险识别基于数据化的平台，贷款特别是平台小额贷款，亦具有较明显优势；对标准化金融产品的销售由于存在巨大的成本优势，也有较大发展空间；对非个性化资产管理，虽然受到感知认同某种程度的约束，但仍存在一定的生存空间。在这些领域，互联网金融会在不同程度上分食传统金融特别是商业银行的蛋糕，进而形成更加专业化的分工。而对这种蚕食式的竞争，传统金融（商业银行）必须调整策略，广泛运用互联网技术，加快改革和创新。这客观上推动了银行业的技术进步，加快了互联网与金融的全面融合。

与互联网金融一样，传统金融（商业银行）也有自身的比较优势。例如，个性化服务，高度的专业性，较高的感知价值，对冲风险的能力，雄厚的资本实力以及线下客户的垄断等。这些比较优势，使传统金融（商业银行）在大额贷款、个性化财富管理、投资咨询、资源储备等方面难以被替代。

综上分析，就互联网金融与传统金融而言，未来的金融业态是在竞争中共存、在共存中竞争。就金融改革的"三维"空间而言，表现为：资本市场的发展拓展了金融的"宽度"，开放和国际化延伸了金融的"长度"，互联网金融的发展牵引了金融的"深度"。

参考文献

［1］兹维·博迪，等.金融学［M］.北京：中国人民大学出版社，2013.

［2］金磷.史上最有深度互联网金融研报——互联网金融［EB/OL］.百度文库，2013.

［3］克莱·舍基.人人时代：无组织的组织力量［M］.胡泳，沈满琳，译.北京：中国人民大学出版社，2012.

［4］刘积仁，史蒂夫·佩珀马斯特.融合时代：推动社会变革的互联与创意［M］.北京：中信出版社，2013.

［5］吴晓求，等.中国资本市场研究报告（2013）——中国资本市场：制度变革与政策调整［M］.北京：北京大学出版社，2013.

［6］吴晓求，等.中国证券公司：现状与未来［M］.北京：中国人民大学出版社，2012.

［7］吴晓求.中国创业板市场：成长与风险［M］.北京：中国人民大学出版社，2011.

［8］吴晓求，等.中国资本市场2011—2020——关于未来10年发展战略的研究［M］.北京：中国金融出版社，2012.

［9］吴晓求，等.变革与崛起——探寻中国金融崛起之路［M］.北京：中国金融出

版社，2011.

［10］吴晓求，等 . 全球金融变革中的中国金融与资本市场［M］. 北京：中国人民大学出版社，2010.

［11］中国人民银行 .2013 年中国金融稳定报告［R/OL］.http：//www.pbc.gov.cn.

中国资本市场：从制度和规则角度的分析 [①]

【作者题记】

资本市场是经济发展的"晴雨表"，然而在中国似乎并非如此。造成资本市场表现与实体经济背离的原因是什么？在这个转型与改革的关键时期，中国需要以及能够建立什么样的金融体系？作者试图尝试从制度、规则和结构层面进行系统、全面的梳理。

本文是作者为第十七届（2013）中国资本市场论坛撰写的主题报告，后发表于《财贸经济》2013 年第 1 期。

【摘要】

中国资本市场经过 20 多年的发展，其外部环境和内部结构已经发生了重大变化。金融危机之后，中国经济取得了较好的恢复和增长，然而作为中国经济"晴雨表"的中国资本市场却与实体经济呈现出了较长时间的背离。这种背离不得不让我们思考中国资本市场在制度和规则层面上究竟出了什么问题。本文从股票发行、上市与交易、并购与重组、市场增持（减持）与回购、股权激励与员工持股、上市公司再融资、信息披露、退市机制等八个方面对中国资本市场的制度设计和规则体系作了全面系统的审视和分析，在此基础上，提出了一系列改革建议。

---

① 刘洋、徐昭、文武健、赵振玲等为本文形成提供了相当多的帮助，谨致谢意。

关键词： 资本市场　制度变革　规则调整

Abstract

With over 20 years development of China's capital market, its external environment and internal structure has undergone great changes.Although China's economy has achieved good recovery and growth after the financial crisis, China's capital market, which is considered as a barometer of the China's economy, has revealed a departure from the real economy for a long time. This kind of departure leads us to consider, what the problem is with the system and rules in China's capital market. This paper attempts to conduct a comprehensive reexamination and analysis of the institutions design and rule system from eight aspects of China's capital market, which includes the stock issuance, listing and trading, merger and reorganization, increasing or reducing share holdings and share repurchase, equity incentive and employee shareholdings, refinancing of the listed companies, information disclosure, and the mechanism of delisting from the market. Based on the above analysis, we put forward a series of reform proposals.

Key words： Capital market；System transformation；Rule adjustment

资本市场在中国已经发展了 20 多年，股权分置改革也已完成 5 年了，中国资本市场发展的外部环境和内部结构已经发生了重大变化。中国经济正处在重大转型期，金融体系改革处在关键期，资本市场发展处在敏感期。金融危机之后中国经济得到了较好的恢复和增长，从增长速度来看是全球最快的，目前遇到的结构性困难是经济转型期的必然现象。2012 年中国经济预计仍会保持 7.5% 左右的增长，即使不考虑转型期，在这样的国际经济形势下，能够实现 7.5% 的经济增长也是非常了不起的。作为中国经济"晴雨表"的资本市场，目前的表现实际上并没有正确地反映经济基本面状况，即使考虑经济出现某种下行的趋势，资本市场的表现仍在一定程度上背离了实体经济。2008 年全球金融危机发生的当年，中国的 GDP 是 31.4 万亿元人民币，这四年经济成长了 50% 以上，到 2012 年中国 GDP 将接近 50 万亿元人民币，约合 7.8 万亿美元。但与此同时，中国资本市场的"晴雨表"作用没有有效地反映实体经济的这种变化。这种背离的现象是市场对中国经济的未来作了过度悲观的预期？还是资本市场作为"温度计"，其刻度和制度设计有问题？抑或是使用"温度计"的人出了问题？问题究竟出在哪里？这不得不令人思考。

本文主要从制度或规则层面研究中国资本市场这个所谓中国经济的"晴雨表"或"温度计"可能存在的问题。为此，我们需要对中国资本市场的制度设计和规则体系作一次全方位体检式的透视和分析，以期找到存在的问题并提出相应的改革建议。

一、股票发行制度：改革的重点、难点在哪里

股票发行制度一直是理论界和市场诟病比较多的。中国股票市场出现了不少问题，不少人都会把它与市场发行制度联系在一起。人们通常都会问：IPO 要不要审？如何审？由哪些人审？审什么？IPO 发行审核有没有寻租行为？现行的股票发行制度为什么设计了这么复杂的程序还会出现像"绿大地"这样的事件？新股上市后巨大的溢价或者跌破发行价是不是与现行股票发行制度有关系？如此等等。

（一）股票发行要不要审核

首先要不要审核？现行的审核制是不是严格意义上的核准制？我认为，从当前中国社会现状看，新股发行还是要审核的。当然，中国目前所谓的核准制并不是严格意义上的核准制。严格意义上的核准制是达到了规定的标准就可以发行上市。我们目前的核准制，从执行的角度看，还有某种审批制的痕迹，虽然这种审批不是监管机构行政批准，而是由监管机构组织的由相关专家组成的发行审核委员会来审核批准的。从已有实践看，这种核准制仍然是必要的。

（二）从核准制到备案制条件是否具备

所谓备案制，就是发行人的发行申请和法律法规规定的必须披露的信息由股票发行的中介机构负责审核把关并承担相关责任，当发行人的所有标准达到了发行上市标准后由交易所备案的发行制度。从带有某种审核性质的核准制到备案制的发行制度的变化，其重大的差别在于责任的明晰和责任主体的不同。目前实行的核准制，优点在于增加了几道过滤虚假信息的程序并有某种市场调节的功能，缺点主要在于责任不清。备案制的优点是权责分明，但需要良好的社会信用条件。

当前中国是否具备了实施备案制的条件？在目前要经过四道信息过滤程序的核准制条件下，每年都时有发生通过虚假信息欺诈上市的事件。我们必须承认，当前中国的信用体系、自律精神、道德约束和违法成本远远没有到可自动约束这些造假行为的发生的程度。中国社会信用体系的缺失是前所未有的，违规违法成本又非常低，从而纵容了资本市场上虚假信息披露、欺诈上市等违法违规行为。"绿大地"就是其中最典型的案件。作为新时期最严重的信息欺诈事件，"绿大地"通过欺诈上市，筹集了近 3.5 亿元资金，发起人股东的资产价值得到了大幅升值，上市后公司股票价格出现了大幅攀升。"绿大地"事件暴露后，股票价格持续下跌给其他投资者带来了巨大损失。"绿大地"通过信息欺诈上市获益如此巨大，公司的主要责任人仅仅被判刑三年缓刑四年。与其他金融犯罪比如"许霆案"相比较，这种判罚显然太轻。中国资本市场的违规违法成本如此之低，以至于人们为了攫取巨大利益铤而走险。所以，基于信用缺失、自律不足、违法成本低等因素考虑，我认为，现阶段 IPO 核准是不能取消的。核准环节对于过滤虚假信息还是起到了相当重要的作用。

从改革角度看，应由谁去核准比较恰当呢？有人认为，应当建立发审与监督相分离的制度，由此建议由现行的证监会发审委核准，改为由交易所核准。这种建议从理论上是正确的，也是未来中国股票发行审核制度改革的基本方向。从现在开始，必须研究发行核准主体下移至交易所这个问题，与此同时，交易所也必须建立一套发行核准的风险防范制度，杜绝和防范寻租行为。

从中国资本市场的基本制度结构上看，应建立一套发行核准与事后监督的约束机制。没有约束和监督的权力，一定会滋生腐败，何况在股票发行这个巨大的利益衍生环节。"绿大地"造假事件暴露后，究竟该追究谁的责任，似乎并不清楚。核准和监管为一体的股票发行审核制度，最根本的缺陷就是责任不清、处罚不明。目前一旦出现欺诈上市的事件主要是处罚发行人、中介机构以及保荐人。但发生如此重大事情，核准环节就没有责任？在发行核准过程中，在证监会内部是要经过四个环节的，最后才由发审委投票决定。核准环节出现问题了，各方都推卸责任，最后的实际结果是发行核准的四个环节似乎都没有责任，更没有处罚。我认为，出现了像"绿大地"这样的欺诈上市事件，至少应把发审委7位委员的投票结果公布于众，也可以把初审员公开，以加强社会对核准环节的监督。

（三）如何完善新股定价机制

除了对核准主体进行改革外，还必须进一步完善现行股票发行的定价机制。有观点认为，股票跌破发行价是因为新股发行定价太高。从理论上说，二级市场的开盘价和交易价低于发行价是很正常的市场现象，"破发"不是质疑定价机制的必要条件。中国股票发行制度中的市场化定价机制改革探索了10多年，我个人认为，现行的 IPO 定价机制没有根本性问题，不存在制度性缺陷，不存在方向性问题。现行中国股票发行制度市场化改革的两个基本要素是正确的：一是多元市场主体询价制度；二是信息透明基础上的市场化定价。通过多元投资主体的市场化询价机制来确定发行价格区间，方向无疑是正确的。

在资本市场规则制定方面，中国可能不是最缜密的，但至少也是最复杂的。我们关于股票发行定价的规则在不断修改，且有越来越复杂之趋势。现在还看不清楚这种越来越复杂的规则究竟有什么不同效果。

以中国证监会《关于进一步深化新股发行体制改革的指导意见》中"招

股说明书正式披露后，根据询价结果确定的发行价格市盈率高于同行业上市公司平均市盈率 25% 的"需要董事会确认并补充披露相关信息为例，由于股票市场存在波动周期，企业也有不同的成长周期，不同市场周期和不同成长周期的企业其市盈率是不一样的，25% 的规定实际上忽略了市场周期和成长周期的因素。

最近在股票发行定价机制改革中，修改了回拨机制。市场回拨机制比较复杂，但其核心思想是，市场高涨的时候要保证网上投资者尽可能多地中签，市场低迷的时候则让网下投资者更多地参与。网上投资者主要是中小投资者，网下定向发售的对象则大多是机构投资者。这种修改在一定程度上反映了舆情对政策的影响，考虑了中小投资者在申购股票时的利益诉求。实际上，在市场高涨时，中小投资者往往会抱怨中签率太低；而当市场低迷时，中小投资者则将自己的套牢归咎于发行价格太高。我认为，这种诉求不能成为定价机制改革的缘由。市场希望通过这种诉求和舆情来影响政策的制定和规则的调整。在这个问题上，我认为，有些舆情可以听但不能跟着舆情走，一定要有基本的价值判断。片面的舆情不能成为改变基本规则和政策的理由。

在改革定价机制的询价主体方面，新的规则增加了不超过 10 人的个人投资者，以提高定价的合理性。对这种改革我一直都是疑惑的。它有两个问题：一是，这 10 位个人投资者挑选的标准是什么？二是，这 10 位个人投资者在市场化询价过程中起的作用有多大？我看不出这种改革的现实意义在哪里。

从目前情况来看，虽然中国资本市场新股定价机制的基本框架已经确定，但竞价的方式需要调整。比如过去有的询价主体存在非理性竞价，竞价之后不参与申购，这种现象在一定程度上虚化了价格。我们要把竞价与申购有机地结合起来。这是定价机制改革的一个重点内容。

1. 引入存量发行机制

目前出台的股票发行改革办法中，引入存量发行机制受到投资者的关注。引入存量发行机制的主要目的是抑制高溢价发行，增加企业融资上市后的规模和流动性。在二级市场上，以往的做法是初次上市的企业的股票只有网上竞价申购的部分在上市首日流通。这在一定程度上影响了市场流动性并导致股票上市之初价格爆炒的现象。引入存量发行，对价格的合理形成、改善流动性有积极意义。

2. 取消网下申购股票上市的锁定期

取消网下机构投资者申购股票上市交易的锁定期是改善市场流动性、抑制市场投机的另一项重要措施。锁定期锁定的股票通常都是机构投资者在网下批量申购的，它与中小投资者在网上竞价申购的股票在性质上是无差异的，从这个角度讲，机构投资者应该获得与中小投资者完全一样的上市交易权利，所以锁定期存在的理由既不充分也不利于市场的稳定和二级市场价格的合理预期。解除锁定期的基本初衷是试图让股票在上市初期有一个平稳的表现，不要出现过度投机，但效果如何还需进一步检验。

3. 保荐人制度改革

保荐人制度是发达国家资本市场上一种重要的责任制度，是试图提高上市公司初始信息披露质量的重要保证机制。我们在2004年股票发行制度改革中正式引入这一制度。从已有的实践来看，保荐人制度对规范上市公司运行、提高信息披露质量有多大价值仍存疑虑。现行保荐人制度造就了保荐人的金饭碗，形成了巨大的制度性溢价，保荐人获得的收益和付出完全不匹配。这种现象的产生与这种制度的设计是密不可分的。保荐人制度，在实践中造成了风险与收益的不对等，权利与义务的不对称，因此必须改革。事实上，公司上市涉及的信息披露以及上市公司遵守法律法规的责任和义务主要由两个年轻的保荐人去承担，不但有点夸张，而且也无能为力。实际上，保荐人去上市公司做尽职调查的真实性和实际效果如何，也是一个值得研究的问题。我认为，让主承销商作为一个整体去代替两个保荐人承担相应的责任可能是更好的选择。

4. 初始信息披露的重点

在中国，拟上市企业通常只知道募集资金的权利，但相应的责任和义务却不十分清楚。要让企业深刻地理解作为上市公司，必须接受社会（包括证监会和投资者）的监督，必须履行信息披露的强制性义务。当然，在信息披露问题上并不是要披露上市公司的所有信息，不是披露得越多越好，而是只需要披露对股价有重大影响的信息，要防止市场噪声和垃圾信息淹没真实重大信息。什么样的信息才对股价有重大影响？《上市公司信息披露管理办法》第三十条有详细说明，但对其中"中国证监会规定的其他情形"却没有明确的解释。有的（拟）上市公司在初始信息披露中往往注重上市后的企业成长、战略设想，但我认为，真实地披露企业当前的信息远比未来的展望更重要，而这也正是企业发行上市核准的重点。

目前的发行制度主要就是这四个问题：一是 IPO 要不要审，由谁来审；二是定价机制的改革还有哪些方面需要完善；三是保荐人制度如何进一步改革；四是 IPO 信息披露的重点也是核准的重点在哪里。

二、上市与交易制度：如何改善市场流动性

一般地说，一个限制市场流动性的制度安排是不合理的。上市交易制度改革的核心是改善市场流动性。

（一）上市过程中可能存在的问题

上市是发行的逻辑延续也是交易的起点。目前，上市方式分为首发上市、恢复上市和二次上市。在首发上市中，有一个问题需要进一步研究，即从发行到上市是否需要一个静默期。我认为，静默期还是需要的，它主要是暴露问题以及为上市作必要的技术准备。另一个受关注的问题是恢复上市。恢复上市的途径有很多，比如经过资产重组后的恢复上市和借壳上市等。实践表明，不论是何种形式的恢复上市，都有可能存在内幕交易。内幕交易是严重损害市场公平性原则的行为。

（二）公开竞价和大宗交易制度

公开竞价和自动撮合的交易制度是中国股票市场的主要交易制度。中小投资者通常都是通过这种交易制度进行交易的。股权分置改革完成后，为了使交易顺利而不致市场发生大幅波动，锁定期结束的大股东有时会通过大宗

交易平台完成交易。大宗交易制度，一方面能维护市场的相对平稳，提高市场交易的效率，并为公开竞价市场的价格预期起到一定的指引作用；另一方面，从现有案例看，似乎也可能成为某种利益输送的平台。从实践看，大宗交易的价格确实有某种价格指引作用。从这个角度看，虽然大宗交易制度有时似有某种利益输送的嫌疑，因而需要加强监督，但总体上看对市场发展的正向作用更大。更为重要的是，大宗交易制度将使上市公司保持一个相对稳定的股权结构，对公司治理亦有意义。如果大股东试图通过公开竞价交易逐步把股份卖掉，不但会对二级市场造成很大的压力，还会导致上市公司股权高度分散化。在大股东缺失的情况下，很容易出现内部人控制的局面。由于中国缺乏必需的信用基础，中国的上市公司目前还不能建立像大多数美国公司那样股权高度分散化并由独立董事和高级管理人员起主导作用的公司治理结构。对于目前的中国资本市场而言，应当有一种制度安排，尽可能使得每家公司都有一个相对负责任的大股东。特别像创业板公司，一旦股权高度分散化，公司就很难办下去。一种金融制度的设计，如果是诱导大股东或者实际控制人去不断地减持套现，而不是如何推进企业的成长，那么，这种金融制度设计就不是好的设计。正是基于这种理念，我不赞成大力发展新三板。新三板设立的主要目的是方便中小型高科技企业的股权转让，但是如果中小型高科技企业的创业者都急于转让套现，我不知道这样的中小型高科技企业还有什么价值。良好的金融制度安排一定是让企业家安心办企业而不是整日思量着减持套现。

（三）T+1 的交易制度需要改革吗

有人认为，现行的交易制度是市场低迷的重要原因，这就如同认为破发是因为发行制度有问题的观点一样存在逻辑上的错误。有些人就是在这样错误的逻辑下呼吁恢复 T+0 制度。对于恢复 T+0 的交易制度，我是持反对意见的。已有的实践表明，中国股票市场实行 T+0 的交易制度只会加剧市场的炒作，大幅提高市场的交易成本，进而损害投资者利益。我赞成目前的 T+1 制度，它为市场参与方提供了一个冷静思考的时间，有利于抑制疯狂投机，保持合适的流动性，所以继续实行 T+1 的交易制度是恰当的。

（四）关于做市商制度

不少人呼吁中国要引入做市商制度。从国外实践看，引入做市商制度的初衷是因为市场流动性不好，需要制造市场。从中国股票市场的现状看，虽然当前市场交易相对清淡，与几年前相比，交易量有所萎缩，但中国股票市场的流动性尚未出现大的问题，目前引入做市商制度意义不大。

三、并购与重组制度：如何提高存量资源的配置效率

从市场运行的顺序看，股票发行之后紧接着的就是上市交易，并购重组是市场交易的一种特殊方式。并购重组会从根本上改变公司的股权结构，进而改变公司的治理结构，是公司价值变动的重要因素。基于此，全球资本市场对于并购重组的制度安排都非常重视。在设计并购重组的规则方面，基本的理念是，在防止内幕交易的前提下，要有利于推动存量资源的流动和配置效率，有利于提升企业的竞争力和市场价值。这也是我们在设计并购重组的制度和规则时，必须首先考虑的。

资本市场最核心的功能并不是对增量资金的配置，换句话说，资本市场最重要的功能不在于增量融资。但是，在中国，似乎是个例外。在中国资本市场上，几乎所有的人都关注 IPO，企业重视 IPO，地方政府重视 IPO，甚至从国家宏观层面也关注 IPO。在地方政府的有关政绩报告中，本地区上市公司的数量和融资量是一个重要内容，至于企业上市后对投资者的回报则鲜有提及，这实际上是对资本市场核心功能的误读。我们应当深刻地理解，资本市场最核心的功能不是增量融资，而是存量资源的再配置。如果只重视增量资源的配置，那么国内强大的商业银行完全能够胜任。最近两年，我国商业银行仅每年新增贷款的规模就在 7 万亿 ~ 8 万亿元人民币，相比而言，即使在资本市场发展最鼎盛时期的 2007 年，包括首发与再融资在内的股票市场的融资总量也不过 8 000 亿元人民币左右。所以如果从融资和融资规模的角度讲，资本市场的作用是非常有限的。但事实上，金融体系和金融结构演变

的基本趋势是市场化，资本市场不仅推动着金融结构的变革，而且对社会经济活动的作用日益重要。这种趋势产生的根本原因是，资本市场具有商业银行所不具备的特殊功能，即对存量资产的再配置。资本市场通过对存量资产的证券化，通过并购重组机制，提高了存量资产的流动性和效率。当今不少的跨国公司，都是通过并购重组的途径实现的。并购是企业扩张最重要、最有效的途径，重组是企业优化资源的有效机制，所以，并购重组是提升企业竞争力和市场价值最重要的途径之一。在资本市场的制度安排上，并购重组显得特别重要。没有并购重组功能的资本市场是没有成长价值的。仅靠自然成长，企业的扩张过程会非常缓慢，只有通过并购重组，企业的规模才能迅速扩大，竞争力才会有本质性的提升。这就是资本市场存在的意义。

目前中国资本市场的并购重组存在不少问题。我们的制度设计、政策安排并没有把并购重组看成是资本市场最核心的功能。中国证监会的三个专业委员会——发行审核委员会、创业板发行审核委员会以及并购重组委员会中，最忙最声名显赫的是主板和创业板的发审委会，并购重组委员会鲜有人知，这就是中国资本市场的一个现实缩影。除了理念上尚未得到应有的重视外，并购重组在实践中也存在一些问题，而且这些问题往往与并购重组的实现途径和利益不清有关。

在中国，并购重组的实现方式主要有以下四种：

一是借壳上市。在中国，借壳上市是最普遍，也是市场各方最乐于接受的一种并购重组方式，ST公司常常是被借壳的主要对象。在主板和中小板市场，"壳"也是一种资源，而且是一种重要的制度性资源。我国创业板上市公司实行的是快速退市机制，不存在壳资源。

在借壳上市过程中，有时会存在一系列的关联交易，有时这种关联交易会演变成内幕交易。不平等的关联交易、违规违法的内幕交易正是社会质疑借壳上市的重要原因。在借壳上市的问题上，有两点值得关注：一是内幕交易；二是操纵市场。内幕交易通常都是发生在借壳之前，所获得的非法利益是巨大的。内幕交易是对市场公平交易原则的严重破坏。操纵市场行为往往发生在借壳之后，借助借壳成功这一"利好"消息疯狂炒作。实践表明，借壳上市后最初几天的股价都会出现大幅攀升，之后股价又会出现持续性下跌，随之进入正常状态。这种现象本身就说明"借壳"后的这种市场状态可能存在一定程度的操纵市场。内幕交易和操纵市场的行为都是法律所不能容忍的。从制度设计角度上看，要严格审查借壳上市式的并购重组，至少应该对借壳上市进行适当限制。换句话说，对完全合格的借壳公司，制度应鼓励其发行上市，而不是去借壳上市。目前市场对壳资源的追逐说明我们的IPO在制度和规则设计上是有重大缺陷的。

在中国，借壳上市涉及复杂的利益关系，比如如何处理壳企业与地方政府的关系、与债权人的关系、与公司员工的关系、与流通股股东的关系等，借壳企业还要付出资产被稀释的巨大成本，即使如此，市场上还是有大量的借壳上市需求。对这种奇怪的现象，只有两种合理的解释：一是IPO排队时间长、公关成本高，企业耗不起；二是在借壳上市过程中存在巨大的利益诱惑，这种巨大利益有时是通过内幕交易实现的。

二是吸收母公司资产实现整体上市。由于上市额度的限制，中国有些上市公司是分拆上市的。分拆上市所形成的上市公司并不是严格意义上的市场主体，因为其利润的形成不是真正市场化的，与母公司存在大量的关联交易。这对上市公司的利益会形成潜在的损害。在这种条件下，整体上市就成了一种重要的选择。

整体上市有一个问题需要解决，即母公司的资产如何定价。由于市场存在不同的利益诉求，因此也就存在不同的定价机制。对于成长性比较好的公司或资产，一般倾向于采用现金流折现法，因为净资产定价方式容易造成估值偏低。对于资产重但盈利能力弱的资产来说，控股股东或实际控制人则一般倾向于采用净资产定价的方式。总之，被吸收的母公司一定会根据自身利益最大化的原则去确定定价机制。由于吸收母公司资产属于重大关联交易，因此需要独立董事发表独立意见。从目前情况看，完全让独立董事们去投票决定如此重大的并购事件的确有些勉强。比如大多数独立董事并不清楚哪些资产是盈利的，也不知道哪种定价方法是合理的，一般只能根据外部出具的评估报告发表意见。理论上说，独立董事有权另请第三方进行再评估，但这样做不仅成本太大，而且在中国几乎是不可行的。如何合理定价所吸收的资产，如何通过吸收母公司资产实现企业的整体上市以提升企业价值的竞争力和盈利能力，是这类企业并购所要解决的两大问题。

三是吸收合并。吸收合并比吸收母公司资产实现整体上市更受投资者的关注。在吸收合并过程中，通常会涉及换股以及换股的折算问题。所有的吸收合并都有两个基本特征：第一，控股股东实际控制人相同；第二，主营业务相近。上市规则禁止主营业务相近的两个子公司分拆上市，是因为同业之间会产生同业竞争与关联交易，这在客观上会损害其他股东的利益。而同一集团或同一控股股东下两家主营业务相近公司的吸收合并不但能清除同业竞争和关联交易，而且也能减少管理成本。所以，法律和规则应鼓励同一集团下业务相近的上市公司之间的吸收合并。目前，最受关注的吸收合并案例是广药和白云山的合并，证监会、国资委、商务部等部门都已批准。在这个吸收合并案例中，关注的焦点之一是换股的折算和吸收合并后优质资产的持续注入。例如，众所周知的王老吉品牌，何时注入新广药，以什么方式注入等，就是市场关注的焦点。就财务成本而言，广药和白云山两家上市公司的合并会使得整个集团的管理成本和财务成本节约2亿元，吸收合并后这2亿元就成了新上市公司的利润了。当然更重要的战略意图是吸收合并后新上市公司还要实现广药集团母公司资产的整体上市。从已有市场表现看，这种吸收合并和母公司整体上市的战略，即使在市场低迷的情况下，也大大提升了公司的资产价值。

四是上市公司通过定向增发，并购上下游产业或者同业资产，以实现企业的对外扩张。不过，这里面也存在一个目标资产的定价问题。

以上四种并购重组方式，核心还是定价问题。如果定价是透明的、市场化的、竞争性的，那么后面三种并购重组方式是很有价值的，法律应当允许，制度应当鼓励。并购重组制度和规则的改革，其方向是在防止内幕交易的前提下，鼓励并购重组特别是后三种并购重组，实现企业价值的提升。从目前的制度安排看，对并购重组设置的障碍相对较多，中国上市公司的并购重组仍在艰难前行。

四、增持、减持和回购：如何维持交易的公平和市场的动态平衡

增持、减持和回购，既涉及市场交易的公平，也涉及市场的动态平衡。增持、减持和回购行为一般都是基于市场趋势的市场行为，一般不会影响到公司治理结构的变化。由于这三种交易的主体是上市公司、控股股东或高级管理人员，他们具有信息优势，所以，交易是否公平是市场关注的焦点。同时，这三种交易行为通常都会发生在特定市场趋势下，因而对增持、减持和回购的制度设计仍应更多地考虑市场的动态平衡。

（一）增持

增持，一般是指公司控股股东或实际控制人、高级管理人员为了稳定市场信心，仍然看好公司未来发展而进行的股份购买行为。除了争夺控制权外，增持通常发生在市场相对低迷的时期，由控股股东、实际控制人或公司高管实施，目的是通过增持行为维护市场信心。股权分置改革后，在政策和制度设计上是鼓励大股东或高管增持的，例如汇金公司近一年对中行、农行、工行、建行四大国有控股上市银行采取了持续性增持行为，以稳定投资者信心。

不过，从制度设计角度看，没有信息披露约束的大股东或高级管理人员的增持行为会不会产生不公平的交易呢？有些上市公司的控股股东，尤其是民营上市企业的控股股东，在特定时期增持本公司股票后又在较短时间高价卖出，这样的增持和交易是否对市场一般投资者造成利益上的不公平呢？因为控股股东或高级管理人员享有上市公司信息的优先知情权，通常情况下交易可能会由此获得额外收益，所以在制度设计时应该对冲这种信息知情优先权，比如在信息披露和买卖之间设一个窗口期，以保证市场交易的公平。

解决这一问题的方法之一是信息预告制度。对于控股股东、实际控制人以及高级管理人员而言，在市场低迷的时候可以采取增持行为维护市场稳

定，但增持之前应该提前公告，公告三天后才可增持。这种预先公告的制度安排实际上是对信息优先知情权的对冲，有利于维护市场交易的公平性。

（二）减持

市场对减持行为存在最大忧虑的是创业板的减持套现。在中国资本市场发展进程中，有两种欲望扭曲了中国资本市场：一是强烈的融资欲望，误认为融资是企业上市的主要目的。二是急切的减持套现欲望。上市公司的原始股东尤其是非控股股东，如 IPO 前的财务投资者和战略投资者，有着急切的减持套现欲望。他们对减持套现的关注胜于对融资的关注。这种急切的减持套现行为给市场带来了沉重的卖压，也使上市公司的股东结构演变成控股股东独留阵地的局面。

目前对于创业板上市公司的非控股股东和非实际控制人所持股份有一年的锁定期，然而由于创业板公司上市一年后多数仍处在风险期，这种制度安排似乎并不恰当。实际上，IPO 前的战略投资者、财务投资者都有责任和义务培育上市公司进入相对稳定的成长期，减持的锁定期应该适当延长，并作结构性调整。为此，必须对现行的 IPO 前股东股份减持规则进行适当改革，不妨将这些投资者的锁定期由原来的一年适当地延长到三年，三年后每个年度只能按一定比例减持，例如可以允许三年后的第一年减持不超过 20%，第二年 30%，第三年 30%，第四年 20% 等。三年锁定期过后，既可以逐年递增的形式减持股份，也可以逐年递减的形式减持。如果创业板上市公司在上市后第四年后还能盈利且财务状况逐年改善，那它基本上脱离了风险期。目前的情况是，不少创业板公司没有独立的盈利能力，而是靠捆绑大树获得盈利，盈利模式单一且有巨大的不确定性，这种依靠单一客户的盈利模式是不可持续的，也是没有竞争力的。对于这类创业板上市公司，一方面证监会发审委对其存在的严重关联交易应给予足够关注甚至予以否决，因为这类公司给市场投资者带来的风险甚于收益；另一方面要调整 IPO 前股东股份锁定期期限，适当延长锁定期。

我认为，减持规则的调整，同样适合中小板上市公司。

（三）回购

与大股东的增持行为不同，回购是上市公司的市场行为，两者的行为主体和目的都不同。增持会提高大股东的持股比例及数量，而回购则不改变大股东的持股数量。大股东增持的目的主要是稳定股票价格，恢复市场信心。公司回购除了稳定市场外，有时也有股票窖藏之目的。大股东增持之后可以减持，其性质可以认定是一种投资行为，而公司回购显然只能是单向购买的过程而不能有卖出的行为，法律禁止公司通过买卖自身股票而盈利。根据《公司法》的规定，除减少公司注册资本，与持有本公司股份的其他公司合并，将股份奖励给本公司职工，股东因对股东大会作出的公司合并、分立决议持异议等收购股份的情形外，公司不得收购本公司股份。公司回购的股票严禁卖出，回购不能成为上市公司的盈利手段。回购一般都是基于现金流相对充分的上市公司。近期宝钢股份宣布拟以不超过 5 元 / 股的价格回购股票，总金额不超过 50 亿元，此举开启了近四年来 A 股市场回购的先例，在一定程度上有利于股价的稳定，起到了提振市场信心的作用。

（四）缩股

最近市场出现了一些为保上市资格而缩股的行为，这种现象在 B 股市场表现得较为明显。B 股退市机制出台后，少数上市公司已触发退市标准，于是引发了缩股行为。然而，缩股只是保留上市资格的一种技术性安排，只能暂时缓解退市危机，并没有解决公司的竞争力和盈利能力。退市机制实际上是要让没有价值的公司退市，以促进市场发展和维护投资者利益。总体而论，制度不应鼓励通过缩股来保护这些事实上已经触发退市标准的公司留在市场上，如果是这样的话，制度实际上在保护落后，不利于市场的健康发展。

五、股权激励与员工持股计划：上市公司成长的润滑剂

股权激励和员工持股计划，本质上都是一种基于人力资本的激励制度，这样的激励制度在中国上市公司中长时期都是被限制的。为什么这样一个对

企业成长具有正向激励的好制度会被限制呢？问题的关键是不了解或者不重视人力资本在企业成长中的重要作用。

（一）人力资本的重要性

作为国有控股的上市公司如工商银行、中石油、中石化等，由于其资源存在一定程度的垄断，利润中相当多的部分来自其垄断性，盈利能力不完全体现市场竞争力。在这些上市公司中，如果不设基于人力资本作用的股权激励制度，虽存疑虑但尚可理解的话，那么对于非国有控股的上市公司也限制推行股权激励和员工持股计划就有点不能理解了。在中国，非国有控股的上市公司一般都在竞争性领域，且不存在资源垄断和市场垄断，对于这些非国有控股的上市公司应该允许实施股权激励和员工持股，以促进人力资本价值与公司价值的共同成长。现有的制度安排显然忽略了人力资本在企业发展过程中的重要作用，显然认为只有货币资本才是企业成长的唯一因素。实际上，现代企业特别是高科技企业及一些服务性企业包括金融类企业，人力资本正在发挥着越来越重要的作用，有时甚至比货币资本的作用更大。因此，目前限制基于人力资本作用的股权激励制度已不合时宜，应彻底改革。

在今天，在资本市场中，如果不实行股权激励，上市公司高管通常也会通过关联交易甚至内幕交易等方式来实现其利益。因为没有股权激励，当公司业绩超预期时，公司高管们会拐弯抹角地买卖本公司的股票，这本质上就是不平等的关联交易甚至内幕交易，是一种违规违法行为。可谓正道不开、歪风盛行，各种违法的行为就出来了。所以，制度应当承认人力资本在企业成长中的贡献，要允许不同企业采取不同的股权激励方式。股权激励和员工持股，实际上是现代企业成长的润滑剂。

（二）实施股权激励的难点

用于股权激励的股份，主要来源于股票回购形成的库存股票和定向增发新股。在我国，实行股权激励的难点主要有两个：一是如何通过简易程序获得相应股份数量用于股权激励；二是行权价如何确定以达到激励的目的。

一般情况下，不能主要用公司利润到市场上用市价方式购买股份用于股权激励，这样会损害其他股东的利益。但通过定向增发新股用于股权激励，按照现行程序在监管部门的审批时间又比较长，难以与股权激励的时间相契合。因此，要倡导用于股权激励的定向增发实行快速简易的核准程序，这是推行股权激励的重要制度保障，因为股份来源是实施股份激励制度的前提。

行权价的确定，是实施股权激励的关键。它涉及考核标准的制定和激励的实际效果。有些企业的员工持股计划或者高管股权激励，由于行权价过低，丧失了激励作用，成了高福利的一种实现形式。这显然是误入歧途。股权激励的行权价和考核标准，一定是要通过努力才能实现的。行权价过低，起不到激励作用，损害了股东的利益。

总而言之，好的制度安排一定能够激发人的积极性，使企业价值和个人价值共同成长。

六、上市公司再融资：能与股利分红政策挂钩吗

上市公司再融资有三种权益类方式：增发、配股、可转债，其中增发包括定向增发和非定向增发，可转债兼顾了债权融资和股权融资的双面特征。目前中国证监会提出要不断优化上市公司再融资的条件，把上市公司的现金分红比例与再融资条件有机地结合在一起。这一改革设想受到社会的普遍关注。

（一）股利分配政策与公司价值的关系

股利分配政策是上市公司董事会及股东大会可自行决策的政策，分不分红，以什么方式分红，分多少，这些实际上都是由公司董事会和股东大会来决定的。公司董事会和股东大会从自身利益最大化出发，同时考虑公司的财务状况和未来的资金需求，采取一个与公司今天乃至未来发展要求相适应的股利分配政策，是公司法赋予公司自身的权利，外界对于上市公司的股利分配政策可以倡导但不可强制。

中国有些上市公司业绩不差，但却很少现金分红，与此同时却从市场累计融资了数十亿元甚至上百亿元资金。这的确是一个令人疑惑的现实。我们

知道，对于投资者来说，其投资收益无非包括两部分，一部分是现金分红，另一部分是资产溢价。在信息充分、市场有效的条件下，在红利税和资本利得税一致的前提下，现金分红所得与资产溢价所得是相等的。这一点在理论上是非常清楚的。

倡导现金分红是否有利于提升上市公司的投资价值？或者说，企业的股票价值是由什么因素决定的？"现金分红越多，投资价值就越高"这种说法成立吗？关于这个问题，实际上早有定论。遵循资本资产定价的基本原理，决定公司资产价值的核心因素是未来现金流或者说利润，分配制度、股利分配政策不是决定资产价格的因素。从价格形成角度看，现金分红后一定会有除权效应。静态看，这个除权实际上就是对现金分红的扣除。关于除权后是否会复权，那与现金分红这个股利分配政策无关。所以，分红政策实际上与公司价值无关。

（二）中国特殊的税收政策安排及现金分红的税收效应分析

中国现阶段现金分红有自身相对特殊的税收政策安排。按照现行税收政策，现金分红要交所得税。2005 年财政部和国家税务总局发布的《关于股息红利个人所得税有关政策的通知》[①]规定，对个人投资者从上市公司获得的现金分红按所得的 50% 征 10% 个税；送红股，则按个人所得的 10% 缴纳个税。2012 年 11 月 16 日财政部、国家税务总局和证监会颁发了《关于实施上市公司股息红利差别化个人所得税政策有关问题的通知》[②]，《通知》规定根据持股的期限确定不同的现金分红税率：持股 1 个月之内的，按现金分红

---

① 财政部、国家税务总局在 2005 年 6 月 13 日发布的《关于股息红利个人所得税有关政策的通知》规定，对个人投资者从上市公司取得的股息红利所得，暂减为按 50% 计入个人应纳税所得额，依照现行税法规定计征个人所得税，即自 2005 年 6 月 13 日起，现金红利暂减为按所得的 50% 计征 10% 个税。而对于所送红股，则依然按 10% 的税率缴纳个税，以派发红股的股票票面金额为收入额计征。以资本公积金转增的股本，则不征个税。

② 财政部、国家税务总局和证监会在 2012 年 11 月 16 日发布的《关于实施上市公司股息红利差别化个人所得税政策有关问题的通知》规定，个人从公开发行和转让市场取得的上市公司股票，持股期限在 1 个月以内（含 1 个月）的，其股息红利所得全额计入应纳税所得额；持股期限在 1 个月以上至 1 年（含 1 年）的，暂减按 50% 计入应纳税所得额；持股期限超过 1 年的，暂减按 25% 计入应纳税所得额。上述所得统一适用 20% 的税率计征个人所得税。

所得 20% 征收个税；1 个月到 12 个月的，有一定的优惠，征收 10% 的个税；持股期限超过 1 年的，个税税率降至 5%。与以往相比较，这种红利税率的调整有利于长期投资者。

现金分红和资产溢价所得实行了不同的税收政策，即现金分红视持股期限的长短采取三种不同的红利税率，而股票转让溢价所得现阶段免征所得税。在有效市场假说，即股票的市场价格充分反映了已有所有信息包括财务信息的条件下，对投资者来说进行现金分红和不进行现金分红实际上有一定的收益差异。如果不进行现金分红，资产溢价的部分会高于现金分红的部分，其差额部分视不同期限投资者而言，分别为现金分红的 5%、10% 和 20%，即作为个税交给国家财政的那部分。如果进行现金分红，在有效市场假说条件下，股票价格会除权，投资者获得的现金分红必须扣除个税，即使按最优惠的 5% 计算，投资者收益也会由此减值，减值部分就是现金红利税的部分。对比西方成熟市场国家，因为他们对资产溢价和现金分红的税收安排大致是一致的[①]，所以投资者收益没有因为不同的税收安排而不同。由此可见，税收给市场交易带来的成本是不能忽略的，对股市的红利分红政策亦会产生重要影响，对市场的交易结构具有一定的指引作用。

在上述税收安排下，无法得出鼓励现金分红能够提升投资价值的结论，即使免去现金红利税，公司的投资价值也只是没有改变。因为决定公司价值的因素不是分配政策，而是未来利润。

（三）现金分红对投资者实际效益的评估

虽然从理论上说，现金分红并不能增加投资者持有资产的价值，但从现行会计准则、业绩评估标准和投资者特别是国有控股股东资产负债表、损益

---

① 2008 年，美国政府对于红利税和资本利得税的安排是，持股期不达标的短炒者，在红利税与资本利得税上，没有优惠税率，它们都必须执行统一的个人所得税普通税率；相反，对于持股期达标的长期投资者，红利税和资本利得税都给予了相同的优惠税率（15%），它们明显低于普通税率。从 2013 年开始，美国的红利税将取消所有优惠政策，并按个人所得税一样以 5 级超额累进税率缴纳红利税。与此同时，美国资本利得税将分为两大阵营：持股期不足 1 年的短炒者，其资本利得税将完全并入个人所得税中一并按照 5 级超额累进税率征缴；而持股期超过 1 年或 5 年的，其资本利得税将单独按照优惠税率标准征缴。

表等角度看，强调现金分红仍有一定的现实意义。在中国，衡量控股股东投资收益的重要指标仍是现金分红，交易性金融资产的溢价并不计入现期投资收益。对国有控股股东来说，即使交易性金融资产存有较大溢价，而通过减持这些资产以实现投资收益又需要复杂的批准程序，对于一些上市公司如工商银行、中石油等战略性企业来说，国有股股东即使资产存有较大溢价一般也不会减持。在这种条件下，现金分红就成为其投资收益的唯一来源，也是评价投资者特别是国有（含地方国有）控股股东投资业绩的重要依据。所以，在现行税收制度安排下，虽然从理论上说，现金分红对投资者（包括国有控股股东）资产价值实际上有一定比例的扣除，但在资产溢价不能体现投资收益的情况下，现金分红收益对投资者尤其是国有股股东的投资收益确有重要的现实意义。所以，真理归真理，现实归现实，这就是中国目前的状况。

由此可见，把上市公司再融资与股利分配政策挂钩，从理论上，难以获得支持，但从中国的现实看，似乎又是必要的。理论与现实呈现出悖论。

七、信息披露与市场解读：如何回归本源

如何提高信息披露的质量，如何准确、真实地解读市场信息，以增强市场透明度，始终是包括中国在内的全球资本市场面临的共同挑战。

强制性信息披露是提高市场透明度的制度性保证。规范信息披露、提高市场透明度是资本市场发展的重要前提，也是资本市场功能得以有效发挥的必要条件。

之所以说信息披露和市场透明度是资本市场发展的重要前提，是因为资本市场资产交易双方客观上可能存在信息不对称，从而给信息劣势者的利益带来潜在损害，为此，必须从法律、制度和规则上保证信息披露的真实、及时、完整，以维护市场交易双方正当的合法权益。

信息披露包括初始信息披露和持续性信息披露，这是法律对上市公司规定的强制性义务。除此之外，还有一种信息称之为市场信息，包括市场交易信息（如交易量、换手率、价格波动幅度等）和市场中介对上市公司信息及市场交易信息所作的种种解读。充分、真实、透明的市场信息对维护市场正

常的交易秩序意义重大。

在我国，无论是上市公司的强制性信息披露，还是市场解读的信息（如各类投资价值分析报告、股市评论等），监管部门虽然加强了监管，但亦存在不少问题。

（一）强制性信息披露

在中国，上市公司强制性信息披露的格式化是非常完整的，尽管如此，"绿大地"这样的虚假信息披露事件还是时有发生。强制性信息披露并不意味着无边界的信息披露，也不是选择性信息披露，它有明确的界定。法律规定的强制性信息披露一般都指重大信息。所谓重大信息，包括可能对资产价格产生重大影响的信息，是投资者必须知晓的信息。我国《证券法》对此有专门规定，公司管理层变动、股权结构的重大调整、并购重组、财务状况的重大变化等 12 项信息均属重大信息，必须披露。在实践中，既要防止选择性信息披露，又要防止通过披露大量垃圾信息而掩盖重大信息。

（二）市场信息如何解读

除了上市公司披露的信息外，市场解读的信息也会对市场交易带来重大影响。在市场上，解读信息的载体主要有投资价值分析报告、股票走势评论以及以此为基础形成的投资建议等。在中国，市场如何更专业地解读信息，以正确引导投资者，成了大家普遍关心的问题。大部分投资者特别是中小投资者由于专业能力和时间所限，无法完整正确地解读上市公司的原始信息和市场信息，需要借助于中介机构的作用，所以，中介机构对包括上市公司原始信息在内的各种市场信息的解读，就显得尤为重要。

解读信息的中介机构首先是注册会计师和审计师。他们对包括上市公司财务信息在内的所有强制性披露的信息负有首要的责任，是过滤虚假信息的首道关口。从已有实践看，注册会计师和审计师如对上市公司需要披露的信息有疑虑，通常都会用无法表达意见、保留意见和否定性意见等形式表达。按照现行规则，如被出具上述意见，上市公司将会被特别处理、暂停上市或退市。从中国的现状看，审计机构一般不会就财务审计意见与上市公司发生冲突，它们之间的沟通能力似有提高。由于相关规则的约束，审计机构的责任感在不断提高，应当说这是中国资本市场的一大进步。

解读市场信息的主体还有律师和资产评估机构。在涉及法律纠纷、诉讼、资产权属等问题时，律师要做核实和解读。在涉及资产价值评估时，资产评估机构亦要根据市场化定价和充分竞价原则加以确定。在这两个信息解读过程中，资产评估存在的问题相对较多。

在解读市场信息方面最引人注目，也最容易引起歧义的是中介机构（其中主要是证券公司和各类投资咨询公司等）的研究报告、投资价值分析报告和股评。比较而言，这类市场信息解读，虽然专业水平高，有自身的逻辑，但可信度不高，成功率很低。

在这类市场信息解读中，证券公司的研究报告和投资价值分析报告是其主要载体，既涉及全球经济走势、宏观经济变化、经济政策调整、产业周期分析等宏观问题，更涉及上市公司治理结构、财务状况、市场竞争力、营销策略、技术变化、未来发展等微观问题，内容可谓包罗万象，研究方法有实证、有计量，但最后给投资者的建议不外乎都是积极推荐、谨慎推荐、持有和观望，很少有减持、出售等建议。客观地讲，从中国金融体系的几个组成部分看，证券公司的研究水平应该是最高的，专业能力也是最强的，专业人才的集中度也是最高的，但对投资者所作的市场信息解读的可信度，则相当低。投资者乃至全社会对中国资本市场之所以有如此多的不满和抱怨，社会如此戴着有色眼镜看资本市场，与这些可信度不高的研究报告以及喋喋不休、口沫横飞的诸多股评人士不无关系。《上海证券报》有一则报道，说某某证券公司今年以来的研究报告、荐股建议没有一个是正确的，由此可见一斑。这不得不让我们思考，证券公司和投资咨询机构研究能力强，但研究结论的有效性低的原因在哪里，其中，是否存在关联交易和内幕交易。这使我们想起了中国的信用评级现状。在中国的信用评级市场，如果信用被评为AA级，似乎认为是信用不太好，所以中国企业拿出来的信用级别个个都是AAA级。这种状况既反映了中国信用评级机构独立性和公正性的问题，也反映了它们的生存状况。

由此可见，无论是上市公司的信息披露，还是市场信息解读，回归本源、客观公正、真实完整是其基本要素。

八、退市机制：是净化市场的利器，还是装点门面的摆设

退市机制与发行制度，是资本市场的吐故纳新机制，也是投资者十分关注的重要话题。中国资本市场的健康发展，除了必须推行发行制度的市场化改革，让信息披露透明、具有持续成长的公司进入资本市场，以提升市场的投资价值外，还必须形成高效、严谨的退市机制，两者缺一不可。只有吐故，才能纳新。否则，就是一个良莠不齐、鱼目混珠的市场。这样的市场有可能是一个劣币驱逐良币的市场，既没有公信力，也没有投资价值。

任何企业包括上市公司都有成长的周期，除此之外，作为上市公司还有一条能否存在于资本市场的红线，这条红线就是退市标准。上市公司的退市标准，既有法律的标准，也有财务的标准，还有市场交易的标准。一旦触及这条红线，上市公司就必须退市。一个高效、严谨、标准清晰的退市机制，是净化市场的利器，是提升市场投资价值的重要机制，是保护投资者利益的有效制度屏障。

不考虑债券市场，就场内市场而言，中国资本市场主要由主板、中小板和创业板三部分组成。在这三个市场上市的企业，发行上市标准有较大差别，退市标准亦有较大差别。主板市场上的企业一般处在成长期或成熟期，资产规模较大，财务状况相对稳定。中小板和创业板的企业则处在成长初期甚至风险期，资产规模相对较小，财务状况不稳定。针对主板、中小板和创业板企业成长周期的不同、风险结构的不同、资产规模的不同以及创设市场目的的不同，监管部门制定并正在修改完善适应于三个市场不同的退市标准。

主板市场发展了20多年，也早就制定了退市制度，但收效甚微。20多年来，真正从主板市场上彻底退市的上市公司不超过3家。主板市场的退市制度，基本上成了装点门面的摆设。究其原因可能有三：一是退市标准模糊、不可操作。二是地方政府不愿意，退市损害了政绩，影响了社会稳定，而且还浪费了所谓的壳资源。即使暂停上市，也会千方百计保壳，通过兼并

重组重新上市。三是监管层态度不坚决。这里既有一个保护投资者利益的问题，也有一个所谓的维护社会稳定的大局问题。于是乎，在中国，主板市场退市制度虽然出台了多年，但的确成了一个制度性摆设。退市制度不但没有成为淘汰落后、净化市场、提升价值的利器，反而成为了保护落后、安抚既定利益和默认快速寻租的保护伞。

2012 年 6 月 28 日，上交所和深交所分别对效率极低的主板退市制度作了较全面修改，新增及变更六项退市标准，对净资产、营业收入、年度审计报告、暂停上市后的信息披露、股票累计成交量、股票成交价格等标准分别作出了调整和补充，使主板市场的退市制度具有可操作性，但实际效果还有待观察。

中小板与创业板上市公司之间差别较小，大体同属一类，只不过中小板上市门槛稍高一些，但退市制度的设计则有较大差别。中小板退市制度设计的基本原则大体与主板一致。2012 年 5 月 1 日深交所对中小板退市制度作了修改，在暂停上市情形的规定中，将原"连续两年净资产为负"改为"最近一个年度的财务会计报告显示当年年末经审计净资产为负"，新增"因财务会计报告存在重要的前期差错或者虚假记载，对以前年度财务会计报告进行追溯调整，导致最近一年年末净资产为负"的情形；在终止上市情形的规定中，新增"公司最近三十六个月内累计受到本所三次公开谴责"、"公司股票连续 20 个交易日每日收盘价均低于每股面值"和"因财务会计报告存在重要的前期差错或者虚假记载，对以前年度财务会计报告进行追溯调整，导致最近两年年末净资产为负"等规定。由于中小板退市制度存在的时间较短，其效果还没有显现。

创业板退市机制是市场十分关注的问题。创业板上市公司曾普遍存在"三高"现象，即高市盈率、高发行价、高募资额，"三高"中的"两高"即高发行价、高市盈率实际上意味着中国创业板市场高风险时代的来临。为了降低市场风险，让投资者回归理性，有必要推出创业板退市制度。在这个背景下，创业板退市办法的出台，对创业板市场价格的理性回归起到了重要的推动作用。基于创业板市场的定位和创业板市场上市公司的特点，创业板退市制度与主板以及中小板有两个根本性的不同点：一是，创业板上市公司一旦触发退市标准，将永久退市，既没有"特别处理"（ST）的退市预警机制，更没有"壳资源"可用，"壳资源"在创业板一旦退市就一文不值。"毁壳"和"快速退市"是其核心标志。二是，不特别强调财务标准在退市中的特殊作用。创业板退市制度设计的这种理念是正确的，也是我一直倡导的①。从近一年来创业板市场价格的理性回归看，退市制度的推出发挥了引导作用，至于它能否成为创业板市场的"清道夫"，由于时间较短，不能确定。但愿创业板退市机制不要再次沦落为装点门面的制度摆设，而要成为净化市场的利器。

在中国，发展资本市场的道路是曲折的，但发展的前景一定是美好的。中国资本市场赖以成长的土壤是肥沃的，中国资本市场发展根植于中国不断成长的经济。中国在未来 10 年保持 7.5% 的成长，虽有困难，但问题不大。因此，中国的资本市场有很大的成长空间。但是仅有肥沃的土壤，没有适当的温度和环境是不够的。温度和环境就是制度、规则和政策，温度如果回到20 度，万物都会生机盎然，资本市场也会得到发展。所以，当前要改革我们的制度，修改我们的规则，创造一个适合资本市场成长的一个政策环境。只有这样，中国资本市场才能实现动态可持续成长，中国经济与资本市场协调发展、共同成长才会成为现实。

参考文献

［1］吴晓求，等.中国创业板市场：成长与风险［M］.北京：中国人民大学出版社，2011.

［2］财政部，国家税务总局.关于股息红利个人所得税有关政策的通知［Z］.2015-06-13.

［3］财政部，国家税务总局，证监会.关于实施上市公司股息红利差别化个人所得税政策有关问题的通知［Z］.2012-11-16.

---

① 参阅吴晓求.中国创业板市场：成长与风险［M］.北京：中国人民大学出版社，2011.

经济成长、金融结构变革与证券公司的未来发展 ①

【作者题记】

进入 21 世纪以来，中国经济快速发展，居民收入水平不断提高，金融结构逐步转化。展望未来，中国经济发展与金融结构演进将走向何方？证券公司作为金融市场的重要主体，如何保持竞争优势？在作者以往的研究中，很少系统研究中国的证券公司。本文是作者第一次从经济成长、金融结构变革的角度去探索中国证券公司成长的逻辑。

本文是作者为第十六届（2012）中国资本市场论坛撰写的主题研究报告，发表于《财贸经济》2012 年第 3 期和《资本市场》2012 年第 3 期。

【摘要】

进入 21 世纪以来，中国经济的快速增长对经济生活的方方面面都产生了深刻的影响。经济总量的迅速扩大和居民收入水平的日益提高，推动着中国金融结构朝市场化方向发生重大变化。人们的金融投资活动日益活跃，金融投资的市场化程度明显提高，人们对金融服务需求呈现出多样性、证券化和组合式的特点，这为中国资本市场带来了新的历史转折期和重要机遇期。作为资本市场上金融服务主要提供者的证券公司，也迎来了新的发展机遇。然而在中国，什么样的证券公司能在激烈的竞

---

① 季洁、吴光镇等帮助作者整理了大量数据，谨致谢意。

争中发展壮大？什么样的证券公司拥有未来？有三点至关重要：第一，对中国经济未来发展趋势和特点要有系统分析；第二，对中国金融结构的演变规律和方向要有准确把握；第三，要具有自身独特的核心竞争力。本文对这三个方面的内容作了系统研究，并提出了自己的见解。

关键词：经济成长　金融结构变革　证券公司发展

Abstract

In the 21st century, China's rapid economic growth has a profound impact on all aspects of economic life. Both the rapid expansion of the economic size and resiedent's gradually increasing income level, promote significant changes toward the marketization of China's financial structure. Individual investment activities have become more and more active; the degree of marketization of the financial investment has dramatically enhanced; the demand for financial services exhibits the characteristics of diversity, securitization and combination. All these changes bring not only a new historical turning point, but also an important opportunity to Chinat's capital market. Generally speaking, securities companies, as the leading provider of financial services, usher an original development opportunity. However, what kind of securities companies in China can survive and become more powerful under fierce competitions? What kind of securities companies have a bright future? There are three essential points: firstly, systematic analyses on Chinat's future economic development trends and characteristics are needed, secondly, it is necessary to accurately grasp the evolution and the direction of Chinat's financial structure, and thirdly, securities companies should be equipped with unique core competitiveness. This paper studies these three aspects. Meanwhile, the author puts forward some distinct perspective.

Key words: Economic growth; Transformation of finance structure; Development of securities companies

进入 21 世纪以来,中国经济快速发展,经济规模迅速膨胀,人均 GDP 由 2000 年的 949 美元提高到 2011 年的 5 000 美元,居民可支配收入也有了相应的提高。随着经济的增长和居民收入水平的提高,中国金融结构正在发生重大变化,金融投资活动日益活跃,金融投资的市场化程度明显提高,人们对金融服务需求呈现出多样性、证券化和组合式的特点,中国资本市场发展处在新的历史转折期和重要机遇期,作为资本市场金融服务的主要提供商,中国证券公司迎来了新的发展期。面对种种历史机遇,什么样的证券公司在激烈竞争中可以发展壮大?什么样的证券公司拥有未来?我认为,要拥有未来,对中国证券公司来说,以下三点至关重要:第一,对中国经济未来发展趋势和特点要有系统分析;第二,对中国金融结构的演变规律和方向要有准确把握;第三,要具有自身独特的核心竞争力。

一、从证券公司未来发展的角度,如何分析、把握中国经济未来发展的趋势和特点

这里,我们不可能全方位地分析中国经济的未来。对证券公司来说,应当关注的是中国经济的整体成长态势,投资、消费、进出口在经济增长中的贡献率变动,人均 GDP 和人均可支配收入的变化,国民收入分配比例的调整和分配制度的改革等。这其中,未来收入流的变动是关注的重点。上述因素的变化,客观上会推动金融需求的变化和升级,进而引发金融结构的重大调整。

(一)中国经济未来的整体成长态势

在刚刚过去的"十一五"期间,中国的社会生产力和综合国力有了显著提升。1978 年,中国 GDP 只有 3 679 亿元人民币,2001 首次突破了 10 万亿元大关,2006 年突破 20 万亿元,2008 年突破了 30 万亿元,2010 年则突破了 40 万亿元,2011 年名义 GDP 预计将达到 47 万亿元人民币,按目前汇率计算,约合 7.46 万亿美元,人均 GDP 将接近 5 400 美元。2000 年以来,中国经济增长率平均保持在 9.5% 左右,实现了经济的可持续高增长。

到 2020 年，虽然中国经济内部面临增长模式转型、劳动力成本上升和外部市场剧烈波动而带来的外部需求的不确定性明显增大等因素的影响，但由于中国社会城乡一体化、经济工业化和信息化、产业结构调整等因素的作用，中国经济仍将延续 21 世纪前 10 年的增长趋势。多数专家和权威机构一般都认为，到 2020 年，中国经济增长速度仍将维持在 8%~8.5%，以 2010 年 40 万亿元人民币为基数，以年均 8% 的增长率计算，在不考虑价格因素的条件下，到 2020 年，中国经济总规模将达到 87 万亿元人民币。按目前人民币对美元汇率（6.3∶1）计算，约合 13.9 万亿美元。美国 2010 年经济规模为 14.5 万亿美元，假定美国经济按年均 2% 的增长率增长，到 2020 年经济规模约为 17.7 万亿美元，中国经济届时将接近美国经济规模的 80%，如果再考虑到美元贬值预期和人民币升值预期等货币因素，规模和占比还会有所提高。

（二）人均 GDP 和人均可支配收入变动

随着经济的快速增长，在人口增长相对稳定的条件下，2010—2020 年，中国人均 GDP 将保持与经济增长大体相同的增长速度。如若人民币在这 10 年中存在升值趋势，以美元计算的人均 GDP 增长则要快于经济增长速度。

从 1993 年开始，中国国民收入分配比例开始出现变化，政府财政收入每年平均以 19% 的速度增长，在国民收入快速增长的同时，分配比例开始向政府部门倾斜。居民名义可支配收入年均虽有一定增长，但增长率为 13.5%，大大低于政府财政收入增长，居民可支配收入增长相对缓慢。

中国经济进入"十二五"后，经济增长模式的转型成为国家未来相当长时期的经济发展战略。经济增长模式转型的核心内容之一就是要提升内需特别是消费需求对经济增长的贡献率，而消费需求的有效增长是以增量收入和存量财富的较快增长为前提的。为此，必须改革现行的国民收入分配制度，调整国民收入分配比例，使居民（劳动者）的收入不低于经济增长速度，适当降低财政收入的增长速度和在国民收入中的比重。按照这一改革的思路，如果居民部门（劳动者）收入的增长保持与国民经济增长同步的速度，到 2020 年，居民的可支配收入将由 2010 年的人均 12 500 元增加到人均 25 800

元左右。如果把存量财富（财产性收入）增长考虑进来，居民部门可支配收入会有更快增长。

（三）投资、消费、进出口在中国经济增长中贡献率的变化

在相当长时期里，中国经济增长都呈现出外延式特征，投资成为经济增长的主导性因素。2000年，全社会投资规模为32 917亿元人民币，到2010年则达到278 122亿元人民币，年均增长22.7%。

从2001年底加入WTO后，中国经济的外部型明显提高，对外依存度进一步增强，进出口贸易大幅增长，由2000年的5 402亿美元增加到2010年的33 351亿美元，增长了6.17倍，平均增长21.62%，其中货物贸易由4 742亿美元增加到29 728亿美元，增长了6.27倍，年均增长22.06%，服务贸易由660亿美元增加到3 623亿美元，增长5.49倍，年均增长18.73%，出口贸易已居世界第一。

与投资和进出口贸易双双大幅增长相比较，经济增长引擎之一的国内消费需求则稍嫌逊色。2000年全社会需求总额为34 153亿元人民币，2010年为156 998亿元人民币，年均增长13.6%。消费需求增长略逊，与收入分配政策和居民收入增幅略慢有直接关系。2000—2010年，投资、消费、进出口贸易"三驾马车"对中国经济增长贡献率中，投资的贡献率仍占主导性作用，消费的贡献率呈下降趋势，进出口则呈现出大幅波动，具体情况见表1。

表1 2000年以来投资、消费、进出口贸易在中国经济增长中的贡献率及其变动情况

年份	经济增长		投资		消费		进出口贸易		
	GDP总额（亿元人民币）	增长率（%）	总额（亿元人民币）	贡献率（%）	总额（亿元人民币）	贡献率（%）	总额（亿美元）	净出口（亿元人民币）	贡献率（%）
2000	99 214.6	8.4	32 917	22.4	34 153	65.1	5 402	2 390	12.5
2001	109 655.2	8.3	37 213	49.9	37 595	50.2	5 815	2 325	−0.1
2002	120 332.7	9.1	43 499	48.5	40 911	43.9	7 062	3 094	7.6
2003	135 822.8	10.0	55 566	63.2	45 843	35.8	9 522	2 986	1.0

续表

年份	经济增长		投资		消费		进出口贸易		
	GDP 总额（亿元人民币）	增长率（%）	总额（亿元人民币）	贡献率（%）	总额（亿元人民币）	贡献率（%）	总额（亿美元）	净出口（亿元人民币）	贡献率（%）
2004	159 878.3	10.1	70 477	54.5	53 950	39.5	12 882	4 079	6.0
2005	184 937.4	11.3	88 773	39.0	67 177	37.9	15 790	10 223	23.1
2006	216 314.4	12.7	109 998	43.9	76 410	40.0	19 521	16 654	16.1
2007	265 810.3	14.2	137 324	42.7	89 210	39.2	24 246	23 381	18.1
2008	314 045.4	9.6	172 828	47.5	108 488	43.5	28 677	24 229	9.0
2009	340 506.9	9.2	224 599	91.3	125 343	47.6	24 942	15 033	−38.9
2010	401 202	10.4	278 122	54.0	156 998	36.8	33 351	15 712	9.2

注：表中"进出口贸易"一栏中的贡献率特指货物和服务净出口对经济增长的贡献率。

资料来源：国家统计局。

2010 年之后，中国政府积极推动经济增长模式的转型，推动国民收入分配制度的改革，适度调整国民收入分配比例，不断拓展内需市场，适度降低经济对外依存度，调整进出口商品的结构，减少出口商品对资源的消耗，提高出口产品的科技含量和附加值，同时，实施稳健的宏观经济政策。基于上述基本判断，我们认为，到 2020 年消费对经济增长的贡献率将会有所上升。投资、消费、进出口对经济增长的贡献率将会发生一定变化。

上述宏观经济变动既是中国资本市场发展的宏观背景，也是证券公司顺应趋势、把握未来的前提。

二、中国金融结构未来演变趋势和方向

（一）历史变动及数据

从总体上看，中国金融结构正朝着市场化方向发展，这种变动趋势在 2007 年 2 月股权分置改革完成后，有加快的迹象。之所以有这种判断主要是基于三个层面的经济和金融数据的变化：（1）金融资产与 GDP 之比亦即经济金融化率（F/G）的上升；（2）股票市值与 GDP 之比亦即经济证券化

率（S/G）（此处未含债券，下同）的上升；（3）股票市值占全部金融资产的
比例亦即金融资产证券化率（S/F）（此处未含债券，下同）的上升。

1. 经济金融化率（F/G）之变动

从表 2 可以看到 1990 年以来中国金融资产与 GDP 的比值变动情况。
1990 年我国金融资产总额为 39 732 亿元，GDP 是 18 668 亿元，经济金融化
率为 2.13，2000 年经济金融化率为 2.51，到 2010 年，这一比率为 2.90，呈不
断上升趋势，如图 1 所示。

表 2　　　　　　　　1990 年以来中国经济金融化率（F/G）之变动

年份	金融资产总值 F（亿元）（1）	GDP（亿元）（2）	经济金融化率（1）/（2）
1990	39 732	18 667.8	2.13
1991	42 766	21 781.5	1.96
1992	54 171	26 923.5	2.01
1993	74 386	35 333.9	2.11
1994	96 568	48 197.9	2.00
1995	121 987	60 793.7	2.01
1996	151 090	71 176.6	2.12
1997	185 729	78 973.0	2.35
1998	197 631	84 402.3	2.34
1999	226 645	89 677.1	2.53
2000	249 510	99 214.6	2.51
2001	231 761	109 655.2	2.11
2002	201 149	120 332.7	1.67
2003	278 086	135 822.8	2.05
2004	320 478	159 878.3	2.00
2005	361 351	184 937.4	1.95
2006	490 317	216 314.4	2.27
2007	833 536	265 810.3	3.14
2008	726 463	314 045.4	2.31
2009	1 000 258	340 506.9	2.94
2010	1 162 323	401 202.0	2.90

资料来源：根据国家统计局、国家外汇管理局相关数据整理。

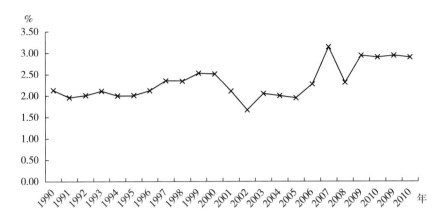

图 1　1990 年以来中国经济金融化率变动趋势

2.经济证券化率（S/G）之变动

基于金融结构的变革，随着经济金融化率的渐近上升和金融资产规模的迅速增大，股票市场市值与 GDP 之比即经济证券化率虽然在 2005 年 5 月启动股权分置改革之前没有太大变化，但从 2007 年初股权分置改革完成后则有较大幅度的提升（见表 3）。

表 3　　　　　　1990 年以来中国经济证券化率（S/G）之变动

年份	股票市值 S（亿元）		GDP（亿元）（3）	狭义证券化率（%）（1）/（3）	广义证券化率（%）（2）/（3）
	流通市值（1）	总市值（2）			
1990	—	—	18 667.8	—	—
1991	—	109	21 781.5	—	0.50
1992	—	1 048	26 923.5	—	3.89
1993	862	3 531.01	35 333.9	2.44	9.99
1994	969	3 690.62	48 197.9	2.01	7.66
1995	937.94	3 474	60 793.7	1.54	5.71
1996	2 867.03	9 842.37	71 176.6	4.03	13.83
1997	5 204.43	17 529.23	78 973.0	6.59	22.20
1998	5 745.59	19 505.64	84 402.3	6.81	23.11
1999	8 213.97	26 471.17	89 677.1	9.16	29.52
2000	16 087.52	48 090.94	99 214.6	16.21	48.47

年份	股票市值 S（亿元）		GDP（亿元）（3）	狭义证券化率（％）（1）/（3）	广义证券化率（％）（2）/（3）
	流通市值（1）	总市值（2）			
2001	14 463.16	43 522.19	109 655.2	13.19	39.69
2002	12 484.55	38 329.12	120 332.7	10.38	31.85
2003	13 178.52	42 457.72	135 822.8	9.70	31.26
2004	11 688.64	37 055.57	159 878.3	7.31	23.18
2005	10 630.51	32 430.28	184 937.4	5.75	17.54
2006	25 003.64	89 403.89	216 314.4	11.56	41.33
2007	93 064.35	327 140.89	265 810.3	35.01	123.07
2008	45 213.9	121 366.44	314 045.4	14.40	38.65
2009	151 258.65	243 939.12	340 506.9	44.42	71.64
2010	193 110.41	265 422.59	401 202.0	48.13	66.16

注：所谓狭义证券化率此处是指股票流通市值与 GDP 之比；所谓广义证券化率此处是指股票总市值与 GDP 之比。随着中国股票市场全流通的到来，狭义证券化率与广义证券化率有趋同趋势。

资料来源：国家统计局、中国证券监督管理委员会。

经济证券化率是衡量经济体系中资产流动性的重要指标，意味着资本市场在经济活动中的影响力和经济体系中存量资源的重组能力，表明财富管理的市场化比率，是证券业生存空间最核心的指标。

3. 金融资产证券化率（S/F）之变动

金融资产证券化率（S/F）是指证券化金融资产在全部金融资产中的比例，表示金融资产之流动性及配置风险的能力。表 4 给出了自 1990 年以来金融资产证券化率（未含债券资产，下同）这一指标的变动情况。

表 4　　　　　　　　1990 年以来股票市值占金融资产的比例变动

年份	股票市值 S（亿元）		金融资产 F（亿元）（3）	金融资产证券化率（未含债券）	
	流通市值（1）	总市值（2）		狭义（％）（1）/（3）	广义（％）（2）/（3）
1990	—	—	39 732	—	—
1991	—	109.0	42 766	—	0.25
1992	—	1 048.0	54 171	—	1.93
1993	862.0	3 531.0	74 386	1.16	4.75

续表

年份	股票市值 S（亿元）		金融资产 F（亿元）（3）	金融资产证券化率（未含债券）	
	流通市值（1）	总市值（2）		狭义（%）（1）/（3）	广义（%）（2）/（3）
1994	969.0	3 690.6	96 568	1.00	3.82
1995	937.9	3 474.0	121 987	0.77	2.85
1996	2 867.0	9 842.4	151 090	1.90	6.51
1997	5 204.4	17 529.2	185 729	2.80	9.44
1998	5 745.6	19 505.6	197 631	2.91	9.87
1999	8 214.0	26 471.2	226 645	3.62	11.68
2000	16 087.5	48 090.9	249 510	6.45	19.27
2001	14 463.2	43 522.2	231 761	6.24	18.78
2002	12 484.6	38 329.1	201 149	6.21	19.06
2003	13 178.5	42 457.7	278 086	4.74	15.27
2004	11 688.6	37 055.6	320 478	3.65	11.56
2005	10 630.5	32 430.3	361 351	2.94	8.97
2006	25 003.6	89 403.9	490 317	5.10	18.23
2007	93 064.4	327 140.9	833 536	11.17	39.25
2008	45 213.9	121 366.4	726 463	6.22	16.71
2009	151 258.7	243 939.1	1 000 258	15.12	24.39
2010	193 110.4	265 422.6	1 162 323	16.61	22.84

资料来源：根据国家统计局、国家外汇管理局、中国证券监督管理委员会相关数据整理。

总体而言，金融资产证券化率呈上升趋势，表明金融体系市场化程度在提高，资本市场在中国金融体系中的基础作用日益显现。

（二）未来演变趋势及预测

基于已有的研究和假定，即：（1）2011—2020 年经济年均增长率为 8%；（2）到 2020 年股票市场市值为 100 万亿元人民币[①]；（3）金融资产年平均增长速度不低于同期经济增长率 8%、通胀预期 1%~2% 及货币化系数上升率 1%~2% 之和即 12%，那么到 2020 年，F/G、S/G 和 S/F 这三个预测数值如表 5 所示。

---

① 参见吴晓求，等.变革与崛起——探寻中国金融崛起之路［M］.北京：中国金融出版社，2011.

表5   2011—2020 年 F/G、S/G 和 S/F 预测值

年份	GDP（亿元）	金融资产 F（亿元）	股票市值 S（亿元）	F/G（%）	S/G（%）	S/F（%）
2011	438 112	1 301 802	303 113	297	69	23
2012	473 161	1 458 018	346 155	308	73	24
2013	511 014	1 632 980	395 309	320	77	24
2014	551 895	1 828 938	451 442	331	82	25
2015	596 047	2 048 410	515 547	344	86	25
2016	643 730	2 294 220	588 755	356	91	26
2017	695 229	2 569 526	672 358	370	97	26
2018	750 847	2 877 869	767 833	383	102	27
2019	810 915	3 223 213	876 865	397	108	27
2020	875 788	3 610 000	1 000 000	412	114	28

注：（1）表中所有数据均为预测数；（2）预测数没有考虑价格因素。

在实际运行中，每年的具体情况可能与表 5 预测值特别是 S/G 和 S/F 的预测值在年度之间会有较大差别，这是因为股票市场的波动性和不确定性较大，但总体方向不会有太大的变动，到 2020 年，中国经济的金融化率（F/G）可能会在 400% 左右，经济证券化率（S/G）应在 100%~120%，金融资产证券化率在 30% 左右。从金融资产结构状态看，这些指标接近或达到发达国家水平。

（三）中国金融结构市场化演变趋势的内在动因

关于中国金融结构市场化趋势演变的内在动因，我在《中国资本市场分析要义》一书做过详细分析[①]，这里不作展开，只作如下概括：

1. 中国经济货币化程度（M_2/GDP）的提高，是中国金融结构朝着市场化方向演变的前提。没有这个前提，金融结构的市场化变革就会停滞。实际上，从改革开放之初以来，中国经济的货币化程度（M_2/GDP）呈现出上

[①]   参考吴晓求. 中国资本市场分析要义［M］. 北京：中国人民大学出版社，2006：47–89.

升的趋势，M$_2$/GDP 从 1978 年的 32%，上升到 1990 年的 82.5%，2000 年的 150.6%，2010 年的 180.9%，以及到 2011 年第三季度的 245.5%。

图 2　中国经济货币化系数（M$_2$/GDP）变动趋势

经济货币化系数（M$_2$/GDP）的不断攀升，虽然在不同时期引发了价格总水平的上涨，但更为重要的是推动了经济的持续增长，催生了中国金融结构的市场化变革。

2. 国民收入分配适度向居民部门倾斜，适当提高居民部门在整个国民收入分配中的比重，是中国金融结构市场化变革的基础。如果居民部门成为经济增长金融资源的主要提供者，那么，金融体系就会面临新的变革要求：

（1）金融体系提供的金融服务必须是高效、灵活和可选择的，以满足居民部门不断升级的金融需求；

（2）居民部门的巨大盈余要有通畅的可自由选择的转化为投资的渠道和工具。当居民部门的巨大盈余成为经济发展的主要金融资源时，金融市场特别是资本市场发展也就具有了相应的资金基础。

最近几年，中国金融结构的市场化变革趋势处在相对停滞的状态，重要的原因之一就是居民部门收入增长速度的相对减缓。随着经济增长模式的转型和国民收入分配制度的改革，居民部门的收入在未来较长时期内会有较大增长，这将有利于推动中国金融结构市场化变革趋势的延续。

3. 居民部门收入资本化趋势是中国金融结构市场化变革的动力。所谓居民部门收入资本化趋势，是指追求资本收益的资本性支出在居民收入中所占比重呈上升趋势。这一概念亦有广义和狭义之分。广义概念中的资本性支出是指包括证券化和非证券化的所有资本性支出。狭义概念仅指证券化的资本性支出[①]。从已有的研究结果看，中国居民部门收入资本化趋势虽然在不同时期有所波动，但不断上升的趋势没有改变[②]。

三、证券公司拥有优势竞争力的四要素分析

上述分析告诉我们，中国资本市场未来具有广阔的发展空间，但对证券公司来说，则面临一系列挑战。盈利模式面临根本性的转型，市场竞争激烈而残酷。弱肉强食、并购重组、模式转型是未来证券业的基本生存法则。想在未来的激烈竞争中处于优势地位，证券公司一方面要洞悉中国经济的未来发展和中国金融结构的市场化变革，另一方面还必须明确定位、锻造自身、全面提升竞争力。概括地说，以下四大要素至关重要。

（一）雄厚的资本实力，通畅高效的资本形成和补充机制

到 2020 年，中国证券业至少会有一次以市场为导向的大规模的并购重组，结果是中国证券公司数量将从目前的 100 家左右减少到 60 家左右。这种并购重组的诱因主要来自市场激烈竞争引发的生存压力，而不是来自制度设计缺陷而引起的财务危机。2006 年券商综合治理后，证券公司巨大财务风险的制度漏洞得到修补，证券业大面积破产的概率很小。在制度完善的条件下，未来抗击市场竞争压力的第一道防线是资本金。从资本角度看，证券业未来并购重组的基本取向是：上市券商并购非上市券商；资本实力雄厚的券商并购资本实力弱的券商。在未来证券业并购重组中，上市券商具有得天独厚的高效率的资本形成和补充机制，而在上市券商中又以综合竞争力强的大型券商为优中之优。非上市券商显然处在相对弱势的地位。从持续性的资本

---

① 详细分析参见吴晓求.中国资本市场分析要义［M］.北京：中国人民大学出版社，2006：56-61.

② 详细分析参见吴晓求.中国资本市场分析要义［M］.北京：中国人民大学出版社，2006：56-61；吴晓求，许荣.金融市场化趋势推动着中国金融的结构性变革［J］.财贸经济，2002（9）.

形成能力看，在非上市券商中，如若控股股东或实际控制人有雄厚的资本实力，则能在一定程度上改变这种弱势地位。即使如此，谋求上市亦成为这些券商努力的目标。中国证券监督管理机构对券商的监管虽然是全方位的，但资本金仍是最核心、最具硬约束的监管指标，几乎所有业务的拓展都与资本金规模挂钩。

基于上述判断，要想在未来的竞争中处于优势地位，静态和动态化的资本实力是证券公司制胜的硬要素。

（二）难以复制的核心竞争力

从未来发展角度看，具有全要素竞争力的证券公司为数不多，对大多数证券公司而言，不是做大、做全，而是要形成具有独特优势的核心竞争力，即使在为数不多具有全要素竞争力的大型证券公司中，也要形成全中之专的特色。在中国证券公司现有的业务线中，经纪中介、财富管理、并购重组、融资与再融资、资产证券化以及衍生品交易等均能形成独特优势。例如，在经纪业务中要形成优势，就必须要有强大的市场营销能力、便捷高效的交易网络、超群的服务能力；要想在财富管理上独占鳌头，就必须要有系统的对市场的宏观把握能力、一流的市场意识和有效的风险配置能力；要想在并购重组中有一席之地，就必须要有卓越的创新能力和全方位的金融支持系统；等等。中国证券业盈利模式同构化的时代行将结束。做大基础上形成的不可复制的核心竞争力，是中国证券公司未来的发展方向。

不可复制的核心竞争力形成的关键在于人才队伍。金融证券业的竞争，核心是人才的竞争，训练有素、协同有序并具有卓越创新能力的人才队伍，是证券公司形成核心竞争力的根本保证。

（三）严密的风险管控机制，迅速而有效的风险处置能力

管控风险是所有金融机构的生存之道、立身之本，证券公司亦不例外。国际上盛极一时的投资银行，曾经创造过无数的辉煌，甚至推动了金融结构的变革，但最终之所以难逃灰飞烟灭的命运，是因为处在辉煌时忘了危机，在攫取巨额风险利润的同时毁灭自身的风险已经悄然而至，在疯狂追求极致

利益的同时实际上也在为自身的灭亡挖掘坟墓。它们的风险管控机制，要么形同虚设，要么不堪一击，当巨大的金融海啸亦即流动性风险来临时，它们却束手无策，只能坐以待毙。无数的经验教训揭示了一条真理：流动性风险是所有金融机构的生命线，管控风险是所有金融机构的生存之道，只有生存，才能发展。建立有效的风险管控机制，涉及证券公司内部的系统建设，包括公司治理结构、信息透明度、前后台的风险隔离机制、资金流动性以及危机的应对能力等。

（四）宽广的国际视野，一流的国际化能力

中国金融体系改革和发展的战略目标是：到 2020 年，把以上海—深圳为轴心的金融市场建设成全球最具影响力的金融市场增长极，并将上海（包括深圳）建设成全球新的国际金融中心，全面推进中国金融体系的市场化、国际化和现代化[①]。国际金融中心建设的过程，不仅意味着中国必须要有为数众多的具有投资价值、公司治理结构完善、具有国际影响力的蓝筹股公司和成长性企业，而且也意味着中国资本市场金融服务水平要达到国际水准，进而，必须培育若干家具有国际视野和国际影响力的证券公司（投资银行）。就目前中国证券业的现状来看，离这一目标还有相当大的差距。

中国证券公司拓展国际视野的重点是：不断了解并熟知国际资本市场的规则，系统掌握国际金融市场运行规律和变动趋势，熟练运作国际金融市场各种复杂的金融工具，知悉国际宏观经济政策的操作特点和变动方向。

中国资本市场的国际化具有双向的特点：一是将外国投资者有序地引入中国市场；二是符合标准的外国企业可以到中国市场上市。为此，中国证券公司必须提高金融服务的国际化能力，既要有很强的市场拓展能力，又要深入了解并满足外国投资者多样化的金融需求。

概而言之，我认为，在中国，拥有未来的证券公司除了必须对中国经济的未来发展和中国金融结构的变动趋势有清晰的把握外，还应当是资本、

① 参见吴晓求，等.全球金融变革中的中国金融与资本市场[M].北京：中国人民大学出版社，2010：31.

人才、制度、视野的综合体。这四大要素的有机结合，就会形成强大的生命力、无与伦比的竞争力。

参考文献

［1］吴晓求，等．变革与崛起——探寻中国金融崛起之路［M］．北京：中国金融出版社，2011.

［2］吴晓求．中国资本市场分析要义［M］．北京：中国人民大学出版社，2006.

［3］吴晓求，许荣．金融市场化趋势推动着中国金融的结构性变革［J］．财贸经济，2002（9）.

［4］吴晓求．全球金融变革中的中国金融与资本市场［M］．北京：中国人民大学出版社，2010.

中国资本市场未来 10 年发展的战略目标与政策重心

【作者题记】

本文发表于《中国人民大学学报》2012 年第 3 期。

【摘要】

从中国的已有实践看，资本市场在中国经济社会发展中发挥着不可替代的与日俱增的重要作用。这种作用主要表现在六个方面：一是资本市场作为现代金融的核心，推动着中国经济的持续快速增长；二是加快了社会财富特别是金融资产的增长；三是为经济成长提供了源源不断的金融资源；四是为中国企业的发展提供了有利于竞争力提升的市场化平台；五是极大地推动了中国金融体系的结构性变革；六是为全社会提供了多样化、不同收益和风险的证券化金融资产。经过 20 年的改革和发展，中国资本市场无论在规模、结构、功能还是对经济社会的影响力等方面都发生了根本性变化，已经成为全球第二大市值的市场。总的来看，中国资本市场未来发展面临的市场结构因素和经济金融环境发生了重大变化。主要表现是：中国资本市场已经是全流通的市场；长期看，面对的主要还是相对宽松的国际货币环境；面临着持续不断的巨大的融资需求；所依托的是高速成长和结构转型的经济；面临着国际化的巨大挑战。

基于上述认识和对宏观经济分析、金融结构变动趋势把握的基础上，未来 10 年（2011—2020 年）中国资本市场的战略目标是：到 2020 年，以上海—深圳资本市场为轴心的中国资本市场，将成为全球最具影响力的金融市场增长极，并将上海建设成为全球新的国际金融中心，以此为基础全面推动中国金融体系的现代化、市场化和国际化。为了实现上述战略目标，中国资本市场的政策重心会发生重大调整，将从需求政策为主向以供给政策为主导、供需协调发展的政策组合转变。

关键词：资本市场　未来发展　战略目标　政策重点

Abstract

After 20 years' reform and development, China's capital market has changed fundamentally from not only size, structure and functions, but also from aspects like economic and social influence. It has already become a market with second-largest market value in the world. Generally speaking, future developments of China's capital market will face huge changes from both the market structure factor and the economical financial environment. The macroeconomic and financial structure reform trend, the strategic goal of China's capital market in next 10 years（2011– 2020）is: when in 2020, China's capital market, with that trading centers based on Shanghai-Shenzhen, will become worlds' most influential growth pole of financial markets, and Shanghai will also be built into a new international financial center, comprehensively promoting the modernization, marketization and globalization of China's financial system. In order to achieve above strategic goal, significant adjustments on policy focus of China's capital market will take place, which will change from a demand-oriented policy to a combination of supply-oriented, demand-supply coordinate developing policy.

Key words：Capital market; Future development; Strategic goal; Policy focus

研究中国资本市场未来 10 年发展的战略目标及其实现路径，必须从理论上深刻分析资本市场对中国经济社会发展的重要作用，必须深入剖析中国资本市场未来发展所面临的经济、金融背景和市场结构特征。在此基础上，制定与中国经济社会发展相适应、有利于中国经济持续成长的资本市场发展战略，确立恰当的政策重心。

一、资本市场在中国经济社会发展和转型中的重要作用

关于中国资本市场对中国经济社会发展所起的作用，实际上无论在学界还是实际部门都有不同的理解。不少人似乎并不认为资本市场的作用有多大，他们中的一些人都是从融资额和融资比例的角度来评判资本市场的作用和地位的。不少学者都是用资本市场的融资额与银行的融资额相比较，从而得出资本市场并不重要的结论。这是不正确的方法，也是不正确的结论，因为这种比较本身就不是衡量两种金融制度重要性的标准。

回望过去 20 年，我们认为，资本市场在中国经济发展和社会进步的过程中，实际上发挥了极其重要的不可替代的作用，这种作用正在与日俱增。从中国已有的 20 年实践看，资本市场对中国经济社会的作用主要表现在以下六个方面[①]。

（一）资本市场作为现代金融的核心，推动着中国经济的持续快速增长

2010 年，中国经济总规模超过 40 万亿元人民币，约 6 万亿美元，总规模超过日本。资本市场从资本筹集、公司治理、风险释放、财富增长和信息透明度等方面不仅推动了经济的持续增长，而且大大提升了经济增长的质量。没有资本市场的发展，今天很多看起来很成功、很强大的企业，可能已经破产倒闭了。可以这样认为，资本市场既是企业腾飞的翅膀，也是中国经济前行的动力。

---

① 详细内容见吴晓求．中国资本市场的六大作用与五大发展背景［N］．中国证券报，2011-02-22.

（二）资本市场加快了社会财富特别是金融资产的增长

经济的发展需要财富的集聚和优化配置，社会的进步需要财富的大幅度增加为前提。以资本市场为基础的现代金融体系，不仅是经济成长的发动机，而且还为社会创造了一种与经济增长相匹配的财富成长模式，建立了一种经济增长基础上的可自由参与的财富分享机制。以前中国人收入的增加主要靠增量收入，存量财富缺乏成长机制，存量财富带来不了多少新增收入。我们有了钱就存到商业银行，储蓄存款怎么能增长你的存量财富呢？后来发现存款增加不了多少存量财富，就赶紧投资房子。一个社会，如果靠投资房子去增加你的存量财富，只能说明这个社会的金融体系不发达，金融体系没有提供投资者可自由选择的成长性资产。资本市场实际上创造了一种可选择的具有与经济增长相匹配的财富成长机制。资本市场的财富效应，加快了中国社会财富特别是金融资产的增长速度。1990年中国社会的金融资产，只有区区的3.8万亿元，证券化的金融资产几乎可以忽略不计。到2010年，中国全社会的金融资产超过了100万亿元，其中，证券化金融资产（股票＋债券）接近40万亿元人民币，增长速度大大超过了同期经济增长速度。金融资产的增长，是我国步入经济强国的重要前提。

（三）资本市场为经济持续发展提供有力支撑

翻开美国现代经济史可以看到，20世纪初，冶金技术的提高推动了钢铁工业的发展，加上后来汽车工业的发展和汽车的普及，推动了美国经济差不多40年的增长。到了20世纪五六十年代，信息技术和通信技术的发展，特别是信息技术的突破，带来了新的产业革命，后工业化时代催生了纳斯达克和微软、英特尔、苹果等新型领袖企业的出现，美国在20世纪70年代之后，经济突然间开始加速，到了20世纪90年代末期，美国经济和日本经济已经不能同日而语了，开始把日本抛在后面了，实际上美日两国的经济有一段时间是并驾齐驱的。中国经济要维持百年增长，没有科学技术进步和创新，没有产业的转型，只想靠大规模投入来维持经济的持续增长，那是不可能的。同时，经济增长除了科技进步是最根本的动力源以外，还要有一个使科技进步这个动力源发挥乘数效应的加速器，这就是现代金融。要让科技进步迅速有效率地推动产业的升级、转变成新型产业，金融的作用不可或缺。这种金融制度不仅要媒介资金供求，而且还能创造一种与经济增长相适应的源源不竭的金融资源增长机制。在迈向现代社会的进程中，要维持经济持续增长，金融资源或者说金融资产的大规模增长是一个必要条件。大国经济的持续增长，是需要大规模资本投入的，是需要源源不断的金融资本的力量去推动的，否则仅有科技进步是不够的，还是转换不成强大的生产力。科技进步是原动力，是基础，是起点，现代金融提供了杠杆化的动力，是关键，是加速器。

（四）资本市场为中国企业的机制改革和竞争力的提升提供了市场化平台

没有资本市场，中国企业，特别是国有企业就不可能建立起真正意义上的现代企业制度。资本市场使单个股东或者少数股东组成的企业成为社会公众公司，对中国企业来说，这就是一种彻底的企业制度变革，是一种观念的革命。这种制度变革，使中国企业从为所欲为、无知无畏的盲流的心态，转变成为既有制约又有激励的现代行为机制。无论是国企还是民企，在没有上市之前，个个都是盲流，目标终无所定；行为无所畏惧，什么都想要，什么都敢做，没有风险概念，没有约束力量，为所欲为。有了资本市场，成了上市公司后，它们在理念和行为机制上都发生了脱胎换骨式的变化，正在成为一个有目标，既有激励又有约束的理性行为人。

所以，资本市场使中国企业华丽转身，进而迈向现代企业制度的同时，中国企业的价值也得到了公正的评价。中国企业在全球十强中，无论是按市值，还是利润，还是销售额，都有两三席之地。在这种巨大的变化中，资本市场的作用特别重要。

（五）资本市场推动了中国金融体系的市场化变革

所谓现代金融体系是指什么呢？是指以资本市场为基础构建的金融体系。所谓传统金融体系，是指以传统商业银行为基础的金融体系，也就是没有资本市场或者说资本市场不发达条件下的商业银行主导的那个金融体系。

在现代社会，金融体系不仅仅是资源配置的机制和媒介资金供求关系的机制，而且还是一种风险分散机制。以资本市场为基础构建的现代金融体系，已然具有资源配置特别是存量资源调整、分散风险和财富成长与分享三大功能，这就是在中国必须发展资本市场的根本原因。在中国发展资本市场，不是实用主义的，而是具有战略目标的。

（六）资本市场提供收益风险在不同层次匹配的证券化金融资产

在消费品市场上，我们经常强调消费者对消费品的自主选择权，这是消费者自主权的核心内容，也是市场经济发达的一个重要标志。与消费者的自主选择权相对应的是，投资者也必须拥有自主选择投资品或资产的权利，这既是一国市场经济发达程度的重要标志，也是金融市场发达与否的重要标志。给投资者提供多样化的、不同收益与风险相匹配的、具有充分流动性且信息透明的金融产品，是一国金融体系和资本市场的基本功能。

落后的金融体系，不发达或者缺失的资本市场，是不可能让投资者实现其对多样化金融资产选择要求的，进而也不可能为社会提供高效优质的金融服务。金融压抑有种种表现，其中对投资者自主选择金融资产权利的压抑，是金融压抑的典型形式。资本市场的大发展，将彻底释放这种压抑，从而使金融投资充满活力和创造力，这正是经济充满活力的重要源泉。因此，在未来，大力发展资本市场，是中国金融改革和发展的核心任务，是中国国家战略的重要组成部分。

二、未来 10 年中国资本市场的发展背景

资本市场的发展，离不开经济、金融等因素的支持。综观国内外经济金融环境，中国资本市场在面临较大挑战的同时，也将面临难得的发展机遇。总体而言，中国资本市场未来面临的市场结构因素和经济金融环境主要有以下五个方面。

（一）中国资本市场已步入真正意义上的全流通时代

全流通时代来临的起点是股权分置改革，标志是中石油和工商银行的全

流通。全流通时代的中国资本市场，资产定价的功能得以恢复，这与股权分置时代价格信息的扭曲完全不同。资产定价功能的恢复，会引起市场自身功能的变化。在过去相当长的时期，我们将市场的主要功能放在 IPO 融资上，存量资源再配置的功能很弱。全流通之前的那些年代，每一次收购兼并重组都是掏空上市公司资源的掠夺行为，而全流通背景下市场的存量资源配置功能将凸显。因此，在全流通时代，资本市场功能的恢复，将为其持续发展奠定基础。

（二）中国资本市场长期面临的是相对宽松的货币环境

2008 年全球金融危机后，各国政府都采取了量化宽松的货币政策，以应对金融市场的大幅波动和经济的严重衰退。作为应对金融危机后的副产品，全球都进入了货币宽松或者说流动性过剩的时代，到处充斥着不断贬值的货币。与其他市场不同，资本市场是资金交易的市场，发展的重要前提是存在相对过剩的流动性，因此，在宏观经济基本面相对稳定的条件下，货币宽松或者说流动性过剩，将为中国资本市场发展带来新的更大的发展机遇。虽然从 2010 年 10 月起，我们开始实施稳健的但实际上是趋紧的货币政策，流动性有所收紧，但整体的通货宽松的趋势仍然存在。

（三）中国资本市场面临着持续性的巨大融资需求

由于金融的结构性缺陷，中国股票市场承受很大的融资压力，其中，商业银行在资本市场上的融资需求巨大且持续。巨大的融资压力与中国金融改革和创新不够有关。工商银行、农业银行、中国银行、建设银行等大型商业银行，虽然在 2010 年进行了资本补充，但其在今后几年可能还要继续大规模融资。到 2012 年，全球各国开始执行《巴塞尔协议Ⅲ》，中国银监会对执行《巴塞尔协议Ⅲ》是积极的。根据《巴塞尔协议Ⅲ》的有关内容，并根据中国银监会的相关规定，我国系统性重要银行的资本充足率要求达到 11.5%，同时更加注重核心资本的补充。商业银行巨大的资本需求一方面有利于资本市场规模的扩张，从而有利于促进资本市场的发展，但另一方面其带来的负面效应也是非常明显的。一是将影响投资者的投资信心，资本市场再次沦为

"圈钱"的机制。二是会加剧我国资本市场的结构性矛盾。目前我国资本市场金融企业市值已占到全部上市公司市值的 40% 左右，这一结构显然不合理（美国资本市场市值位居前列的都是微软、苹果等高科技企业以及沃尔玛等消费性企业等），而如果商业银行继续融资的话，这无疑会加剧这一结构性矛盾。要理解这一矛盾，唯有进行金融的结构性改革和创新。

（四）中国资本市场面临实体经济的持续增长和结构转型

从 2000 年开始，中国经济的高增长已经持续了 10 年，从 2011 年开始，我国至少还将维持 10 年的高增长。在维持高增长的同时，我国经济增长模式必须进行结构性转型，由投资和出口拉动为主逐步转变为以内需特别是消费需求拉动为主，由外向型增长转变为内向型增长，由粗放型发展逐渐转变为集约型发展等。这些结构转型，将会在我国产业结构升级、区域经济发展、消费需求增长等方面得到具体体现。经济增长模式的结构性转型及经济的持续增长，是未来中国资本市场发展的持续动力。

（五）中国资本市场是中国建设国际金融中心的基础

根据国家发展战略，我国将把上海建设成新世纪的国际金融中心。今天的国际金融中心，其核心功能已从货币结算和货币交易转向了资产交易和财富管理。所以，对中国而言，国际金融中心的建设，实际上也就是资本市场的大发展和国际化，这就意味着中国资本市场巨大的发展机遇，这在纽约成为国际金融中心的过程中得到了充分的验证。

在 19 世纪中上期以后，作为当时新兴国家的美国，已经成为国际资本投资的乐园，吸纳了欧洲对外投资的绝大部分。从表 1 可以看到，在 19 世纪，资本源源不断地流入美国。尽管在某一时期，国际资本流入美国会出现一定程度的波动，但仍然可看到外国资本净流入占美国资本增量的比重呈现上升的趋势。另外有数据显示，1790—1900 年，外国资本输入占美国国内资本净值的比率接近 5%，然而其中 1870—1900 年所流入的外国资本占 1790—1900 年的 80% 左右，这也充分说明了在 19 世纪后期流入美国的国际资本的速度在明显加快[①]。

表1   1799—1890 年美国外国资本净流入占资本增量的比重

时期	外国资本净输入 / 国内资本净值	时期	外国资本净输入 / 国内资本净值
1799—1805 年	−0.012	1851—1860 年	0.027
1806—1815 年	0.05	1861—1870 年	0.158
1816—1840 年	0.220	1871—1880 年	0.055
1841—1850 年	−0.008	1881—1890 年	0.086

资本是具有趋利性的，缺乏有效的投资渠道，或者说缺乏保值升值的渠道，是不可能吸引国际资本流入的。外国资本蜂拥流入美国，这与其资本市场的快速发展是分不开的。从表 2 可以看到，作为资本市场重要组成部分的债券市场和股票市场，为外国资本提供了多元化的投资渠道，尤其是直接投资和铁路债券。1843—1914 年直接投资和铁路债券增加更是极为迅速，从1843 年为 0 分别增加至 12.1 亿美元和 39.34 亿美元。

表2   美国境内外国投资的分布情况   单位：百万美元

年份	政府债券	联邦 政府债券	州和地方 政府债券	铁路 债券	其他私人 有价证券	直接 投资	短期 投资	国外投资 总计
1843	150	0	150	0	53	0	28	231
1853	159	27	132	52	8	5	150	374
1869	1 108	1 000	108	243	15	25	153	1 544
1914	213	—	—	3 934	1 607	1210	450	7 414

国外资本的流入，不断促进了美国资本市场的快速发展，从表 3 可以看到，无论从上市公司数目看，还是从发行的股票数目看，纽约证券交易所的规模和增长速度均远远超过同时期的伦敦证券交易所，从而奠定了 20 世纪纽约国际金融中心的地位。

---

① 见斯坦利·L.恩格尔曼，罗伯特·E.高尔曼.剑桥美国经济史[M].北京: 中国人民大学出版社，2008.

表3　　　　　纽约证券交易所和伦敦证券交易所的股票情况

年份	纽约证券交易所		伦敦证券交易所	
	公司数目（家）	发行股票数目（只）	公司数目（家）	发行股票数目（家）
1870	43	61	7	8
1880	93	112	34	44
1890	129	173	92	138
1900	145	239	92	145
1910	151	233	93	147

综上所述，我们可以看到这样一个循环系统，19世纪中叶至20世纪初，伴随着工业大革命，作为后起之秀的美国经济快速发展，而经济快速发展促进了美国资本市场的跨越式发展，美国资本市场的跨越式发展为海外资本提供了保值增值和财务管理的渠道，从而吸引了大量的海外资本流入美国，海外资本投资股票、债券无论是从规模还是比重上看都呈现出快速上升的趋势，海外资本的流入进一步促进了美国经济的快速发展，从而步入一个良性循环，如图1所示。在这个良性循环系统中，美国资本市场的快速发展和海外资本的流入是重要的一环。

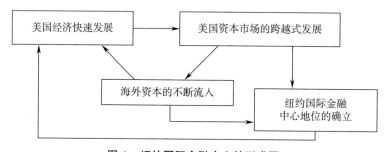

图1　纽约国际金融中心的形成图

因此，在将上海建设成为国际金融中心的同时，中国资本市场将面临难得的发展机遇，同时其本身的发展也将为国际金融中心的建设奠定坚实基础。

三、未来 10 年中国资本市场发展的战略目标和政策重心

（一）中国资本市场发展的战略目标

中国资本市场发展的战略目标是：到 2020 年，将以上海—深圳资本市场为轴心的中国金融市场，建设成全球最具影响力的金融市场增长极，并将上海建设成全球新的金融中心，全面实现中国金融体系的现代化、市场化和国际化。届时，中国资本市场将呈现以下特征：

第一，将是全球最重要、规模最大、流动性最好的国际性金融资产交易市场之一。上市公司总数将达到 4 000 家左右，其中，主板市场上市公司达到 2 000 家左右，国际板、中小板、创业板达到 2 000 家左右。股票市场市值将超过100万亿元人民币，其资产将成为全球投资者所必须配置的核心资产。

第二，将形成股票市场、债券市场、金融衍生品市场相互协调、共同发展的资本市场结构系列。其中，股票市场结构系列更趋合理，债券市场规模将不断扩大。资本市场上品种多样，流动性好，具有良好的资产配置功能。

第三，将形成涵盖主板市场、中小板市场、创业板市场、国际板市场、场外交易市场(包括新三板)在内的多层次股票市场(权益类市场)结构系列，股票市场的透明度日益提高，流动性充分，具备了财富储备的功能。B 股通过必要的改革将实现与 A 股的合并，B 股市场将退出历史舞台。

第四，投资者队伍进一步发展，类型趋于多样，功能日渐多元，规模不断扩大。投资者中机构投资者所占的市场份额会有进一步上升，由目前的25% 左右上升到 50% 左右，在市场交易中起着主导性作用；在机构投资者中，由于风险与收益之间约束机制的不同，私募基金的作用将日渐凸显而超越公募基金在市场上的影响力，与此同时，国外（境外）机构投资者作用明显提升；个人投资者中将出现百亿级的投资者。

第五，市场功能进一步改善，将从关注增量融资（IPO 和增发）过渡到关注存量资源配置（并购重组），市场更具持续性和成长空间。市场波动将表现出与经济周期政策趋势和国际市场波动大体相协调的状态。这与 2007 年的

大幅度波动和 2007 年至 2011 年的波幅不断收敛、波频显著增加的市场特征明显不同。这种波动特征表明，中国资本市场开始进入相对成熟期。

有种种迹象表明，全球新的金融中心正在向中国（上海）漂移。综观全球经济发展的脉络和金融中心演进的路径，历史上曾经出现过五大金融中心，分别是威尼斯、阿姆斯特丹、伦敦、纽约和东京。纽约和伦敦仍然是 21世纪的全球金融中心，东京由于受到泡沫经济的严重影响，其国际金融中心的地位已经受到严峻挑战。威尼斯和阿姆斯特丹已经成为历史。

全球经济发展重心的变化是一部金融中心漂移的历史。从威尼斯商人到阿姆斯特丹郁金香，从伦敦的工业霸主到纽约的华尔街奇迹，金融中心用几个世纪的时间，从欧洲画了一道绚丽的弧线后，漂移到北美洲上空后落地生根、开花结果。20 世纪中后期全球新的金融中心似乎显示了向东京漂移的愿望，然而新的金融中心似乎没有足够的时间去欣赏东京的美景和富士山的壮丽，而向有着灿烂文明和具有巨大发展潜力的中国飘去。全球新的金融中心的形成和中国金融的崛起将成为中国经济崛起的重要标志，是中国经济这样一个大国经济持续稳定增长的重要保障。中国（上海）成为全球新的金融中心，成为全球金融新的增长极，已经势在必然。

综观国内外经济、市场环境，中国资本市场将面临难得的发展机遇。而美国资本市场的发展经验告诉我们，要加快资本市场的发展，我国必须调整政策重心。

（二）扩大规模、优化结构的供给政策是中国资本市场的政策重心 ①

资本市场的发展，使中国开始向资本大国迈进，而资本大国的地位对中国资本市场战略目标的实现具有重要意义。为了实现这一战略目标，并使中国资本市场发展具有可持续性，必须调整中国资本市场的政策重心，寻找基于全球视野和战略目标实现的中国资本市场的政策支点。

在相当长时期里，我们实际上没有深刻理解发展资本市场的战略意义，

① 关于资本市场供给政策及后面要论述的需求政策，详细内容可参见：吴晓求，等.中国资本市场：全球视野与跨越式发展［M］.北京：中国人民大学出版社，2008：10-15.

实用主义色彩非常明显，需求政策成为中国资本市场发展的主导政策。在实际操作中，这种主导中国资本市场发展的需求政策又演变成一种以抑制需求为导向的政策。市场如果出现了持续性上涨，通常都会归结为是由过量的需求造成的，随之而来的是不断出台抑制需求的政策，以防止所谓的资产泡沫化。如果长期实施这样的需求政策，必然严重压抑资本市场的成长，使资本市场呈现出一种周而复始的循环过程，在较低的层面上不断地复制一个个运行周期。在这样的政策环境支配下，资本市场既没有任何发展，也不可能对实体经济的成长和金融体系的变革起到任何积极作用。中国 1990—2005 年的资本市场基本上就处在这样一个状态。

要使中国资本市场走出原有的无效率的运行周期，除了必须进行制度变革和厘清战略目标外，还必须制定与战略目标相匹配的发展政策，寻找推动中国资本市场持续稳定发展的政策。这样的政策是什么？政策支点又在哪里？总的来说，当前中国资本市场的政策倾向一定是发展性政策。这种发展性政策的核心理念是基于供给增长的供求协调发展的政策。中国资本市场供求协调发展的政策支点在于扩大供给、优化结构并合理地疏导需求。单一抑制需求的政策和不顾市场承受能力的单边供给扩张政策都是不可接受的。

在中国，发展资本市场的政策重心在供给，或者说供给政策是中国资本市场的主导型政策。这种在资本市场发展中起主导作用的供给政策的核心内容是扩大规模、优化结构，实现的途径主要有：

一是继续推进海外蓝筹股的回归，包括在海外市场未上市流通的存量股权以及回归后在 A 股新发行的股份，适时推出国际板。目前在海外上市的国企蓝筹股仍未回归 A 股的还有中国移动、中国电信、中海油、招商局、中国海外等，这其中有些是红筹股，如中国移动等。红筹股回归 A 股虽然目前仍存在一些法律障碍，如发行主体与《公司法》和《证券法》有关规定的衔接等，但这些障碍可以通过国际板的设立得以缓解。当然也还存在 A 股市场与香港市场的规则协调等问题，但从总体看，通过完善法律和加强两地监管的协调，红筹股回归 A 股的障碍都能得以消除。

国际板的推出虽然从短期看会给市场带来一定的供给压力，但对改善中国资本市场的供给结构、推进中国资本市场的国际化是有一定意义的。当然，在人民币还没有成为完全可自由交易的货币前，国际板不会发展得太快，只能在狭缝中生存。

二是包括央企在内的上市公司控股股东关联优质资产的整体上市。在中国资本市场发展的 20 年历史中，在一个较长时期里实行的是额度控制下的发行上市模式，由于额度控制的原因这些上市公司资产都不同程度上存在着经营上的非独立性，以至于与母公司（控股股东）的关联交易成为一种普遍行为。由资产非独立性而衍生出的关联交易通常都会损害上市公司的利益。在这种情况下，为了规避关联交易对上市公司的损害，同时也为了使上市公司具有源源不断的资源并使其成为一个完整的市场主体，应当鼓励上市公司控股股东关联优质资产借助于上市公司这个平台实现整体上市。

三是着力推进公司债市场的发展。债券市场特别是公司债市场是资本市场的重要组成部分。一个公司债市场不发达的资本市场，在结构上是残缺的，在功能上也是畸形的，既不利于资源的优化配置和公司资本结构管理，也会损害资本市场的财富管理和风险配置功能。中国资本市场目前的环境有利于公司债市场的发展。发展公司债市场的关键在于改革落后、僵化、过时的公司债发行管理体制，建立市场化的透明的公司绩效管理体制。可以预计，随着中国金融体制改革的不断深化，公司债市场在中国应有快速发展。

四是不断推进中小板、创业板市场的发展，完善其制度和规则，特别是要完善创业板市场制度。当前，要加快推出创业板市场的退市机制，如果没有退市机制，创业板市场的泡沫就很难消除，有了便捷、有效的退市机制，才会抑制投机，形成合适的风险机制。

五是场外市场的进一步发展和完善，包括股指期货在内的具有不同功能的金融衍生品市场的不断规范和发展。

（三）疏导内部需求、拓展外部需求是中国资本市场需求政策的基本内容

与供给政策的主导作用相匹配，中国资本市场的需求政策有两个基本

点：一是积极疏导内部需求，不断调整金融资产结构，推动居民部门和企业部门金融资产结构由单一的银行存款向银行存款和证券化金融资产并存的格局转变。不断提高证券化金融资产在整个金融资产中的占比，是中国金融体系市场化改革的重要目标。二是大力拓展外部需求。引进境外投资者，逐步提高境外投资者在中国资本市场中的投资比重，是中国资本市场对外开放和实现市场供求关系动态平衡的重要措施，对中国资本市场战略目标的实现意义重大。

1. 积极疏导内部需求是中国资本市场需求疏导政策实施的基本要点。我们必须摒弃长期以来所形成的抑制需求（即抑制资金进入资本市场）的政策理念。经过 30 多年的改革开放和发展，中国社会已经进入金融资产结构大调整的时代，投资者期盼着收益与风险在不同层次匹配的多样化金融资产的出现。在金融资产结构正在发生裂变的今天，投资者越来越偏好收益与风险在较高层次匹配，并具有较好流动性的证券化金融资产已是一个不可逆的基本趋势。正确的政策应是顺势而为，而不是逆势而动。

所谓内部需求是指居民部门和企业部门对各类金融资产的需求，而疏导内部需求则指的是基于投资者对证券化金融资产偏好基础上通过政策的引导而使其资金源源不断地进入资本市场以改革传统金融资产结构的过程。在这里，内部需求分为增量需求和存量需求。增量需求仅指投资者现期收入减去现期消费之后剩余部分对证券化金融资产的需求，而存量需求则指的是投资者存量金融资产结构调整过程中对证券化金融资产的需求。疏导增量需求提高增量资金进入资本市场的比例，是资本市场需求疏导政策的第一步，也是近期政策的重点。而通过调整存量金融资产结构以疏导存量需求、不断增加存量资金进入资本市场的规模是资本市场需求疏导政策的战略目标。

为了实现上述需求疏导政策，除了必须采取扩大供给、优化结构的供给措施外，以下政策配套不可缺少：

一是大力发展机构投资者，这其中最为重要的是公募基金和私募基金。公募基金不但是一般投资者进入市场的渠道，而且更为重要的是其自身也是证券化金融资产的重要组成部分。证券投资基金对于丰富金融资产品种，促进金融资产结构向市场化、证券化方向转变具有重要作用。私募基金在满足个性化的资产管理需求方面有自己明显的优势，因其市场化程度高，权利、利益和责任明确，在财富管理市场具有较明显的优势，政策应予以支持。

二是恰当的税收政策。总体而言，不应加重针对二级市场投资行为的税负，未来10年不能开征针对二级市场投资行为的资本利得税，否则，试图通过疏导需求而使新增资金源源不断地进入资本市场，以实现供求动态平衡的目标不可能实现，市场必然又回到以前停滞不前的状态。

2. 不断扩大资本市场的对外开放度，积极稳妥地拓展外部需求。逐步形成一个与巨大潜在供给相对应的外部超级需求，是中国资本市场需求政策的战略重点。同时，在资本市场需求政策的设计中，有一个问题必须处理好，那就是需求（资金）的输出和输入之间的关系，即政策的重点是需求（资金）输出还是输入。实际上，需求（资金）输入是重点，就如同供给政策中扩大供给是重点一样，需求（资金）输出不是中国资本市场需求政策的核心要义。从这个意义上，发展 QFII 比发展 QDII 意义更重要。

（四）人民币国际化是中国资本市场战略目标实现的前提条件

人民币国际化有它的必然性，它既是国际货币体系改革的要求，也是国际经济格局呈现多元化趋势的必然结果。希望到2015年，人民币是一种可随时交易的货币，是由市场供求关系决定的货币，希望到2020年之前，人民币成为国际上重要的货币，应该是仅次于美元的一个重要的储备性货币。这是我国金融改革的核心战略目标。现在国际的储备市场上，美元占了65%的份额，欧元是25%，两者加起来就已经到90%了，日元只占3%，剩下的就是英镑和其他的货币。在过去几十年中，美元本位制推动了全球的经济发展，但是时至今日，其负面作用越来越大，其中最重要的就是没有约束，滥发货币，使得全球经济处在严重的不稳定的状态。改革的目标是构筑一个多元的、有约束力的国际货币体系结构。人民币国际化的基础和进展非常好。中国经济实力的明显提升，为人民币国际化的推进奠定了坚实的经济基础，为资本市场的发展和规范提供了相应的保障，同时作为联系东亚各国的贸易纽带，人民币在中国周边的辐射范围越来越大。

人民币国际化的阶段性安排和进展正在推进，目前尚处在产品出口和经贸往来这一货币国际化开始的最初阶段，中国逐渐强大的经济实力与对外贸易的广阔覆盖性，为推进人民币资产交易国际化创造了良好的契机和基础。2008 年全球金融危机以来，中国人民银行与 12 个国家和地区的中央银行及货币管理局进行了货币互换（互换的金额达到 8 000 多亿元人民币），这是人民币国际化的重要步骤，同时也鼓励用人民币进行结算。更为重要的是，我们必须推动人民币的可自由交易，这是人民币国际化的起点，也是现阶段中国金融改革的重点，是中国资本市场战略目标实现的前提条件。

参考文献

［1］吴晓求.中国资本市场：从制度变革到战略转型［M］.北京：中国人民大学出版社，2007.

［2］吴晓求，等.中国资本市场：全球视野与跨越式发展［M］.北京：中国人民大学出版社，2008.

［3］吴晓求，等.金融危机启示录［M］.北京：中国人民大学出版社，2009.

［4］吴晓求，等.变革与崛起——探寻中国金融崛起之路［M］.北京：中国金融出版社，2011.

［5］吴晓求.中国创业板市场：成长与风险［M］.北京：中国人民大学出版社，2011.

［6］吴晓求.中国资本市场分析要义［M］.北京：中国人民大学出版社，2006.

［7］吴晓求.梦想之路——吴晓求资本市场研究文集［C］.北京：中国金融出版社，2007.

［8］吴晓求，赵锡军，瞿强，等.市场主导与银行主导：金融体系在中国的一种比较研究［M］.北京：中国人民大学出版社，2006.

［9］吴晓求.现代金融的核心功能是配置风险［J］.经济经纬，2003（6）.

［10］吴晓求.金融的过去、今天和未来［J］.中国人民大学学报，2003（1）.

［11］吴晓求，许荣.金融的市场化趋势推动中国金融的结构性变革［J］.财贸经济，

2002（9）.

　　［12］弗里德利希·冯·哈耶克.法律、立法与自由［M］.邓正来，等译.北京：中国大百科全书出版社，2000：357.

　　［13］斯坦利·L.格尔曼，罗伯特·E.高尔曼.剑桥美国经济史［M］.北京：中国人民大学出版社，2008.

关于发展我国金融硕士专业学位研究生教育的若干思考

【作者题记】

本文发表于《学位与研究生教育》2012 年第 1 期，后被转载于《中国金融》2013 年第 17 期。

【摘要】

本文系统分析了发展金融专业硕士的经济金融背景，从培养理念、使命和目标三方面明晰了金融专业硕士的发展方向，探讨了与培育具有卓越实践能力的金融专业人才相应的培养模式。

关键词： 金融专业学位　培养模式　卓越实践能力

Abstract

This paper comprehensively analyses the economic and financial background of financial master degree's development，points out its direction from the training purposes，missions and goals，probes a training pattern that matches to culturing the financial professionals with excellent practical abilities.

Key words： Professional degree in finance；Training pattern；Excellent practical abilities

金融专业学位是我国目前 39 种专业学位中的一种，如何发展金融专业学位，培养既有扎实的专业知识和技能又有广阔的国际视野和卓越的实践能力的专业人才，是我们面临的重要任务。

一、发展金融专业硕士的经济金融背景

无论从国际还是国内角度看，发展金融专业硕士都是具有战略意义的。从国际方面看，国际经济金融之间的关系越来越复杂、越来越紧密，金融对经济的作用日益增强，金融以其杠杆化的功能推动着实体经济的结构性调整、重组和成长。在国际经济舞台上，一国金融的竞争力是其经济竞争力的重要体现，现代金融成为大国经济博弈的重要平台。经济与金融的关系已经由过去的简单依附演变成现在的相互依存、相互促进，金融不再是经济的外壳，已经从经济外壳演变成内核。金融是现代经济的核心。金融成为未来大国博弈的重要平台，是因为随着经济的发展，经济资源越来越金融化、证券化了，金融成为转移风险的重要机制。我们常常说市场是资源配置的重要机制或者基础机制，在现代经济结构下，市场主要就是金融市场，因为资源已经金融化，金融已经证券化了，这个方向非常清楚。全球经济资源的博弈，离不开金融市场，因为经济资源已经金融化了，现在无论石油、煤炭，还是贵金属，配置的主要方式实际上是通过金融市场完成的，金融已然成为大国之间的重要博弈平台。

现代金融也已成为转移风险的重要机制。从美国金融危机可以看到，美国如果没有现在的金融体系和金融结构，那么它面临的困难就要大得多。美国具有非常成熟的、开放式的金融市场，能把风险转移出来，使其经济和金融大体上处在较强的安全状态。所以，金融成为大国博弈的重要平台，从资源配置和风险转移角度看，非常清楚。而一国金融竞争力的核心又是什么？是制度和人才。制度造就平台，人才造就演员，两者缺一不可。这是从国际金融经济关系来分析培养金融人才的重要性。

从金融内部演变看，现代金融结构正在发生深刻的变革，催生着对金融人才的需求。金融学家对金融结构的变革有不同的理解。金融结构发生深刻

变革的起因就是金融市场的发展。基于市场的金融结构的变革，构成了现代金融的基本形式。任何国家和地区，金融结构的变革如果离开了金融市场的发展就很难完成。基于市场的金融结构的调整，意味着金融功能的升级。所以，以市场为基础的结构调整正推动着金融功能发生重大变革：由单一走向多元，即由单一融资走向融资投资并重、风险分散多种功能并存的一个现代功能体系。这实际上对今天的金融人才培养提出了新的全方位要求。为此，我们要进行理念创新，要理解现代金融结构变革的深刻含义，否则我们培养的学生一毕业就落伍了。

现代金融的基本趋势性特征是，金融机构越来越市场化，金融资产越来越证券化，金融体系越来越呈现高流动性特征。"金融的历史起点是融资，发展动力是投资，未来方向是基于财富管理的风险配置"[①]主要是指金融正在向新的方向发展，金融由相对单一的融资已经进入融资与投资并重、投资功能日益重要的时代。金融功能中资源配置是基础，风险配置是趋势。金融专业硕士的培养要顺应金融的这种变革和发展趋势。

我国金融专业硕士发展的深厚根基来自中国金融改革、开放和发展的需要。中国金融改革和发展迫切需要一批高质量、具有卓越能力的金融专业人才。对中国金融发展模式，虽然学者们有不同理解或存在争议，但中国金融结构的市场化、资产的证券化、金融机构的多元化、金融体系的国际化应是基本的共识。金融结构市场化的核心基点是大力发展金融市场，推动中国金融体系市场化改革。大力发展金融市场特别要关注资本市场的发展。资产证券化是中国金融创新的重点，亦是金融市场发展和中国金融体系现代化的基石。没有资产证券化，中国金融体系现代化就找不到基石，很难推动中国金融市场发展。金融机构也有多元化的特性，但基于财富管理的金融机构可能是未来发展的趋势。金融体系国际化是构建与中国经济相匹配的大国金融和新世纪的国际金融中心。按照国务院的战略规划，到 2020 年要把上海建设成新世纪的国际金融中心，这也是中国金融体系国际化的一个标志。中国的金

---

① 作者于 2011 年在黄达老师获得终身成就奖颁奖典礼上提出。

融硕士专业人才应该具有国际化视野，要具备在东西方两个平台自由行走的能力，这是黄达教授对我们金融人才的期望和要求。要在中西方两个平台自由行走，仅在一个平台行走是不够的。我们培养的金融人才既要了解国际经济金融的基本规则，也要深入了解中国的国情。所以，无论从国际经济金融背景看，还是从金融自身演变趋势和中国金融改革、开放与发展角度看，加快培养现代金融人才都具有战略意义，这其中当然包括金融专业学位人才的培养。

二、金融专业硕士发展的理念、使命和目标

明确我国金融专业硕士发展的理念、使命和任务非常重要。理念、使命关系到金融硕士的定位，从哪里开始，要达到什么目标，为此要设计什么样的培养方案，这些都要系统思考和研究。

理念。在金融硕士的发展理念中，首先是要具有扎实的、系统的现代经济金融知识，同时，要有卓越的实践能力。系统的专业知识和卓越的实践能力的结合就是知行合一。金融硕士的发展理念一定是培养知行合一的专业人才。其次，要具有全球化视野，熟知中国经济金融的基本特征。中国是一个大国，正在成为一个全球性经济大国，我们培养的金融人才既要有全球化视野又要熟知中国经济金融的基本特征，这就是中西融合。离开中国经济金融的土壤，简单演绎一些西方金融理论不是中国金融硕士的培养目标。所以，中西融合、知行合一是中国金融专业硕士的理念。

使命。金融专业硕士的使命是为中国金融改革、创新和发展提供高质量的专业人才支撑，同时也为中国现代化建设提供高质量的专业人才支撑。

培养目标。经过全国金融专业学位研究生教育指导委员会（以下简称金融教指委）全体委员讨论通过的《金融硕士专业学位培养方案》中，对培养目标的描述是：具有扎实的经济、金融学理论基础，良好的职业道德，富有创新的精神和进取的品格，较强的从事金融实际工作能力的高层次应用型金融专业人才。这个培养目标表述得很规范，我把这个规范的表述作了一个概括，那就是具有卓越实践能力。具有解决实际问题的卓越能力是金融专业硕

士最核心的目标。我们旨在为社会培养具有卓越实践能力的金融专业人才，包括金融分析师、风险（财富）管理师、产品设计师和金融企业领导者。

在这一目标下，金融专业硕士应该具有四种意识：首先，要有很强的创新意识和市场意识，因为金融的灵魂是创新，市场意识意味着我们培养的人才必须要时刻了解客户需要什么。金融危机前，金融的创新有些问题，创新的动力不是来自实体经济的需求，而主要是来自金融自身的需求。满足于金融体系内部需求的自我创新，实际上会给整个社会经济带来风险。美国金融危机很重要的原因是基于金融体系内部需求的自我创新过度。其次，要有根植于心的服务意识。金融业是一个服务业，没有服务意识，金融业就很难发展。最后，要有国际意识。金融业的很多规则是全球通用的，发展规律也是一样的，国际意识实际上就是要善于学习、善于借鉴。

与这四种意识相对应，卓越实践能力实际上包括四种能力要素：一是创新能力，二是服务能力，三是管理风险的能力，四是中西方两个平台自由行走的能力。

三、金融专业硕士培养模式

理念和目标实际上明确了我们的定位和任务，接下来必须思考从现在到未来目标如何实现，这里的核心是培养模式的创新。金融专业硕士的培养模式一定是富有创新的、区别于传统的培养模式。近期，也许我们可以研究、借鉴MBA的培养模式。中国MBA教育毕竟有20年历史了，一开始MBA教育也不是很好，后来在发展中找到了方向。金融专业硕士的近期目标就是赶超MBA，现在是学习，未来一定要超越MBA。

金融专业硕士培养模式的基本要点是：课堂教学与实践能力训练相结合；课程学习与案例分析相结合；学院派师资与实践型师资相结合；基础必修课与专业选修课相结合；一般标准与培养单位特色相结合。

1. 教学方式。教学方式上要采用课堂教学与实践能力训练相结合，要整合传统资源，建立系统的实践实验教学体系；组建一批目标清晰、制度健全、管理有序、实效明显的教学实践基地，为金融专业硕士走向职业化道路提供过渡性平台。目前，在实践训练方面我们还是有所欠缺的，我们要建立实践能力训练基地为金融专业硕士走向职业化道路提供一个适应性平台，要保障实践教学时间，注重教学实践内容设计、教师聘任、实践过程管理。要对实践计划、实践工作日志、实践总结报告和实践过程产生的新知识、新方法、新方案、新产品等进行质量评价。实践基地的实践能力训练应保证 3~6 个月时间。

2. 教学方法。我们主张教师讲授、案例讨论、团队作业互相结合的教学方法。课程学习与案例分析相结合，其中，案例分析应占相当的比重；提倡团队作业，而不是师傅带徒弟的传统方式。在条件成熟时，金融教指委应组织编写一套金融专业硕士案例分析集。

3. 教学内容。基础必修课与专业选修课相结合，其中专业选修课应占较大比重。专业选修课根据培养方向的不同和各培养单位的特点可形成不同模块或"课程组合包"。金融领域非常庞大，案例分析可按不同模块进行，有的可以侧重于商业银行，有的侧重于证券市场，有的侧重于财富管理，有的侧重于风险管理等。每一个培养单位特点不同，所以，根据不同的培养方向和各个培养单位的不同特点要形成多个不同模块和"课程组合包"，以实现金融专业硕士培养的多元模式。我们要提倡比较、竞争，不要搞一元化的东西，通过多元化的相互比较才知道哪个好、哪个不太好。

在教学内容上，要注意国际性与中国元素的结合。我本人不赞成两个极端：一个极端是，全面照抄照搬美国欧洲的课程；另一个极端是，仅仅讲授我们本土的东西。我们需要学习发达国家的经验，要学习现代金融学知识体系和理论范式，但全盘照抄、照搬不行。我们也反对仅仅介绍本土的传统，讲一些传统落后的知识、理论和方法，排斥现代金融学中成熟的理论、方法。要把两者很好地结合起来，我们最终是要解决中国的问题。

4. 教师（导师）的双轨制或"双师制"。倡导高校全职教师与实践部门具有良好理论素养和丰富实践经验的专业人士为共同导师，实行"双师制"。面对金融专业硕士的教学要求，高校教师实际上面临着挑战。要防止金融专业硕士与金融学硕士同质化的倾向。

5. 金融教指委确定的一般标准与各培养单位特色办学相结合。金融教指委一般标准主要体现在基础必修课（经济学、金融学、工具和方法）的相对规范和完整上，各培养单位办出特色是金融专业硕士生命力的体现。鼓励各培养单位特色办学，适度竞争。

6. 国际化与中国元素的结合。鼓励引进国际课程、双语教学，海外游学、国际暑期课程、国际学生交流。鼓励在海外金融机构建立实习实践基地。要主动参与国际人才培养市场的竞争，努力造就一批国际知名的教师队伍、精品课程，培养一批国际知名的金融精英。在提升国际化程度时，要注意与中国元素特别是中国金融元素的结合，要讲清楚中国金融的现状，面临的问题是什么，发展的方向是什么，否则学完了不知道中国金融体系是怎么组成的，难以说这个教学是成功的。

7. 奖助贷体系和就业服务体系。在奖助贷体系方面，要设立金融专业硕士教育专项基金、企业奖学金、校友奖学金等多种形式的奖学金。

学生就业。要建立金融硕士就业指导中心，定期举办就业指导讲座、求职面试模拟等活动；根据学生特点，积极向用人单位推荐毕业生；主动联络用人单位，邀请用人单位来各培养单位举办招聘会等。

各培养单位要加大投入，完善服务教学、服务学生的管理服务体系。管理服务体系要组织化、制度化、规模化。设立金融专业硕士工作机制，专人负责，确保工作能全面、高效地开展。

8. 学制、学分与学费。金融专业硕士的基本学制是两年。基本学分一般不低于37学分，各培养单位根据培养方向和生源结构可适当增加学分。各培养单位根据培养成本、社会需求状况、教学质量和社会声誉等制定有差别的学费收取标准，但收取标准须按照规定和程序得到主管部门的批准。

9. 学位论文与答辩。金融专业硕士学位论文应与金融实践紧密结合，选题来自实际问题。论文应着重对实际问题的分析。论文形式提倡案例分析、产品设计、调研报告或基于实际问题分析的政策建议。不提倡过于学术化的论文；提倡多种答辩形式。

金融专业学位在中国是一个新兴的事业，有挑战、有探索、有期待，我们要充满信心，共同努力把这个新的专业学位人才培养做好。再过 20 年，等我们回望过去的时候，一批批具有卓越实践能力的金融专业人才涌现，我们就无憾了。

参考文献

［1］中国人民银行，中国银监会，中国证监会，中国保监会.金融人才发展中长期规划（2010—2020 年）（银发〔2011〕18 号）［Z］.2011-01-24.

［2］吴晓求，等.变革与崛起——探寻中国金融崛起之路［M］.北京：中国金融出版社，2011.

［3］吴晓求.大国经济的可持续性与大国金融模式——美、日经验与中国模式之选择［J］.中国人民大学学报，2010（3）.

中国创业板市场：现状与未来 [①]

【作者题记】

对于中国创业板，作者一直在思考：中国创业板市场的未来之路在哪里？是承续纳斯达克的辉煌？还是重蹈日德等国创业板的命运？抑或开辟第三条发展之路？作者试图从历史中寻找启迪，在变动中把握未来。

本文是作者为第十五届（2011）中国资本市场论坛撰写的主题报告，发表于《财贸经济》2011 年第 4 期。

【摘要】

本文在简要分析全球创业板市场形成、发展的历史动因和成败之源的基础上，对运行一年来的中国创业板市场作了系统而深入的研究。本文认为，中国创业板市场目前存在着"寻租股东突击入股""退市机制缺失"等九大隐忧。这些隐忧有的扭曲了市场公平原则，有的则损害了市场效率。本文还从经济发展、金融结构变革、创业型中小企业成长和国际金融中心建设等角度，详细分析了中国发展创业板市场的有利因素，在此基础上，勾画了中国创业板市场未来的愿景。

关键词： 金融机构　资本市场　创业板

---

① 王巍、胡召平、杜斌、龙啸云等帮助作者搜集了大量研究资料，对本文的形成贡献良多。

Abstract

The paper does some systematic study on ChiNext Market（the Growth Enterprise Market in China）, based on the analysis of global GEM, its formation, development motivation and the source of success. This paper insists that there are mainly nine flaws in ChiNext Market now, such as short-term shares of rent-seeking shareholders and lack of deli sting mechanisms. These flaws may distort the principle of fairness or hurt market efficiency. This paper also analyzes the advantageous facts of ChiNext Market from perspectives of economic development, transformation of financial structure, SME growth as well as construction of international financial center. On this basis, we draw the future picture of ChiNext Market.

Key words： Financial institution；Capital market；GEM

在中国资本市场发展的历史进程中，2009 年 10 月 30 日，是一个应当铭记的日子。这一天，中国创业板市场正式运行并交易。对要不要建设创业板，建设什么样的创业板，如何建设创业板，争论从 21 世纪初开始就似乎没有停止过。创业板启航至今已经一年有余，我们仍然在思考：中国创业板市场的未来之路在哪里？是承接纳斯达克的辉煌？还是重蹈日德等国创业板的命运？抑或开辟第三条发展之路？

在漫长的金融发展史中，创业板市场作为一种制度安排，其历史不过区区 40 年，在这 40 年的发展历程中，有的辉煌延续，有的昙花一现；有的生命力十足，有的则苟延残喘。在设计中国创业板发展模式、规划中国创业板的未来时，我们既要分析全球创业板市场的发展史，从历史中探寻启示；更要研究时代背景的变化和国情因素对中国创业板发展所带来的深刻影响，在变动中把握未来。

一、创业板的历史起点和逻辑起点

（一）创业板的历史起点

19 世纪末期，一些达不到大型交易所上市标准的中小企业，退而求其次，选择在场外市场上进行交易。机制的束缚阻隔不了交易的内在动力，这种低门槛、低成本的市场组织模式，形成了一种广泛参与、自由竞争、组织灵活、富有活力的市场格局，在这些众多的场外交易市场中，已经孕育着创业板市场的雏形。

全球创业板市场，既发源于美国，也成长在美国。研究全球创业板的历史，我们不可能不研究美国创业板的发展历史。1968 年美国证券交易商协会开始创建"全美证券交易商协会自动报价系统"（The National Association of Securities Dealers Automated Quotation System，NASDAQ），这就是我们后来常说的"纳斯达克"。1971 年 2 月 8 日，该系统正式启动，纳斯达克的建立，使得市场交易费用相较于主板市场和场外市场大大降低，而交易的规模和效率并没有因此而受到影响。这大概是纳斯达克产生的初始动因。美国纳斯达克的建立，标志着第一个真正意义上的创业板市场的诞生。纳斯达克在建立之初，大概没有人会想到数十年后，这样偶然为之的市场会取得如此辉煌的成就，在流通市值、交易规模、市场影响力等方面能与纽交所分庭抗礼，并且孕育出微软、苹果和谷歌等一批当今的国际著名企业巨头。无论是审核制度、交易制度、监管制度还是退市制度，经过数十年的发展，纳斯达克为各国创业板市场树立了成功的标尺。

（二）创业板的逻辑起点

从历史的起点上看，创业板的产生虽然源自降低交易费用的内在驱动，自动电子报价系统的应用也为创业板市场的发展解决了技术上的难题，但是从逻辑上说，创业板在美国的蓬勃发展则有更深层次的原因，这其中最重要的是，科学技术日新月异的创新以及由科技创新所引起的产业革命和金融体系特别是资本市场的结构性变革。

1. 科技创新说

创业板市场的兴起首先源自科技创新的推动，其活力离不开源源不断的创新型企业的产生，没有科技创新，创业板就成了无源之水。20 世纪 70 年代，以电子计算机、信息技术为主体的新技术的出现，带来新一轮的产业革命，大批怀揣创新梦想的企业家和技术型企业开始产生，这些企业在发展初期对于风险资本具有天然的渴望，急需一种与之风险相匹配的金融制度来推动企业的创新活动，纳斯达克的出现正天然地契合了这样一种科技创新对金融变革的内在需求，而大批科技创新型企业的产生也为纳斯达克提供了充足的上市资源与市场活力，科技创新与纳斯达克最终形成了一种相互促进的良性格局。

2. 金融结构说

金融体系必须与经济社会发展的内在需求相适应，经济社会的发展也往往对金融体系提出更高要求，这些都构成了金融体系结构性变革的内在动力。现代金融体系变革的重要方向就是形成结构化的金融市场。结构化金融市场具有单一金融市场所无法比拟的优势，能满足经济活动中不同的金融需求。从融资角度上说，由于企业成长周期和技术发展的不同，不同风险、不同成长阶段的企业对金融的需求是不同的，不仅传统商业银行无法满足这种多样化的金融需求，即使像纽交所这样的后来被称为主板市场的资本市场也满足不了一些科技型企业的融资需求。创业板市场无疑是资本市场的一个很好补充。从投资角度来说，投资者的财富和风险承受能力正在日趋分化，迫切需要资本市场向投资者提供可选择的多样化的金融资产，创业板市场能够填补高风险偏好投资者的需求缺口；从风险配置的角度来说，现代金融要求风险配置的渠道更加多元化，将原来固化在创业者身上的风险通过创业板加以重新配置，在实现风险配置的同时完成资源的优化配置。

（三）中国创业板的现实起点

中国推出自己的创业板，是从国际国内经济形势现状和经济社会发展全局出发，作出的具有战略意义的决策部署，对于我国资本市场和经济社会持续健康发展和沪深两个市场的战略分工都有重要意义。

1. 中小企业融资说

今天的著名企业都是由昨天的中小企业发展而来的，今天的中小企业可能孕育了未来的领袖企业，这是企业发展的基本逻辑。如果今天的中小企业得不到发展，那么可能意味着经济将在未来缺乏长期增长的动力。从现状看，我国金融体系仍过于倾向大企业而忽视中小企业。虽然一方面储蓄快速增长，另一方面却是不少中小企业长期面临资金紧缺的局面。中小企业面临巨大的资金压力，迫切需要更加直接有效的融资渠道提供支持。创业板的建立，进一步完善了中小企业金融支持体系的需要。创业板直接服务于创新型中小企业的直接融资需要，拓宽了风险投资的退出渠道，带动了创业投资、私募股权投资、银行及其他信贷、担保机构以及地方政府等资金进一步汇集和投入中小企业，充分发挥了融资的杠杆效应。

2. 战略分工说

中国资本市场要成为全球新的金融中心，就必须对沪深港三地市场有清晰的战略定位和合理分工。从战略分工的意义上说，沪深港三地市场在未来应有不同的战略定位。上海市场拥有许多大型企业的上市资源，未来可定位为中国的主板市场和蓝筹股市场，成为全球新的资产配置和财富管理中心；深圳市场凭借丰富的内地中小企业及增长型企业，可打造成未来中国的纳斯达克市场，成为中国乃至全球新的财富培育中心；而香港市场国际化程度高，有完善的法制环境，可发展成为人民币离岸中心和国际化的重要平台，其功能有点类似于伦敦市场。创业板市场的推出，有助于沪深港三地市场战略分工的形成。

二、各国（地区）创业板的成败之源分析

从世界范围看，美国和英国的创业板市场比较成功，其他国家和地区的创业板市场则相对平淡，整体上看不太成功。分析各国和地区创业板市场的成败之源，吸取经验教训，对于发展和完善我国的创业板市场，具有重要的借鉴意义。归纳起来，影响创业板成败的主要因素可以概括为五个方面。

（一）金融模式

金融模式可分为市场主导型和银行主导型，美国和英国属于市场主导型的金融体系，而日本、德国、法国大体属于银行主导型金融体系。金融模式的差异，对创业板的发展有重要影响。从创业板上市公司的主体资格要求可以看出，创业板定位于服务成长性创新企业。创业板的目标企业虽然有别于种子期、初创期企业，但其最典型的财务特征仍是利润少、资产规模小、可抵押资产不足、经营风险高，一般很难得到银行的贷款。市场主导型金融模式和银行主导型金融模式对于创新企业的融资需求历来有着明显的差异。在不同金融模式下形成的创业板市场状态是有差别的。在市场主导型金融模式下，资本市场是金融体系变革的主要力量，是金融体系运行的基础和平台，该模式下的法律环境、市场意识比较适合创业板市场的发展，制度建设、人才储备和法律环境上都使得创业板市场能够更有效地承担创业的风险，从而有利于创新型企业发展。银行主导型金融体系的国家更擅于学习和推广相对成熟的技术和产业，银行金融的支持模式占主体地位，创业板被边缘化概率相对较大。

（二）市场文化

美国和英国的市场文化强调开放包容、自由竞争，崇尚创新，反对垄断，并且愿意承担风险，而日本和德国的市场文化相对来说要严谨稳健，金融更倾向于对传统产业和成熟企业的资金支持。市场文化的差异也可能是决定创业板成败的因素之一。一个崇尚竞争和创新的市场文化，熏陶出国民竞争和创新的意识，客观上驱动了大量新的竞争者进入市场，不断给市场注入新的活力。而这些新竞争者要想挤入一个充分竞争的市场，单靠模仿是肯定不行的，他们必须通过创新来寻找新的增长点。美、英推崇竞争的市场文化，促使纳斯达克培育出一大批成功的著名企业。日本和德国的市场文化对风险有一种天然的厌恶，热衷于建立超级企业集团，甚至采取银行和企业直接联合的所谓"银企合作"模式，经济增长过分依赖于已有的成熟企业，忽视对中小企业生存和发展环境的营造，对创新的重视不足，国民的创业热情受到压抑，这样的市场文化，新兴企业先天发育不良，即使有创业板市场，也往往活力不足。

（三）经济的规模和成长性

创业板是高风险、高淘汰率的市场，上市公司的退市速度较主板市场要快得多。如果没有大量新的上市资源补充，就会逐渐耗竭存量上市资源，丧失创业板的成长空间，最终导致创业板市场的空壳化、边缘化。因此，创业板要获得成功，需要充足的上市资源作为后盾，而充足的上市资源在很大程度上依赖于经济的规模和成长性。在1995年以来的15年间，海外创业板市场关闭率超过45%，现存40多家创业板市场的运行大部分不成功，上市资源匮乏是许多创业板市场被关闭整合的主要原因。美国纳斯达克的成功得益于美国20世纪六七十年代经济的蓬勃发展。在当时第三次科技革命的推动下，其国内、国际市场迅速扩张，市场的高速增长给无数创业者提供了机会，源源不断的创新型中小企业如雨后春笋般产生，为市场提供了源源不断的优质上市资源。而一些国家和地区，比如韩国、新加坡和中国台湾地区，经济规模总量较小，创新性企业数量有限，难以形成充足的上市资源。日本经济在20世纪80年代末的泡沫经济后经历了迷失的20年，经济增长乏力，经济结构老化，虽然经济规模较大，但创新型中小企业严重匮乏，创业板成了无源之水。

（四）制度设计

创业板有一系列区别于主板市场的制度规则，包括发行、上市、交易、原始股东或创业股东退出，信息披露、退市等环节都有不同的制度安排。美英创业板的成功也与创业板的制度设计有关，而其他国家或地区在制度设计的某些方面则存在不足。例如发行制度必须有个符合国情的标准，标准过低可能导致垃圾股泛滥，打击投资者对创业板的信心；而标准过高，则可能导致上市资源不足，偏离创业板发展的初衷。在保荐制度上，英国AIM市场实行以"终身保荐人"为核心的监管制度，这样的制度设计，使得保荐人在推荐上市企业时能够尽可能地保证上市企业的成长性；纳斯达克市场虽然没有严格的保荐人制度，但是采用竞争性的做市商制度，凡是在纳斯达克市场上市的公司至少要有 3 家做市商来为该公司的股票做市，以限制垄断价格的出现，并保证足够的流动性。更为重要的是高效退市制度的建设，通过较高的退市率，美国和英国创业板市场形成了良好的信号传递效应，逐步建立起对上市公司严格的约束机制，保证了市场形象和整体质量。纳斯达克每年大约 8% 的公司退市，英国 AIM 的退市率更高，大约 12%，而日本、韩国和中国香港、台湾地区的退市率仅为 5% 甚至更低，很多企业不管经营业绩如何，只要没有破产，便不会被摘牌，这势必影响创业板市场的质量和信心。

（五）监管体系

美国创业板市场的成功也与其严密的、多层次的监管体系有关。美国资本市场监管的核心是信息披露。信息公开是美国证券监管体系的基础性原则和核心观念，通过信息公开可以消除市场信息不对称，引导投资者作出正确的投资选择，杜绝交易中可能出现的内幕交易和市场操纵行为，保障和维护投资者的权益。创业企业在发展过程中一般都有"三高"特征——高不确定性、高成长性和高信息不对称性，因此，创业板市场监管对信息披露提出了更高的要求，包括市场交易信息的定时披露和上市企业运营报告信息的定时披露等。在美国多层次的监管体系中，美国证券交易委员会对整个市场进行监督，享有法定的最高权威，各州也设有监管机构，对其辖区范围内证券业进行监督。自律组织包括全美证券交易商协会和证券交易所对市场和企业进行自律监管，会计师事务所和信用评级机构对企业进行微观监管。这样一个立体化、多层次的监管体系较好地完成了以信息披露为核心的市场监督和规范市场行为的职能。美国创业板市场的监管体系是许多新兴市场经济国家创业板市场建设中应借鉴的一个重点和难点。

世界金融市场变幻莫测，全球创业板成败尚难定论，我们在探寻中国创业板发展之路时要善于总结和吸收他国（地区）经验，尽量少走弯路。前车之鉴不可忽视，后事之师更应谨慎前行。中国创业板市场在制度设计上吸取国外（境外）创业板市场发展经验教训的同时，也要有自己的创新，完全照搬照抄，不可能成功，成功之道在于吸其精华，铸己精魂。

三、中国创业板的隐忧

中国创业板市场发展至今只有一年多的时间。客观地讲，应当对创业板一年多的表现给予积极正面的评价。与此同时，基于创业板刚刚起步的原因，的确存在一些令人忧虑的问题。这些问题，反映了我们在创业板制度设计方面可能存在一些缺陷。忽视问题的存在，显然不利于中国创业板市场未来的健康发展。我们认为，以下问题令人忧虑。

（一）寻租股东突击入股现象

在海外成熟资本市场，私募股权投资基金利用自己敏锐的嗅觉、专业的知识和判断，发现、培育有价值潜力的公司，最终通过将其推向资本市场而实现自己的投资价值。这种机制客观上鼓励了创新，推动了中小企业的成长，促进了经济社会的进步。但在中国资本市场，特别是在创业板市场，有一群特殊的投资者，并不参与风险投资的早期阶段，更不参与创业企业的培育过程，只是在创业企业进入 IPO 运作前夕运用特殊的权力（不一定是行政权力）突击入股，上市后攫取资本收益，我把这类股东称之为寻租股东。寻租股东严重侵害了创业板股东的利益，破坏了市场的公平原则。寻租股东通过权力与资本的交易，以各种方式直接或间接影响企业 IPO 的重要关键环节，通过权力和资本的交换来争取资本寻租的高额回报。寻租股东的出现，严重损害了资本市场的核心价值观，即创业带来财富。多数寻租股东对企业的发展和成长是成事不足、败事有余。在创业板上市公司的 IPO 制度设计中，应当严防寻租股东的出现。

（二）券商直投和上市保荐人制度的利益关联

在我国资本市场上存在着的"保荐＋直投"的运行模式，即券商可以做旗下直投公司已参股企业的 IPO 业务。在这样的模式下，券商投行是企业上市的保荐人、承销商，也是财务顾问，同时又是股东之一，这种直投、保荐、承销的多重角色使其利益关联、角色冲突，这种模式容易引发证券公司直投或保荐人的突击入股、私募股权投资（PE）腐败等涉嫌利益输送的行为。证监会数据统计显示，自 2007 年 9 月证监会发放第一张券商直投业务牌照以来，截至 2010 年 8 月 25 日，全国已有 20 家券商获得了直投牌照，其中有 8 家券商直投参与了 55 笔私募股权投资。在券商直投参与的公司中，已有 9 家正式上市，其中 8 家为创业板上市公司，在这些公司上市过程中，多为"保荐＋直投"的 IPO 模式。我们认为，直投业务必须和保荐业务彻底地分离，这样的分离不仅仅是业务上的分离，更需要利益关系上的分离，否则必将严重影响市场的公开、公正和透明度。

（三）资金超募现象

Wind 数据显示，截至 2010 年 11 月 12 日，创业板 141 家上市公司计划募集资金 506 亿元，实际募集资金 1 050 亿元，超募资金达到 544 亿元。在创业初期，资金短缺严重困扰企业的发展。事实上，对这些中小型创业企业来说，资金过剩也是一种困扰。大规模资金超募的负面影响不可小觑：第一，巨额的超募资金可能严重腐蚀创业者们的创业理想，客观上给予了创业企业粗放经营、盲目扩张的空间；第二，由于没有合适的投资项目，巨额的超募资金也是对社会资源的一种闲置浪费，这将大大降低社会资源配置的效率，也降低了股东的资本收益；第三，巨额的超募资金会掩盖企业发展中存在的大部分矛盾和问题，相当多的财务指标会失真，给监管者的监管带来一定的难度。因此，对超募资金建立独立的第三方托管账户，是我们探寻处理超募现象的一种现实方法，但不是根本方法。

（四）高市盈率现象

脱离企业利润增长和发展空间的高市盈率之所以令人忧虑，主要是因为这种虚高的资产价值是不可持续的。Wind 数据显示，截至 2010 年 12 月 20 日，147 家创业板上市公司的平均发行市盈率超过 67 倍，交易市盈率达到 83 倍。高市盈率现象的背后是公众对创业板企业未来增长的一种梦幻般的乐观预期。当市盈率达到 60 倍甚至上百倍，而利润增长却与主板市场相当甚至低于主板市场时，这样一种梦幻终究会破灭。当前的高市盈率恰恰反映了投资者不理性和不成熟的一面，误以为所有创业板上市公司都能成为未来的行业领袖企业。实际上创业板市场是高风险的市场，高风险就体现在高退市率以及企业的破产风险上。目前存在于创业板市场的上市公司，如果高效率的退市机制一旦形成，在未来 10 年，能够留下 50% 就很了不起，大部分企业将会退出创业板，这也符合全球创业板市场发展的基本规律。对于高市盈率，我们在进一步完善创业板市场 IPO 发行定价制度的同时，还应加大创业板上市企业的供给，建立高效的退市制度。

（五）频繁的高管辞职现象

上市公司高级管理人员辞职，本来是一种正常现象，但是在敏感时点出现频率较高的辞职现象，背后必有制度设计上的缺陷。不少创业板上市公司成功上市、募集到企业发展急需的资金后，其高管没有选择继续"创业"，而是选择迅速离职，一个非常重要的目的就是卖股套现。深交所数据显示，2010 年初至 9 月，已经有 60 多名创业板企业的高管辞职，其中持有所在公司股票高管 28 人，涉及近 30 家企业，这从一个侧面说明了当前创业板市场投机色彩浓厚，股票价格透支了未来的成长空间，创业板成了这些高管套现的工具。对这样的上市公司，投资者还有什么信心可言。解决高管频繁辞职的问题，一个重要的方法就是延长高管持股的限售期限，完善高管的期权激励机制，使他们能够专注于企业的长期成长。

（六）信息泄露现象严重

创业板的信息泄露情况相对于主板来说要严重得多。我们往往能观察到，在高送股之前有关创业板上市公司通常都会有几个涨停板，明显的价格异动包含着信息的泄露。这些信息的泄露是对市场公平环境的一种破坏，对法律的践踏，对其他投资者财富的一种侵蚀。如果任由这样的现象持续下去，最终可能导致更多的投资者远离创业板，这对创业板的长期发展是极其不利的。对于创业板利用内幕消息、进行内幕交易、操纵市场的不法行为，必须予以严厉打击，同时，要进一步完善创业板的信息披露制度。

（七）退市机制缺失

退市机制是创业板市场优胜劣汰功能的重要机制，是高风险市场的重要标志。没有高效的退市机制，创业板的市场效率会大大降低，投机也无法遏制。确定退市机制标准因监管理念不同而有差别，但是不管以什么理念来确定退市标准，都要以提高创业板市场效率为目标，都要充分体现创业板的高风险、高成长的市场特征。退市制度的设计并不是一个单纯的摘牌问题，退市机制与完善的信息披露制度建设、市场定位、投资者保护、退市后的后续安排以及市场的发展程度等必须统筹设计，退市机制的有效实施和完善需要一系列配套机制的建立、健全，是一个循序渐进的过程。当前，对于我国创业板的退市标准、投资者损失的责任补偿、退市后的安排等众多问题，都需要认真研究、系统设计。建立有序和有效的创业板市场上市公司退市机制，进而发挥退市机制在资源配置中的作用，是中国创业板制度建设最重要的内容之一。

（八）扭曲的创富效应

创业者和早期阶段进行股权投资的风险资本，关注的都是企业的长期价值，他们是初期风险的主要承担者。对于风险资本，它们的目的并不在于企业的长期经营管理，而在于通过主动承担风险，获得企业成长的高额回报，因此它们需要有退出机制，创业板是风险资本的重要退出机制。企业通过创业板市场上市，是一个"价值实现"的过程，创业者获得了相应的财富，风险资本获得了相应的投资回报，这就是资本市场也是创业板市场的财富效应或者说创富效应。创富效应本无可厚非，社会应形成一种财富导向，激励人们去创业。让创业者获得相应财富，经济才能发展，社会才能进步。但是，在中国创业板市场，存在一定规模的寻租股东，他们本质上不创造财富，只享有财富甚至瓜分财富。他们不承担"价值创造"过程的风险，通过突击入股和上市一夜暴富，这是财富分配和实现过程中的不公平。为此，我们必须创造一个既能给予创始股东财富回报的机制，又能对寻租股东的突击入股进行限制的良好制度环境，使创业板的创富效应产生持续正面的创业激励。

（九）强烈的套现欲望

深交所的数据显示，在首批创业板公司原始股解禁的一个月内（2010年11月1日至11月30日），创投机构、大股东及董事、监事、高级管理人员等"大小非"已通过大宗交易平台套现25.7亿元，通过竞价系统套现2.8亿元，总共合计28.5亿元。我们认为，掌握优势信息的机构投资者和公司高管急于套现，甚至要通过大宗交易平台折价套现，主要有以下两个原因：第一，公司可能是有潜力的公司，但目前股价被大幅高估；第二，公司成长空间有限，实际价值大大低于当前股价。通过把成长空间有限的公司打扮成高增长公司上市，然后迅速套现，这是对公众投资者利益的严重损害。深交所在相应规则修订和完善方面非常及时，修订了延长高管解聘套现锁定的规则，适时开展"窗口指导"，及时抑制了一些潜在的不公平交易。

在这九大隐忧中，又以"寻租股东突击入股"和"退市机制缺失"对中国创业板市场带来的损害最大，前者破坏了市场的公平原则，后者则损害了市场效率。

四、中国创业板市场未来发展的五大动因

经过20年的发展，中国在资本市场建设过程中积累了丰富的经验和教训，这些都为创业板市场的推出做了很好的铺垫。对于中国创业板未来的发展前景，我个人是乐观的。中国拥有创业板市场发展的天然土壤和有利条件，我们对中国创业板市场的未来信心主要来源于以下五个方面。

（一）中国经济发展的大背景

创业板市场的发展与一国的经济发展阶段和发展趋势密切相关。一些国家（地区）创业板市场没有发展起来的，一个重要原因就是经济规模较小或者经济发展后劲不足，符合条件的中小企业太少，缺乏充足的上市资源。全球金融危机后，世界经济格局正在发生微妙的调整，美国的全球经济中心地位有弱化趋势，中国经济的国际影响力正在提升。2010年中国已然成为全球第二大经济体。GDP将达到37万亿元人民币，折合美元为5.5万亿元。到

2020年中国的经济规模就将达到美国经济规模的80%~90%。只要我们更加重视提高经济发展的质量和效益，在工业化、城市化的推动下，完全能够保持相当长时期的经济发展。经济如此长期的持续增长，给我国中小企业发展提供了巨大空间。如果说创业板市场是一幅巨大的水墨画，那么中国这样巨大的经济总量和增长潜力强劲背后的创新企业的不断涌现，则为创业板市场提供了丰富的素材和笔墨。

（二）中国金融市场结构性变革的要求

中国市场经济的蓬勃发展，必然催生着金融体系的市场化改革，催生着金融市场特别是资本市场的大发展。随着中国经济市场化程度的提高和经济实力的增强，经济主体对金融体系变革和资本市场发展的要求愈加迫切。推进经济结构战略性调整、建设创新型国家、参与全球经济竞争，都需要一个强大的资本市场，需要进一步发挥资本市场合理定价、优化资源配置、分散风险和财富创造等功能，创业板的出现顺应了这种时代的需求。这种自下而上、由需求推动的市场，将更加具有活力。中国的金融模式目前虽然仍属银行主导型，但从发展趋势上看，的确正在向市场主导型金融体系演变，资本市场在金融体系中的作用与日俱增。这次金融危机的出现，曾一度使人们怀疑市场主导型金融体系。就美国的情况来说，市场主导型金融体系为过去几十年经济持续增长提供了强大的动力。正因为这样的金融模式，美国才得以将危机分散开来，从而避免了经济和金融崩溃的局面。因此，中国金融体系市场化改革的基本方向仍是市场主导型金融体系，而创业板的建立和繁荣则是其中的重要一环。

（三）战略性新兴产业特别是创新型中小企业的发展需要创业板支持

战略性新兴产业是以重大技术突破和重大发展需求为先导的，对中国经济增长模式的转型和经济增长质量的提升具有战略意义，这些产业具有知识技术密集、物质资源消耗少、成长潜力大、综合效益好和附加值高的特点。21世纪的今天，发展战略性新兴产业已成为世界主要国家抢占新一轮经济和科技发展制高点的重大战略。国家"十二五"规划将培育战略性新兴产业作为产业发展重点，未来无论是在资金还是政策层面，国家对于战略性新兴产业和高新技术企业都应给予重点支持。在发展战略性新兴产业过程中，政府的引导很重要，社会资本的进入更重要。我们更需要形成一种机制，引导社会资本进入这些战略性新兴产业和高新技术企业，其中，创业板是重要的制度安排。在未来，一个由政府引导、创业板市场推动、各方资本广泛参与的融资体系将成为"十二五"规划中战略性新兴产业的强大推动力。

（四）中国未来全球金融中心的发展定位

中国经济和金融在全球的崛起是未来 10 年国际经济生活中的重大事件，也是未来 10 年中国经济的战略目标。未来 10 年，中国不仅要成为世界经济增长的重要一极，而且还要成为世界金融体系的重要一极，成为 21 世纪新的国际金融中心。要成为新的国际金融中心，所需要的条件很多，但多层次、成长性并具有财富管理功能的资本市场，显而易见是最关键的因素。创业板是多层次成长性资本市场的重要一环，也是资本市场中最具活力的组成部分。如果一国创业板市场缺乏活力，它就无法成为一个现代意义上的国际金融中心。在美国，作为金融中心的重要组成部分，纳斯达克在增量财富方面的贡献要大于纽交所。国际上许多创新型企业都选择在纳斯达克上市，正是源于对纳斯达克的市场地位的认同。中国资本市场国际金融中心地位的确立与中国创业板市场的发展是相互促进的，创业板市场将完善多层次的资本市场体系，而国际金融中心的建立将促使更多的国际创新型企业选择在中国创业板上市，进而增强市场的流动性、成长性和活力。

（五）制度不断完善的现实主义态度

我们对于创业板市场发展的信心还源自中国人的现实主义态度。中华民族有着海纳百川、兼收并蓄的大国心态，不盲从、不教条，学以致用，知行合一。中国的资本市场，在制度和规则设计方面，在充分吸收和借鉴发达国家经验的基础上，不断完善并适应自身的国情，形成了既体现国际惯例，又符合中国国情的制度架构和规则体系，这是中国资本市场包括创业板市场获得成功的重要前提。中国创业板在一年多的运行过程中虽然出现了我们所说的九大忧虑现象，但实际上这些问题都是发展中的，只要正视完全可以通过制度的完善而得到解决。

实际上，中国创业板市场在发行审核标准、交易规则体系、信息披露、有关股权退出、上市公司退市制度等方面正在形成一套既有别于纳斯达克这样的成功市场，也有别于那些不太成功市场的标准体系和制度架构，因为，中国发展创业板市场的经济背景和法律制度、社会环境要求我们既不能不学习纳斯达克，又不能照搬纳斯达克，这就是中国在发展资本市场上的现实态度。

五、我们需要一个什么样的创业板

一年多前，创业板市场承载着中小企业做大做强和投资者分享企业成长财富效应的期盼，扬帆起航了。一年过去了，从战略角度看，我们必须思考：中国需要一个什么样的创业板市场？我们认为，经过若干年的发展，中国创业板市场应具有以下功能。

（一）公平透明的交易场所

公平透明的交易环境是任何资本市场赖以生存的基础，没有公平透明的环境，资本市场只能成为投机者和权力寻租者的乐园，成为少数人瓜分多数人财富的工具。虚假信息披露、内幕交易、操纵市场不仅会毁掉一个企业，也会毁掉一个市场。中国创业板市场的发展前提是信息的公平透明。纳斯达克市场能够如此成功，其中一个重要的原因就是严格监管基础上的信息透明、公平交易。美国证监会、美国全国证券交易商协会监管公司、纳斯达克市场监察部这三个分工明确、互相独立而又互为补充的监管部门，在先进的电子信息技术的配合下，较好地完成了对纳斯达克市场的监管工作，最大限度地保证了市场的透明度，避免了市场在运作过程中出现的不规范行为。我国创业板设立一年多来，寻租股东突击入股、直投和保荐人的关系、高管频繁辞职、股价异动等问题已经让新生的创业板市场受到严重威胁。未来，我国创业板应该做到监管关口前移，事前监管和事后惩戒相结合，创新监管方式方法，营造出公平透明的交易环境。

（二）对风险资本的合理引导

已有的实践已经表明，风险资本的发展对于中小企业成长、产品创新、产业升级，进而对整个经济的增长都能起到巨大推动作用。美国发达的风险资本、私募股权市场，形成了一套把未来收入流进行证券化的机制，这使得美国在过去的150多年中一直是世界科技创新的中心。风险资本正如其名称中"风险"二字所揭示的，此类资本追求高风险高回报。如果没有合理的引导，没有通畅的退出机制，那么这样的资本要么因为过度投机而形成巨大的金融风险，要么有可能因为退出机制欠缺而先天夭折。中国创业板市场应该担当起对风险资本进行合理引导的任务，成为风险资本的"价值投资引擎"。中国创业板市场挑选企业的标准将成为风险资本选择入股企业的重要参考，这样的引导将决定产业资金的主要流向，促进经济增长方式的微观转型，创业板通畅的退出机制，为风险资本兑现其高回报提供了路径，从而有助于将退出的资本投入新的潜力企业中去，加速资本的运转和效率。

（三）创新精神的激励机制

经济发展和社会进步的核心动力来自源源不竭的创新精神，创业板市场的企业定位在于创新型中小企业，所以，中国创业板市场应为企业的创新活动提供一种长期有效的激励机制。我们细观美国创业板市场的成功，在感叹纳斯达克点燃硅谷创新之火的同时，更应该清楚地认识到，机会均等、永不疲倦的创新精神和充分竞争的市场机制对于创业板市场的成功多么重要。我们期盼或要建设的创业板是一个不唯财富多寡和权力大小的创业板，这样的创业板能更好地实现机会均等，让创新的精神得以施展，让企业家的梦想得以实现。如果这些不存在，那么创业板就失去了赖以存在最重要的基因。为此，我们需要不断完善创业板市场的相关制度，消除权力寻租，这样，创业板的创新激励机制才能得以发挥。财富作为人们追求的重要目标，可以激发出人们的难以估量的创业动力。在公平透明的前提下，创业板的创富功能是创新激励机制的一个重要体现。

（四）培养真正的基于市场竞争的企业家精神

一个真正的企业家和一个普通商人的根本区别在于，商人把财富作为唯一目标，企业家则仅仅把财富作为手段，更看重创业过程中自我实现的成就感。企业家精神是一个宽泛的概念，既包括前面提到的创新精神、公平竞争，也包括对成功的渴望、坚强的意志力以及强烈的社会责任感。长期以来，我们的社会缺乏这样一种企业家精神。企业家精神的缺失，成为我国经济特别是民营经济增长的短板。我们建设的创业板市场是企业家精神的摇篮，通过发行审核制度和退市机制等制度安排，让真正的企业家实现价值，让短期投机者无利可寻，这就涉及对突击入股和股东持股期限的审慎设计。我们的创业板市场也要让更多富有潜力的中小企业成为公众企业，通过股权的社会化，实现对企业家权力的制约，这样一种权力的制约也将淡化企业的家族色彩，凸显企业家的社会责任和财富社会化。

（五）孕育未来领袖企业的摇篮

领袖企业往往具有不可复制的技术和管理模式，尤以技术方面的不可复制最为典型。我们发现，在科技进步日新月异的今天，领袖企业大部分都拥有在某些技术领域的巨大优势。纳斯达克成立后，美国的高科技企业呈现出爆发式成长。过去30年中，在纳斯达克成长起来的领袖企业有微软、苹果、英特尔、谷歌、思科、甲骨文等一大批优秀企业，而这些企业几乎都是高科技企业，这也暗合了纳斯达克在功能上的定位。深交所将"两高六新"，即成长性高、科技含量高、新经济、新服务、新农业、新材料、新能源和新商业模式作为创业板市场上市企业的第一筛选标准，这样的筛选标准将有助于发现未来领袖企业的雏形。中国的创业板市场未来需要发挥其洞察力强、孵化面广的优势，成为孕育未来领袖企业特别是高新技术企业的摇篮。我们不能急功近利，领袖企业不是几年就能培育出来的。纳斯达克成立后的第16年，即1986年才迎来日后改变世界的微软。我们无法肯定当前中国创业板市场中是否有这样的企业，但是这样的企业未来一定会出现。

（六）成为中国资本市场新的增长极

创业板的推出是我国向多层次资本市场建设迈出的重要一步。上海定位于一个资本市场的主板市场或蓝筹股市场，而深圳定位于一个以创新型中小企业为主体的创业板市场，东部和南部市场遥相呼应，形成分工明确、良性竞争的市场格局。未来中国资本市场的发展不能仅仅依靠蓝筹股市场的发展，蓝筹股市场固然是未来财富管理的中心，但是由于其许多产业已经趋于成熟，相比于创业板企业，其财富增长的空间相对有限，而创业板往往对应着许多新兴的朝阳产业，企业发展潜力巨大。正如近年来纳斯达克在流通市值和交易量方面对纽交所形成的全面挑战一样，未来中国创业板市场一定会成为中国资本市场新的增长极。就目前上市的企业而言，其流通市值和主板市场不可相提并论，但其中蕴含的增长潜力和增值空间不可小视，中国创业板市场有望成为中国资本市场的财富培育中心。

参考文献

［1］吴晓求.大国经济的可持续性与大国金融模式——美、日经验与中国模式之选择［J］.中国人民大学学报，2010（3）.

［2］吴晓求，等.全球金融变革中的中国金融与资本市场［M］.北京：中国人民大学出版社，2010.

中国构建国际金融中心的基本路径分析 ①

【作者题记】

本文发表在《金融研究》2010 年第 8 期，部分内容摘登于《金融理论与实践》2010 年第 9 期。

【摘要】

若干重要数据表明，中国已经成为一个全球性经济大国，建设新的国际金融中心，构建与中国全球性经济大国相匹配的大国金融是中国金融的战略目标。人民币国际化是构建国际金融中心和大国金融的前提条件，金融市场特别是资本市场的大发展则是国际金融中心形成的关键。而产业核心竞争力的提升、民主法制和市场透明度的改善、良好的社会信用体系以及与大国经济和大国金融相匹配的军事实力亦是国际金融中心和大国金融建设不可或缺的因素。

关键词：国际金融中心　中国金融崛起　人民币国际化　资本市场发展

---

① 左志方、李少君、杜斌参与了本文的讨论并搜集了部分研究参考资料。

Abstract

A number of data has indicated that China has become a great power in global economy. Building a new international financial center and constructing a great power's finance matching its economy are strategic targets in Chinese finance. Renminbi internationalization is a precondition for creating an international financial center and a great power's finance. Developing financial market especially capital market is the key to creating an international financial center. Furthermore, strengthening industrial core competitiveness, improving democratic legal system and market transparency, reliable social credit system and great military power are also essential elements to those targets.

Key words: International financial center; The rise of China's finance; Renminbi internationalization; The development of capital market

关于中国金融的战略目标，学界有不同的提法，两年前我在一篇研究报告中做过这样的描述：到 2020 年，将以上海—深圳资本市场为轴心的中国金融市场，建设成全球最具影响力的金融增长极，并将上海建设成新的国际金融中心，以实现中国金融的崛起。届时，中国资本市场将是全球最重要、规模最大、流动性最好的资产交易市场之一，其市值将超过 80 万亿元人民币。人民币届时将成为全球最重要的三大国际性储备货币之一，因而以发达的资本市场为核心的中国金融体系将成为全球多极金融中心之一极。这个新的国际金融中心将成为人民币及人民币计价资产的定价中心，拥有人民币及人民币计价资产的定价权。① 我至今仍然认为，这个战略目标是恰当的。

有种种迹象表明，新的国际金融中心的确正在向中国（上海）漂移。综

---

① 参阅吴晓求，等.中国资本市场：全球视野与跨越式发展［M］.北京：中国人民大学出版社，2008：10.这个研究报告中提出的中国金融战略目标与此处的表述在个别地方略有差异，但基本描述是一致的。

观全球经济发展的脉络和金融中心演进的路径，历史上曾经出现过五大金融中心，分别是威尼斯、阿姆斯特丹、伦敦、纽约和东京。纽约和伦敦似乎仍然是 21 世纪的国际金融中心，东京由于受到泡沫经济的严重影响，其国际金融中心的地位已经受到严峻挑战，威尼斯和阿姆斯特丹已经成为历史。

全球经济发展重心的移动轨迹实际上也是一部金融中心漂移的历史。从威尼斯商人到阿姆斯特丹郁金香，从伦敦的工业霸主到纽约的华尔街奇迹，金融中心用几个世纪的时间，从欧洲画了一道绚丽的弧线后，漂移到北美洲上空后落地生根、开花结果。20 世纪中后期，新的国际金融中心似乎显示了向东京漂移的愿望，但是似乎没有足够的时间去欣赏富士山的美景，就向具有灿烂文明和巨大发展潜力的中国飘来。新的国际金融中心的形成和中国金融的崛起应当是中国经济全面崛起的重要标志，也是中国经济这样一个大国经济持续稳定增长的重要保障。中国（上海）成为新的国际金融中心，成为全球金融新的增长极，已经势在必然。

一、中国构建国际金融中心乃至大国金融的经济基础

（一）中国已经成为全球性经济大国

维基百科在总结现在比较通行的"大国"定义之后，给出了自己简洁的定义：具有全球影响力的国家就是大国。全球经济大国虽然没有作出统一的指标体系，但我个人认为，以下四个指标对于衡量大国经济至关重要：经济规模与经济密度、进出口贸易规模和结构、产业竞争力、经济金融化率。这些指标从经济、贸易、产业和金融的角度衡量了一国经济的综合实力和对全球经济的影响力，是大国经济的基本衡量标准。如果从这几个指标来看，我认为从 2009 年起，中国已经是一个全球性经济大国。

综观中国经济的发展历程，可以很清晰地发现：2000 年之前，从经济影响力上说，中国还只是一个区域性大国，但是进入 21 世纪特别是加入 WTO 之后，中国经济保持持续性的高速增长，经济基础日益深厚，经济规模迅速扩大，经济地位不断提高，中国经济的影响力正在从区域走向全球。2009

年，是中国成为全球性经济大国的历史转折点。

从经济总量来看，虽然受到全球金融危机的冲击，2009 年中国的 GDP 增长速度仍然达到了 8.7%，GDP 总规模将超过 33.5 万亿元人民币，约合 4.91 万亿美元，仅次于美国，与日本经济规模相当。据预测，到 2020 年，中国的经济规模将达到 75 万亿元人民币以上，将接近美国的经济规模。伴随着经济总量的扩张，中国进出口贸易总额一直保持稳定增长的态势。2009 年，全年进出口总额 22 073 亿美元，其中出口 12 017 亿美元，进口 10 056 亿美元，并且超过德国成为全球第一大出口国。在产业竞争力方面，中国产业结构经过 60 年的发展，基本实现了由以农业为主向第一产业、第二产业和第三产业协同发展的转变。2009 年中国产出结构中，三次产业占比分别为 10.6%、46.8% 和 42.6%，产业结构逐渐优化，而且各产业内部结构也在逐步调整。农业内部结构实现了由以粮为纲的单一结构向农林牧渔业全面发展的转变；工业结构实现了从门类简单到齐全，从以轻工业为主到轻重工业共同发展转变，从以劳动密集型加工业为主导向劳动、资本和技术密集型共同发展的转变；服务业结构基本实现了由以传统服务业为主到传统服务业与现代服务业共同发展相互促进的转变。产业结构的不断优化为产业国际竞争力的提升奠定了基础，而中国金融的崛起和经济金融化率的不断提高则有利于产业竞争力的维持和进一步的扩张。2009 年，中国金融资产总规模达到 992 751 亿元，金融总资产与 GDP 之比达 2.96，中国经济的金融化率与发达国家已经非常接近。因此，从这些指标来看，中国已经崛起为全球性经济大国，但是如何维持中国这个全球性大国经济的长期、稳定增长，则是我们当前所面临的战略问题。

（二）在维持大国经济长期、稳定增长的四大要素中，建设一个与大国经济相匹配的大国金融不可忽视

基于美国、日本的历史经验和我国的实际情况，我个人认为，维持中国这样新型的全球性大国经济的长期、稳定增长，以下四大要素至关重要：人口（劳动力）规模和结构、有安全保障的战略资源、科学技术创新能力、开放的能在全球有效配置资源且能分散风险的金融体系。从经济

增长理论角度分析，劳动力和资本是决定经济增长的基础性要素，技术则是影响潜在产出的重要变量。无论一国经济处于快速成长阶段还是成熟阶段，资本和劳动力要素的投入都是该国经济增长的基本前提，而规模相对稳定、结构相对合理的劳动力和资本要素供给，特别是工业活动所必需的战略资源的保障性供给对于大国经济具有战略意义。而且，伴随着经济潜能水平的实现，经济增长将越来越有赖于科学技术创新，因为科技创新将使整条增长曲线向上位移。

尽管劳动力、资本和技术是维持经济持续增长的核心要素，但是我们不能忽视的是，劳动力、资本和技术的简单加总并不等于社会的必然进步和经济的必然发展。这些资源需要在某一个系统中进行合成方可构成现实的生产力，这个系统可以看作一个从投入到产出的函数系统，也可以看作是各种要素、经济主体运行的平台——这就是金融体系。金融体系按照风险与收益相匹配的原则，在这一原则下经济活动的主体（企业）和经济活动的客体（资本、劳动等要素）实现了对资源的跨期、跨区域配置，最终形成有效、现实的生产力，实现一国经济的增长。金融体系在合理配置资源的同时，实现了风险的分散，具有这种功能的金融体系是"市场为主导（基础）的金融体系"，因为市场主导的金融体系所表现出的经济活力和风险收益的配置能力已经远远超过以传统商业银行为主导的金融体系[①]，当然，这一金融体系必须是开放的。这就是我认为的与大国经济相匹配的大国金融——开放的能在全球有效配置资源且能分散风险的金融体系。

基于目前的国内、国际环境，我认为，中国实现大国金融构建国际金融中心的路径应首先是人民币的国际化和金融市场特别是资本市场的大发展。人民币的国际化将实现资本的自由流动，进而实现人民币计价资产市场的国际化，资本市场的大发展则使中国金融体系可以在全球范围内配置资源。

[①] 关于具体的论述，我们已经在吴晓求、赵锡军、瞿强等著《市场主导与银行主导：金融体系在中国的一种比较研究》（中国人民大学出版社 2006 年版）中有较系统的分析，在这里不再赘述。

二、人民币国际化是构建国际金融中心和大国金融的前提条件

（一）人民币国际化是国际经济格局呈现多元化趋势的必然结果

第二次世界大战以来，美国经济规模虽然一直位居世界首位，但是国际金融危机使得美国的经济增长方式备受质疑。当其他国家的经济规模相对较小时，靠美国小幅增长所提供的增量美元就足够维持世界各国对美元的需求，特里芬难题还不会出现。但是，当其他国家特别是一些新兴经济体的经济规模越来越大，增长速度远高于美国时，对美元的需求开始大于美国自身经济增长所能提供的国际货币的增量，特里芬困境必然出现。经过几十年的发展，全球经济的多极化格局越来越明显，目前已经基本上形成了美国、欧盟、日本、中国为主体的多极格局，而且以中国为代表的新兴经济体的经济总量占全球经济的相对比重正在迅速上升。但是，与实体经济格局相矛盾的是国际货币体系仍然是以美元为主导的单极格局，美元本位制的固有缺陷已经并且仍会继续导致周期性的重大金融危机，给国际经济带来巨大的风险。要解决这一系列问题，根本点就在于要构建"多元化的国际货币体系"，逐步改变目前的单极国际货币体系格局，而人民币无疑是其中重要的一极。

在建立"多元化的国际货币体系"进程中，人民币作为主权货币充当国际货币有很大优势，这种优势主要表现在以下几个方面：第一，中国是一个大国。只有大国才能通过巨额的进口支撑起本币源源不断的输出，只有大国才能通过巨额的出口为本币提供坚实的物资保证，这是他国持有本国信用货币的唯一信心来源。第二，中国经济的高增长率。在经济总量上，2010年中国将成为世界第二大经济体，从人均看，中国GDP水平还是相对较低，因此中国的经济增长潜力巨大。中国经济增长速度持续高于世界平均增长速度，可以推迟中国的特里芬困境出现。从表1可以看出，高速持续增长的大国中只有中国才能担当起全球金融中心新的一极的责任，只有人民币才可能成为国际货币体系中新的重要一员。

表1　　　　　　1961—2008 年世界主要国家和地区经济增长率比较　　　单位：%

国家和地区	1961 年	1979 年	1990 年	2000 年	2006 年	2008 年	1961—2008 年平均增长率
全球总计	4.6	4.2	2.9	4.1	3.9	2.1	3.6
美国	2.7	3.2	1.9	3.7	2.9	1.1	3.2
欧元区	6.6	3.9	3.5	3.9	2.7	0.9	3.2
日本	12	5.5	5.2	2.9	2.2	−0.6	4.4
中国	−27.1	7.6	3.8	8.4	11.6	9	7.8
中国香港	14.9	11.6	3.9	8	7	2.5	7
韩国	4.9	6.8	9.2	8.5	5.1	2.2	7
新加坡	13.8	9.4	9.2	10.1	9.4	1.1	7.8
印度	3.9	−5.2	5.5	4	9.7	7.3	5
俄罗斯联邦	—	—	−3	10	7.4	5.6	0.4
巴西	10.3	6.8	−4.3	4.3	3.7	5.1	4.4

注：俄罗斯联邦为 1990—2008 年增长率。

资料来源：转引自国家统计局庆祝新中国成立 60 周年系列报告之十八：《国际地位明显提高，国际影响力显著增强》。

（二）人民币作为国际货币功能的逐步完善：一个必要条件

人民币国际化是一个渐进实现的过程，从不完全可交易的货币到完全可交易的货币，再到全球重要的储备货币，这个过程将面临重要困难。但是，人民币的国际化进程可以借鉴日元国际化的经验和教训，依靠自身金融市场改革发展来推进，包括：第一，通过政府顺应潮流的政策选择而得以加快；第二，鼓励贸易中的本币结算[①]；第三，完善本币金融市场，提高市场流动性，便利国外居民参与本币金融市场，建立本币国际金融中心等措施。当然，在国际化进程中应该避免在外部巨大压力下的过快升值，以及与此相关联的巨大的资产泡沫。

目前，中国已经迈开了人民币国际化的步伐。2009 年 4 月 8 日，中国在上海市和广东省内四城市开展跨境贸易人民币结算试点，并且在逐渐扩大试点范围。此举实现了多赢而意义重大，既提升了人民币的国际地位，又有利

---

① 鲁政委.人民币国际化：历史潮流与政策选择［J］.中国金融，2009（10）.

于促进我国与周边国家和地区的贸易发展。从理论上而言，人民币结算的前景非常好，但是在试点过程中也暴露出以下问题：试点地区范围狭窄、配套措施不完善以及境外交易对手对人民币的接受程度有限等。境外交易对手对人民币的接受程度有限是人民币跨境贸易结算的最大障碍，也是人民币国际化整体战略的最大障碍。这突出表现在以下两点：第一，在境外，人民币离岸市场功能不健全，境外人民币持有者难以找到保值增值的渠道。香港作为人民币在境外最主要的流通地，近年来在建设人民币离岸中心方面已取得重大进展，然而和其他国际货币的离岸市场相比，人民币离岸市场的功能仍然不完善。第二，在境内，资本账户管制较为严格，境外人民币难以流回境内寻找投资机会。因此，为了实现人民币的国际化，应该大力发展香港人民币离岸市场，建立人民币离岸中心；逐步放开资本账户管制，实现人民币资本账户的完全可兑换。

三、金融市场特别是资本市场的大发展是国际金融中心形成的关键

（一）资本市场是当前社会最重要的财富管理方式，最重要的资产配置方式

今天的国际金融中心已不主要是货币交易中心，更重要的是资产交易中心和财富管理中心。从居民资产配置理论角度来讲，人们的投资倾向、资产选择偏好与其收入水平和资产总量是相关联的[1]。随着社会生产方式的进步和经济总量的增长，人们拥有的财富和资源也在不断增加，当财富总量和收入水平达到一定程度后，人们对金融服务的要求就会超越静态意义上的资产安全性的要求，希望提供增值、避险、组合和一体化金融服务，其中对存量财富的管理和资产配置需求最为迫切。相对实物资产而言，金融资产的流动性、安全性具有显著的优势，而且金融资产与经济增长通过资本市场建立了市场化函数关系，这种函数关系具有一种杠杆化效应。所以资本市场的发

---

① 参见吴晓求，许荣．金融的市场化趋势推动中国金融的结构性变革［J］．财贸经济，2002（9）．

展的确可以大幅度增加社会金融资产的市场价值，使人们可以自主而公平地享受经济增长的财富效应，在一定程度上提高经济增长的福利水平。对于今天的国际金融中心，如果希望得到外国投资者的认可，只有具备资产配置和财富管理的功能，才能促使本国货币的清算功能向储备功能的转变。可以说，没有资本市场的大发展，人民币要实现国际重要储备货币的目标就难以实现。

（二）资本市场不仅是当前社会最重要的财富管理方式，而且还是配置风险、管理风险的最佳方式

从金融功能演变的角度来看，金融经历了从融通资金到信用创造，再到转移风险的发展过程，而现代金融的核心功能是为整个经济体系创造一种动态化的风险传递机制，使经济体系的风险可以通过金融体系来转移，从而达到风险的流量化。如果现代金融体系不能使经济体系的风险流量化而是存量化，那么存量化的风险就可能侵蚀金融体系的肌体，甚至使金融体系的功能严重恶化。在以商业银行为主导的金融体系中，虽然商业银行和中央银行试图把风险堵在金融体系之外，但是如此的结果可能导致一种极端的形态——经济的严重衰退[①]。因此，为了避免这种情况的出现，现代金融体系必须创造一种风险分散和转移机制，将经济体系的风险进行有效的疏导，而非中途堵截，这样一种机制就是资本市场。资本市场作为现代金融运行的基础平台，在为投资者提供丰富多样的金融产品时，按照风险收益匹配的原则分散风险，达到风险配置的目的。同时，资本市场通过资产价格的波动，释放经济体系的风险，使金融体系具有充足的弹性，达到管理风险的目的。从这个角度来讲，我认为，资本市场是现代经济体系中风险配置和风险管理的最佳方式。

（三）中国资本市场近几年特别是2005年股权分置改革以来有了迅速发展

2009年，中国股票市场总值为243 939亿元，债券存量为142 812亿元，

---

① 吴晓求.现代金融的核心功能是配置风险［J］.经济经纬，2003（6）.

股票市场融资额为 6 084 亿元。从市值来看，中国已经是全球第二大股票市场；从 IPO 融资额来看，中国已经超过美国，居全球第一位。中国资本市场已经成为全球资本市场格局调整的重要力量。在总规模迅速增长的同时，中国资本市场的功能也在悄然地发生变化。它已经远远超越了经济"晴雨表"的功能，其对居民财富管理和对实体经济的推动作用日益明显。2009 年，作为居民投资的主要渠道之一的公募基金，其资产管理规模达到 2.67 万亿元，是 2005 年的 5 倍多①，如果考虑到私募基金、居民个人投资，资本市场已经成为中国居民进行投资和财富管理的主要渠道之一。另外，正如前文所言，资本市场通过财富管理、风险配置和风险管理功能，利用对存量资源的优化配置（包括并购、重组）、对中小企业融资渠道的扩充（股权融资和债券融资）、对技术创新的推动（创业板上市的财富效应激励机制）等方式对实体经济产生巨大的影响力，而且这种影响力随着资本市场的发展而不断扩展。

（四）按照国际金融中心的要求，中国资本市场需要更进一步的发展

虽然中国资本市场发展迅速，但是要成为国际金融中心，还需要在规模、结构、资源配置、财富管理、风险管理、全球地位等方面有进一步发展。首先，从总量规模来讲，我认为，中国股票市场总市值到 2020 年应该达到 80 万亿元人民币，从而与国际金融中心的规模要求相匹配；其次，资本市场结构需要进一步优化，建立与股票市场规模相近的企业债券市场，弥补企业融资结构不平衡的问题，同时为投资者创造风险相对较低的投资品种，优化资本市场的风险结构；再次，不断优化中国资本市场中的产业结构，实现投资工具的多样化，进一步加强资本市场的风险配置功能和财富管理功能；最后，允许国际投资者自由投资中国资本市场，允许外国优质企业在中国上市，真正实现中国资本市场的国际化。只有如此，才能使中国资本市场成为全球最具活力的市场，成为与中国实体经济地位相匹配的新的国际金融中心。

---

① 中国资本市场数据来源于《中国证券期货统计年鉴》。

四、中国构建国际金融中心的其他条件

中国在建设大国金融和全球新的国际金融中心过程中，在维持经济持续稳定增长和保持具有全球影响力的国际贸易规模结构的基础上，推进人民币的国际化和大力发展金融市场特别是资本市场是两个基本的要点，除此之外，以下四个条件亦不可或缺。

（一）产业核心竞争力

一般来说，核心竞争力是一种他人无法模仿、复制的优势资源，产业基于这种资源而取得长期稳定的竞争优势和超额利润。当今世界，国际竞争日益激烈，产业竞争已经逐渐从低成本竞争转向技术、品牌、渠道、资源等多元化的竞争。法国的奢侈品、意大利的时装、美国的电子科技、中东的石油等，各产业的形成和发展都有其独树一帜的优势，这里有历史积淀、文化积淀、人才积淀、自然积淀等因素的作用以及各因素的综合作用，这些都是他国难以复制和替代的。中国的产业只有构建自己的核心竞争力，才能够保证实体经济在激烈的国际竞争中长期稳定增长，进而为大国金融之路奠定坚实的基础。

（二）民主法制制度和市场透明度的进一步改善

民主法制制度是构建和谐社会的重要途径和手段，而和谐社会是中国保持长期稳定发展的必要条件。只有大力推进民主法制建设，才能为构建社会主义和谐社会奠定基本的制度框架，才能保证社会的常态稳定，最终实现经济的持续、稳定增长。在资本市场制度建设中，不断提高市场透明度居核心地位，因为透明度是资本市场赖以存在和发展的前提，同时是资本市场功能得以有效发挥的必要条件[①]。正如哈耶克所说，如果人们获取某些信息的渠道是畅通无阻的，那么市场过程的运行也将因此而变得更为有效，尽管市

---

① 吴晓求.中国资本市场分析要义［M］.北京：中国人民大学出版社，2006：166.

本身就是传递信息的最为有效的工具之一①。总体而言，我们在民主法制建设和完善透明度方面离国际金融中心的要求还有相当大的差距。民主法制水平和透明度的提高是中国通向大国金融最重要的，也是必须完善的软条件。

（三）良好的社会信用体系

社会信用体系也称国家信用管理体系或国家信用体系，是一种社会运行机制。它保证授信人和受信人之间遵循一定的规则达成交易，保证经济运行的公平和效率。社会信用体系具体作用于一国市场规范，旨在建立一个适合信用交易发展的市场环境，保证一国的市场经济向信用经济方向转变，即从以原始支付手段为主流的市场交易方式向以信用交易为主流的市场交易方式转变。中国的社会信用体系在制度建设方面虽然近几年有了较大进展，但从整体上看，信用秩序仍然相当紊乱，信用基础仍然薄弱，如果中国的社会信用关系没有根本性改善，将严重制约中国金融的崛起，严重影响国际金融中心的建设。

（四）与大国经济和大国金融相匹配的军事实力

历史上任何一次国际金融中心的转移，似乎都与战争有关。战争在摧毁了旧经济中心的军事力量的同时，也削弱了其经济实力和信心。当代的军事不只是经济系统中的一个纯消费部门，还是一个对经济发展具有巨大推动作用的部门。强大的军事实力不仅能够通过军工产业拉动经济增长，更是和平与发展的根本保障，而国家安全与和平的周边环境是一国经济和金融市场持续稳定发展的先决条件。虽然军事实力的强大对一国的发展已不像历史上那么重要、直接，但落后还是会挨打、被排挤，这是一个不争的事实。只有具备了强大的军事实力才能对影响本国经济发展的风险因素进行有效的控制和制约，才可能使国内外投资者对本国金融市场具备足够信心。当今世界，虽然和平发展是主流趋势，战争也可能不再是金融中心漂移和形成的首要因

---

① 弗里德利希·冯·哈耶克.法律、立法与自由［M］.邓正来，等译.北京：中国大百科全书出版社，2000：357.

素，但是忽视军事实力对大国金融崛起和国际金融中心建设所具有的巨大潜在影响的想法，则是幼稚的。在目前复杂的国际政治经济格局中，对中国而言，保持一个与中国全球地位相适应的、有助于中国崛起的军事实力，绝对是必要的。

因此，中国要抓住机遇，在发展经济的同时，要处理好中国金融崛起即国际金融中心建设过程中的两个基本要点，平衡发展好上述四个方面的关系，到2020年中国就一定能够实现其所确立的中国金融崛起的战略目标，21世纪新的国际金融中心就一定会在中国（上海）出现。

参考文献

［1］吴晓求，等.中国资本市场：全球视野与跨越式发展［M］.北京：中国人民大学出版社，2008.

［2］吴晓求，赵锡军，瞿强，等.市场主导与银行主导：金融体系在中国的一种比较研究［M］.北京：中国人民大学出版社，2006.

［3］鲁政委.人民币国际化：历史潮流与政策选择［J］.中国金融，2009（10）.

［4］吴晓求，许荣.金融的市场化趋势推动中国金融的结构性变革［J］.财贸经济，2002（9）.

［5］吴晓求.现代金融的核心功能是配置风险［J］.经济经纬，2003（6）.

［6］吴晓求.中国资本市场分析要义［M］.北京：中国人民大学出版社，2006.

［7］弗里德利希·冯·哈耶克.法律、立法与自由［M］.邓正来，等译.北京：中国大百科全书出版社，2000.

［8］国家统计局.国际地位明显提高，国际影响力显著增强［R］.2009-09.

大国经济的可持续性与大国金融模式

——美、日经验与中国模式之选择

【作者题记】

本文发表在《中国人民大学学报》2010 年第 3 期。

【摘要】

大国经济的可持续发展需要一个与大国经济结构相匹配的大国金融模式。美国经济长达一个世纪的持续稳定增长与美国市场主导型金融体系密切相关。日本经济近 20 年增长乏力，重要原因是日本金融体系功能的缺失。对中国来说，美国和日本的经验和教训值得我们重视。构建一个具有强大资源配置功能且能有效分散风险的现代金融体系，以实现大国经济与大国金融的战略匹配，是金融危机后中国面临的战略任务。

关键词： 大国经济　大国金融　可持续性

Abstract

The sustainable development of a great power's economy needs a great power's financial model matching its economic structure. U.S. economy's stable growth over last century is closely related to U.S. market-oriented financial system. One significant reason for the stagnation of Japanese economy in last 20 years was the lack of functionality of its financial system. From China's perspective, we need to learn experiences and lessons from that of America and Japan. In order to achieve the strategic matching of a great power's economy and finance, the strategic task faced by post financial crisis China is to build a modern financial system with strong resources distribution and risk diversification abilities.

Key words：A great power's economy；A great power's finance；Sustainable development

经过改革开放 30 年特别是进入 21 世纪加入 WTO 以来，中国经济快速增长，无论是从经济规模、经济竞争力，还是从对全球经济的影响力而言，毋庸置疑，中国已经成为全球性经济大国。如何维持中国这个全球性大国经济的长期、稳定增长，是我们所面临的战略问题，而这其中，构建一个具有强大资源配置功能且能有效分散风险的现代金融体系以实现大国经济与大国金融的战略匹配，则是战略中的战略重心。

中国作为一个新的全球性经济大国，在选择其金融模式时，美、日两国的经验或教训值得我们重视。

一、美国经济长达一个世纪的持续增长：来自科技创新和金融的强大推动力

（一）科技创新与美国跨世纪的经济增长

回顾美国经济发展的历史，我们可以看到，从 1877 年至 1898 年，美国完成了近代工业化，成为世界头号工业大国。第一次世界大战前后，美国经济进入高速发展时期，1916 年成为世界上最大的资本输出国，成为真正意义上的全球性经济大国。

在过去的一个世纪中，美国除了在 1929—1933 年大危机和 20 世纪 70

年代石油危机时期出现了经济大幅度波动外，绝大多数时期都保持持续、稳定增长。为什么美国经济能保持一个世纪的持续增长，从而成为当今世界无以匹敌的经济强国呢？最重要的因素来自科技创新和金融的强大推动力。

美国的科技创新体现在产业的升级换代和结构调整。我们知道，冶金技术的发展和钢铁工业的兴起推动了美国工业第一次结构性变革。在美国冶金技术发展之前，其经济增长的主要贡献来源于农业及其相关产业。到了1904年，钢铁工业已经跃居美国工业产值的第一位，钢铁工业的迅速崛起成为美国现代化工业格局的奠基性力量，而钢铁工业崛起的起点则是冶金技术的发展。冶金技术的发展使得大规模机器生产应用于国民经济体系的各个方面，无论是金属农机具的广泛运用，还是机器生产机器的金属机床设备，这些冶金技术的直接结果是生产效率的提高。

汽车的发明和汽车工业的兴起加快了美国经济结构的转型。钢铁工业的发展为汽车工业的崛起提供了良好的工业基础。到1917年，机动车生产企业所创造的产值已经跃居美国制造业产值的第六位。机动车也开始走入家庭，逐渐成为家庭耐用消费品的重要组成部分，并开始普及。在推动汽车走进家庭的过程中，金融的力量——与汽车相关的消费信贷——成为这一过程的催化剂。

计算机的发明和第二次工业革命标志着美国经济的第二次跨越。在20世纪六七十年代，以钢铁、汽车为代表的传统工业开始在全球范围内重新配置产业格局，美国在劳动力成本方面不具有优势，因此从20世纪70年代开始，将钢铁、汽车等传统工业技术逐步向欧洲、东亚乃至拉美等国家和地区转移。面对激烈的外部竞争，美国制造业的利润率不断下降。美国经济的可持续增长面临着严重挑战，美国亟需新的产业来带动经济的下一波长周期增长。如果说钢铁和汽车是美国经济结构转型的重要推动力量，那么计算机的发明和第二次工业革命则将创新对美国经济的推动作用表现得淋漓尽致。可以说，计算机是人类有史以来最伟大的发明之一。计算机的发明和信息产业的兴起成为美国经济增长的新动力，是美国经济处于全球霸主和领先地位的新标志。

我们不难发现，贯穿美国经济一个世纪持续发展的基本动力就是科技创新。无论是从农业到工业，还是从工业到信息产业，美国经济的每次飞跃都与科技进步和创新有密切关系。进一步分析表明，科技创新对经济增长的推动作用随着金融市场的发展和金融结构的变革日益明显，实际上每一次科技进步和创新都与金融的发展密不可分。如果说科技进步和创新是推动整个经济体系前进的内生因素，那么以资本市场为主导的金融体系则成为推动美国经济增长的重要外生力量。

（二）资本市场发展对美国经济增长的贡献

在早期，美国商业银行资金供给与企业融资需求并不完全匹配。产业革命后美国实体经济对融资的巨大需求给美国银行业带来了挑战，具体表现在两个方面。一方面，美国的金融体系在工业化发展的最初阶段并不是一个有机的整体，不同地区之间处于割裂状态，这给金融体系跨地区配置资源提出了一个现实的难题：如何建立一个全国性的金融体系，在全国范围内重新配置资本，按照边际收益的原则将资本配置效率最大化；另一方面，美国的商业银行体系主要由小型商业银行组成，区域化经营的限制使得其难以为机器化大生产提供巨额的资金支持，换句话说，即使美国当时资金的总量是充裕的，小型的区域化的商业银行格局难以驾驭这些巨额的资本流动。

在整个 19 世纪，美国的银行系统都是高度分散的，从未建立过拥有广泛分支网点的全国性商业银行，法律对此也是禁止的，银行对经济的支配力量相当有限[①]。在商业银行难以担负起支持经济发展的重任的条件下，在美国，资本市场的发展成为破解这一难题的有效路径。从图 1 中可以看出，第二次世界大战以后，美国资本市场发展迅速。股票市值与 GDP 之比逐渐提高，并在 1968 年达到 109.46%。股票市场的发展也带动了债券市场的繁荣，资本市场总市值（股票市值 + 企业债券市值）与银行总资产之比达到

[①] 参阅吴晓求.中国资本市场分析要义［M］.北京：中国人民大学出版社，2006：15-18.

259.70%。从这些指标来看，资本市场已经占据美国金融体系的主导地位。虽然 20 世纪 70 年代的石油危机导致美国经济的滞胀，进而引发了美国资本市场近 10 年的低迷，但是，以资本市场为主导的金融体系实际上将这种系统性风险分散开来，从而使美国最终摆脱了低迷。随着新一轮科技创新的出现，资本市场又迎来了长达 20 年的繁荣，这种繁荣既是实体经济产业升级的标志，又是金融结构变革的重要表现。1999 年，美国经济的证券化率（股票市值与 GDP 之比）达到 209.32% 的历史高点，资本市场总市值与银行总资产价值之比也达到了 398.71% 的历史最高，虽然此后的互联网泡沫破灭使证券化率有所下降，但总体而言仍处于较高水平。

资本市场的发展，特别是企业债券市场的发展解决了美国工业化进程与分散的银行体系导致的有效资金供给不足的矛盾，使美国充裕的资金能在广阔的范围进行有效配置。从图 2 可以看出，1946—2009 年债券融资在绝大多数时间都是企业外部资金最重要的来源，其次才是银行贷款，而股权融资则在 1984 年之后就处于净回购的状态。因此，从融资角度来看，资本市场的发展对美国经济长时期的持续增长作用巨大。

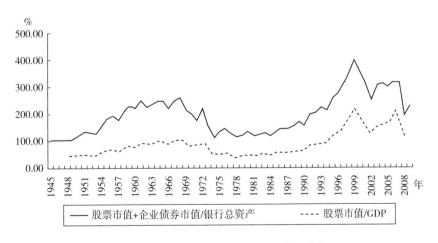

图 1　1945—2009 年美国资本市场发展的状况

［数据来源：美联储资金流量表（Flow of Fund）。其中企业债券市值数据包括外国债券的市值］

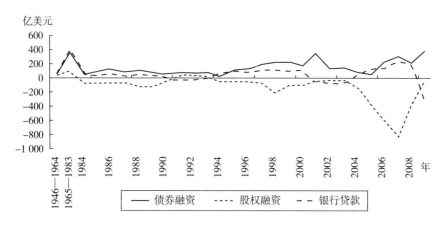

图 2　1946—2009 年美国非金融企业融资结构

［资料来源：美联储资金流量表（Flow of Fund）］

（三）美国金融体系的功能性分析

在美国长达一个世纪的经济增长进程中，曾经出现了不同类型的主导产业，包括钢铁、汽车、信息技术产业等，而不同类型的产业则需要不同的组织形式的企业作为载体，才能形成有效的生产力。然而，不同类型的企业，其风险水平和资金需求结构差异很大，金融机构类型的不断丰富为美国企业组织结构的变化和工业化进程中新型企业的发展提供了充足的资金支持和融资便利。在美国的金融体系中，包括存款商业机构、投资银行、保险公司、养老基金、金融公司、共同基金等金融中介机构，这些金融机构功能各异，成为美国不同类型的企业融资需求的重要来源。这些金融中介机构一方面调动全国乃至全球的金融资源，使得闲置的资金能够通过金融中介进行投资；另一方面，强大的资本市场使它们能够将金融资源转化为投资，实现资源的跨期和跨区域配置。值得注意的是，在美国金融体系中，商业银行的资产占比总体上呈下降趋势，从 20 世纪 40 年代的 50% 左右下降到现在的 25% 左右，下降了约 25 个百分点。究其原因，一方面与美国商业银行的经营受到多种限制、商业银行实行单一银行制有关；另一方面，与非银行金融机构的迅速成长有关。

我们应当注意到，金融机构发展迅速的基本原因是美国发达的资本市场为各种类型的金融机构创造了广阔的发展平台。在这个平台上，各种各样的金融机构可以便捷地融资、投资；在这个平台上，各种金融中介可以完成风险与收益的匹配；在这个平台上，金融创新可以充分地发挥金融效率，提高金融体系对实体经济的推动作用。从金融中介的角度来说，这些机构可以通过发行债券、优先股、普通股等多种方式进行筹资，将资金从资金盈余方筹措过来，通过边际资本效率最大化的原则，在追求资本增值的同时实现资金的保值和增值；从投资者角度来说，投资者根据其风险偏好，选择合理的资产组合，通过风险收益相匹配的原则，在为实体经济提供资金支持的同时，分享经济增长的财富效应。

综上所述，在对美国金融体系进行剖析之后，我们发现：一方面，以资本市场为平台，以投资工具为渠道，可以便捷迅速地筹集资金，从而有效地配置资源；另一方面，投资者能够通过资产配置的准则，通过多种多样的金融工具实现资本配置，在获得收益的同时有效地分散了风险。资本市场的风险配置功能可以将经济发展过程中累积的风险分散，实现风险的流量化，从而提高实体经济对风险的防御能力和化解风险的能力，促进经济持续稳定增长。

二、日本 20 年的高速经济增长与后续增长乏力：源自金融体系功能的缺失

日本经济在 20 世纪中后期迅速崛起，经济出现了长达 20 年的高速增长。这种高增长与其独特的金融体系有密切联系。第二次世界大战之后，日本企业缺乏恢复生产所需的大量资金，日本政府决定采取以间接金融为主、直接金融为辅的金融政策，推出一系列扶植和保护银行顺利营运的优惠措施，同时对非银行金融业进行严格管制，从而使银行成为企业发展所需资金的主要提供者，这种金融制度安排使战后日本经济得以突飞猛进地发展。然而，20 世纪 90 年代之后，随着泡沫经济的破灭，日本出现出了后续增长乏力的现象，虽然日本政府采取了调整产业结构、推进技术创新、维持长期的低利

率环境等一系列措施，但是却无法恢复经济的增长态势。究其原因，我们认为，最重要的因素是日本金融体系功能的缺失。

日本金融体系功能的缺失首先表现在资源配置功能的失效。二战后日本经济的高速增长积累的大量贸易顺差，导致了日本与西方国家的贸易摩擦。1985年9月，《广场协议》的签署引发了日元大幅升值，大量国际资金涌入日本国内。实际上，从1984年开始，日本经济出现景气衰退，日本大藏省实行了大规模的缓和金融政策，将贴现利率从5%降低到1987年的2.5%。较低的利率水平和大量的国际资金流入引起了日元货币供应量的膨胀，大量的资源被配置到非生产性的资产市场，例如古董、艺术品等，导致了非生产性资产价格的严重泡沫化。与此同时，企业通过金融市场获得廉价资金，将大量资金配置到土地、股票市场，引起地价、股价的上升[1]，在"凯恩斯选美"思想影响下，土地、股票等生产性资产的价格出现了大量泡沫。地价、股价等资产价格暴涨导致了虚幻的"财富效应"：消费的过度膨胀、建筑和土地交易虚假繁荣、金融机构忽视风险的大量资金融出、企业的非必要性股票融资、用于改善职工福利设施的设备投资和建设等[2]。金融体系对资源配置的低效率在特定的历史条件下孕育了巨大的资产价格泡沫。

日本金融体系功能的缺失更多地表现在风险分散功能的失效。日本金融体系风险分散功能的失效，原因在于日本扭曲的银企关系。由于历史的原因，日本金融体系的主导部分是"主银行"，以至于日本的银行与企业之间的关系通常用"主银行制"和"企业集团"来描述。在某一企业集团中，"主银行"居于核心地位，其对集团中的企业贷款最多，给予的相关便利也最多，同时又是这些企业的大股东。这样，主银行一方面为企业，特别是大企业提供资金，另一方面作为企业的重要股东，也对企业的经营发挥监督、指导作用。

---

[1]　Kunio Okina and Shigenori Shiratsuka，2002，*Asset Price Bubbles*，*Price Stability*，*and Monetary Policy：Japan's Experience*，p.55.

[2]　具有讽刺意味的是，当时日本的金融机构基于不动产等担保品价格的迅速上升，忽视了融资的风险，从而为资产价格下跌后金融机构的巨大存量风险埋下了隐患。从风险形成的角度来说，日本当年金融体系的失败与美国的次贷危机颇具异曲同工之处。

但是，企业和银行之间的关系过于紧密，导致企业集团的风险过度集中在银行体系内部。由"主银行制"衍生而成的风险内生化使日本金融体系天然地丧失了"分散风险"这一最为核心的功能。"配置资源，分散风险"的金融体系成为与集团企业"一荣俱荣，一损俱损"的"财务机构"，这使得日本经济在出现停滞、衰退时，银行和企业之间的衰退循环成为现实，这种畸形的银企关系加速了日本经济风险在金融体系的积聚。随着日本泡沫经济的破灭和大量国际资本的流出，大量的企业出现了破产、倒闭，使银行产生巨额的不良资产，参与泡沫炒作的银行和金融机构陷入大量贷款无法收回的困境，形成巨额赤字和呆账，到1998年底，日本官方公布的银行坏账已达7 131亿美元。日本银行业出现大范围亏损，导致日本银行业出现了严重危机，银行成为日本经济风险集中爆发的最大窗口。

对比美国与日本的金融体系以及两国经济增长持续性的巨大差异，我们认为，就中国金融体系的战略架构而言，需要更多地学习借鉴美国金融模式的经验，更多地警惕日本金融模式的教训。

三、中国所应选择的金融模式仍是以市场（其核心是资本市场）为主导的现代金融体系

我一直主张，中国所要建立的现代金融体系，应是以市场（核心是资本市场）为主导（基础）的金融体系。在这个金融体系中，资本市场作为资源配置的重要平台，为投资者、筹资者和金融机构提供交易和资源配置的场所；作为定价的平台，为金融产品提供收益和风险相匹配的市场机制；作为经济增长的促进器，不仅具有经济发展"晴雨表"的功能，不但可以进行增量融资，而且更能推动存量资源的配置，进而有效地提高资本配置效率，推动经济结构的调整。

在分析中国为什么要选择市场主导型金融体系的同时，我们必须研究或者解释下述问题：从趋势上看，中国金融体系为什么会沿着市场主导型金融体系方向演进？主导型金融体系形成的内在动因是什么？关于这两个问题的分析，我们在《市场主导型金融体系：中国的战略选择》一书中已有系统

阐述。[1]

就实体经济与金融制度的关系而言，我们认为，金融制度是一种供给，而经济结构本质上是一种需求。金融制度必须与由经济结构决定的金融需求相适应。在市场经济运行规则中，金融需求决定金融制度（或金融供给），而不是相反。当然，恰当的金融制度可以提高社会经济活动中金融需求的满足度，从而提高资源配置效率，促进经济的发展。美国经验表明，与实体经济相适应的金融体系能够有效地配置金融资源，推进经济结构的升级，从而促进经济长期稳定地增长。

金融制度（或金融体系）演进的核心标志是金融功能的升级。讨论金融制度的演进，其实质就是讨论金融功能升级的内在动因。

通过系统深入地分析可以发现，金融功能经历了简单的融通资金到创造信用再到转移风险、孵化财富的升级过程。金融功能的升级推动了金融结构的深刻变革[2]。必须明确的是，在市场主导型现代金融体系中，资本市场居核心或基础的地位，是现代金融体系的心脏。从历史演进角度看，资本市场经历了一个从金融体系"外围"到金融体系"内核"的演进过程，从国民经济的"晴雨表"到国民经济的"发动机"的演进过程。

推动资本市场从"外围"到"内核"的演进，其原动力不在于资本市场所具有的增量融资功能，而在于其所具有的存量资产的交易和配置功能。因为，就增量融资功能来说，银行体系的作用要远远大于资本市场，资本市场在增量融资上没有任何优势可言。但是，就存量资产的交易和配置而言，资本市场则具有无可比拟的优势。经济活动中资源配置的重心和难点显然不在增量资源配置，而在于存量资源配置。这就是为什么说资本市场是现代金融体系的核心。

资本市场不仅具有优化存量资源配置的功能，而且还具有使风险流动的

---

① 请参阅吴晓求.市场主导型金融体系：中国的战略选择 [M].北京：中国人民大学出版社，2005.

② 参阅吴晓求.金融的过去、今天和未来 [J].金融参考（内部刊物），2003（5）.中国人民大学学报，2003（1）.

功能。银行体系中风险存在的形式是"累积"或"沉淀",资本市场风险存在的形式则是"流动",通过流动机制配置风险、分散风险,从而达到降低风险的目的。资本市场所特有的风险流动性特征客观上会提高市场主导型金融体系的弹性。而传统商业银行具有的"累积风险""沉淀风险"的特征,使银行体系貌似稳定,实则脆弱。日本的教训表明,不具备风险分散功能的金融体系,无法化解实体经济的风险,在极端情况下甚至会延长经济的衰退期。所以,发达而健全的资本市场带给社会的不是风险,而是分散风险的一种机制。

资本市场不仅为社会带来了一种风险分散机制,而且更为金融体系创造了一种财富成长模式,或者准确地说,为金融资产(w)与经济增长(g)之间建立了一个市场化的函数关系,即 w=f(g),从而使人们可以自主而公平地享受经济增长的财富效应。因为这种函数关系是一种杠杆化的函数关系,因而,资本市场的发展的确可以大幅度增加社会金融资产的市场价值,从而在一定程度上可以提高经济增长的福利水平。商业银行这种金融制度,显然无法形成经济增长与社会财富(主要表现为金融资产)增加的函数关系,从而难以使人们自主而公平地享受经济增长的财富效应。

我始终认为,存量资源调整、风险流动和分散、经济增长的财富分享机制是资本市场具有深厚生命力和强大竞争力的三大原动力,也是近几十年来资本市场蓬勃发展的内在动力,是现代金融体系核心功能的体现。中国未来的金融模式应具有这些核心功能。

四、金融危机的爆发并不意味着市场主导型金融体系的终结

也许有人会认为,始于美国的金融危机已经给全球经济造成了巨大损失,金融危机的爆发是否意味着市场主导型金融体系的终结?我认为,首先,我们不能因为金融危机的出现,而否认以资本市场为主导的金融体系的制度创新意义。无论是风险分散还是资源配置,无论是增量资金需求还是存量资产流动,离开了资本市场其效率都将大打折扣。纵观美国、日本、中国经济发展的历史,经济的发展、企业的成长,无不体现着资本市场这个资源

配置平台的重要作用。

其次，以资本市场为主导的金融体系，强调的是通过有效的风险缓释和释放机制，避免风险的不断积聚和最终的爆发。从资本市场的运行来看，其本质就是进行风险管理和风险交易的平台。现代金融离不开风险管理和交易，而风险管理和交易是无法脱离资本市场而进行的。马柯维茨早在半个世纪之前就已经指出了风险和收益相匹配的原则，而这一原则正是资本市场运行的准则。从一定意义上说，没有风险，就没有经济的发展；没有资本市场，风险的管理和交易将难以动态完成。我们可以通过有效的宏观调控、透明的信息披露、合理的风险敞口等方式使资本市场在发挥其功能的同时，将风险限制在可控的范围内。

最后，在以市场为主导的金融体系建设中，要特别注意通过资本市场来改善投资者和金融机构的风险状况，实现动态的风险配置，从而避免金融危机的爆发。从金融危机发生的微观基础来看，其根本原因并不是资本市场的性质发生了改变，更不是资本市场的功能有天然的缺陷，而是投资者对投资工具风险认识的欠缺、中介机构对风险评估的忽视以及监管机构对风险堆积、蔓延的放任。次贷产品在市场上被错误地定价和交易，中介机构未能准确评估风险的等级，监管机构对风险蔓延速度和影响规模的迟缓反应是造成金融危机的重要因素。

金融危机引发我们思考的是，金融杠杆的使用应当有一个度，金融杠杆的无限制延伸和滥用会使金融体系处在风雨飘摇之中。过度追求用一个较小的资本去追逐尽可能大的风险利润，金融体系终将爆发危机。从这个意义上说，金融危机的爆发意味着市场主导型金融体系的杠杆功能必须从追求利润的最大化转向为追求收益与风险的均衡，对金融杠杆的适度控制应是现代金融体系功能完善的重点。我认为，未来能有效推动中国经济持续稳定增长的现代金融体系，就是具有这种金融杠杆效率并注重收益与风险均衡的市场主导型金融体系。它虽然不是美国金融模式的复制，但其结构状态和核心功能应是同出一源。

参考文献

［1］吴晓求.中国资本市场分析要义［M］.北京：中国人民大学出版社，2006.

［2］Kunio Okina and Shigenori Shiratsuka，2002，*Asset Price Bubbles*，*Price　Stability*，*and Monetary Policy*：*Japan's Experience.*

［3］吴晓求.市场主导型金融体系：中国的战略选择［M］.北京：中国人民大学出版社，2005.

［4］吴晓求.金融的过去、今天和未来［J］.金融参考（内部刊物），2003（5）.中国人民大学学报，2003（1）.

关于金融危机的十个问题

【作者题记】

本文是作者为第十三届（2009）中国资本市场论坛撰写的主题报告，发表于《经济理论与经济管理》2009年第1期，后分别被《资本市场》《金融与经济》《重庆工商大学学报》等刊物摘登。

【摘要】

一场正在对世界经济和金融体系产生深远影响的金融危机，正在全球不断蔓延开来。对中国来说，如何从这场全球金融危机中吸取经验教训、总结理论启示，是我们面临的重要任务。全球金融危机产生的原因、实体经济与虚拟经济的关系、国际货币体系改革、国际金融秩序重建、金融创新与监管、政府干预与市场原则、投资银行出现危机的原因、金融高杠杆、资产证券化的未来以及货币政策的目标选择等与金融危机相关的十个问题，是我们应该在理论上作出进一步思考的问题。

关键词： 金融危机　理论经验与教训　中国金融改革

Abstract

A financial crisis which has deep impact on the system of economy and finance is spreading around the world recently. Learning experiences and lessons from this crisis is the main task of the government and scholars in China. It is quite important to analyze further the following theoritical issues related to financial crisis: the root causes of this financial crisis, the relationship between real economy and fictitious economy, the reform of the international monetary system, the rebuilding of the international financial order, financial innovation and regulation, the balance between government intervention and market principle, the reason why investment banks fail, high financial leverage, the future of asset-securitization, and the alternative monetary policy targets.

Key words: Financial crisis; Experiences and lessons in theory; The reformation of financial system in China

一场"百年不遇"正在对世界经济和全球金融体系产生深远影响的金融危机,随着雷曼兄弟(Lehman Brothers Holdings Inc.)的破产而迅速蔓延开来。这场起始于美国次贷、发端于华尔街的全球性金融危机,究竟会朝什么方向发展,对实体经济和金融体系会产生什么样的重大影响,人们正在密切关注和跟踪,世界各国政府也在试图采取一切行之有效的措施,来减缓这场全球性金融危机对实体经济和金融体系所带来的破坏力。

中国金融改革虽然进行了20多年,但中国金融体系的全面开放则刚刚起步,市场化、国际化无疑是中国金融改革未来必须坚持的基本方向。在中国,金融业正在试图不断开放的时候,全球金融危机的爆发既给了我们深刻的警示,更给了我们巨大的机遇。正在崛起的中国经济和正在变革的中国金融能从中吸取什么经验教训,得到什么理论启示,是需要我们认真思索和总结的。前车之鉴,后事之师,少走弯路,就是这场金融危机留给中国金融的巨大财富。

从目前情况看,虽然我们还难以对这场金融危机的未来走向和对实体经济的影响作出准确的判断,但从金融危机形成的原因、过程和目前呈现出的特征看,从各国政府救市或救经济的政策看,以下10个方面的问题值得我们深思。

问题一　全球金融危机：是必然，还是偶然？

学者们目前正在深入研究和分析这次全球性金融危机产生的原因。比较多见的解释有"制度说"、"政策说"和"市场说"。"制度说"认为，高度自由、过度竞争的经济制度和金融体系是全球金融危机产生的制度原因。"政策说"认为，长期的低利率和宽松的货币政策是全球金融危机形成的政策基础。"市场说"则从更加微观的角度分析金融危机产生的原因，认为金融的过度创新和监管的相对滞后，金融工具的结构化、衍生性和高杠杆趋势，导致了金融市场过度的流动性，加剧了金融体系的不稳定，是这次金融危机产生的直接原因。

上述三种解释无疑都有一定的道理，但我更倾向于"周期说"，即认为这次金融危机是全球经济长周期的一种反映，是 20 世纪 30 年代大危机以来全球经济结构、贸易结构、金融结构大调整在金融体系上的一种必然反映，是对国际经济金融体系中实体经济与虚拟经济（现代金融或资本市场）在不同经济体之间严重的结构性失衡的一次重大调整，以实现资本市场、金融资产在规模和结构上与其赖以存在的实体经济相匹配。从这个意义上说，"百年一遇"的全球性金融危机只会发源于美国，发端于华尔街。因为，在那里，实体经济与虚拟经济（现代金融），无论是在规模上还是在结构上都已严重失衡，华尔街的极端利己主义行为把这种失衡推向了极端，从而使金融危机一触即发。雷曼兄弟的破产，冲破了金融危机最后一道窗户纸。可以认为，这场发端于美国的全球金融危机，是七分天灾，三分人祸。

实际上，"周期说"、"制度说"、"政策说"和"市场说"都在不同层次上解释了这次金融危机产生的原因，它们之间具有内在的逻辑关系。科学、准确地阐释金融危机产生的原因及其形成过程，不仅对正处在危机旋涡之中的国家和地区制定正确有效的危机应对策略具有现实意义，而且对处在危机边缘的经济体以及危机之后全球金融体系的改革具有重要价值。

问题二　实体经济与虚拟经济（现代金融）：谁主沉浮？

金融危机发生后，大家首先想到的是金融市场是否存在过度的扩张。有人认为，20世纪90年代美国新自由主义经济政策主导下的低利率和放松管制所带来的金融市场的大规模扩张，导致了金融资产特别是证券化金融资产的迅速膨胀，从而使金融市场特别是资本市场的快速发展开始脱离实体经济。这种金融资产的膨胀导致的虚拟经济游离实体经济基础的现象，使金融危机的出现成为某种必然。

统计资料显示，从1990年开始，美国资本市场的资产规模以很快的速度在增长，这一速度大大超过了同期GDP的增长速度。1990年初，美国金融资产（股票和债券）规模和GDP的比例那时大体上维持在1.6∶1的水平上，危机的2007年前则维持在3.2∶1的水平上。金融资产规模的快速扩张是不是背离了实体经济的要求？这需要深入分析。但在作这种分析时，实际上必须思考这样一个很重要的问题——实体经济与虚拟经济（现代金融）的关系：谁主沉浮？在与实体经济作比较分析时，我更喜欢用"现代金融"这个概念，而不太喜欢用"虚拟经济"来表达与实体经济相对应的概念。"虚拟经济"这个词缺乏一个非常准确的含义，不同使用者有不同的理解。而"现代金融"一般是指以发达金融市场为基础的金融体系。"谁主沉浮"这个提法包含了两方面的含义：一方面是指金融、资本市场的发展从最终意义上说必须受制于实体经济，没有实体经济的增长，金融的快速发展就会失去基石，如果这种快速发展到了"泡沫化"程度时，则势必对金融体系和实体经济产生严重损害。另一方面，以资本市场为核心的现代金融，并不完全依附于实体经济，并不是实体经济的附庸。金融发展到今天，实体经济与现代金融并不是一个主宰与附庸的关系，它们之间实际上是相互推动、相互促进的作用。从一定意义上说，现代金融对实体经济正在起着主动的推动作用。我们常说的金融是现代经济的核心，道理就在这里。我们不能因这次全球金融危机的出现就否认了现代金融对实体经济的积极推动作用，否认金融是现代经济的核心和发动机的地位。虽然从根本上说，金融业（虚拟经济）的发展，最终要取决于实体经济，但同时又绝不能看轻现代金融对实体经济的积极推动作用。我曾对实体经济和现代金融（虚拟经济）之间的关系做过一些研究，得出的基本结论是：资本市场资产价格变动与实体经济成长之间会呈现出阶段性的发散关系，这种阶段性发散关系，表明现代金融在经济运行中的独特作用。不过，资本市场资产价格与实体经济的阶段性发散关系，在一个经济长周期结束时，资产价格会不同程度地向实体经济收敛。这种收敛的现实表现形式就是金融波动或金融危机。[①]

由于金融对实体经济作用的主导性不断增强，如果此时出现金融危机，一般不会从实体经济开始，而可能是先从金融体系和资本市场开始。危机的逻辑过程将不同于 20 世纪 30 年代的那场危机。当然，今天我们可以很清楚地看到，这次金融危机的确起始于资本市场和金融体系，然后再感染和影响实体经济，从而导致实体经济的衰退。从这个意义上说，是现代金融主实体经济之沉浮。

由于金融结构的变化和功能的转型，资本市场与实体经济的关系正在发生微妙的变化，表现为从依附→相关→游离→收敛的变化过程。目前的金融危机就是实体经济与虚拟经济（现代金融）过度发散关系的收敛过程。这种收敛过程实际上也是能量积聚过程，目的是为下一轮更大程度的游离创造条件。收敛过程既可以以金融危机的形式表现，也可以以金融市场波动显示。不断地收敛就是波动，突然地大幅度收敛就是危机。游离的过程是金融资产膨胀的过程。金融波动或金融危机既是金融风险释放的过程，也是金融体系调整的过程。每一次金融危机都将促进金融制度的变革，推动金融体系的结构性调整和升级。

至此，我想说明这样一个道理：在金融结构和金融功能发生巨大变化的今天，我们既不能陷入实体经济决定一切的境地，由此而否认现代金融对经济发展的巨大推动作用，也不能得出虚拟经济（现代金融）的发展可以天马行空、无所约束，从而忽视实体经济的最终制约作用。真可谓"道在中庸两字间"。

---

① 参见吴晓求.实体经济与资产价格变动的相关性分析［J］.中国社会科学，2006（6）.

问题三　国际货币体系改革：是恪守单一还是走向多元？

改革现有的单极（以美元为核心的）国际货币体系是现在人们最关注的话题之一，也可能是这次全球金融危机之后最重要的金融制度变革。早在两三年前，我们曾论证过全球多元货币体系的时代一定会来临，[①] 只是没想到这个议题会来得这么快。实际上，单极货币体系是没有制衡力的。这种没有制衡力的货币体系使市场失去了内在机制。这种缺乏制衡力的单极货币体系，必然使风险内生于其中，从而势必导致金融体系的不稳定。这场金融危机与目前的以美元为核心的单极货币体系有没有必然关系？我认为，是有关系的。目前的单极货币体系有其内在缺陷，包括利己性、缺乏有效的约束和监管、缺乏内在的制衡机制。我们后面的研究将会表明，单极货币体系的确是这次金融危机产生的重要原因。

自布雷顿森林体系建立以来，国际货币体系发生了一系列重要变化。从美元金本位的确立、形成到崩溃的过程，本质上是美元作为国际通用货币不断强化的过程。这种强化的过程，是各国政府和投资者市场选择的结果，在一定时期，它推动了全球经济的增长和贸易的活跃。随着全球经济格局的变化和贸易结构的重大调整，这种以美元为核心的单极货币体系的效率在不断减弱，其结构的不稳定也日益凸显。建立具有制衡机制的多元国际货币体系是半个世纪以来全球经济格局发生重大调整的内在要求。在重构多元国际货币体系的过程中，中国应发挥与自身经济地位相适应的作用。当前，人民币的国际地位与中国经济规模和实际财富水平是不相称的。按现行汇率计算，2008 年中国经济规模（GDP）已跃至全球第三位，进出口贸易规模全球第三，外汇储备全球第一。作为全球重要经济体和负责任的大国，中国理应积极参与多元国际货币体系的重建工作。胡锦涛主席在 20 国集团领导人会议讲话中提出，要改善国际货币体系，稳步推进国际货币体系多元化，共同支撑国际

---

① 吴晓求，等.中国资本市场：全球视野与跨越式发展 [M].北京：中国人民大学出版社，2008.

货币体系的稳定，表明了中国政府改革现行国际货币体系的基本态度。

未来多元国际货币体系会是一个什么样的结构呢？我的理解可能是三元结构——美元、人民币、欧元三足鼎立的体系，也可能是四边结构——美元、人民币、欧元、日元所形成的四边货币体系。无论是"三足"还是"四边"，从未来战略目标看，人民币显然要成为多元国际货币体系中的一元。

人民币成为多元国际货币体系中重要的一元，势必对中国的产业结构和竞争态势、贸易规模和结构、国际收支状况、金融市场规模和结构、资本流动等产生全面影响。作为多元国际货币体系的重要组成部分，首先必须是国际贸易结算通用或选择性货币，是国际金融市场上可交易的货币，为此，就必须进一步推进人民币汇率形成机制的市场化改革，使其在一个不太长的时间里，例如到 2010 年底，成为完全可兑换、可交易的货币，这是其成为国际储备性货币的基本前提。从不完全兑换到完全可兑换，是一国汇率机制改革所能实现的，而从可兑换货币到国际储备性货币，则是市场选择的结果。它体现了货币发行国经济规模、经济竞争力、良好预期以及经济社会文明、法治的水平。一国货币的国际化，对货币发行国宏观经济结构和金融体系会带来全面深刻的影响，其中，最为明显的就是，货币发行国的资本流动和贸易结构会有明显变化，金融市场特别是资本市场要有足够大的规模且结构必须均衡。在享有世界"铸币税"权益的同时，也将使本国的金融体系更加市场化、更加国际化、更加透明。从一定意义上说，这也意味着金融市场的风险因素在显著增加。对此，必须要有深刻的认识。

问题四 国际金融新秩序：如何重建？

重建国际金融新秩序，是各国政府在应对这次金融危机时所考虑的核心内容。大乱之时必有大治，大治之后必有大制，这个大制就是一种新理论、新制度和新秩序的出现。建立多元国际货币体系是重建国际金融新秩序基础层面的重要元素，除此之外，重建国际金融新秩序，还应考虑以下三个问题：

1. 加强国际金融监管合作，改革和完善国际监管体系，建立评级机构的行为准则，形成覆盖全球市场的统一的财务监管标准，加大全球资本流动的监测力度，特别关注各类金融机构和中介组织的风险揭示，增强金融市场和金融产品的透明度①。随着金融市场的全球化和金融产品的不断创新，金融市场特别是资本市场的流动性迅速增强，风险也在不断增大，这时，对监管制度的调整和完善就变得非常重要。监管不是阻止金融创新的墓志铭，而是使金融创新有利于金融体系整体效率提高的代名词。有效监管的基础在于监管标准的适当性和系统性。这个适当而系统的市场监管标准，其核心功能是充分揭示风险。例如，制定一个全球统一的有利于透明度原则的会计准则就非常重要。

在加强各国金融监管合作的同时，有必要组建一个各成员国认可并积极参与的新的国际金融监管组织。这个新的国际金融监管组织完全不同于现行的如 IMF 这种国际金融组织，它应具有监管权。为此，相关国家必须制订新的国际金融监管组织赖以形成的相关法律文件（例如国际金融监管宪章），这种新的国际金融监管组织的功能类似于国际贸易中的 WTO。现行国际金融组织如 IMF、世界银行、国际清算银行以及 IOSCO 等都难以承担此项重任。

2. 要启动对现行国际金融组织（如 IMF 和世界银行等）的改革，提高发展中国家在国际金融组织中的代表性和发言权，改善国际金融组织内部治理结构，建立国际金融危机救助体系，提高国际金融组织履行职责的能力。

IMF 和世界银行等现存的国际金融组织，是 60 多年前布雷顿森林体系之后建立起来的。IMF 的职责和功能被定义为：促进国际间金融与货币领域的合作；促进经济国际化的步伐；维护国际间的汇率秩序；协助成员国之间建立经常性的多边支付体系；对发生国际收支困难的成员国在必要时提供紧急资金融通等。而世界银行的基本职能是，向发展中国家提供长期贷款和技术协助，以帮助这些国家实现其反贫穷政策。IMF 的职责虽然被赋予"危机救助"，但对于发端于世界主要经济体美国并蔓延至全球的金融危机，则显得

---

① 2008 年 11 月 15 日，胡锦涛主席在华盛顿举行的二十国集团领导人金融市场和世界经济峰会上发表了题为《通力合作　共度时艰》的重要讲话，讲话系统提出了解决金融危机的四点主张。这里的提法和后面关于对国际金融组织的改革的内容主要引自胡锦涛主席的讲话内容。

无能为力。世界银行则完全不具有危机救助功能。所以，在全球建立一个强有力的危机救助机制对平滑全球性金融危机对金融体系和实体经济所带来的影响意义重大。我们的基本思路是：要么彻底改革 IMF，要么另起炉灶。

3. 促进国际金融市场体系的变革与格局调整。随着新型经济体的兴起，新的国际金融中心正在形成，中国成为 21 世纪新的国际金融中心的可能性越来越大。全球金融中心的格局在这次危机之后将会发生重大变化。美国（纽约）、中国（上海）、欧洲（伦敦）将成为新世纪三大国际金融中心，各司其职，各尽其能。新的金融中心的出现，是全球金融新秩序重建的核心内容之一。

我们的研究表明，随着全球经济格局的重大调整，国际金融中心正在发生漂移，新型经济体例如中国的金融体系在全球的地位将明显上升，作用日益重要，以上海为核心的另一个新的金融中心正在形成，它将与纽约、伦敦一起构成三足鼎立的全球金融中心新格局（也有人认为，上海将与纽约、伦敦、东京构成一个四边结构的全球金融中心新格局）。所以，中国（上海）这个新的国际金融中心的出现，是这次金融危机之后，全球金融秩序重建的重要成果。成为全球新的金融中心是中国金融崛起的关键。中国要实现从经济大国到经济强国的转变，金融崛起必不可少，而中国金融崛起最重要的标志或者说最关键的步骤就是，人民币的国际化（从可交易的货币到国际储备性货币）和全球性金融中心的建设。这就是为什么这次金融危机对中国来说，机遇大于风险。

问题五　政府干预和市场原则：度在哪里？

现在不少人存在理论上的误解，认为各国政府为应对金融危机采取包括收购部分金融企业股权的形式干预市场是国有化的过程，以此过分夸大政府的作用，这就如同在危机出现之前很长时期里，有人过分夸大市场的作用一样。实际上，在现代经济活动中，政府和市场都不是万能的。政府无论以何种形式干预，一定是金融市场和实体经济出现了系统性危机之后的行为，是一种对市场功能缺失的校正。

危机时期的政府干预如对大型金融机构的托管、增资和股权收购，其实并非真正意义上的国有化的过程，更不是未来企业制度变革的方向，而是一种利用政府信用稳定市场预期、恢复投资者信心的行为。危机之后，还是要回归本源，还是要让市场发挥配置资源的基础性作用。不过，危机之后的回归，更多了一份理性，多了一些监管和约束。要知道，市场和政府各有各的角色，谁也替代不了谁。

这次全球金融危机，有其独特的形成、发酵、感染和蔓延的过程，与20世纪30年代的金融危机相比，无论是从背景成因、规模复杂性还是其对实体经济的影响上看，都呈现出巨大差异。与此相对应，今天政府的作用也是非常强大的，是80年前所不能比拟的。深入研究和剖析这次金融危机形成的原因和演变过程，系统评估金融危机对实体经济带来的全面而又深刻的影响，对于政府为什么必须救市，如何救市，以及在什么环节上救市，都具有重要的现实意义。

金融危机在美国的发生和演变过程与在中国的表现有巨大差异，这种差异反映出两国之间金融结构以及金融与实体经济关系上所存在的巨大不同。这种不同后来也体现在两国救市政策上。

美国金融危机对实体经济的影响，其逻辑线是非常清晰的。从次贷危机→次债危机→金融机构和投资机构（其中多数是上市公司）财务状况恶化，以致出现巨大的投资浮亏直至实际亏损的发生→股票市场资产价格的大幅下跌，进而引发市场危机→金融体系的不稳定，拆借市场资金流量大幅收缩，拆借成本迅速上升→财务状况不断恶化的金融机构和投资机构的破产、合并、重组和转型→为防范流动性风险，信贷市场急剧萎缩→实体经济衰退的来临，以致出现经济危机→又进一步加剧资本市场的动荡→……由此可以简单地概括为这次金融危机的逻辑顺序：次贷（次债）危机→资本市场危机→金融危机→经济衰退（或经济危机）→第二轮资本市场危机→……可以看出，这次金融（经济）危机，源于金融，扩散到实体经济，与20世纪30年代的危机源于实体经济进而引发金融危机的逻辑过程完全不同，这反映了不同时代经济金融结构的巨大差异，同时也决定了应对这种金融危机的救助政策的重心应放在如何稳定金融体系上。从这个意义上说，为金融体系（包括资本市场）提供足够的流动性，应是危机救助政策的关键。

中国目前经济和金融体系（主要是资本市场）出现的问题不具有这样的逻辑特征。客观地看，从市场下跌幅度和投资者信心而言，说中国资本市场出现了危机，应不言重。但中国资本市场出现的这种危机，从起源看，一不来自实体经济的衰退，二不来源于金融体系财务状况的恶化。所以，中国资本市场危机没有引发美国式的金融危机，拆借市场波动不大，即使存在某些特定时期金融机构流动性大幅收缩和信贷市场的较大幅度的萎缩，也不是由市场危机引发的，而是与当时过度的紧缩政策有明显的因果关系。中国信贷市场的过度萎缩，实质上是一种政策性萎缩，而不是市场性萎缩。这种政策性萎缩导致了实体经济的大幅波动，之后由于全球金融危机的爆发，中国出口需求大幅度下降，进而使实体经济出现了深度下滑，这种深度下滑客观上加剧了资本市场的下跌。所以，面对这次全球金融危机，中国宏观经济政策的重点放在实体经济上是正确的、必要的。不过，需要进行结构性微调的是，这个旨在救经济的政策，应充分体现市场原则，同时亦要兼顾金融体系和资本市场的稳定，因为金融体系和资本市场的稳定，有利于刺激内需。

可见，面对这次金融危机，各国政府的救市或救经济政策，在于纠正预期、恢复信心，创造市场发挥在资源配置中的基础性作用的外部条件，并不是经济的国有化过程，这个度是要把握住的。

问题六　金融创新与市场监管：如何匹配？

有人把这次金融危机发生的直接原因简单地归结于金融创新或者说金融创新过度。这种认识过于肤浅，也过于武断。创新，是金融生命力的体现。金融的发展过程本质上也就是金融创新的过程。经济发展的源动力来自科学技术的进步，经济发展加速度的动力源则来自不断创新、具有杠杆功能的现代金融。从物物交换到货币的出现，从金属货币到纸币，从金本位到金本位的崩溃，从流动性很弱的传统金融资产到流动性活跃的证券化金融资产，从现金流可测的基础资产到结构性、高杠杆化的具有跨期功能的衍生品，如此等等，无不体现着金融的创新。这种创新，使金融结构越来越复杂，也使风险不断内生化和杠杆化，但与此同时，这种结构越来越复杂的金融创新也在推动着日益庞大的实体经济向前发展。就趋势而言，金融创新给经济活动带来的效率，要大大超过其所给经济体系带来的风险。否则的话，我们也就只能回到物物交换的时代。

金融创新的基本驱动力来自实体经济需求和金融体系自身的风险管理，而绝不能来自践踏道德底线的私欲和自利的恶性膨胀。现行金融体系中的某些衍生品和利益——风险边界越来越模糊、产品链条越来越长的基于证券化的某些结构性金融产品，既不源自实体经济需求，又不是金融机构出于风险管理的必要，同时，又没有对其进行充分而准确的风险揭示，这类所谓的新产品背离了金融创新的基本要义和基本准则，是市场风险的来源和放大器，一旦时机成熟，就必然演变成金融危机。所谓的风险监管就是要防止这种脱离实体经济需求，不断制造风险、任意放大风险的金融产品的出现。

在金融创新的过程中，不断完善并实时改进风险管理是一个永恒的话题，就如同金融创新是一个不会停息的过程一样。脱离监管的金融创新就如同没有法治的社会一样，恶性横流，是非颠倒。所以，金融创新推动经济社会进步的前提是，与创新同步的风险监管。

现阶段，金融创新既有制度、规则层面的，也有机构、产品层面的。所有的金融创新，最后都会归结到产品创新上。因为，金融创新的最终目标是尽可能地满足客户不断变化的金融需求，以提升其在同业中的竞争力，而最终满足客户金融需求的是不同功能的多样化的金融产品。

不断创新的金融产品具有高流动性、结构性和衍生性等市场特点。这种金融产品由于不断远离基础资产而使风险结构变得越来越模糊。充分揭示处在不断创新之中的金融产品的风险来源，合理评估风险程度，提高市场透明度，是风险监管的核心要素。为此，我们必须改进信用评级机制，完善风险评估体系，建立与金融创新相适应的风险定价模型。所有这些，势必推动现代金融理论的不断向前发展。

问题七 投资银行：拿什么拯救你？

雷曼兄弟这家拥有 7 000 亿美元资产、具有 158 年历史的美国第四大投行的破产，是一个划时代的事件。它既引爆了 2008 年美国金融危机，又预示投资银行这个在功能、盈利模式和风险结构上完全不同于商业银行的金融机构遇到了空前的劫难，面临着生存的危机。在金融危机爆发之前的相当长时期里，在资本市场蓬勃发展的年代，有人也包括我们曾预言，传统商业银行模式将会失去竞争力，最终难逃"恐龙"一样的厄运，而现在，"恐龙"不但没有灭绝，投资银行似乎反而成了匆匆过客，真的是这样的吗？原因又在哪里？

美林（Merrill Lynch & Co.）、高盛（Goldman Sachs）、摩根士丹利（Morgan Stanley）、雷曼兄弟（Lehman Brothers Holdings Inc.）和贝尔斯登（Bear Stearns Cos.）都是现代版金融学教科书经典故事的创造者，它们与现代金融、资本市场几乎是同义语，它们创造了一个个辉煌，进而推动着金融结构的变革和金融功能的无限延伸。它们在创造金融巅峰的同时也在挖掘掩埋自己的坟墓。它们在外部功能不断延伸、不断叠加的同时，却没有适时地调整内部结构，以至于内部结构与外部功能渐行渐远，直至完全脱节，等待它们的只有不堪重负的全面崩塌。崩塌的形式可以多种多样，如破产、转型、合并和被收购等。

在投资银行 100 多年的演变进程中，其外在功能在不断地延伸、不断地叠加，从资本市场金融服务提供商（如证券经纪、IPO、购并、投资咨询）到基于收益与风险对冲服务的资产管理业务，再到直接从事风险交易的投资理财和产品设计、销售服务。资本市场上传统的投资银行业务，是依靠专业性金融服务来获取利润的，这种利润的风险权重很小；基于收益与风险对冲交易的各种形式的资产管理服务，是金融服务的升级，在收益大幅增加的同时，与投资银行传统业务相比较，风险有明显上升，特别是在杠杆率不断趋高时，风险也以同样的速度在增加。如果说，资产管理服务对投资银行来说还存在一定的风险墙，那么，直接从事风险资产的销售和交易则使原本并不牢靠的风险墙几乎失去了任何风险阻隔的功能，投资银行不断向风险池方向的延伸导致其盈利模式的根本转型。以一个较小的资本杠杆来获取尽可能大的风险利润，曾经成为投资银行业的时尚。

对风险利润的疯狂追逐源自不断失衡以至于严重失衡的外部激励与内部风险约束的制度设计。

投资银行作为一个群体，在其100多年的发展历史中，大部分时间是合伙制。合伙制透视出的强大激励功能与无限风险责任是相匹配的。强大的激励功能激发出人们的创造精神，而无限的风险约束则使这种创造精神受到了内在的约束。在这种制度框架下，激情得到了释放，欲望受到了约束，因而，理性繁荣是那个时代投资银行的基本特征。

人类社会进入到20世纪90年代，投资银行纷纷走上了上市之路。一方面，投资银行通过上市以期最大限度地利用公众资本来补充和壮大自身的资本实力；另一方面也试图将潜在的不确定性分散开来。这时，无限的风险责任被有限的风险约束所取代，但与此同时，功能强大的激励机制丝毫没有改变，对利润的追求甚至变得更加贪婪更加无度，利润的风险权重越来越大。从这个角度去审视，我们很容易发现，投资银行（当然还有其他金融机构）的首席执行官（CEO）们、董事总经理们的高收入是多么得不合情理，多么地荒谬无度，他们少则千万美元，多则上亿美元的收入，既是对公众资本风险的叠加，更是对社会财富的潜在侵蚀，所以，从制度设计角度看，这时的投资银行已使巨大的市场风险内生化了，崩溃只是时间问题。

由此可以得出一个结论，包括投资银行在内的所有金融机构都必须建立一个收益与风险相匹配、相制衡的机制，这是其存续下去的制度基础。风险约束过度而激励功能不足则会损害金融的效率，从而丧失竞争力；而风险约束不足、激励功能过度，又必将使风险急剧加大，从而可能丧失存续的能力。所以我认为，美国五大投资银行的集体迷失，本质上是一种制度的迷失。

问题八　金融高杠杆：何去何从？

杠杆化是金融与生俱来的特质，随着金融机构和金融产品的不断创新，在金融危机爆发之前的相当长时期里，金融杠杆率有不断提高的趋势，商业银行的杠杆率一般在10~12倍，投资银行的杠杆率通常在30倍左右，最高时的杠杆率曾超过40倍（摩根士丹利），衍生产品的杠杆率一般在20~30倍（保证金在5%~3%），个别衍生品的杠杆率曾达到过100倍（其保证金为1%），商业银行10~12倍的杠杆率通常被认为是金融的基准杠杆率。它是现代金融杠杠率的起点。

在实际经济活动中，金融的高杠杆率的确是一把双刃剑。它创造了金融的活力和流动性，也加大了金融体系的波动和不稳定性。金融市场繁荣时它是天使，金融危机爆发时它是魔鬼，真可谓天使魔鬼一线间。

有研究认为[①]，从技术和市场角度看，这次金融危机之所以对金融体系和实体经济的影响如此强烈，与金融的高杠杆率有密切关系。为了阻止金融危机的进一步恶化，防范更大规模金融危机的到来，在全球特别是在美国，金融的去杠杆化成为危机时期重要的防御性措施。去杠杆化的实质是降低杠杆率，其特点主要表现在金融机构要么减持风险资产的规模，要么增加资本金，要么双管齐下，以降低风险资产与资本金的比例，增强其对金融风险的对冲能力。去杠杆化的另一个重点是，降低金融产品特别是衍生品的风险杠杆率，提高交易保证金，减少市场因此带来的波动和风险。金融的去杠杆化，一方面可以提高金融机构的风险对冲能力，另一方面也会对市场流动性带来深刻的影响，最突出的表现就是缩减高流动性的可供交易的金融资产的规模。由于金融结构越来越市场化，越来越证券化，对信用货币的创造并不局限于商业银行体系，资本市场甚至衍生品市场也开始具备某种准信用货币的创造功能，不同的是，它们是通过证券化金融资产规模的扩张来实现的。资本市场以及衍生品市场的发展，客观上会增大流动性金融资产的规模，进而有可能拉长信用货币结构的链条。如果这种分析的逻辑可以成立，那么在美国，金融的去杠杆化势必影响美元在全球的供求关系，在金融危机爆发的

---

① 参见 Organisation for Economic Co-operation and Development（OECD）：*Financial Market Trend*，Nov.2007 and May.2008.

今天，即使美国政府存在大规模注资行为，美元也会因为金融的去杠杆化而升值。因为去杠杆化对信用货币的收缩是一种乘数效应。这就是处在危机旋涡中心的美元为什么还会升值的重要机理。

在中国，不存在美国式的金融高杠杆，因而也不存在去杠杆化的问题。中国金融体系的市场化程度仍然很低，改革开放和创新仍然是我们面临的主要任务。

问题九　资产证券化：是制造危机还是分散风险？

资产证券化与这次全球金融危机的形成，究竟是一种什么关系，人们还可做深入的研究，但有两点在我看来似乎已经清楚：一是资产证券化并不是金融危机产生的根源；二是资产证券化改变了风险的生存状态，使风险存量化变成了流量化。从次贷危机到次债危机，风险的源头没有变，改变的只是风险的载体和形式。

我一直以来都坚持认为，风险从存量化到流量化的转变是金融创新的巨大成就，是金融体系由传统迈向现代的重要标志，金融开始具有分散风险的功能，意味着金融功能的升级，由此完成了从资源配置到风险配置的转型。所以，资产证券化不是制造风险，而是在分散风险。

资产证券化所具有的分散风险的功能，虽然可以使危机策源地的风险有所降低，但在一个充分开放的全球金融体系中，风险或危机会不断地扩散开来，从而有可能使一个局部性金融危机或个案性金融危机演变成全球性金融危机。从这个意义上说，资产证券化对全球金融危机的扩张，具有某种加速感染的作用，特别是当这种资产支持证券的资产是次级资产时更是这样。

证券化是金融创新的基石。没有证券化，就没有金融体系的市场化改革，更谈不上大力发展资本市场。证券化是推动金融结构变革的重要途径。问题的关键不在证券化，而在证券化背后的资产是什么，以及如何评估这种资产的价值，如何充分揭示证券化资产的风险。

在中国，资产证券化还处在初始阶段，资产证券化率还很低，这客观上制约了中国资本市场的宽度和厚度，中国商业银行体系巨额的优质资产使资产证券化具有巨大的发展空间。

大力加速资产证券化是我们发展资本市场的重要突破口，对我们构建一个富有弹性、可以充分有效分散风险的现代金融体系意义重大。

问题十　货币政策目标：是单一目标还是均衡目标？

美联储前主席格林斯潘（Alan Greenspan）是现代货币政策的倡导者和最重要的实践者。他率先将货币政策关注的目标从居民消费价格指数（CPI）的变化转向资产价格的变化，并以此来调节经济增长。这种转向符合美国经济金融结构的变化，反映了金融市场特别是资本市场在美国经济活动中的主导地位。这种转向意味着现代货币政策时代的到来。这是格林斯潘对这个时代所作出的巨大贡献。

在分析这次金融危机形成的原因时，有人认为，格林斯潘式的货币政策是导致这次金融危机出现的重要原因，因为这种关注资产价格的货币政策，从实际结果看，导致了资本市场的快速发展和金融资产特别是证券化金融资产的快速扩张，金融体系泡沫化趋势越来越明显，越来越严重。殊不知，正是这样的货币政策大大提高了美国经济的金融化程度，极大地增强了金融特别是资本市场对经济的影响力，进一步强化了美国金融尤其是资本市场在全球的支配力。不断增强金融特别是资本市场的竞争力，以此来提升美国经济的竞争力，这就是美国式的金融战略，它带来了美国资本市场近20年的繁荣，也推动着美国经济长期、持续增长。

格林斯潘也承认过自己的失误。他天真地认为，贪婪无度的华尔街在法律的威慑和道德的感召下，会变成遵纪守法、内心自律的模范，因而放松了外部的严格监管。看来，内心自律的防线在巨大的利益冲突下终究都会崩溃。这也许是格林斯潘带给我们的教训。

我们一方面应当铭记格林斯潘的失误或者教训，另一方面，我们又必须深刻地体会格林斯潘货币政策目标转向的宏观战略宏图和理论精髓。在现时代，能够深刻理解并把握了现代经济特别是现代金融玄机之门的高人并不多见，格林斯潘是其中的一位大师。

对中国来说，在经济和金融发展过程中，对利益的贪婪追求无处不在。贪婪乃人之后天之本性，法律和一切制度的设计都试图使这种贪婪变得有度，使利己的贪婪不至于践踏他人的利益。所以，在经济活动特别是在资本市场上，仅靠道德约束和行为自律是远远不够的，基于法律和制度之上的外部监管仍然十分必要。

对中国来说，更为重要的是，必须推动经济政策特别是货币政策的转型[①]。中国的货币政策十分关注实体经济某些信号如 CPI 的变化，这本身并无不当，但当这种关注到达了置其他而不顾的极端状态时，就可能走向目标的反面。要知道，经济的金融化和金融的市场化仍是一种基本趋势，基于金融市场特别是资本市场不断发展的金融，的确已经成为现代经济的核心，成为现代经济活动的主导力量。货币政策既不能漠视这种变化，更不能成为这种变革的阻碍力量。中国经济的崛起需要一种具有变革精神并顺应现代金融发展趋势的强国金融战略。没有推动金融结构变革的货币政策，就不可能形成强国的金融战略。所以，在今天，中国的货币政策，既要关注 CPI 的变化，还要关注金融体系的结构性变革和资本市场的持续稳定发展，资产价格的变化理应纳入其关注的视野之内。只有这样，中国经济的持续稳定增长才会具有更殷实的基础。

参考文献

［1］胡锦涛. 通力合作　共度时艰——在金融市场和世界经济峰会上的讲话［N］. 人民日报，2008-11-16（01）.

［2］吴晓求. 实体经济与资产价格变动的相关性分析［J］. 中国社会科学，2006（6）.

［3］吴晓求. 市场主导型金融体系：中国的战略选择［M］. 北京：中国人民大学出版社，2005.

［4］吴晓求，等. 中国资本市场：全球视野与跨越式发展［M］. 北京：中国人民大

---

① 实际上，中国的财政政策也必须作重大调整，应从关注财政收入转变到关注经济增长上来。

学出版社，2008.

［5］Organisation for Economic Co-operation and Development（OECD）：

Financial Market Trend，Nov.2007 and May. 2008. http：//www.oecd.org/home/0，2987，

en_2649_201185_1_1_1_1_1，00.html.

全球视野下的中国资本市场：
跨越式发展与政策转型

【作者题记】

本文发表在《财贸经济》2008 年第 4 期。

【摘要】

在制度变革、蓝筹股回归、流动性充盈和宏观经济基本面等多重因素的推动下，中国资本市场从 2006 年开始进入跨越式发展阶段。中国资本市场的跨越式发展使中国正在成为一个资本大国，进而推动着中国金融的崛起。中国金融之崛起，是 21 世纪前 20 年全球金融最重大、最具有影响力的事件，而资本市场也越来越成为 21 世纪大国金融博弈的核心平台。为此，必须寻找基于全球视野下资本市场发展的政策重心。中国资本市场发展的政策理念必须从单一的需求管理过渡到供给管理，政策的重心是扩大供给、优化结构并不断地疏导内部需求、积极地拓展外部需求，以实现资本市场供求的战略平衡。

关键词：全球视野 资本市场 跨越式发展 政策转型

Abstract

Driven by multiple factors such as system reform, return of bluc chips, liquidity abundance and fundamentals of macroeconomics, China's capital market stepped in a stage of development by leaps and bounds in 2006. The development of China's capital market is making China a capital power and pushing the rise of its finance. China's emergence as a financial power will be the most significant and influential event in the first twenty years in the twenty-first century, and the capital market will become the platform of the financial games of economic powers. Therefore, we must find the policy focus under global perspective. The policy concept of the development of China capital market should move from demand management to supply management. The policy focus is to increase supply, optimize structure and properly ease the demand so as to realize the strategic balance of China's capital market.

Key words: Global perspective; Capital market; Leap-forward development; Policy transformation

一、金融资产的快速增长：由经济大国到经济强国转变的重要标志

构建市场主导型金融体系，以最大限度地分散风险，保持金融体系良好的流动性，促进存量资源的优化配置和社会财富（金融资产）的持续成长，全面提升金融体系的竞争力，完成经济大国到经济强国的转型是中国金融体系变革所要实现的战略目标。在这个目标的实现过程中，资本市场起着核心的主导作用。

经过近 30 年的改革、开放和发展，中国已经从一个贫穷、落后、封闭的国家转变成一个具有较强竞争力、国际化程度越来越高、具有巨大潜在成长性的经济大国。1978 年，中国的 GDP 只有 3 679 亿元人民币。而到 2007 年，中国的 GDP 将达到 24.6 万亿元的规模。在经济规模的快速扩张过程中，建立在比较优势基础上的庞大的制造业发挥了特别重要的关键作用。由全球经济结构调整而引发的全球制造业向中国大规模地转移，成就了中国经济大国的地位。中国现在正面临着一个新的战略目标：如何从一个经济大国转变成

一个经济强国？

关于经济强国的标志，研究者们提出很多指标，除了经济规模这一基础指标外，社会财富规模一定是其中最核心、最重要的指标。随着金融市场特别是资本市场的发展，金融资产特别是证券化金融资产正在成为社会财富的主要表现形式。在目前的经济金融结构下，一个国家由经济大国迈向经济强国最显著的标志是金融资产特别是流动性强的证券化金融资产一定会呈现出快速增长的趋势。我想，在这个方面，中国也不例外。

在现代金融的诸多功能中，有一个功能应给予充分关注，那就是建立在市场定价机制和存量资产证券化基础上的财富孵化、贮藏和成长功能。现代金融的这种财富杠杆化成长的功能，主要来源于资本市场。经济的持续增长、经济规模的不断扩大和经济竞争力的增强，从资本市场角度看，意味着推动经济增长的存量资产价值的大幅提升，如果将这些存量资产不断地证券化，基于资本市场的杠杆效应，那就意味着证券化金融资产（其中主要是权益类金融资产）的规模和速度会以高于实际经济成长规模和速度而成长。所以，可以得出这样的结论，一个国家金融资产特别是证券化金融资产的快速成长（有人把这种快速成长称为金融资产的膨胀）的基本前提是：经济的持续增长、经济规模的不断扩大和推动经济持续成长的存量资产（主要是权益型资产）证券化趋势以及资本市场合理定价机制。基于这种分析，可以得出这样一种判断：伴随着中国经济的持续成长，由于（权益类）资产证券化趋势日益明显并有加快的迹象，在未来相当长时期里，中国的金融资产特别是证券化金融资产会有一个前所未有的成长和发展，以至于人们认为金融资产进入了一个膨胀时期。这样的金融资产膨胀实际上是一种不可逆的趋势。这种不可逆的趋势也就是中国由经济大国向经济强国的迈进过程。

存量资产特别是权益类存量资产大规模证券化的过程，从传统金融视角看，就是金融资产的膨胀过程。这种膨胀的动力来源于金融资产结构的内部裂变，即具有财富成长杠杆效应的来自资本市场的证券化权益类金融资产以比传统非证券化的金融资产快得多的速度在成长。中国目前正处在这样一个金融资产结构裂变的时期。正是从这个意义说，中国资本市场的发展已经进入了跨越式发展的历史时期。

上述分析实际上是在说明这样一个道理或描述这样一个逻辑过程：资本市场是存量资产特别是权益类资产大规模证券化的基本平台，是存量资产市场化定价的平台，是金融资产内部结构发生裂变的平台，进而是金融资产规模膨胀的平台。所以，资本市场的发展在推动中国由经济大国迈向经济强国的过程中起着特别重要的作用。

二、资本市场跨越式发展与金融结构的裂变和金融资产的快速增长

在这里，我们有必要从金融资产结构裂变和金融资产规模快速增长的角度对股权分置改革即 2005 年中期以来中国资本市场发展作出客观分析和评价。

2005 年 5 月我们启动了自中国资本市场建立以来最重大也是最复杂的制度变革——股权分置改革。这次制度变革的核心是通过调整存量资产的利益关系和利益结构形成投资者共同的利益取向，构建具有共同取向的利益关系是资本市场发展的基石。两年多的实践表明，股权分置改革的核心目标已经实现。中国资本市场已经从改革之初的上证指数 1 000 点（2005 年 6 月 6 日为 998 点）发展到 2007 年的 6 100 点（2007 年 10 月 16 日上证指数曾到达创纪录的 6 124 点），市值也由改革之初的 3 万亿元发展到今天的 30 多万亿元，中国资本市场无论是从制度规范，还是市场规模和市值成长都实现了历史性跨越。中国资本市场进入了跨越式发展的历史时期。

中国资本市场在这期间显现出的跨越式发展的市场状态，虽然其间存在一些结构性问题或者说结构性泡沫，但总体上看是正常的。市场呈现出的跨越式发展主要是由以下因素推动的：

一是股权分置改革的制度效应。应当看到，在过去相当长时期里，中国资本市场受到了股权分置严重的制度压抑，股权分置改革由于理顺了利益关系，调整了投资者的预期，因而释放了巨大的制度效能。这是这两年来市场得到空前发展的重要因素和第一极推动力。

二是海外蓝筹股回归的财富效应。2006 年 5 月启动的海外蓝筹股回归，优化了上市公司结构，大大提升了市场的投资价值，极大地改善了市场的财富管理功能，中国资本市场正在从单一的融资功能向关注财富管理功能的方向转型。资本市场功能的转型，吸引着越来越多的资金进入，在投资者队伍不断扩大的同时，投资者结构发生了根本性调整，机构投资者已经成为中国资本市场发展的主导力量，其所拥有的市值已经占到市场可流通市值的 40% 左右。由海外蓝筹股回归所引起的市场功能升级和投资者结构的根本调整，是市场实现跨越式发展的重要因素和第二极推动力，亦即市值由 10 万亿元到 30 多万亿元的成长过程，海外蓝筹股回归的财富效应起了主导作用。

三是流动性过剩或者流动性充盈所带来的巨大的需求效应。流动性过剩是一个"很实体经济"的概念，没有考虑金融结构的市场化改革和金融市场发展对流动性的需求，从这个意义上说，与其用流动性过剩来概括货币流动规模大大超越实体经济的需要这一货币现象，不如用流动性充盈这一概念来概括更为恰当。中国目前存在的流动性充盈既有全球经济结构大调整和中国经济崛起的历史背景因素，更有带有过渡期特征的汇率形成机制和给予中国经济乐观预期而形成的人民币升值趋势的货币因素。我认为在相当长时期里，流动性充盈都将是一个存在的事实，是中国成为一个资本大国的前提。流动性充盈既能创造新的巨大的商品需求，从而可能引发物价的上涨，更能创造出前所未有的巨大的资产（资本品）需求，进而引发资产价格的上涨和资产（资本）市场的快速发展。面对前期存在的流动性充盈，政策的重心在于结构性疏导，结构性疏导的重点在于如何让充盈的流动性进入资本市场。所以，流动性充盈是推动金融结构市场化改革的必要条件，也是资本市场实现跨越式发展的重要力量。流动性充盈为我们推进金融结构的市场化转型和资本市场的跨越式发展创造了历史性机遇。

四是宏观经济的持续增长和上市公司业绩的大幅提升所带来的预期效应。中国经济自 2000 年开始进入快速增长期或者说经济起飞期。2006 年和2007 年经济增长有明显加速的趋势。长达 10 多年甚至 20 年的经济起飞期，是中国经济迈向现代化的关键时期。在宏观经济持续快速增长的背景下，上市公司业绩近几年有了大幅度提升。2006 年每股收益比 2005 年增长了 4.55%，达到 0.23 元 / 股，利润总额由 2005 年的 2 627.31 亿元增加到 2006 年的 5 109.75 亿元（增幅为 94.49%），净资产收益率则从 2005 年的 8.19% 上升到 2006 年的 10.18%；2007 年前三季度每股收益达到 0.39 元，利润总额 5 641.96 亿元，与 2006 年相比分别增长了 69.6% 和 10.42%。2008 年无论是宏观经济基本面还是上市公司业绩都将延续 2006 年和 2007 年的增长趋势。宏观基本面和公司业绩的持续趋好，推动了资产价格的大幅上涨，市场形成了巨大的预期效应。

在上述"制度效应、财富效应、需求效应和预期效应"的共同作用下，中国资本市场无论是指数还是市值都实现了跨越式发展。这种跨越式发展不仅使金融资产规模迅速增加[1]，而且也大大改善了金融资产结构，证券化金融资产占全部金融资产的比例由 2005 年底的 8.87% 上升到 2007 年 10 月的 55.10%，经济的证券化率由 2005 年底的 18.54% 快速上升到 2007 年 10 月的 134.57%[2]。中国金融和资本市场的这种跨越式发展，可能在一定程度上或结构上存在某种泡沫，但中国金融体系正在向市场化方向迈出实质性步伐进而大大提升了中国金融体系的竞争力，则是确信无疑的。

中国资本市场的跨越式发展，使中国正在成为一个资本大国。中国成为资本大国，是中国金融崛起的主导力量和核心标志。中国金融的崛起将是 21 世纪前 20 年全球金融最重大、最波澜壮阔的历史事件，资本市场也越来越成为 21 世纪大国金融博弈的舞台。随着中国金融的崛起，国际金融秩序和金融市场格局正在发生或即将发生重大的甚至是历史性的变化，国际货币体系会因为人民币的国际化而发生结构性变革。

---

[1] 2007 年 9 月底我国金融资产总规模达到 540 674 亿元人民币，比 2005 年同期（384 165 亿元人民币）和 2006 年同期（449 540 亿元人民币）分别增长了 40.74% 和 20.27%。

[2] 经济证券化率是指证券化金融资产与 GDP 之比。本文此处数据所含的证券化金融资产仅指股票资产，未考虑基金、债券等证券化金融资产。

三、扩大供给、优化结构的供给政策是推动中国资本市场发展的政策重点

资本市场的跨越式发展，使中国开始向资本大国迈进，而资本大国的地位对中国金融的崛起具有重要的战略意义。为了实现这一战略目标，并使中国资本市场发展具有可持续性，必须调整中国资本市场的政策重心，寻找基于全球视野的中国资本市场的政策支点。

在相当长时期里，我们实际上没有深刻理解发展资本市场的战略意义，实用主义色彩非常明显，需求政策成为中国资本市场发展的主导政策。在实际操作中，这种主导中国资本市场发展的需求政策又演变成一种以抑制需求为导向的政策。市场如果出现了持续性上涨，通常都会归结为是由过量的需求造成的，随之而来的是不断出台抑制需求的政策，以防止所谓的资产泡沫化。如果长期实施这样的需求政策，必然严重压抑资本市场的成长，使资本市场呈现出一种周而复始的循环过程，在较低的层面上不断地复制一个个运行周期。在这样的政策环境支配下，资本市场既没有任何发展，也不可能对实体经济的成长和金融体系变革起到任何积极作用。中国1990—2005年的资本市场基本上就处在这样一个状态。

要使中国资本市场走出原有的无效率的运行周期，除了必须进行制度变革和厘清战略目标外，还必须制定与战略目标相匹配的发展政策，寻找推动中国资本市场持续稳定发展的政策。这样的政策是什么？政策支点又在哪里？

我认为，当前中国资本市场的政策倾向一定是发展性政策。这种发展性政策的核心理念必须是供给主导型的，而不是需求主导型的。中国资本市场的政策支点在于扩大供给、优化结构并合理地疏导需求。单一抑制需求的政策理念必须摒弃。

在资本市场，抑制需求是最典型，也是最有影响力的税收政策。在资本市场上，频繁运用税收政策来影响人们的投资行为以达到调控市场的目的，是对发展资本市场战略意义认识不清的典型表现，对市场的正常发展会带来

全面的负面影响，也会人为地加剧市场波动。从长期看，势必严重阻碍市场的正常成长。所以，在资本市场发展过程中，特别对中国这样一个新兴加转型的市场而言，一定要慎用税收政策。

在资本市场上，针对二级市场投资行为的税种主要有证券交易印花税和资本利得税，证券交易印花税对二级市场交易行为、交易量和市场流动性会产生直接的影响，短期内具有类似于市场"清醒剂"的作用。而资本利得税则是从根本上改变市场的收益—风险结构，从而对市场资金流向产生重大影响。从已有的实践看，针对二级市场投资行为开征资本市场利得税势必严重阻碍资本市场发展，甚至会引发市场危机。从中国资本市场发展战略出发，在相当长时期里，我们绝不能频繁地动用税收杠杆来抑制人们的投资行为，而只能通过结构性金融政策去疏导人们的金融投资需求。

正如前面所述，在中国，发展资本市场的政策重心在供给，或者说供给政策是中国资本市场的主导型政策。这种主导型的供给政策的核心内容是扩大供给、优化结构，实现的途径主要有：

1. 继续推进海外蓝筹股的回归，包括在海外市场未上市流通的存量股权以及回归后在 A 股新发行的股份。海外市场未上市流通的存量股权主要指 H 股和红筹股的存量不流通部分。截至 2007 年底，已回归 A 股的海外蓝筹股上市公司 50 家（其中 2006 年以后回归共有 17 家），市值约在 227 570.7 亿元人民币，占总市值的 78.5%。由此可见，海外蓝筹股回归 A 股的重点在于存量股权的回归。它对于扩大 A 股市场市值、优化资产结构具有特别重要的意义。

目前，在海外上市的国企蓝筹股仍未回归 A 股的还有中国移动、中国电信、中海油、中国网通、招商局、中国海外等，这其中有些是红筹股，如中国移动等。红筹股回归 A 股虽然目前仍存在一些法律障碍，如发行主体与《公司法》和《证券法》有关规定的衔接等。当然也还存在 A 股市场与香港市场的规则协调等问题，但从总体看，通过完善法律和加强两地监管的协调，红筹股回归 A 股的障碍都能得以消除。

2. 包括央企在内的上市公司控股股东关联优质资产的整体上市。在中国资本市场发展的 17 年历史中，在一个较长时期里实行的是额度控制下的发行上市模式，由于额度控制的原因这些上市公司资产都不同程度上存在着经营上的非独立性，以至于与母公司（控股股东）的关联交易成为一种普遍行为。由资产非独立性而衍生出的关联交易通常都会损害上市公司的利益。在这种情况下，为了规避关联交易对上市公司的损害，同时也为了使上市公司具有源源不断的资源并使其成为一个完整的市场主体，应当鼓励上市公司控股股东关联优质资产借助于上市公司的这个平台实现整体上市。如果说，海外蓝筹股回归 A 股开启了中国资本市场供给政策的大幕，那么包括央企在内的上市公司控股股东关联优质资产的整体上市则是大幕开启后最为精致的一幕；如果说，中国资本市场从 1 000 点到 4 000 点的第一推动力来自股权分置改革，从 4 000 点到 6 000 点海外蓝筹股的回归起了主导作用，那么上市公司控股股东特别是央企关联优质资产的整体上市则一定会创造中国资本市场的新历史、新高度。

上市公司控股股东关联优质资产整体上市的重点在央企。截至 2007 年 12 月 25 日，我国共有央企 151 家 [①]（不包括国有及国有控股的金融企业），主要分布在航天军工（10）、信息技术（14）、石油化工（6）、电力煤炭（16）、机械（13）、钢铁（8）、有色（9）、航运（11）等行业，在这些行业起着主导作用，甚至处于垄断地位。央企对资源和市场的垄断，对政策优惠的过度依赖这里不作评论，但是在现实经济生活中，特别是在一些关键行业，央企的主导作用显而易见，资本市场对此如果视而不见，那么发展将难以为继，不利于资本市场战略目标的实现。截至 2007 年 10 月底，央企控股的上市公司共计 279 家，这是央企实现关联优质资产整体上市的主平台，对此，我们应有一个长远的战略规划。

3. 着力推进公司债市场的发展。债券市场特别是公司债市场是资本市场的重要组成部分。一个公司债市场不发达的资本市场，在结构上是残缺的，在功能上也是畸形的，既不利于资源的优化配置和公司资本结构管理，也会损害资本市场的财富管理和风险配置功能。中国资本市场目前的环境有利于

---

① 见《上海证券报》2007 年 12 月 25 日第 1 版。

公司债市场的发展。发展公司债市场的关键在于改革落后、僵化、过时的公司债发行管理体制，建立市场化的透明的公司债管理体制。

中国资本市场供给政策的重要内容除了上述三个主要方面外，还有完善资本市场结构、中小型高科技企业的发行上市、包括股指期货在内的具有不同功能的金融衍生品的设计和推出等。

四、疏导内部需求、拓展外部需求是中国资本市场需求政策的基本内容

与主导型供给政策相匹配，中国资本市场的需求政策有两个基本点：一是积极疏导内部需求，不断调整金融资产结构，推动居民部门和企业部门金融资产结构由单一的银行存款向银行存款和证券化金融资产并存的格局转变。不断提高证券化金融资产在整个金融资产中的占比，是中国金融体系市场化改革的重要目标。二是大力拓展外部需求。引进境外投资者，逐步提高境外投资者在中国资本市场中的投资比重，是中国资本市场对外开放和实现市场供求关系动态平衡的重要措施，对中国资本市场的国际化意义重大。

1. 积极疏导内部需求是中国资本市场需求疏导政策实施的基本要点。我们必须摒弃长期以来所形成的抑制需求（即抑制资金进入资本市场）的政策理念。经过30年的改革开放和发展，中国社会已经进入金融资产结构大调整的时代，投资者期盼着收益与风险在不同层次匹配的多样化金融资产的出现。在金融资产结构正在发生裂变的今天，投资者越来越偏好收益与风险在较高层次匹配，并具有较好流动性的证券化金融资产已是一个不可逆的基本趋势。正确的政策应是顺势而为，而不是逆势而动。

疏导内部需求指的是基于投资者对证券化金融资产偏好基础上通过政策的引导而使其资金源源不断地进入资本市场以改革传统金融资产结构的过程。在这里，内部需求分为增量需求和存量需求。增量需求仅指投资者现期收入减去现期消费之后剩余部分对证券化金融资产的需求，而存量需求则指的是投资者存量金融资产结构调整过程中对证券化金融资产的需求。疏导增量需求提高增量资金进入资本市场的比例，是资本市场需求疏导政策的第

一步，也是近期政策的重点。而通过调整存量金融资产结构以疏导存量需求、不断增加存量资金进入资本市场的规模是资本市场需求疏导政策的战略目标。

为了实现上述需求疏导政策，除要继续大力发展机构投资者外，制定一个有利于资本市场发展的税收政策非常重要。总体而言，不应加重针对二级市场投资行为的税负，不能开征针对二级市场投资行为的资本利得税；否则，试图通过疏导需求而使新增资金源源不断地进入资本市场，以实现供求动态平衡的目标不可能实现，市场必然又回到以前停滞不前的状态。

2. 不断扩大资本市场的对外开放度，积极稳妥地拓展外部需求。逐步形成一个与巨大潜在供给相对应的外部超级需求，是中国资本市场需求政策的战略重点。我们应当清楚地看到，虽然目前中国资本市场的市值已达 30 多万亿元人民币，但无限制流通股不到总市值的 1/3，中国市值前 10 位的上市公司总市值达 19.21 万亿元人民币，无限制流通股市值只有 9 035.71 亿元，不到其市值的 5%，以中国石油和中国工商银行为例，其无限制流通股市值占该两家上市公司市值的比例分别仅为 1.64% 和 3.61%。从法律上说，上市三年禁售期过后，这些巨额的受限制的流通股对市场会产生极大的心理压力。面对这样巨大的潜在供给压力，仅靠疏导内部需求是难以达到市场的战略平衡的，而必须寻找与此相匹配的外部超级需求者。对中国资本市场来说，QFII 虽然是外部需求者，但绝不是外部超级需求者。伴随着中国金融体系改革和资本市场的对外开放，外部超级需求者的形成可能是一个渐进的过程，或许要经过一个从高门槛的 QFII 到 QFII 的泛化再到境外（国外）一般投资者的进入这样的演进过程。与海外蓝筹股回归的规模和速度相比，我们引入外部需求的规模和速度显然不匹配，如果再考虑央企整体上市等后续的巨大战略供给，那么，外部超级需求的形成就显得迫切而重要。

在资本市场需求政策的设计中，有一个问题必须处理好，那就是需求（资金）的输出和输入之间的关系，即政策的重点是需求（资金）输出还是输入。我认为，需求（资金）输入是重点，就如同供给政策中扩大供给是重点一样，需求（资金）输出不是中国资本市场需求政策的核心要义。正是从这个意义说，"港股直通车"之类的需求（资金）输出政策对发展中国资本市场无积极意义。

五、结语：资本市场与大国金融博弈

资本市场发展经历了数百年的漫长历史，这其中有欢乐，有悲怆；有理性繁荣，有泡沫破灭；有对未来的憧憬和期待，也有落花流水式的无奈心情。这是资本市场的天然属性。人类社会进入 21 世纪后，资本市场发展除了难改其天生属性外，也呈现出一些新的特征、新的变化，这就是资本市场从来没有像今天这样如此重要，如此蓬勃发展，也从来没有像今天这样受到人们如此强烈的关注。资本市场在经济全球化和经济金融化的今天，已经成为大国金融博弈的核心平台，而金融博弈是国际经济竞争的支点。

资本市场之所以成为 21 世纪大国金融博弈的核心平台，是因为，现代金融的核心是资本市场，资本市场在资源配置过程中发挥着难以替代的重要作用；

是因为，资本市场越来越成为现代经济的强大发动机，这种强大发动机集增量融资、存量资源调整、财富创造和风险流量化等功能于一身，以精美绝伦的结构性功能推动着日益庞大的实体经济不断向前发展；

是因为，资本市场在推动实体经济成长的同时也在杠杆化地创造出规模巨大、生命力活跃的金融资产，并据此催生着金融结构的裂变，推动金融的不断创新和变革；

是因为，资本市场通过改变财富的流动状态而使风险由存量化演变成流量化，金融风险的流量化使风险配置成为一种现实的可能，使现代金融成为一种艺术，使金融结构的设计成为一种国家战略。

只有用这样的理念，从这样的高度去理解资本市场，我们才能真正找到发展资本市场的正确道路。

参考文献

［1］吴晓求.中国资本市场：从制度变革到战略转型［M］.北京：中国人民大学出

版社，2007.

　［2］吴晓求.中国资本市场分析要义［M］.北京：中国人民大学出版社，2006.

　［3］吴晓求.对当前中国资本市场的若干思考［J］.经济理论与经济管理，2007（9）.

对当前中国资本市场的若干思考

【作者题记】

本文发表于《经济理论与经济管理》2007年第9期，部分内容后被《红旗文稿》2007年第22期摘登。

【摘要】

中国资本市场正进入一个新的历史发展阶段，保持政策的连续性和稳定性，是当前中国资本市场发展的重要条件。人民币升值趋势、流动性过剩和国民经济的持续成长使中国资本市场发展面临历史性机遇；资本市场发展将对中国商业银行的改革和发展带来全面的、深刻的影响。中国要想实现经济大国到经济强国的转变，资本市场的发展不可缺少。

关键词： 资本市场　流动性过剩　金融体系　结构性改革

Abstract

China's capital market is entering a new historical stage. Keeping macro policy stable is crucial for the development of China's Capital market. Some phenomena，such as revaluation of RMB appreciation，excess liquidity and sustaining growth of national economic growth create a historical opportunity for China's capital market. The development of capital market will have comprehensive and profound impact on the reform and development of China's commercial banks. The development of domestic capital market per se is a necessary condition for the sustainability of Chinese future economic growth.

Key words：Capital market；Excess liquidity；Financial system；Structural reform

中国资本市场正处在一个历史性的发展阶段，如何认识当前的资本市场，如何保持资本市场发展政策的连续性和稳定性，如何在人民币升值和流动性过剩等金融环境下大力推进资本市场发展，如何利用资本市场的平台推进包括商业银行在内的金融体系的结构性调整和市场化改革是我们应当关注的重要问题。

一、如何认识当前的中国资本市场

如何认识当前的中国资本市场，理论界存在着争论和分歧。这种争论和分歧集中体现在对市场的判断以及对政策的评价等方面。笔者认为——至少到现在为止是这样认为的——中国资本市场正在恢复理性预期，结构性泡沫正在逐渐退去。在 2007 年 5 月之前，中国资本市场由于股权分置改革、人民币升值和中国国民经济的持续发展等因素，形成了一轮前所未有的持续性上涨。这种大幅度、持续性上涨势头使很多人难以理解，甚至感到惶恐。人们的不理解和惶恐是可以理解的。中国资本市场在股权分置改革之前实际上仍处在探索和试验阶段，直到 2005 年 5 月开始推进股权分置改革以后，中国资本市场才开始走向规范，人们对市场持续性大幅度上涨缺乏心理准备。实际上，就 2007 年 5 月之前的市场态势而言，仍在可接受的范围内运行，虽然结构性泡沫已经出现。面对这种市场状态，政府陆续出台了一些政策，包括提高证券交易印花税、严查商业银行违规资金入市以及发行 1.5 万亿元的特别国债和全面推出 QDII 等，推出这些政策实际上是试图给市场降温。随着这些降温政策的出台，市场上还盛传着政府有很多后续的"组合拳"，包括必要时开征资本利得税。实际上 5 月以后陆续出台的调控政策已经对市场产生了重要影响，如果还要开征资本利得税，那一定会对中国资本市场发展带来毁灭性的打击。在 2007 年 4 月下旬召开的一个重要会议上，笔者曾最坚决地反对对资本市场投资所得开征资本利得税。笔者始终认为，开征资本利得税会使一个有前途、有希望、有巨大发展潜力的资本市场面临灭顶之灾。也有经济学家认为，为什么可以对居民储蓄存款征收利息税，而不能对资本市场投资所得开征利得税？实际上利息税是可以取消的，否则对储蓄存款者来说确有不公之嫌。长期以来，笔者一直坚持这样一个观点：一个强大的资本市场对中国经济发展和中国金融体系的现代化极其重要，中国金融改革的核心是推动资本市场的改革与发展。笔者在四五年前提出这一观点的时候，有人不理解——为什么资本市场改革和发展是中国金融改革的核心？为什么中国金融改革的核心不是利率市场化的改革？不是汇率制度的改革？不是商业银行的市场化改革？对这一问题的回答涉及一个非常重要的战略问题，即中国究竟需要一个什么样的金融体系？

笔者始终认为，中国金融体系改革的战略目标一定是建立一个以资本市场为基础（平台）的金融体系，这种金融体系就是市场主导型金融体系[①]。这就意味着我国金融改革的核心和重点是资本市场。中国金融改革实际上存在一个中心、两个基本点。一个中心就是要大力推进资本市场的改革和发展，发达的资本市场是中国金融体系市场化改革和结构性调整最基础、最重要的市场化平台，是中国金融改革的现实起点。两个基本点是：以股份制改革和上市为切入点的商业银行的市场化改革；以最终由供求关系决定的汇率制度的市场化改革。今天我们越来越认识到中国资本市场发展对中国金融改革所具有的重要性。

目前中国资本市场正在经历着大幅度的波动，2007 年 5 月以来，波动的幅度更加显著。目前资本市场资产价格的大幅度波动，背后的真实原因实际上是投资者对宏观政策的担忧。我们的投资者，无论是机构投资者还是一般的中小投资者，都对政策的不确定性表现出强烈的担忧。例如 2007 年 5 月 30

---

① 参阅吴晓求，赵锡军，瞿强，等.市场主导与银行主导：金融体系在中国的一种比较研究［M］.北京：中国人民大学出版社，2006.

日提高证券交易印花税的政策出台后，市场就出现了历史上从未有过的大幅度的连续性下跌，有些上市公司的股价甚至连续 6 个跌停板。笔者认为，在资本市场的成长过程中，由于我们缺乏对市场的正确理解，政策的不稳定性有时可能是市场发展中最大的风险来源。我们以前只把中国资本市场风险来源归结为虚假信息披露。看来就市场的整体来说，政策缺乏连续性，可能也是我们市场风险的重要来源[①]。资本市场最重要的是投资者的预期，市场预期一旦被破坏，其后果必然是市场的剧烈震动，必然是投机盛行。所以现在市场上会经常出现"黑色星期五"和"红色星期一"的周期现象。这一周期现象的背后就是投资者对政策的一种担忧。投资者担心周末会出台新的干预政策，从而以自我下跌的方式来替代政策干预。担忧政策干预而出现的"黑五红一"现象，正是投资者在一个不太稳定的政策环境中所能采取的最优投资策略。我们可能对管理产业很有经验，但是对如何发展金融市场，如何正确理解金融市场，如何有效管理金融市场，还是缺乏经验的。

在现代金融体系架构下，资本市场的资金来源有时是很难明确划清界限的，甚至难以判断进入市场的资金是企业自有资金还是银行贷款。笔者坚持认为，对商业银行而言，建立贷款的风险过滤机制，以确保信贷资产的安全性是商业银行的基本职责。而企业对这笔贷款的使用则似乎应更具弹性。企业对资金的运用应是企业自身的权利。企业为什么一定要把这笔钱存在银行而不能进行收益与风险相匹配的资产组合呢？我们知道，中国资本市场如果没有商业体系的支持是不可能发展起来的，这种支持，当然包括资金层面的支持。2007 年 6 月人民银行的有关分析报告表明，我国商业银行 2007 年 4 月和 5 月的居民存款储蓄余额出现了绝对额下降，两个月分别减少了 1 674 亿元和 2 784 亿元人民币。事实上，这种情况表明我国居民储蓄和金融资产结构开始进入一个大调整的时代，这对中国过于古老的金融结构来说，是一个积极的信号。如果我们仍然寄希望于老百姓把钱全部存入银行，金融资产主要以居民储蓄存款的形式存在，那显然是一个相当落后的观念。储蓄存款这

---

① 参阅吴晓求.明确政策预期是稳定当前市场的关键［N］.上海证券报，2007-06-05（01）.

种单一金融资产的时代正在结束。然而我们的政策似乎还在希望维持这种格局，这只能是一厢情愿。大力发展中国资本市场，就是要顺势推动居民金融资产结构配置方式的根本性变革：由原来几乎单一的储蓄存款，逐步调整为储蓄存款与证券化金融资产——国债、公司债、基金、股票等并存的多元化的格局。这种居民金融资产的结构性调整符合金融发展的规律，也顺应投资者的需求。如果今天居民储蓄存款仍在大幅度增加，通常说来肯定是不正常的。这种不正常现象不利于资本市场的发展和现代金融体系的形成。所以，政策的引导方向不是让进入资本市场的资金回流到银行体系，不是要大幅度增加居民储蓄存款，而是要合理地引导资金进入资本市场。

在引导社会资金包括居民储蓄存款资金进入资本市场的同时，我们还必须改善中国资本市场的供给结构，扩大资本市场上可流通的资产规模。在相当长时期里，中国资本市场的政策重点不在抑制需求而在扩大和改善供给。有效的供给政策是中国资本市场的政策重心。改善市场供给结构、扩大市场资产规模有效的现实途径就是加快海外上市蓝筹股的回归。从战略上看，我们要十分珍惜优质上市资源。优质上市资源是最重要的金融资源。我们不能把如此多的优质企业送到境外上市，然后通过 QDII 这个管道把资金送到境外投资于这些企业。如果优质的上市资源都流到境外，资金也流向境外，其结果必然导致中国资本市场的边缘化和空心化，势必延缓我们实现建立发达资本市场的战略目标。没有一个强大的资本市场，中国想要成为经济强国是很困难的。科学技术的发达与否以及转化成现实生产力效率的高低是中国成为一个经济强国的重要条件，但是，仅此还是不够的，还需要一个能优化资源配置的现代金融体系，唯有科学技术和现代金融的结合才能使中国成为一个发达强盛的国家，由现在的经济大国发展成经济强国。从国家战略层面上讲，我们要像发展科学技术一样，重视发展我国的资本市场。所以，只有让那些境外上市的蓝筹股回归 A 股，同时大力吸引海外资金进入中国资本市场，中国资本市场才会逐步发展起来。

在中国，发展资本市场的战略目标是要构建一个既能优化配置资源、促进经济增长，又能分散风险、贮藏财富并使财富随着经济增长而增长的现代金融体系。如果经济高速增长只能带来国家财政收入的超高速增长，与此同时而没有带来（以居民金融资产为代表）社会财富的相应增长，那么，这种金融体系一定存在结构性缺陷。这种结构性缺陷主要来源于资本市场不发达。中国金融体系就存在这种结构性缺陷。

20世纪美国的强国之路和强国经验值得我们总结。美国之所以在20世纪能成为一个经济上强大的国家，其中一个重要的原因就是科学制定并有效实施了强国的金融发展战略。总结美国和日本在20世纪80年代以后经济发展出现的重大差异时，可以发现，两国的金融战略是其中重要原因。20世纪80年代，日本的经济竞争力已经接近美国，产业的技术竞争力与美国几乎已经在同一起跑线上，在某些领域甚至超过了美国。但是20世纪90年代以后，这两个国家的经济竞争力出现了重大的分化。这其中最重要的原因就是日本的金融战略出现了重大的失误，以至于造成了今天这种结果。当然日本的经济有可能第二次崛起，但是第二次崛起一定是金融的崛起。可以这样认为，美国的强大与金融业的发展特别是资本市场的发展有着内在关系。强大的资本市场，使美国成为全球最重要的金融中心。中国在21世纪应该而且完全有可能成为全球重要的金融中心之一。庞大的制造业可以使中国成为一个经济大国，可以解决中国的就业和实现小康目标，但是难以使中国成为一个经济强国。我们国家有很多很好的战略研究，但是非常遗憾的是，至今都没有一个强国之路的金融发展战略。"没有远虑，必有近忧。"

流动性过剩是我们当前面临的一个重要宏观经济问题，也是一个重要的金融现象。如何理解流动性过剩对中国经济的影响，如何在流动性过剩的条件下来推动中国金融体系的结构性改革，是一个大课题。中国的流动性过剩既有制度性背景，又有全球经济结构大调整的因素，因而在相当长时期，可能是一个基本现象。换句话说，如果对我国流动性过剩缺乏准确的理解，那就很难找到正确的解决办法。中国的流动性过剩，仅靠技术性对冲是难以达到效果的。2007年前6个月我们的外汇储备又增加了2 663亿美元，这意味着人民银行投放的基础货币超过了2万亿元人民币，考虑到货币乘数效应，所产生的流动性则是巨大的。笔者不主张我国汇率机制改革一步到位，"慢走升值"是正确的汇率改革路径。中国经济竞争力的培育需要这种政策和环境，同时中国产业的成长需要来自汇率变动所带来的国际竞争压力。所以人民币的缓慢升值将是一个较长的过程。这也就是说，流动性过剩在一个较长时期内是必然的。

任何事情都具有两面性，流动性过剩也一样。有利和不利都是一种可能性，如果处理不当，不利的一面就会爆发，就有可能引发物价的全面上涨，引发严重的通货膨胀。笔者认为，我国对流动性过剩的政策重点应放在结构性疏导上，而不是全面控制上。流动性过剩最终都要形成强大的现实购买力，从而引起物价或资产价格的上涨。这里所说的流动性过剩的结构性疏导政策，是指通过政策的引导让较多的过剩流动性进入对经济生活不会带来重大影响的领域，同时又有利于经济结构的根本性调整。我们完全可以因势利导，利用流动性过剩来推动金融体系的结构性调整和金融市场特别是资本市场的发展。没有流动性过剩，中国资本市场怎么发展？谁去购买这些资产？所以调节流动性过剩的政策重心在于结构性疏导，把过多的流动性疏导到资本市场上来，以此来推动中国金融体系的结构性改革。中国已经迎来了发展金融市场特别是资本市场的最好时机，过去我们需要用 10 年做成的事情，实际上今天我们由于存在流动性过剩而可能只需要 2 年就能做成。成功永远属于那些能识别机会又善于把握机会的人。

二、中国资本市场进入了一个新的发展阶段

从 1990 年到 2005 年是中国资本市场的探索期。2005 年 5 月以后，中国资本市场开始进入了一个新的历史发展阶段，判断的依据主要有：

第一，股权分置的制度平台从总体上看已经不复存在。全流通的市场结构彻底解决了大股东与小股东之间的利益不一致问题，形成了股东之间共同的利益趋向。股东之间共同的利益趋向是中国资本市场持续发展的基本动力。

第二，与全流通的市场结构相适应，中国资本市场规则正在进行重大调整。从发行、上市、交易到购并、信息披露、退市等诸方面，制度和规则越

来越国际化、市场化。这一点在公司购并的规则中得到了突出体现。由于历史的原因，中国上市公司中有相当多的是当年通过资产剥离将大企业的一个生产环节的资产上市的。这样的上市公司缺乏经营的独立性。为此，必须修改相应的规则，鼓励上市公司通过定向增发、资产注入等形式实现母公司优质资产的整体上市。我个人认为，以上市公司为基本平台，实现母公司（控股股东）优质资产的整体上市，是实现中国资本市场持续成长的重要途径。

第三，资本市场的资金管理制度和资金运行体系也在发生根本性的变化，证券公司的市场风险放大性功能正在衰减。2005 年之前中国资本市场风险之所以很大、投机气氛之所以很浓，其中一个重要原因就是许多证券公司对市场风险起了推波助澜的作用，他们肆无忌惮地挪用客户保证金，把风险转嫁到客户身上。证券公司挪用客户保证金之所以成为一个群体性现象，原因在于制度设计存在重大缺陷。在资金管理制度上，我们实际上是把证券公司设计成类银行，从而使他们可以自由地动用客户的保证金余额。这样的制度设计会使好人变坏人，坏人变恶人。目前正在推行的独立第三方存管的资金管理体制是资本市场制度的重大改革，是一个历史性的进步。

第四，市场的核心功能——定价功能和对存量资源的再配置功能正在恢复。资本市场有两个最重要的功能：一是资产定价。过去我们是通过资产负债表中的净资产来判断企业的价值的，净资产成为企业定价的一个基准。资本市场发展以后，净资产的定价意义不复存在，仅仅具有财务核算的意义，对于并购等投资活动没有什么参考价值。二是存量资源的再配置。对存量资源重新配置是资本市场所特有的，也是资本市场不断成长的动力。以购并为标志的存量资源的再配置，将在中国资本市场的成长过程中扮演重要角色。

第五，全流通的市场结构使得中国资本市场开始具备了建立有利于上市公司长期发展的激励机制。我们要充分认识到，稀缺的人力资本在现代企业发展中的特殊作用。我个人认为，在一些企业，例如，高科技企业、金融服务业等领域人力资本是企业发展的最重要因素，相对而言，货币资本在这些企业的作用在下降。所以在上市公司中，建立管理层长期激励机制是企业持续发展的重要制度措施。

第六，资本市场资产价格体系结构性调整的时代已经来临，强者更强、弱者更弱将是市场的一个重要特征。股权分置时代资本市场的资产价格体系实质上是无差异的。一个优质的企业和一个劣质的企业并没有在资产价格上得到充分反映，收益与风险的匹配机制没有形成。全流通时代的资本市场势必会对这种无差异的资产价格进行根本性调整，收益与风险的匹配机制正在形成。

第七，人民币升值预期和国际化趋势使中国资本市场发展面临更优的金融环境。人民币的不断升值是一个基本趋势，短期内不会有趋势性改变。人民币升值对中国资本市场发展具有重要作用。没有人民币升值的预期，没有人民币国际化趋势，要想把以人民币计价的资产变成全球投资者都愿购买的资产是不现实的。只有人民币币值相对稳定或缓慢升值，以人民币计价的资产才会吸引全球的投资者。如果人民币币值波动很大，甚至还面临着贬值风险，这个国家的金融市场是难以发展起来的，因为它缺少一个最基本的外部金融环境。笔者深信不疑，到 2020 年人民币一定会成为全球最重要的储备性货币之一[1]。只有人民币成为国际重要的储备性货币，中国的金融体系才会真正强大起来，中国资本市场才可能成为全球重要的资产交易中心，中国的强国之梦才会实现。

笔者曾研究了世界金融中心漂移史[2]。从 13 世纪到 20 世纪末的 7 个世纪中，全球金融中心在兴衰更替的历史进程中缓慢地漂移着。一部金融中心的漂移史，也是金融的发展史。13 世纪，世界的金融中心在哪里？在威尼斯。那个时候的金融中心实际上就是汇兑中心和结算中心，而不像今天的金融中心更多地表现为资产交易中心。17 世纪金融中心慢慢漂移到北欧的一个具有海洋文化的城市阿姆斯特丹。18—19 世纪英国开始发展起来了，成为当时最强盛的国家，海外殖民地的扩张、对外贸易规模的扩大以及资本主义经济的

---

[1]　参阅吴晓求 . 中国资本市场：从制度变革到战略转型［M］. 北京：中国人民大学出版社，2007：7-57.

[2]　参阅吴晓求 . 中国资本市场：从制度变革到战略转型［M］. 北京：中国人民大学出版社，2007：63-105.

发展，使伦敦开始取代阿姆斯特丹而成为全球新的金融中心。18世纪中叶爆发了著名的英法战争，结果英国打败了法国。当时法国人口是英国人口的三倍，但是为什么英国能战胜法国呢？史学家在总结经验时认为，一个重要原因就是英国的金融革命极大地提升了英国的金融能力，从而可以有效地为战争筹集经费[1]。19世纪末20世纪初，美洲大陆开始兴盛，美国开始成为一个经济强国。翻开100年前欧洲的报纸，我们可以看到许多诸如"美国威胁论"的观点，保守的欧洲试图采取多种措施来阻止美国的发展，但没有成功。100年后，这种论调又开始出现并甚嚣尘上，以美国为代表的发达国家发出了"中国威胁论"的论调，并试图采取各种措施阻止中国的发展，历史似乎在重演。100年前欧洲人发出的"美国威胁论"没能阻止美国强盛的脚步，100年后的今天，谁也阻挡不了中国发展的步伐。

20世纪70—80年代，随着全球经济结构的调整，日本逐步成为一个经济强国。全球金融中心开始出现了漂移的迹象，并有可能在东京着陆。当时的东京已经具备了成为全球金融中心的基本条件，包括经济实力、贸易规模、法制环境等。20世纪80年代末，东京证券交易所的市值曾一度超过了纽约证券交易所。然而，随着"泡沫经济"的破灭，东京作为新的国际金融中心地位受到了严重的挑战和动摇，全球新的金融中心正在缓慢地离日本而去。"梦断东京"似乎已经成为现实。

进入21世纪后，全球新的金融中心在亚洲的上空飘忽不定。然而，种种预兆表明，21世纪新的全球金融中心正向中国方向漂移。中国（上海）作为21世纪新的国际金融中心的一些重要基础条件正在形成，包括经济发展水平、国际贸易规模和人民币良好的信誉。历史给了我们机遇，我们应当顺势而为。只要我们不断提高民主和法制水平，进一步完善信用制度，制定并实施促进金融体系市场化改革和大力发展资本市场的金融战略，机遇就一定能在中国变成现实。

第八，中国资本市场的发展战略正在调整。当我们站在开放的角度和经

---

① 参阅吴晓求. 中国资本市场分析要义［M］. 北京：中国人民大学出版社，2006：12-13.

济全球化的角度，我们可以认为，到 2020 年中国资本市场的战略地位应该是这样的：以沪港深为主体的中国资本市场是全球最重要、规模最大、流动性最好的资产交易市场之一，其仅就沪深市场的市值而言，届时将完全可以达到 60 万亿 ~80 万亿元人民币的规模。人民币将成为世界上最重要的三大储备货币之一。一个以发达资本市场为核心的中国金融体系将成为全球多极金融中心之一极。

在这里，笔者不能不谈到香港金融市场的未来发展和战略定位。维持香港的繁荣和发展是我们的责任。笔者认为，香港市场和内地市场不要完全同构，要根据各自的优势，相互之间要有战略分工。能否作这样的战略分工：上海市场的战略目标是人民币的定价中心和蓝筹股为主体的资本市场；深圳市场是主要以中小上市公司为主体的资本市场；香港市场主要是金融衍生品交易市场、人民币离岸中心和一个更加国际性的市场。有了战略分工，才会合理地配置战略资源，才能在全球金融体系竞争中处于相对有利的地位。

三、资本市场发展对商业银行的深刻影响

中国金融市场特别是资本市场的发展，将在战略层面对中国商业银行产生全面而深刻的影响，主要体现在两个方面：

一是，对商业银行的治理结构和运行机制的影响，包括公司治理结构、股东与管理层的利益结构、激励与评价制度、透明度、风险的形成和处置机制等。国有商业银行的上市，终结了政府的风险埋单机制，建立了市场化的风险处置机制，因而对改善中国金融体系的风险结构具有根本性作用。

二是，对商业银行金融产品的结构性调整带来了深刻的影响。随着资本市场的不断发展，客户对金融的需求在发生重大变化。由于受制度和规则的约束，我国商业银行给客户提供的产品供给则没有相应的升级。金融产品与金融需求在结构上的严重不匹配，损害了商业银行的竞争力，大大降低了金融的效率。金融业本质上就是服务业，是供给的提供者。客户的需求结构发生了重大变化，金融服务理应作相应调整。然而，在中国，基于市场和客户需求的金融创新受到了相对落后的金融法律、法规和制度的约束。我们有些

制度、规则和法律条文是 5 年前甚至是 10 年前制定的，那时候我们还看不到今天的发展，但是在实践中仍然是以这种标准来监管商业银行，这客观上阻碍了商业银行的自主创新能力。从这个意义上说，商业银行的创新能力不足、产品结构调整缓慢，与其说是商业银行自身的问题，不如说与我们相对落后的金融制度有关更恰当、更符合事实。

中国迫切需要商业银行的自主创新，需要透过传统的法律和制度去创造新的金融产品来满足客户的需求。在现实中，我们的金融创新实际上是金融监管部门在创新，商业银行在执行，这违背了金融创新的逻辑过程。金融创新应当是金融市场主体的行为，因为，只有它们才最了解市场的变化、客户的需求。它们在面对各种市场变化和客户多样化的需求时，在控制自身风险的基础上不断创新产品来满足客户的需求。通过这种满足需求的服务，商业银行获得相应的收入，进而改变利润结构，提高竞争力，这才是正确的方向。商业银行亦即金融机构的产品创新有一个基本的底线，那就是任何创新活动都不应为自身带来超过收益的风险。我认为，中国的金融法规和制度需要作重大的调整。

对传统商业银行盈利模式提出挑战的主要不是股票市场，而是公司债市场。股票市场通过提供增量资本来改善企业的资产负债率，从而为商业银行的信贷活动提供安全性保证。而真正对传统商业银行盈利模式提出挑战的实际上是公司债市场。只有公司债市场的全面发展，才会从根本上推动商业银行的市场化改革和对传统盈利模式的转换。由于目前公司债市场不发达，资本市场对商业银行的全面挑战的时代实际上还没有到来，目前只是有了一点点硝烟的味道。而这种硝烟的味道来自短融债市场对短期流动性贷款所带来的压力和竞争。短融债市场的发展对我国债券市场和货币市场的发展具有极其重要的意义，它在僵化的债券发行和管理体制中打开了一个市场化的缺口[①]。

---

① 2007 年 8 月 14 日，中国证监会正式颁布并实施《公司债券发行试点办法》，意味着公司债市场的全面启动。

金融活动的"脱媒"现象在中国已经出现，并将成为不可逆转的趋势。"脱媒"现象既是资本市场发展的推动力，又是传统商业银行盈利模式的颠覆者。商业银行面对"脱媒"这一基本趋势，必须进行两方面的重大调整：一是不断创新基于市场的金融产品，提供与客户需求相匹配的产品供给。结构性金融产品——基于市场的收益与风险在较高层次上匹配的且具有财富管理功能的金融产品是中国商业银行产品创新的重点。提供私人银行的一揽子综合金融服务，包括投资服务、房地产交易、信托服务、融资及现金管理、保险、避税、财富跨代转移、金融咨询等，是商业银行业务创新必须关注的重点。二是传统业务（贷款）客户群要不断下移，中小企业和个人客户将是我国商业银行传统业务的主要对象，贷款的客户结构亦将发生较大变化。

资本市场发展会带来商业银行特别是上市银行资产负债从形式到结构的重大变化。随着资产和负债证券化时代的到来，商业银行的资产和负债的价值也会出现较大幅度的波动。商业银行正在进入市场化风险管理的时代。这种变化实际上意味着从传统商业银行到现代商业银行的悄然过渡。

我们应清醒地认识到，商业银行所处的外部环境正在发生重大变化，我们对此不能视而不见，也不能虽知环境变化但却拒绝变革。商业银行与资本市场的关系，是一种生命体与其生存环境的关系，就像恐龙和其生存环境的关系一样。恐龙虽强大，但是如果它不根据外部环境的变化而调整自身以适应新的环境，最终也难逃灭绝的厄运。所以，商业银行要想在未来的竞争中生存并不断发展，就必须深刻了解未来生存的环境将会发生何种变化，以及如何调整自身去适应这种变化。

参考文献

［1］竹内宏. 日本金融战败［M］. 北京：中国发展出版社，1999.

［2］中国证监会. 公司债券发行试点办法（2007 年 8 月 14 日颁布）［N］. 上海证券报，2007-08-15.

中国资本市场的
战略目标与战略转型

【作者题记】

本文发表于《财贸经济》2007 年第 5 期。

【摘要】

从战略角度看，股权分置改革的成功开启了中国资本市场发展的新阶段。当我们完成了资本市场的制度变革即股权分置改革后，我们就不得不研究中国资本市场的战略定位、战略目标和由此决定的战略转型，这对未来中国资本市场成为一个大国资本市场具有重要的战略意义。

本文认为，到 2020 年，中国资本市场的战略目标是：以沪深市场为轴心形成的中国资本市场是全球最重要、规模最大、流动性最好的资产交易场所之一，其市值将达到 60 万亿 ~80 万亿元人民币；届时，它将成为人民币及人民币计价资产的定价中心，拥有人民币及人民币计价资产的定价权。

为了实现这一战略目标，中国资本市场必须进行战略转型。

关键词：资本市场　战略目标　战略转型

Abstract

From a strategic perspective, the success of the reform of equity split begins a new stage for the development of China's capital market. After the completion of the institutional reform of capital market—the reform of equity split, we have to study the strategic position, strategic goals and therefore strategic transformation of China's capital market. It is of great strategic significance for China's capital market to be a strong one in an economic power in the future.

The author argues that by year 2020, the strategic goals of China's (mainland, same as below) capital market should be: China's capital market, which is formed by taking Shanghai and Shenzhen market as the axis, will become one of the most important asset transaction markets in the globe with its largest scale and its best liquidity; The market value should approach 60000 billion—80000 billion RMB yuan; China's financial industry will possesses the pricing power and become the pricing center of the RMB and RMB denominated assets.

In order to achieve the above strategic goals, we must conduct strategic transformation in China's capital market.

Key words: Capital market; Strategic target; Strategic transformation

到 2006 年底，中国资本市场迄今为止最重要的制度变革——股权分置改革已全面完成。这场制度变革的重要意义，就是"试图从制度层面上'再造'中国资本市场，因而它不仅是迄今为止最重大、最复杂的结构性变革，而且对中国资本市场的发展和制度建设具有里程碑式的意义。它所具有的历史意义几乎可以与 20 世纪 90 年代初建立这个市场相提并论"（吴晓求，2006b：第 3 页）。随着时间的推移，股权分置改革对中国资本市场发展所产生的深刻影响正在不断显现，一个具有共同利益基础、收益与风险相匹配、具有激励功能和约束机制的资本市场正在形成。中国资本市场由于股权分置改革的全面完成而将进入一个新的发展阶段。

一、中国资本市场发展进入新阶段的标志

股权分置改革和资本市场资金管理体系等引发的制度变革，使中国资本

市场的运行平台发生了根本性变化，从而使中国资本市场进入了一个新的发展阶段，其主要标志有：

1. 股权分置的制度平台，从整体上看已不复存在，取而代之的是一个全流通的市场结构。全流通的市场结构，稳定了市场预期，使上市公司全体股东具有共同的利益平台和共同的利益趋向，使资本市场发展具有持续的利益动力。

2. 与全流通的市场结构相适应，中国资本市场的运行规则也在进行重大调整。过去，中国资本市场的运行规则，包括发行、上市、交易、购并重组、信息披露、公司治理结构和退市机制等都是以股权分置为制度背景设计的，因而带有鲜明的股权分置的制度烙印。从 2006 年开始，以定价机制的市场化和绿鞋机制的引入等为代表的发行制度的改革，以融资融券、信用交易和做空机制为特征的交易制度的重大调整，以市场定价为基础、以创新工具为手段的市场化购并重组机制形成等，意味着全流通时代资本市场运行规则正在形成，这些规则体现了资本市场的核心理念。

3. 资本市场资金管理体制和资金运行体系正在发生根本性变化，证券公司作为资本市场风险的"放大器"功能正在消失。从 1990 年资本市场建立之初到 2005 年，中国资本市场资金管理体制建立的核心理念是，把证券业理解成"类银行"。在这一理念指导下，以证券公司为核心而形成的中国资本市场资金循环体系也就成了一个"类银行"体系。资本市场这种"类银行"资金运行体系使证券公司可以不受任何约束地挪用客户保证金。基于挪用客户保证金基础上的证券公司的"自营投资"也就必然使自身经营风险"内生化"，从而对资本市场的风险起了不断"放大"的作用。近年来开始建立的客户保证金第三方存托管制度，将对资本市场"类银行"资金运行体系产生根本性影响，也将使证券公司的市场风险"放大器"的功能大幅度减弱，中国资本市场的风险源和风险结构得以改善。

4. 资本市场的核心功能正在恢复。这种正在恢复的资本市场核心功能是指市场的估值定价功能。这从中国银行回归 A 股发行和中国工商银行"A+H"发行定价可以得出这个结论。资产的估值定价功能是资本市场最基础的功能，它是资本市场其他功能包括存量资产购并功能得以正常发挥的前提。

5. 市场正在从追求增量融资到关注存量资源配置的转型过程中。在股权分置时代，由于制度设计所引致的利益导向，上市公司特别是其大股东十分偏好股权式的增量融资，有时这种融资偏好，完全偏离了理性的约束。一个狂热追求股权式增量融资的资本市场是一个非理性的市场，这种行为只会使市场成长之源日益匮竭，使市场丧失发展的持续动力，因为这种市场的基本行为倾向是只索取，不回报。在中国，非理性的股权式增量融资行为的制度基础是股权分置（吴晓求，2004）。随着这一行为赖以形成的制度基础的不复存在，上市公司特别是其大股东对股权式增量融资近乎疯狂的偏执，会受到市场化的利益机制的自动约束，因为并不是任何意义上的股权式增量融资都可以带来资产市值的最大化。取而代之的是以购并为特征的存量资源配置行为（或存量资产的并购交易）将是市场所十分关注的。从发达国家资本市场的成长历史看，公司间频繁的并购行为是其资产价值提升的重要途径，是企业从而也是资本市场不断成长的重要力量。未来中国资本市场最富有生命力特征的是市场并购行为。

6. 上市公司股东特别是其控股股东的利益实现机制正在悄然地发生变化，由股东之间的利益博弈转向企业之间的市场博弈。股权分置时代，上市公司大股东的利益实现首先是通过股东之间的内部博弈来获取的，有时甚至是以损害中小股东（流通股东）的利益为代价而实现的。这就是股权分置时代为什么会有如此频繁的关联交易，为什么会出现近乎疯狂的非理性的高溢价融资行为。在一个全流通的市场，资产价值的市场估值机制，会自动地约束大股东不公平的关联交易行为，甚至对大股东挪用、侵占上市公司资金的行为都会产生抑制作用，大股东利益的最大化只有通过上市公司资产市值的最大化才能实现，而上市公司资产市值的最大化则是由包括公司利润、核心竞争力、产业优势等多种因素决定的。这样就使大股东、中小股东的利益和公司的整体利益通过资产市值这个市场纽带联系在一起，到市场上去获得最大利益，成为他们的共同目标。

7. 全流通的市场结构使中国资本市场开始具备建立上市公司发展长期激

励机制的条件。由于在全流通条件下，大股东的目标函数与公司的整体目标函数趋于一致，资产市值最大化既是全体股东的共同目标，也是考核经营管理层的核心指标之一，同时，股权的全流通使得期权激励这种侧重公司长远发展，同时对经营管理层具有长期激励功能的制度得以有效建立，从而使股东利益、公司利益和经营管理层利益三者之间得到了统一。这一点，对中国资本市场的持续健康发展具有特殊意义。

8. 股权分置时代所形成的资本市场资产价格体系已经分崩离析，资产价格的无差异时代已经结束，取而代之的基本趋势是，建立在收益—风险相匹配基础上的资产价格体系的结构性调整，强者更强，弱者更弱。资产价格体系的这种结构性分离，既意味着市场投资机会的增加，也意味着市场风险的增强，中国资本市场投资的收益—风险匹配机制正在形成。

9. 人民币升值预期和国际化步伐的加快。这是中国资本市场发展进入新阶段最重要的外部金融环境。从资本市场成长与本币币值变动的国际经验看，一国货币的升值，客观上会导致本国货币计价资产的升值。2006 年，中国资本市场股票价格的大幅度上涨与人民币的升值趋势是有内在关联的。随着我国外汇管理体制改革的深化、资本项目的逐步开放和人民币作为可自由兑换的国际化货币时代的到来，可以预期，人民币在 2010 年以后，将会逐步成为继美元之后全球最重要的储备货币。在开放度和国际化程度如此高的金融环境中，中国资本市场将会演变成全球最重要的人民币资产交易中心，继而成为全球多极金融中心之一。

从以上九个方面我们可以清晰地看到，与股权分置时代相比，今天的中国资本市场的确进入了一个新的发展阶段。这个新的发展阶段为未来中国资本市场从制度变革到战略转型提供了坚实的基础。

从战略角度看，股权分置改革虽然是中国资本市场最重要的制度变革，但是，对于年轻的中国资本市场来说，这只是进入新阶段的起点，在未来发展道路上，还有很多重要问题需要我们去思考，去不断地解决。这其中，最重要的问题可能是：中国资本市场如何进行战略定位？在全球金融市场中，未来中国资本市场扮演何种角色？中国资本市场所追求的战略目标是什么？

等等。当我们完成了资本市场的制度变革即股权分置改革后，我们就不得不对这些事关中国资本市场未来发展前途的战略问题进行深入思考和系统研究。研究中国资本市场的战略定位、战略目标以及由此决定的战略转型，是未来中国资本市场面临的最重要的任务。

二、中国资本市场的战略定位和战略目标

经过近 30 年的改革开放，中国已经从一个贫穷落后的国家转变成了一个经济大国。如果说，生产能力惊人增长的制造业成就了中国经济大国的地位，那么，未来中国实现由经济大国转变成经济强国，除了具有强大的自主创新能力外，一个以资本市场为基础的具有强大资源配置能力和财富创造效应的现代金融体系肯定是必不可少的。在日益开放的国际经济体系中，经济的全球化是一个基本趋势。如何在不断开放的条件下，在保持经济安全和基本经济秩序基础上，促进本国经济发展，在互惠、互利基础上促进全球经济增长，是世界各国面临的共同问题。与此同时，在竞争日益激烈的今天，如何维护本国经济相对优势的地位，在优化配置本国资源基础上，如何最大限度地利用他国资源来发展本国经济，也是世界各国政策实施和制度设计的重点。我们知道，在现代经济体系中，金融体系是资源配置的主导机制，因而构造一个什么样的金融体系从而使其在未来经济资源的竞争中处在优势地位，就变得非常重要。我认为，建立具有良好流动性和透明度、具有足够宽度和厚度的资本市场以及以此为基础而形成的现代金融体系（简称市场主导型金融体系），是中国金融体系改革所追求的战略目标，因为，这种主导型金融体系可以有效分散风险，保持金融体系必要的流动性，实现经济增长的财富效应，促进存量资源的流动和优化配置（吴晓求，2005）。

具体而论，当站在开放和金融市场全球化的角度，我们认为，到 2020 年，中国资本市场和金融体系的战略目标是：

以沪深市场为轴心形成的中国资本市场是全球最重要、规模最大、流动性最好的资产交易场所之一，其市值将达到 60 万亿 ~80 万亿元人民币；

由于人民币届时将成为全球最重要的三大国际储备货币之一，因而以相

对发达的资本市场为核心的中国金融体系将成为全球多极金融中心之一极，它将成为人民币及人民币计价资产的定价中心，拥有人民币及人民币计价资产的定价权。

实现上述战略目标，我们既有历史机遇，也有现实的基础。全球金融中心之一极正在向中国的上空漂移。我们必须顺应历史的趋势，更应把握历史的机遇[①]。

三、中国资本市场战略转型的重点

为了实现上述战略目标，我们必须重新审视中国资本市场的发展战略和政策安排。整体而言，那种把中国资本市场简单地定位于一种融资机制，把资本市场看成是金融体系从属的发展战略和政策安排都是不恰当的，因而必须转型。我们认为，中国资本市场战略转型的重点主要表现在两个方面：

一是，供给来源和供给结构的根本性调整，即要对上市资源进行有效保护和对上市公司的结构进行战略转型。从政策或者实践角度看，这一战略转型的含义主要有两点：（1）已经在海外上市的大型国有企业必须有步骤地回归 A 股，这是发展和壮大中国资本市场的战略举措。截至 2007 年 3 月底，中国银行、中国国际航空、中国人寿、中国平安等海外上市的大盘蓝筹股已经回归 A 股，中国工商银行历史性地创造了"A+H"同步发行、同步上市的模式，并且将存量资产留在 A 股市场。在未来几年中，中石油、中国移动、建设银行、中海油、神华能源、交通银行、中国电信、中国网通、中国铝业、中国财险、中国远洋等都应陆续回归 A 股。（2）鼓励未在海外上市的符合上市条件的大型国企特别是资源型大型国企在 A 股市场上市，不鼓励甚至从政策上限制这类企业到海外上市。

我们必须从战略的高度去认识这种战略转型对中国资本市场未来发展所具有的深远意义。要采取积极措施让那些业绩优、规模大，并且是中国经济

---

① 关于这方面的分析，请详见：吴晓求 . 中国资本市场：从制度变革到战略转型［M］. 北京：中国人民大学出版社，2007.

支柱的大型企业在中国 A 股逐步上市，以形成中国蓝筹股市场。只有拥有大量优质的具有长期投资价值的蓝筹股公司，中国资本市场才能越来越多地吸引投资者进入市场；只有源源不断的优质上市公司进入市场，资本市场才能保持可持续发展。从这个意义上讲，我们不赞成我国大量优质企业特别是国有特大型企业争先恐后地到海外上市。从国家经济安全和培养我国内地资本市场的战略角度，对我国大型和特大型企业（包括金融企业）纷纷到海外上市提出警示，是具有重要现实意义的。因为这些大型和特大型企业把握了中国经济的命脉，垄断了许多稀缺资源。把这些稀缺资源所创造的资源性垄断利润让境外投资者享有，这不公平，也不正常。

当然，对企业自身而言，境外上市也许是其利益最大化的选择，因为纽约、香港等国际性资本市场能够更好地满足其大额融资的需要，也能够扩大公司的国际影响力。但是如果我们将判断的视角从公司角度上升到国家角度，这一选择就不合适了。政府在政策设计上也不应鼓励这种选择。我们应该认识到，在新时期，优质企业已经成为上市的战略资源，成为各个国家资本市场竞相争夺的稀缺资源，这从纽约、纳斯达克、伦敦、新加坡等交易所竞相赴中国推介可见一斑。我们必须深刻地认识到，在现代金融活动中，上市资源是最重要的金融资源。我们要努力把我国的优质企业留在国内资本市场，让中国国内的投资者享受这些具有核心竞争力企业所创造的财富，同时通过改善上市公司结构来提升中国资本市场的竞争力，改变中国传统的金融结构，建立一个拥有风险配置能力和国际竞争力的现代金融体系。

曾经有一种观点或认识流行于世：我国资本市场容纳不了特大型公司的上市，这些公司的发行和上市会给资本市场带来压力，导致市场下跌。这显然是一种片面的看法。中国银行等海外蓝筹股的回归、工商银行"A+H"的同步上市从事实上已经驳斥了这一观点。虽然我国资本市场规模目前不是很大，存量资金也有限，但是如果发行的企业确实是具有很好投资回报的优质企业，那么大量苦于没有投资渠道的场外资金会源源不断地流入市场，从而可以提升整个市场的承接能力。如果我们以市场小为理由限制特大型企业在本土市场的上市，那么我国资本市场将永远不可能发达起来。只有迈出了这一步，资本市场和企业上市之间才能形成互相促进的良性循环关系。

二是，资金来源和投资者结构的战略转型。这种从市场需求或资金角度所提出的战略转型，核心要义是实现从单一内资市场到内外资并重市场的转型。没有资金来源和投资者结构的战略转型，中国资本市场就难以承受大型国企大规模回归 A 股所带来的市场压力，作为市场中流砥柱的蓝筹股集群就不可能形成，中国资本市场资产结构的根本性调整就不可能完成，试图成为全球多极金融中心之一极的战略目标也就只能是一种不可企及的梦想。

面对大型国企大规模地回归 A 股和中国蓝筹股集群的形成，实现中国资本市场资金来源和投资者结构战略转型的路径主要有两条。

路径一：就中国金融体系的内部资源来说，必须超常规模地发展以集合投资为特征的证券投资基金，逐步扩大商业保险资金（主要是寿险资金）和社会保障基金进入市场的比例，积极稳妥地发展从事基于资本市场资产管理、具有私募性质的投资基金。只有这样，才能从根本上改善资本市场上投资者的结构，中国资本市场才会在发展中实现供给与需求的动态平衡。资本市场上资金来源和资金结构的这种战略调整，必将对中国金融体系和金融结构产生重大影响，从而，也会极大地提高中国金融体系的弹性和结构性效率，改善风险结构。

路径二：就中国金融体系的外部资源来说，必须从投资角度开放其资本市场，开放的幅度、节奏应与大型国企回归 A 股和蓝筹股集群形成过程相协调。资金封闭的中国资本市场完成不了全球多极金融中心之一极的伟业。与其着力发展 QDII 购买海外上市的国企股，不如让大型国企回归 A 股；与其担心市场承受力而把大型国企送到海外上市，不如把大型国企留在 A 股而同时调整外国投资者进入中国市场的门槛（比如 QFII 泛化），以消除市场承受力之虞。中国资本市场如果要成为全球最重要的金融市场之一，不断地对外开放是一个基本要求。

从资金来源和资金结构看，未来中国资本市场不能是一个不能流动的内陆湖，而应是具有很好流动性的汪洋大海的重要组成部分。

四、中国资本市场实现战略转型的外部条件

中国资本市场要实现上述战略转型，从而到 2020 年实现全球多极金融中心之一极的战略目标，需要一系列外部条件的支持。我们认为，除了国民经济必须保持稳健地增长、经济规模足够大和经济结构具有相对优势的竞争力外[①]，以下两个外部变量或者说外部环境要不断改善。

（一）人民币国际化进程

我认为，随着中国经济实力的不断增长和经济的不断开放，人民币的国际化进程正在加快。有理由相信，到 2010 年，人民币将成为国际金融市场上完全可自由兑换的国际性货币；到 2020 年，人民币将成为国际金融市场仅次于美元的最重要的国际储备货币[②]。人民币这种国际化变动趋势为中国资本市场的发展和中国金融的结构性改革提供了良好的外部金融环境，是成就中国资本市场成为全球多极金融中心之一极伟业的最重要基础条件之一。具有良好信用且有充分流动性和开放度的人民币，给人民币计价资产带来了持续性的良好预期。

（二）构造以提高市场透明度为核心的资本市场法律制度和规则体系

良好的法律制度和法制环境对中国资本市场的战略转型和战略目标的实现至关重要，而这其中资本市场法律制度和以此为基础而制定的规则体系的不断完善最为核心。中国资本市场法律制度的建设和规则体系的完善，必须体现两个基本原则：一是透明度原则，即资本市场法律制度的建设和规则

[①] 中国经济平均如能保持8%左右的增长，那么，到2020年，中国 GDP 将达到80万亿元人民币，在经济增长过程中，经济结构亦有重大调整，经济竞争力也会有较大提高。

[②] "国际著名投资家吉姆·罗杰斯日前表示，欧元在未来二十年内存在'消失'的风险，他同时重申自己的一贯观点，即人民币最有可能在未来挑战美元的国际储备货币地位。"详见《罗杰斯：人民币有潜力挑战美元地位》，上海证券报，2006-11-08。

体系的完善，必须保证市场具有足够透明度。从世界各国的实践看，透明度是资本市场赖以存在和发展的前提，是资本市场功能得以充分发挥的必要条件，是"三公"原则实现的基础。透明度的核心是信息的真实性和公开性（吴晓求，2006a：第166-168页）。中国资本市场法律制度和规则体系近几年虽然有了一定的完善，但从总体上看，仍存在很大缺陷（吴晓求，2006a：第170-176页）。透明度不足是中国资本市场未来进行战略转型和实现战略目标面临最严重的挑战之一。

二是国际惯例原则。由于股权分置等因素的影响，中国资本市场的法律制度和市场规则体系在相当多的方面，体现了"中国特色"，过于"中国特色"的资本市场法律制度和规则体系，显然不利于中国资本市场的战略转型，显然是中国资本市场成为全球多极金融中心之一极的最严重的障碍。总体而论，就资本市场的法律制度和规则体系来说，体现"国际惯例"是其主流；否则，这种法律制度就会阻碍中国资本市场国际化。

中国特色的资本市场法律制度和规则体系赖以存在的制度基础——股权分置已经成为历史，我们进入了一个全流通的时代。所以，我们应当用战略的眼光，用建设一个强大的资本市场的目标，前瞻性地制定和完善与中国资本市场战略转型和中国资本市场未来战略目标相适应的法律制度和规则体系。一个体现平等、自由、透明、发展理念精神的法律制度，将使未来的中国成为一个强盛、富裕、和谐的中国。

参考文献

［1］吴晓求.关于当前我国金融改革和资本市场发展若干重要问题的看法［J］.金融研究，2006（6）.

［2］罗杰斯.人民币有潜力挑战美元地位［N］.上海证券报，2006-11-08.

［3］吴晓求.市场主导型金融体系：中国的战略选择［M］.北京：中国人民大学出版社，2005.

［4］吴晓求.股权分置改革后的中国资本市场［M］.北京：中国人民大学出版社，2006a.

［5］吴晓求.中国资本市场分析要义［M］.北京：中国人民大学出版社，2006b.

［6］吴晓求.中国资本市场：股权分裂与流动性变革［M］.北京：中国人民大学出版社，2004.

附录 《中国资本市场的理论逻辑》其他各卷目录

第二卷"吴晓求评论集"目录

控制通胀不能损害经济增长

中国资本市场论坛 12 年

资本市场，中国经济金融化的平台

历史视角：国际金融中心迁移的轨迹

明确政策预期是稳定当前市场的关键

抓住机遇　实现跨越式发展

　　——中国资本市场发展的战略思考

政策助力资本市场根本性变革

附录Ⅰ　成思危先生与中国资本市场论坛的不解之缘

　　——深切怀念成思危先生

附录Ⅱ　《中国资本市场的理论逻辑》其他各卷目录

后记

第三卷"吴晓求演讲集"（Ⅰ）目录

2020 年的演讲

似乎听到了全球金融危机的脚步声

　　——新冠病毒疫情期间网络公开课的讲座

中国金融开放：历史、现状与未来路径

　　——在"第二十四届（2020 年度）中国资本市场论坛"上的主题演讲

2019 年的演讲

2020 年稳定中国经济的"锚"在哪里

　　——在"2019 中国企业改革发展峰会暨成果发布会"上的演讲

区块链的核心价值是数字经济的确权

　　——在"北京中关村区块链与数字经济高峰论坛"上的主题演讲

背离竞争中性　资源配置效率就会下降

　　——在"2019（第十八届）中国企业领袖年会"上的闭幕演讲

正确看待近期金融市场的波动

  ——在"《中国绿色金融发展研究报告2018》新书发布会"上的演讲

改革开放40年：中国金融的变革与发展

  ——在"中国人民大学金融学科第二届年会"上的主题演讲

中国金融未来趋势

  ——在"2018年中国银行保险业国际高峰论坛"上的演讲

如何做好学术研究，如何认识中国金融

  ——在"中国人民大学财政金融学院2018级研究生新生第一课"上的演讲

中国资本市场的问题根源究竟在哪里

  ——在复旦大学管理学院"第四届校友上市公司领袖峰会"上的演讲（摘要）

中国资本市场如何才能健康稳定发展

  ——在"央视财经中国经济大讲堂"上的演讲（摘要）

货币政策尽力了 财政政策可以做得更好一些

  ——在新浪财经"重塑内生动力——2018上市公司

  论坛"上的主题演讲

中国金融改革与开放：历史与未来

  ——在"2018国际货币论坛开幕式暨

  《人民币国际化报告》发布会"上的演讲

我不太理解最近这种近乎"运动式"的金融监管

  ——在"金融改革发展与现代金融体系"研讨会上的演讲

愿你们保持身心的健康和精神的富足

  ——在2018届中国人民大学教育学院学位授予仪式

  暨毕业典礼上的演讲

坚守人生的底线

  ——在"中国人民大学财政金融学院毕业典礼"上的演讲

在改革开放中管控好金融风险

  ——在博鳌亚洲论坛"实体经济与金融力量"思客会上的演讲

中国金融发展需要理清的四个问题

  ——在"中国新供给经济学 50 人论坛"上的演讲

新时代的大国金融战略

  ——在东南卫视《中国正在说》栏目上的演讲

新时期中国资本市场的改革重点和发展目标

  ——在"第二十二届（2018 年度）中国资本市场论坛"上的主题演讲

创新引领中国金融的未来

  ——在"第二届环球人物金融科技领军人物榜发布盛典"上的演讲

附录 《中国资本市场的理论逻辑》其他各卷目录

后记

第四卷"吴晓求演讲集"（Ⅱ）目录

2017 年的演讲

推动中国金融变革的力量

  ——在"大金融思想沙龙"上的演讲

科技力量将深刻改变中国金融业态

  ——在"第十三届中国电子银行年度盛典"上的演讲

重新思考中国未来的金融风险

  ——在"《财经》年会 2018：预测与战略"上的演讲

如何构建现代经济体系和与之相匹配的现代金融体系？

  ——在"IMF 2017 年《世界与中国经济展望报告》发布会"上的

   主题演讲

继承"巴山轮"会议的学术情怀

  ——在"2017 新'巴山轮'会议"上的闭幕演讲

2016 年的演讲

没有自由化就没有金融的便利和进步

　　——在首届"人民财经高峰论坛"上的演讲（摘要）

回归常识，把握中国金融的未来趋势

　　——在"第四届华夏基石十月管理高峰论坛"上的演讲

中国银行业面临哪些挑战？

　　——在"2016 年中国银行家论坛"上的演讲

大学的情怀与责任

　　——在江西财经大学的演讲

如何构建新型全球关系

　　——在"2016 年 G20 全球智库峰会"上的主旨演讲

影响中国金融未来变化的五大因素

　　——在"江西财经大学第三届金融论坛"上的演讲

大国金融与中国资本市场

　　——在"中国保险业协会"上的专题讲座（摘要）

未来影响金融变革的四个"不能小看"

　　——在"中国工商银行发展战略研讨会"上的发言

我们的大学为什么如此功利而信仰失守？

　　——在中国人民公安大学的演讲

对 2015 年中国股市危机的反思

　　——在"第二十届（2016 年度）中国资本市场论坛"上的
　　主题演讲

2015 年的演讲

"十三五"期间，如何构建大国金融

　　——在"长江中游城市群首届金融峰会"上的主题演讲

股市危机之后的反思

　　——在"中国与世界经济论坛第 25 期讨论会"上的演讲

第五卷"吴晓求演讲集"（Ⅲ）目录

2012 年的演讲

金融业是现代经济的核心而非依附

　　——在"搜狐金融德胜论坛——银行家年会"上的演讲（摘要）

2011 年的演讲

中国资本市场未来发展的战略思考

　　——在"中国高新技术论坛"上的主题演讲

关于我国金融专业学位（金融硕士）培养的若干思考

　　——在"全国金融专业学位研究生教育指导委员会"上的主题演讲

中国创业板市场：现状与未来

　　——在"第十五届（2011 年度）中国资本市场论坛"上的主题演讲

2010 年的演讲

中国资本市场二十年

　　——在凤凰卫视《世纪大讲堂》上的演讲

中国创业板的隐忧与希望

　　——在深圳"中国国际高新技术成果交易会"上的演讲

全球金融变革中的中国金融与资本市场

　　——在"中组部司局级干部选学班"上的学术讲座

2009 年的演讲

金融危机正在改变世界

　　——在"第十三届（2009 年度）中国资本市场论坛"上的演讲

2008 年的演讲

金融危机及其对中国的影响

　　——在"广州讲坛"的演讲

当前宏观经济形势与宏观经济政策

　　——在清华大学世界与中国经济研究中心举行的"宏观经济形势"
　　论坛上的演讲

宏观经济、金融改革与资本市场

　　——在江西省鹰潭市领导干部学习会上的学术报告

第六卷"吴晓求访谈集"目录

文章千古事，一点一滴一昆仑

　　——《鹰潭日报》记者的访谈

经济学研究需要"童子功"

　　——《经济》记者的访谈

中国金融的深度变革与互联网金融

　　——《金融时报》记者的访谈

2013 年的访谈

稳定市场、提高投资者信心仍是当前政策的重点

　　——《北京日报》记者的访谈

2012 年的访谈

求解中国股市危局，探寻资本市场曙光

　　——《新华网》记者的访谈

对三任证监会主席的评价

　　——《南方人物周刊》记者的访谈

中国银行业需要结构性改革

　　——《凤凰卫视·新闻今日谈》栏目阮次山先生的访谈

"活熊取胆"一类企业上市没有价值

　　——《证券日报》记者的访谈

2011 年的访谈

要强化资本市场投资功能而非融资功能

　　——《深圳特区报》记者的访谈

中国资本市场对美债信用下调反应过度

　　——《搜狐财经》记者的访谈

如何看待美债危机

　　——《人民网·强国论坛》上与网友的对话

中国金融崛起的标志与障碍

　　——《华夏时报》记者的访谈

后 记

在这部多卷本文集《中国资本市场的理论逻辑》（六卷）（以下简称《理论逻辑》）编辑出版之前，我曾分别出版过四部文集和一部演讲访谈录。这四部文集分别是：《经济学的沉思——我的社会经济观》（经济科学出版社，1998）、《资本市场解释》（中国金融出版社，2002）、《梦想之路——吴晓求资本市场研究文集》（中国金融出版社，2007）、《思与辩——中国资本市场论坛20年主题研究集》（中国人民大学出版社，2016），一部演讲访谈录《处在十字路口的中国资本市场——吴晓求演讲访谈录》（中国金融出版社，2002）。它们分别记录了我不同时期研究和思考资本市场、金融、宏观经济以及高等教育等问题的心路历程，也可能是这一时期中国资本市场研究的一个微小缩影。除《思与辩》与其他文集有一些交叉和重叠外，其他三部文集和《处在十字路口的中国资本市场》的演讲访谈录与这部多卷本文集《理论逻辑》则没有任何重叠，是纯粹的时间延续。

正如本文集"编选说明"所言，几经筛选，《理论逻辑》收录的是我在2007年1月至2020年3月期间发表的学术论文、评论性文章、演讲、访谈，是从400多篇原稿中选录的。未收录的文稿要么内容重复，要么不合时宜。

《理论逻辑》收入的文稿时间跨度长达13年。这13年，中国经济、金融和资本市场发生了巨大变化和一些重要事件，包括科技金融（互联网金融）的兴起、2015年股市危机、创业板和科创板推出、注册制的试点、金融监管体制改革、中美贸易摩擦、新冠疫情的暴发及对经济和市场的巨大冲击等。

全球经济金融更是经历了惊涛骇浪，如 2008 年国际金融危机、2020 年全球金融市场大动荡、新冠疫情在全球的蔓延等。《理论逻辑》中的学术论文、评论性文章、演讲、访谈对上述重要问题均有所涉及。

这 13 年，是我学术生命最为旺盛的 13 年。这期间，虽有行政管理之责（2016 年 7 月任中国人民大学副校长，之前任校长助理长达 10 年），但我仍十分重视学术研究。白天行政管理，晚上研究思考，成了一种生活状态。

这 13 年的后半段即从 2016 年 5 月开始，生活发生了一些变化，给我的学术研究带来了新的挑战。母亲得了一种罕见的肺病，长期住院，我每周至少要看望母亲两三次。最近一年病情加重，几乎每天都要去看望母亲，往返于居所、学校和医院。母亲每次看到我，都会露出发自内心的快乐和微笑。记得新冠疫情期间，我向她说，疫情防控形势严峻，母亲说，经济不能停，吃饭要保证。寥寥数句，道出了深刻道理。企盼母亲健康如初。我谨以此文集献给我的母亲。

这 13 年，是中国金融改革、开放和发展的 13 年。在 2000 年之后，我在学术论文和演讲访谈中，就中国金融改革和资本市场发展的战略目标，作过系统阐释并多次明确提出，到 2020 年，人民币应完成自由化改革，以此为基础，中国资本市场将成为全球新的国际金融中心。这个新的国际金融中心，是人民币计价资产全球交易和配置的中心，是新的具有成长性的全球财富管理中心。对这个问题的早期（2007 年之前）研究已收录在《资本市场解释》《梦想之路》《处在十字路口的中国资本市场》等文集和演讲录中，2007 年之后的研究则收进本文集。

我始终坚定地认为，中国金融必须走开放之路，人民币必须完成自由化改革，并以此为起点成为国际货币体系中的重要一员；国际金融中心即全球新的财富管理中心，是中国资本市场开放的战略目标。因为，从历史轨迹看，全球性大国的金融一定是开放性金融，核心基点是货币的国际化，资本市场成为国际金融中心。我对中国金融的这一目标从未动摇过。

然而，现实的情况与我在《理论逻辑》等文集中的论文、文章、演讲和访谈所论述的目标有相当大的差距。2020 年已经到来，但人民币并未完成自由化改革，中国资本市场并未完全开放，更没有成为全球新的国际金融中心。这或许是本文集也是我理论研究上的一大缺憾。

历史的车轮滚滚向前。我仍然坚信，中国金融和资本市场国际化的战略目标，在不久的未来仍会实现。因为，这是中国金融改革和资本市场发展的一种理论逻辑。

吴晓求

2020 年 5 月 18 日

于北京郊区